D1753870

Wilfried Kraft (Hrsg.)
Geriatrie bei Hund und Katze

Wilfried Kraft (Hrsg.)

Geriatrie bei Hund und Katze

Mit Beiträgen von:
Michaele Alef, Johannes Hirschberger, Ellen Kienzle,
Andrea Meyer-Lindenberg, Gerhard Oechtering, Andrea Tipold

Mit 77 Abbildungen, davon 13 in Farbe, und 46 Tabellen

Parey Buchverlag Berlin 1998

Parey Buchverlag im
Blackwell Wissenschafts-Verlag GmbH
Kurfürstendamm 57, D-10707 Berlin
Zehetnergasse 6, A-1140 Wien

e-mail: parey@blackwis.de
Internet: http://www.blackwis.com

Anschrift des Herausgebers:

Professor. Dr. Wilfried Kraft
Medizinische Tierklinik der
Ludwig-Maximilians-Universität München
Veterinärstraße 13
80539 München

Weitere Verlagsniederlassungen:

Blackwell Science Ltd
Osney Mead, GB-Oxford, OX2 0EL
25 John Street, GB-London WC 1N 2BL
23 Ainslie Place, GB-Edinburgh EH3 6AJ

Blackwell Science
224, boulevard Saint-Germain
F-75007 Paris

Blackwell Science, Inc.
Commerce Place, 350 Main Street
USA-Malden, Massachusetts 02148 5018

Blackwell Science Pty Ltd
54 University Street
AUS-Carlton, Victoria 3053

Blackwell Science KK
MG Kodemmacho Building, 3F
7–10, Kodemmacho Nihonbashi
Chuo-ku, J-Tokio 104

Gewährleistungsvermerk
Die Medizin ist eine Wissenschaft mit ständigem Wissenszuwachs. Forschung und Weiterentwicklung klinischer Verfahren erschließen auch gerade in der Pharmakotherapie veränderte Anwendungen. Die Verfasser dieses Werkes haben sich intensiv bemüht, für die verschiedenen Medikamente in den jeweiligen Anwendungen exakte Dosierungshinweise entsprechend dem aktuellen Wissensstand zu geben. Diese Dosierungshinweise entsprechen den Standardvorschriften der Hersteller. Verfasser und Verlag können eine Gewährleistung für die Richtigkeit von Dosierungsangaben dennoch nicht übernehmen. Dem Praktiker wird dringend empfohlen, in jedem Anwendungsfall die Produktinformation der Hersteller hinsichtlich Dosierungen und Kontraindikationen entsprechend dem jeweiligen Zeitpunkt der Produktanwendung zu beachten.

Die Deutsche Bibliothek – CIP-Einheitsaufnahme
Geriatrie bei Hund und Katze / Wilfried Kraft. –
Berlin : Parey 1998
ISBN 3-8263-3133-8

© 1997 Blackwell Wissenschafts-Verlag,
Berlin · Wien

ISBN 3-8263-3133-8 · Printed in Germany

Die Wiedergabe von Gebrauchsnamen, Handelsnamen, Warenbezeichnungen usw. in diesem Buch berechtigt auch ohne besondere Kennzeichnung nicht zu der Annahme, daß solche Namen im Sinne der Warenzeichen- u. Markenschutz-Gesetzgebung als frei zu betrachten wären und daher von jedermann benutzt werden dürften.

Dieses Werk ist urheberrechtlich geschützt. Die dadurch begründeten Rechte, insbesondere die der Übersetzung, des Nachdrucks, des Vortrages, der Entnahme von Abbildungen und Tabellen, der Funksendung, der Mikroverfilmung oder der Vervielfältigung auf anderen Wegen und der Speicherung in Datenverarbeitungsanlagen, bleiben, auch bei nur auszugsweiser Verwertung, vorbehalten. Eine Vervielfältigung dieses Werkes oder von Teilen dieses Werkes ist auch im Einzelfall nur in den Grenzen der gesetzlichen Bestimmungen des Urheberrechtsgesetzes der Bundesrepublik Deutschland vom 9. September 1965 in der Fassung vom 24. Juni 1985 zulässig. Sie ist grundsätzlich vergütungspflichtig. Zuwiderhandlungen unterliegen den Strafbestimmungen des Urheberrechtsgesetzes.

Einbandgestaltung: Rudolf Hübler, Berlin, unter Verwendung einer Abbildung von
Satz und Repro: BlackArt, Berlin
Druck und Bindung:
Druckerei zu Altenburg GmbH

Gedruckt auf chlorfrei gebleichtem Papier

Vorwort

Die Geriatrie oder Lehre von den Krankheiten im Alter steckt bei den Haustieren noch in den Anfangsstadien. Sie besteht noch immer weitgehend aus Vermutungen, Unbewiesenem, Gemeinplätzen und vorschnellem Analogisieren vom Menschen auf die Tiere. Es wurden so wenige wissenschaftlich fundierte Untersuchungen durchgeführt, daß noch nicht einmal die Gelegenheit zu gröberen mathematisch-statistischen Irrtümern und Fehlinterpretationen genutzt wurde.

Die Wissenschaft vom Alter des Menschen oder Gerontologie (Geront [griechisch] = Greis, Mitglied der Gerusia = Rat der Alten) hat erst in den letzten Jahrzehnten das Interesse der Forschung erweckt. Bei den Haustieren hat die Gerontologie noch bis vor wenigen Jahren ein Schattendasein geführt. Dies ist umso verwunderlicher, als die Begleittiere des Menschen, insbesondere also Hund und Katze, in den letzten Jahrzehnten nicht nur höhere Lebensalter erreichen, sondern auch weil sie infolge ihrer überschaubaren Lebensspanne und wegen der Lebensumstände, die denen des Menschen ähneln und sie daher unter vergleichbaren Bedingungen wie der Mensch altern, geradezu ideale Forschungsobjekte des Gerontologen darstellen. Erst in den letzten Jahren beschäftigten sich auch bei Hund und Katze eine Reihe von Forschern mit dem Alter, seinen physiologischen Gegebenheiten und den damit verbundenen Krankheiten. Die Anfänge eigener Untersuchungen gehen auf das Jahr 1978 zurück. Es schlossen sich eine Reihe von Arbeiten an, die sich mit dem Thema befaßten. Dabei stellte sich heraus, daß das Wissen um das Alter und das Altern der Haustiere noch wenige gesicherte Erkenntnisse, dagegen viele Vermutungen und Rückschlüsse vom Menschen auf die Tiere aufweist. Das Thema Alter und Altern wird aber auch für den praktizierenden Tierarzt und die praktizierende Tierärztin immer interessanter, werden doch auch unsere Haustiere durch die verbesserte Fütterung und medizinische Versorgung, nicht zuletzt auch durch die Bereitschaft der Tierhalter, ihre Schutzbefohlenen länger zu versorgen und behandeln zu lassen, älter, als dies früher der Fall war. Die physiologischen Veränderungen und krankhaften Vorgänge im Alter stellen in jedem Falle eine Herausforderung an Tierärztin oder Tierarzt dar, besteht doch allzu leicht die Versuchung, sowohl die Untersuchung als auch die Behandlung alter Tiere nicht eingehend genug durchzuführen, da die Heilungs- und Lebenschancen nur noch gering eingeschätzt werden und keine „Lorbeeren" zu gewinnen seien. Dies beruht nicht selten auf einer Fehleinschätzung, ist auch unter ethischen Gesichtspunkten nicht vertretbar. Ein wichtiger Aspekt stellt insbesondere die Einstellung des Tierhalters oder der Tierhalterin dem gealterten Begleittier gegenüber dar. Zunehmend besteht das Bedürfnis, gerade bei alten, oft einsamen Menschen, aber auch bei Kindern, das vierbeinige Familienmitglied so lange wie möglich zu halten und seine Lebensumstände lebenswert, zumindest aber erträglich zu gestalten. Es sollte daher von Interesse sein, sich mit dem Alter näher zu befassen – nicht zuletzt auch deshalb, weil jeder von uns selbst diesem Lebensabschnitt täglich näher kommt.

München, im Sommer 1997　　　　　　　　　　　　Wilfried Kraft

Autorenverzeichnis

Dr. Michaele Alef
Universität Leipzig
Veterinärmedizinische Fakultät
Klinik und Poliklinik für kleine
Haus- und Heimtiere
Zwickauer Str. 57
04103 Leipzig

Prof. Dr. Johannes Hirschberger
Medizinische Tierklinik der
Ludwig-Maximilians-Universität München
Veterinärstr. 13
80539 München

Prof. Dr. Ellen Kienzle
Lehrstuhl für Tierernährung und Diätetik
Ludwig-Maximilians-Universität München
Veterinärstr. 13
80539 München

Prof. Dr. Wilfried Kraft
Medizinische Tierklinik der
Ludwig-Maximilians-Universität München
Veterinärstr. 13
80539 München

Dr. Andrea Meyer-Lindenberg
Tierärztliche Hochschule Hannover
Klinik für kleine Haustiere
Bischofsholer Damm 15
30173 Hannover

Prof. Dr. Gerhard Oechtering
Universität Leipzig
Veterinärmedizinische Fakultät
Klinik und Poliklinik für kleine
Haus- und Heimtiere
Zwickauer Str. 57
04103 Leipzig

Priv.-Doz. Dr. Andrea Tipold
Universität Bern
Veterinärmedizinische Fakultät
Institut für Tierneurologie und
Veterinärvirologie
Länggassstr. 122
CH – 3012 Bern

Inhaltsverzeichnis

Vorwort V

Autorenverzeichnis VI

1 Einführung (Wilfried Kraft) 1
   Was ist Alter? 1
   Wann beginnt „Alter"? 3
   Physiologische Alterungsvorgänge   6
   Folgen der Altersinvolution 8
   Multimorbidität im Alter 11
   Altersentwicklung 15
   Diagnostik und Therapie von
   Symptomen und Krankheiten
   im Alter 20

2 Allgemeines (Wilfried Kraft) 27
   Hyperthermie, Fieber 27
   Hypothermie 28
   Bewußtseinsstörungen 29
   Verhaltensänderungen 31
   Dehydratation 32
      Grundsätze der Volumensubsti-
      tution bei Dehydratation 33
   Ödeme 34
   Blutdruck: Hypertonie 37
   Blutdruck: Hypotonie 40
   Adipositas 40
   Inanition, Kachexie 42
   Anorexie 42
   Polyphagie 43
   Polydipsie, Polyurie 44
   Schlafstörungen, Unruhe, vermehr-
   te Wachzustände 45
   Vermehrter Schlaf 46
   Schmerz 46

**3 Grundsätze der Therapie von
Krankheiten im Alter**
   (Wilfried Kraft) 49
   Pharmakokinetik 49
   Geriatrika 52

4 Haarkleid, Haut, Unterhaut
   (Wilfried Kraft) 55
   Spezielle Hautkrankheiten und
   Symptome 58
      Pemphigus 59
      Bullöses Pemphigoid 60
      Lupus erythematodes 60
      Alopezie 60
      Papillome 61
      Atherome 62
      Tylome 62
      Seborrhoe 62
      Hyperpigmentation 63
      Komedonen 63

5 Zirkulationsapparat
   (Wilfried Kraft) 65
   Spezielle Herzkrankheiten und
   Symptome 67
      Krankheiten der Herzklappen,
      Endokardose 67
      Ruptur der Cordae tendineae ... 69
      Kongestive Kardiomyopathie .. 70
      Endokarditis 71

6 Respirationstrakt (Wilfried Kraft)   73
   Spezielle Krankheiten des Respirationstrakts und Symptome 75
      Rhinitis chronica 75
      Larynxparalyse 76
      Trachealkollaps 76

Chronische obstruktive
Pneumopathie 77

7 Magen-Darm-Trakt
(WILFRIED KRAFT) 81
Spezielle Krankheiten des Magen-
Darm-Trakts und Symptome 86
   Krankheiten der Mundhöhle ... 86
      Mundschleimhautentzündung
      (Stomatitis) 86
      Parodontopathien 87
      Karies 89
      Zahnbrüche 89
   Zahnresorption 90
      Abgeschliffene Zähne 90
      Oronasale Fisteln 91
      Tumoren im Bereich der
      Mundhöhle 91
   Krankheiten des Schlundes 92
      Megaösophagus,
      Ösophagusdilatation 92
      Ösophagitis................ 93
      Tumoren des Ösophagus 93
   Krankheiten des Magens 93
      Chronische Gastritis 94
      Ulcus ventriculi, Magen-
      geschwür 96
      Magentumoren 97
      Motilitätsstörungen des
      Magens, Magendilatation 97
   Krankheiten des Darms 97
      Chronische Enteritiden 98
      Dünndarmtumoren 100
      Chronische Kolitiden 100
      Chronische idiopathische
      Enterokolitiden („Chronic
      inflammatory bowel
      disease") 102
      Colon irritabile 102
      Obstipatio coli 103
      Tumoren in Kolon und
      Rektum 105
      Tumoren im Bereich des Anus 105

8 Leber (WILFRIED KRAFT) 107
Hepatoenzephales Syndrom, Coma
hepaticum 109

Leberlipidose 110
Cholezystitis, Cholangiohepatitis .. 111
   Eitrige Cholangitis/
   Cholangiohepatitis 111
   Lymphatische oder nichteitrige
   Cholangitis/Cholangiohepatitis 111
   Sklerosierende Cholangitis/
   Cholangiohepatitis 111

9 Exokrines Pankreas
(WILFRIED KRAFT) 113
Akute und chronische Pankreatitis 113
Chronische exokrine
Pankreasinsuffizienz 115

10 Harnsystem (WILFRIED KRAFT) 117
Chronische Niereninsuffizienz ... 120
Akutes Nierenversagen 122
Nierentumoren 123
Entzündliche Krankheiten der
Harnwege 124
Harnblasentumoren 125
Harnkonkremente, Harnröhren-
obstruktion 125

11 Endokrinologie (WILFRIED KRAFT) 129
Diabetes mellitus 129
Hyperadrenokortizismus
(Cushing-Syndrom, Morbus
Cushing) 132
Morbus Addison
(Hypadrenokortizismus) 133
Hypothyreose 134
Hyperthyreose 135
Geschlechtsdrüsen 137

12 Nervensystem (ANDREA TIPOLD) .. 139
Einleitung 139
   Altersabhängige Veränderungen
   des ZNS bei Kleintieren 140
Neurologische Untersuchung 141
Lokalisation der Läsion im
Nervensystem 143
   Symptome bei Großhirn-
   erkrankungen 143
   Symptome bei Erkrankung des
   Hypothalamus 144

Symptome bei Hirnstamm-
erkrankungen 144
Symptome bei Erkrankungen
des Vestibularapparates 144
Symptome bei Kleinhirn-
erkrankungen 144
Symptome bei Rückenmarks-
erkrankungen 145
Symptome bei Erkrankung
peripherer Nerven 145
Spezialuntersuchungen 146
Die wichtigsten neurologischen
Krankheiten des alten Hundes
und der alten Katze 146
Vaskuläre Veränderungen 148
    Geriatrika 149
    Aortenthrombus 149
Entzündliche Erkrankungen des
ZNS 150
    Old-dog-Enzephalitis 150
    Chronische Form der
    Hundestaupe 150
    Bakteriell bedingte Entzündun-
    gen im ZNS 151
    Granulomatöse Meningoen-
    zephalomyelitis (GME) 152
    Feline infektiöse Peritonitis (FIP) 154
Metabolisch bedingte
ZNS-Erkrankungen 155
    Hypokaliämie 155
    Paraneoplastische Polyneuro-
    pathie 155
    Hypervitaminose A 156
    Thiaminmangel-Enzephalopathie 156
    Speicherkrankheiten 156
Idiopathische Erkrankungen des
ZNS 157
    Geriatrisches Vestibularsyndrom 157
    Epilepsien 157
Neoplasien im ZNS 159
    Gehirntumoren 159
    Rückenmarkstumoren 160
Degenerative Erkrankungen 160
    Geriatrische Taubheit 160
    Degenerative Myelopathie der
    großen Hunderassen 161
    Ankylosierende Spondylose ... 161

13 Krankheiten der Augen
(ANDREA MEYER-LINDENBERG) 163
Veränderungen der Lider 163
Erkrankungen des Tränenapparates 164
Veränderungen an der Kornea 165
Veränderungen der Iris 166
Erkrankungen der Linse 166
Veränderungen im Glaskörper ... 169
Veränderungen der Netzhaut 169
Okuläre Manifestationen von
systemischen Erkrankungen
beim alten Hund 170

14 Blut, Laboruntersuchungen
(WILFRIED KRAFT) 171
Blutkrankheiten 175
    Anämien 175

15 Tumorkrankheiten
(JOHANNES HIRSCHBERGER) 179
Tumorentstehung 179
Tumorwachstum 179
Zellwachstum 180
Altersverteilung 180
Tumordiagnose 181
Tumortherapie 183
    Grundlagen der Chemotherapie 183
    Dosierung 186
    Organdysfunktionen und
    Dosierung 187
    Chemotherapeutika 187
    Therapieprotokolle 187
    Toxizität 191
    Zytostatikatherapie beim
    geriatrischen Patienten 197
Spezielle Tumoren 199

16 Anästhesie beim alten Patienten
(MICHAELE ALEF und
GERHARD OECHTERING) 203
Narkoserisiko und Alter 203
Physiologische Alterungsprozesse 204
Konsequenzen für die Narkose-
führung 206
Praxis der Anästhesie beim alten
Patienten 207

17 Krankheitsprophylaxe
(WILFRIED KRAFT) 213
Regelmäßige Kontrollunter-
suchungen 213
Bewegung 214
Impfungen 214
Vorsorge bei Krankheitszeichen .. 215

**18 Ernährung alter Hunde und
Katzen** (ELLEN KIENZLE) 219
Energie 220
Protein 220
Mengenelemente 223
   Kalzium und Phosphor 223
   Magnesium 224
   Natrium 225
   Kalium 225
   Wasser 225
   Spurenelemente 225
   Vitamine 226
Ernährung bei speziellen
Problemen und Krankheiten
älterer Hunde und Katzen 227
   Adipositas 227
   Diabetes mellitus 229
   Appetitlosigkeit 230
      Sondenkost 230
   Obstipation 231
   Chronische Nierenerkrankungen 232
   Herzinsuffizienz 235
   Chronische Leberkrankheiten .. 236
   Tumoren 237

Literaturverzeichnis 239

Sachwortverzeichnis 249

Einführung

Wilfried Kraft

Was ist Alter?

> Alter ist keine Krankheit.
> Vielmehr gleicht die Jugend
> einem krankhaften Zustand,
> bei dem von Tag zu Tag
> eine spontane Besserung eintritt.
> Ilse Schwendenwein, 1996

Alter läßt sich als komplexer biologischer, physiologischer, per se aber keineswegs krankhafter Zustand des späten Lebensabschnittes kennzeichnen. Er geht mit zunehmend verminderter Anpassungsfähigkeit auf innere und äußere Belastungen (Streß) einher. Diese verminderte Adaptationsfähigkeit alter Individuen führt einerseits zu einer Einschränkung der physiologischen Funktionen, die schließlich so stark beeinträchtigt werden, daß die zum weiteren Leben erforderlichen physiologischen und biochemischen Vorgänge nicht mehr erfüllt werden können. Damit tritt der Tod ein. Ohne Krankheit geht das Leben auf diese Weise nicht schlagartig, sondern langsam zu Ende. Andererseits führt die verminderte Adaptationsbereitschaft gegenüber inneren und äußeren krankmachenden Einflüssen zu einer erhöhten Krankheitsbereitschaft. Diese Krankheiten können das Leben abkürzen, sei es, weil sie selbst zum Tode führen, sei es, weil sie das Fortschreiten der Funktionsstörungen beschleunigen.

Der Beginn des Alters läßt sich nicht festlegen. Bradley (1982) betont bei Tieren die Abhängigkeit des Alterns von Art, Rasse, Geschlecht, Umwelteinflüssen und Krankheit. Hofecker (1983, 1987) charakterisiert die Alterungsprozesse folgendermaßen: Sie treten universell auf, sind systemimmanent, progressiv und führen zur Funktionsminderung des Organismus. Dies bedeutet, daß sie bei allen alten Individuen einer Art gesetzmäßig entstehen; daß sie mit jeglichem Leben gewissermaßen gesetzmäßig vorausbestimmt sind; daß sie unumkehrbar fortschreiten und daß sie die Funktionsfähigkeit des Organismus kontinuierlich beeinträchtigen, so daß schließlich der Tod eintritt. Nach einem Ansteigen der Vitalität im Kindes- und Jugendalter kommt es im Erwachsenenalter zu einer langsamen Abnahme der Vitalität, bis die regressiven Veränderungen so deutlich werden, daß der letzte der Lebensabschnitte, das Alter oder die Seneszenz, eingetreten ist.

Da Alter per se keine Krankheit ist, läßt es sich per definitionem auch nicht behandeln. Insbesondere ist das Altern des Organismus nicht, wie früher angenommen, auf eine „Abnutzung" und Ansammlung von Krankheiten im Kinder- oder Welpen-, Jugend- und Erwachsenenstadium zu reduzieren. Damit ist zumindest derzeit und mit klassischen therapeutischen Methoden eine absolute Lebensverlängerung nicht zu erzielen. Wohl aber läßt sich eine Verbesserung der Gesundheit und des Wohlbefindens durch Behandlung und insbesondere durch Prophylaxe von Krankheiten und damit eine relative Verlängerung des Lebens erreichen, das andernfalls durch eben diese Krankheiten abgekürzt worden wäre.

Die derzeitige Möglichkeit besteht also in der möglichst vollständigen Ausschöpfung der – wie auch immer vorgegebenen – Lebensspanne, nicht in deren Verlängerung.

Eine ganze Reihe von Theorien sind zum Thema Alter und Altern, ihre physiologischen Grundlagen und Deutungsversuche erarbeitet und zum großen Teil wieder verworfen worden. Man hat sich schließlich in den Erklärungsversuchen der kleinsten Funktionseinheit der Gewebe und Organe, nämlich der Zelle, zugewandt. Unter dem Gesichtspunkt der Lebensdauer kann man zwei Zelltypen unterscheiden: die postmitotischen und die intermitotischen Zellen. Postmitotische Zellen können sich nach der Geburt nicht mehr teilen, damit nicht mehr vermehren und nach ihrem Untergang auch nicht ersetzt werden. Sie werden gewissermaßen mit dem Individuum alt. Ihr Untergang ist damit endgültig, mit ihrem Tod gehen ihre Funktionen ein für allemal verloren. Ihre Fähigkeiten können allenfalls von anderen, gleichartigen Zellen mehr oder weniger vollständig übernommen werden. Bekanntestes Beispiel sind die Nervenzellen. Intermitotische Zellen dagegen besitzen zeitlebens die Fähigkeit zur Zellteilung. Ihre Vermehrung während der Wachstumsperiode führt zum Größenwachstum des Individuums. Später werden hauptsächlich absterbende oder verbrauchte Zellen durch aus ihnen hervorgegangene jüngere Zellen ersetzt. Zu diesem Zelltyp gehören etwa Epidermiszellen, Schleimhautzellen und Blutzellen.

Charakteristisch für das Alter ist, daß intermitotische Zellen einer Verminderung ihrer Teilungsrate und ihrer Zahl unterworfen sind. Im Alter nehmen also die Anzahl der Zellen und die auf ihnen beruhenden Funktionen ab. Dies scheint auch für die postmitotischen Zellen zu gelten, obgleich auch anderslautende Untersuchungsergebnisse vorgelegt wurden. Die zugrundegegangenen Zellen werden im mittleren Alter durch Bindegewebe, im fortgeschrittenen Alter dagegen durch Fett ersetzt.

Wie Untersuchungen an Zellhybriden gezeigt haben, scheint dem Zellkern bei der Zellteilungszahl eine größere Rolle zuzukommen als dem Zellplasma. Dies wurde als ein Hinweis für eine Erblichkeit der Lebenserwartung und des Alterns verstanden.

Auch das Auftreten von zufälligen Transkriptionsstörungen während der Zellteilungen wurde zur Erklärung der Involution von Geweben herangezogen. Sofern diese Veränderungen repariert werden können, sind sie folgenlos. Sind sie jedoch schwerwiegend, so daß etwa die Synthese von Proteinen gestört ist, und nehmen sie überhand, kommt es zum Zelltod.

Viel wurde über die „potentiell unsterbliche Zelle" diskutiert, die sich in vitro unbeschränkt teilen könne. Dies wird mit Sicherheit bei der Krebszelle der Fall sein. Bei allen übrigen Körperzellen scheint die Teilungsfähigkeit von der Tierart, dem Alter des Gewebes und damit des Individuums, nicht zuletzt auch von den Kultivationsumständen abhängig zu sein. Anhand von menschlichen Fibroblasten konnte jedoch gezeigt werden, daß sie sich etwa fünfzigmal teilen. Danach erlischt die Teilungsfähigkeit. Bei anderen Spezies wurden davon abweichende Teilungsraten bemerkt, so bei der kurzlebigen Maus etwa zwanzig, bei der langlebigen Riesenschildkröte dagegen einhundert mehr.

Neben der verminderten Teilungsfähigkeit intermitotischer Zellen werden eine Ansammlung und schließlich „Überfüllung" durch Abfallprodukte des Zellstoffwechsels für den Untergang postmitotischer Zellen (Nerven-, Muskelzellen) und die Abnahme der Gewebsmasse beschuldigt. Im Vordergrund der Erklärungsversuche steht dabei das Lipofuszin, dessen Ursprung noch nicht sicher geklärt ist.

Eine weitere theoretische Grundlage des Zellalterns besteht in der postulierten vermehrten oder verstärkten Brückenbildung von Molekülen. Damit soll eine strukturelle Veränderung insbesondere des Kollagens und des Elastins einhergehen, wodurch die Elastizität sowie die Versorgung der Zellen mit Nährstoffen und Hormonen behindert werden.

Brace (1981) faßt die drei verbreitetsten Theorien zum Thema Altern zusammen. Die genetische Theorie faßt die Alterungsvorgänge als bereits zum Zeitpunkt der Befruchtung vorbestimmte Folge von Entwicklungen auf. Die unterschiedliche Zahl der Teilungsraten bei den verschiedenen Spezies spricht hierfür. Weiterhin wird postuliert, daß somatische Mutationen durch Schädigung der Erbsubstanz oder Veränderungen der Proteinsynthese zustande kommen, so daß die Zellfunktionen beeinträchtigt werden, wodurch die Zelle schließlich abstirbt. Eine weitere Theorie ist die Fehler-Katastrophen-Theorie. Danach sollen zunehmend zufällige Fehler der Transkription und Translation auftreten, die fehlerhafte Proteine zur Folge haben. Diese Anhäufung von Nonsensproteinen beeinträchtigt die Zelle in ihrer Vitalität und führt schließlich zu ihrem Absterben.

Alle diese Theorien haben die Zelle als Entstehungs- und Wirkungsort der Alterungsprozesse zur Grundlage. Bradley (1982) geht einen Schritt weiter, indem er die interzellulären Strukturen des Bindegewebes in seine Überlegungen einbezieht. Danach würden die chemischen und physikalischen Veränderungen besonders die Makromoleküle erfassen und auf diesem Wege den Zellstoffwechsel beeinträchtigen.

Eine andere Richtung verfolgen Quadri und Palazzolo (1991), die neuroendokrine Ursachen in den Vordergrund stellen. Bei der Ratte scheint erwiesen, daß die Gehirninvolution bei dieser Tierart für den Beginn des Alterungsprozesses verantwortlich ist.

Der Theorien sind also viele, wenig ist gesichert. Möglicherweise ist eine Synthese dieser unterschiedlichen Erklärungsversuche sinnvoll. Eines läßt sich allerdings feststellen: Die Altersvorgänge gehen einher mit einer Abnahme nahezu aller Körpergewebe mit Ausnahme, zumindest beim Hund, des Fettgewebes. Dies betrifft besonders das Bindegewebe, dessen Haltbarkeit gleichzeitig herabgesetzt ist, womit eine geringere Belastbarkeit und erhöhte Verletzungsgefahr verbunden ist.

Wann beginnt „Alter"?

Eine allgemein gültige Definition läßt sich nicht geben. Wie ein Blick auf die unterschiedlichen Lebenserwartungen von Wirbeltieren zeigt, bestehen ganz erhebliche speziesbedingte Unterschiede, die offenbar genetisch bestimmt sind. Beim Menschen wird als Zeitraum des Alterns die Spanne zwischen dem 50. und 65. Lebensjahr angenommen; jenseits der Zeitspanne des Alterns wird das Greisenalter angenommen. Erste Involutionserscheinungen werden jedoch bereits nach Abschluß der Wachstumsphase, also zwischen zwanzig und dreißig Jahren, bemerkt. Sie betreffen vor allem die Muskelleistung, die Herzkreislaufleistung, die Nierenfunktion, die Knochenmasse, die bei Frau und Mann unterschiedlich stark abnimmt und jenseits des 50. Lebensjahres besonders bei der Frau ausgeprägt zurückgeht, die respiratorischen Kapazitäten, zum Teil auch die Verdauungsenzyme und bekannterweise die Fortpflanzungsfähigkeit.

Inwieweit das Immunsystem beim Menschen altert, ist offenbar noch nicht abschließend zu beurteilen. Der Thymus erfährt schon sehr frühzeitig eine Involution. Trotzdem wird die größte Aktivität des Immunsystems im frühen Erwachsenenstadium festgestellt; dies gilt auch für die untersuchten Labornager. Im Alter kommt offenbar keine Abnahme der B- und/oder T-Lymphozytenzahl, wohl aber ihrer Aktivität, zustande. Die Stammzellen sind ebenfalls nicht vermindert. Allerdings nehmen IgM und IgE ab, während IgA erhöht und IgG unverändert sind (Weksler, 1982). Nach

Weksler (1980, 1982), Finkelstein (1984) und Erdmann (1984) sinkt die Aktivität des Immunsystems mit zunehmendem Alter ab. Die Makrophagenfunktion und ihre Interleukin-1-Sekretion nehmen ebenfalls ab, so daß die T-Lymphozytenaktivierung vermindert ist. Dies wiederum führt zu einer Herabsetzung der B-Lymphozytenaktivierung.

Aus diesen Vorgängen folgert man eine erhöhte Anfälligkeit gegenüber Infektionskrankheiten im Alter. Walford (1974) hat die Verminderung der Immunantwort geradezu als eine der Ursachen für die Alterung eines Individuums verdächtigt. Auch die erhöhte Tumorinzidenz im Alter wird zumindest teilweise dieser Defizienz der Immunantwort zugeschrieben.

Allerdings wird die erhöhte Infektanfälligkeit der alten Menschen nicht nur auf die Immundefizienz zurückgeführt. Eine Reihe weiterer Ursachen werden angenommen oder sind auch nachgewiesen. Hierzu gehören eine veränderte Darmfunktion, Mangelernährungen, Dehydratation, Kreislaufinsuffizienzen mit Durchblutungsstörungen, Immobilität sowie einige spezielle Ursachen wie Harninkontinenz, das Legen eines Harnblasenkatheters, Lungenemphysem, starrer Thorax, Herzklappenverkalkung und Dekubitus, ferner Diabetes mellitus (Garibaldi, 1981).

Während spezifische Antikörper gegen Fremdantigene im Alter weniger gebildet werden, nehmen andererseits mit zunehmendem Alter Autoimmunkrankheiten zu. Sie werden auf eine vermehrte Bildung von Autoantikörpern zurückgeführt, deren Ursache wiederum in einer Störung der DNA-Synthese gesucht wird (Felser, 1983). Warum diese vermehrte Autoantikörperbildung im Alter auftritt, ist letztlich unklar.

Die postmitotischen Zellen des Nervensystems zeigen im Bereich der Großhirnrinde beim Menschen schon im jugendlichen Alter eine erste Abnahme der Dichte. Im Alter wird vermehrt Lipofuszin vorgefunden, und in einigen Gebieten wird eine Rückbildung der Dendriten beobachtet. Auch die Sinnesorgane sind beim Menschen bereits früh in Alterungsprozesse einbezogen, wie sich beispielsweise an den schon im Kindesalter beginnenden Akkomodationsabnahmen der Linse erkennen läßt.

Bedeutungsvoll für das Altern und den zunehmenden Verlust von Zellfunktionen soll auch die Zunahme der Sauerstoffradikale sein. Dadurch werden Zellorganellen beschädigt, so daß schließlich die Lebensfunktionen nicht aufrecht erhalten werden können und die Zelle abstirbt.

Insgesamt ist festzustellen, daß sich feste Grenzen zwischen den drei Lebensabschnitten Wachstum – Reife – Alter nicht ziehen lassen, daß vielmehr die verschiedenen Organsysteme und Gewebe unterschiedlich früh in den Alterungsprozeß einbezogen sind und darüber hinaus noch individuelle Verschiedenheiten bestehen.

Bei Hund und Katze lassen sich noch weniger exakte Zeitangaben machen. Bei diesen Spezies beeinflussen die Rasse oder/und die Größe das Altern ganz erheblich. So ist allgemein bekannt, daß Riesenrassen wesentlich früher alt werden und im allgemeinen eine deutlich geringere Lebenserwartung haben als Hunde mittlerer Größe. Goldston (1989) hat in einer Umfrage(!) unter amerikanischen Klinikern und praktischen Tierärzten ermittelt, daß kleine Hunde am spätesten, nämlich mit 11,48 +/−1,86 Jahren, „geriatrisch" würden, während Riesenrassen bereits mit 7,46 +/−1,27 Jahren in dieses Lebensstadium eintreten. Man kann im Zweifel sein, ob eine solche Umfrage mit einer derartigen Festlegung (Berechnung auf zwei Kommastellen!) in der Lage ist, ein einigermaßen objektives Ergebnis zu erbringen. Immerhin ergibt diese Umfrage einen Hinweis auf die tägliche „Erfahrung". Goldston definiert das Altern als einen komplexen biologischen Prozeß, der zu einer fortschreitenden Verminderung der Fähigkeit eines Individuums führt, die Homöostase unter inter-

Einführung

nen physiologischen und externen Umweltstreßsituationen aufrecht zu erhalten. Dabei wird die individuelle Lebenskraft vermindert und die Anfälligkeit gegenüber Krankheit erhöht, so daß der Tod eintreten kann.

Hofecker (1996) weist darauf hin, daß exakte Untersuchungen bei Hund und Katze weitgehend fehlen und daß die Erforschung der Altersveränderungen hauptsächlich vom Menschen und den kleinen Labortieren auf Hund und Katze übertragen worden sind. Er beschreibt die Altersveränderungen folgendermaßen:

- Sie haben ein unterschiedliches Ausmaß und dürften asynchron verlaufen.
- Am auffallendsten ist die Veränderung des Verhältnisses von Fett und Körperwasser, indem das Wasser – insbesondere das intrazelluläre – um ca. 10 % abnimmt.
- Die Zellmasse, insbesondere von Niere, Leber und Muskeln, nimmt ab.
- Die Hirnfunktionen sind nur unwesentlich vermindert.
- Atmungs-, Kreislauf- und Nierenfunktion nehmen bis zu 30–50 % ab.
- Die maximale Sauerstoffaufnahme ist auf etwa 40 % vermindert.
- Die Immunfunktionen des Thymus sind eingeschränkt.

In eigenen Untersuchungen zur Einschätzung, wann ein Individuum „alt" werde, wurde diesem größe- und damit zu einem gewissen Grad rassebeeinflußten unterschiedlichen Altern der Hunde in dem in Abbildung 1.1 dargestellten Modell Rechnung getragen, wobei als Vergleich das Alter des Menschen zugrunde gelegt wurde. Als Alterskriterien wurden herangezogen:

- verminderte Leistungsbereitschaft
- erhöhtes Ruhe- und Schlafbedürfnis

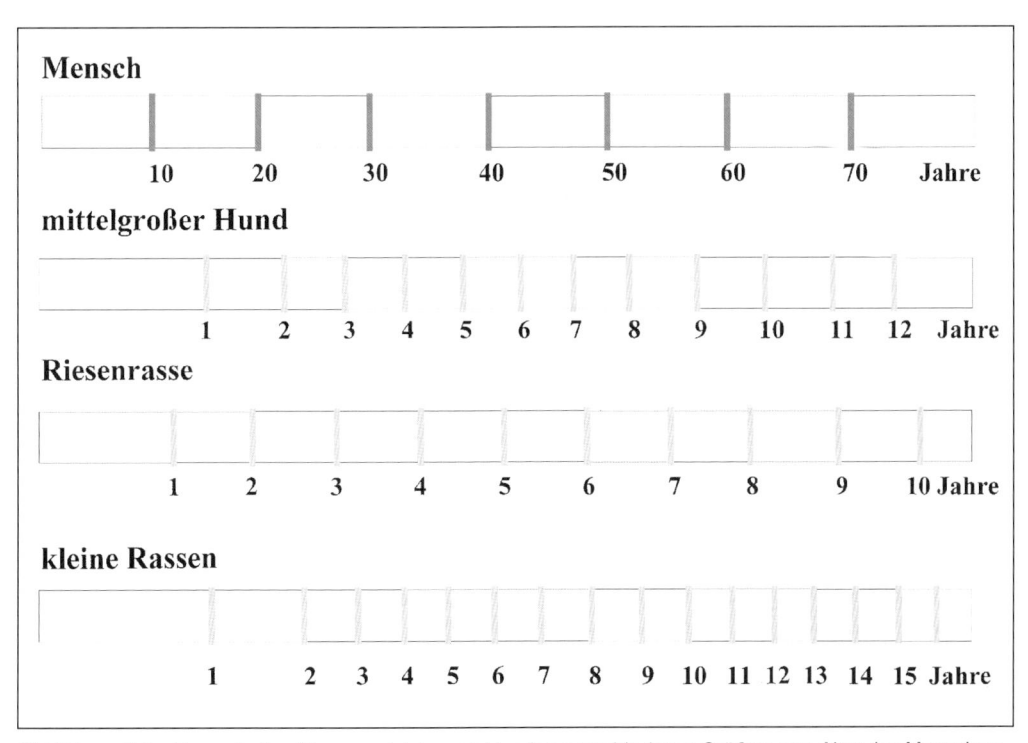

Abbildung 1.1 Versuch des Altersvergleichs von Hunden verschiedener Größen zum Alter des Menschen

- vermindertes Bewegungsbedürfnis jeweils bei gesunden Individuen
- Altersphysiognomie
- Ergrauung des Haarkleids
- Ansteigen der Multimorbidität

Diese Kriterien wurden anhand des Vorberichts (erste drei Kriterien) und der klinischen Untersuchung (letzte drei Kriterien) beurteilt. Auch diese rein empirische Einteilung ist stark abhängig von subjektiver Einschätzung und damit nicht kritiklos zu betrachten.

Ein weiterer Hinweis auf „beginnendes Altern" kann möglicherweise auch aus dem Verlauf der „Multimorbiditätskurve" erhalten werden. Darunter wird der Verlauf der Kurve verstanden, die die Anzahl der Krankheiten pro Individuum, bezogen auf das Lebensalter, anzeigt.

Sie steigt beim Hund bis zum Erreichen des Lebensalters von sechs Jahren kontinuierlich, jenseits von sechs Jahren jedoch stärker und danach jenseits von neun Jahren noch einmal steiler an. Danach zu urteilen, wäre also „beginnendes Alter" beim Hund mit sechs Jahren zu erwarten, „fortgeschrittenes Alter" mit neun Jahren (s. Abb. 1.2, S. 11).

Bei der Katze läßt sich anhand der Multimorbiditätskurve keine so eindeutige Aussage treffen (s. Abb. 1.3, S. 12). Die Kurve steigt nahezu gleichmäßig an. Erst mit elf Jahren ist ein Knick nach oben festzustellen. Bei noch älteren Katzen erfolgt zunächst ein wiederum gleichmäßiger Anstieg, bei über Fünfzehnjährigen dagegen sogar eher wieder ein Rückgang.

Das Altern der Population einer Spezies kann also einigermaßen definiert werden. Danach beginnt das Altern beim Hund, abhängig insbesondere von der Rasse oder Größe, zwischen dem siebten bis zehnten Lebensjahr. Bei der Katze dürften offensichtliche Alterserscheinungen eher jenseits des elften Lebensjahres beginnen. Wann ein bestimmtes Individuum altert, läßt sich jedoch nicht sicher voraussagen. Gerade bei Katzen findet man bisweilen weit über 15 Jahre alte Tiere, die keinerlei offensichtliche Anzeichen einer Alterung aufweisen.

Offenbar sind folgende Kriterien maßgeblich:
- Rasse, Größe (große Rassen werden früher „alt" und sterben früher)
- Fütterung (adipöse Tiere altern und sterben früher)
- Haltungsformen („natürlich" gehaltene Tiere leben länger, allerdings haben Freiläufer, insbesondere bei Katzen, eine kürzere Lebenserwartung als reine Stubentiere)
- individuell, spezies- oder rassespezifisch erhöhte Krankheitsbereitschaft

Physiologische Alterungsvorgänge

Verläßt man sich auf Literaturangaben, so spielen offensichtlich drei Systeme des Organismus beim Alterungsprozeß und den daraus sich ergebenden Folgen zentrale Rollen. Dies sind das Nervensystem, das Immunsystem und das endokrine System. In den Nervenzellen wird vermehrt Lipofuszin in den Neuronen abgelagert (Vandefelde und Fatzer, 1980; Ferrer u. M., 1993). Suzuki u. M. (1978) fanden in Neuronen alter Hunde Einschlußkörperchen, die Ähnlichkeit mit Lafora-Einschlüssen aufwiesen. Keiner der untersuchten Hunde zeigte jedoch neurologische Symptome. Eine meningeale Fibrose fanden Ferrer u. M. (1993) bei über 14 Jahre alten Hunden. Sie beschreiben ubiquitinimmunreaktive Granula in Neuronen sowie in der weißen Substanz, wie sie auch bei Menschen vorkommen, die an Morbus Alzheimer oder an Morbus Parkinson leiden, die allerdings auch bei Gesunden gefunden werden können. Darüber hinaus scheinen auch die Neurotransmitter zuzunehmen, während Acetylcholinesterase und Serotonin abnehmen. Ob auch bei Hund und Katze eine verminderte Sauerstoffversorgung des alternden Gehirns wie beim Menschen besteht, ist offensichtlich noch nicht ausreichend erforscht.

Wenig ist bei Hund und Katze über die Alterung des Immunsystems bekannt, vieles wird vermutet, behauptet, als gegeben hingenommen. Die meisten Forschungsergebnisse wurden bei Labortieren gewonnen. Ob diese Ergebnisse auf Hund und Katze übertragen werden können, ist fraglich, jedoch nicht ausgeschlossen, da das Immunsystem phylogenetisch alt ist. Allerdings werden schon deutliche Unterschiede zwischen Vögeln und Säugetieren festgestellt (Warner, 1987).

Jüngere Hunde zeigten eine intensivere humorale Immunantwort nach intravenöser Injektion von Antigen. Dies stimmt überein mit der Beobachtung von Kleinman und Lewis (1983), wonach die Lymphozyten jüngerer Mäuse in vitro aktiver Antigen gegen verschiedene Bakterien bilden als die älterer Tiere. Zudem teilten sich die Lymphozyten älterer Mäuse langsamer. Eine verminderte Funktionsfähigkeit der B-Zellen und der T-Helferzellen wurde von Flinchum (1981) ebenfalls bei Mäusen festgestellt. Er führt die verminderte Immunantwort im Alter hierauf zurück. Dagegen unterliegt das Immunsystem bei Hühnern nur geringen Alterseinflüssen (McCorkle u. M., 1977). Zwar ist die Zahl der B-Lymphozyten vermindert, ihre Funktion bleibt jedoch voll erhalten.

Beim Hund besteht der Eindruck, daß das Immunsystem zur Zeit der Geschlechtsreife die höchste Potenz entwickelt. Danach unterliegt es einem stetigen Rückgang, wobei den T-Lymphozyten offenbar die größere Bedeutung in der Involution zukommt (Banks, 1981). Eine Schlüsselrolle scheint dabei dem Thymus zuzukommen, der nach der Pubertät infolge der vermehrten Sekretion steroidaler Hormone einer zunehmenden Involution unterliegt. Dabei ist der Rückgang T-Zell-abhängiger Antikörper stärker ausgeprägt als der T-Zell-unabhängiger. Auch Banks ist der Auffassung, daß die altersbedingte Abnahme der Funktion des Immunsystems vorwiegend auf eine Insuffizienz und Fehlleistung der T-Helferzellen und weniger der B-Lymphozyten zurückzuführen sei. Beim Menschen ist der Anteil der T-Helferzellen erhöht, während die zytotoxischen T-Zellen abnehmen (Makinodan und Kay, 1980). Auf die reduzierte Fähigkeit zur Immunantwort wird auch die in späteren Lebensjahren vermehrte Bereitschaft zur Erkrankung an Tumoren zurückgeführt. Diese Häufung der Krankheitsinzidenz wird wie beim Menschen auch bei Hund und Katze gefunden (Beelitz, 1988; Trimborn, 1989; Pauling, 1990; Kraft u. M., 1990). Im Gegensatz dazu wurden in den Untersuchungen dieser Autoren Infektionskrankheiten häufiger bei Jungtieren gesehen. Möglicherweise spielen bei der Altersverteilung von Infektionskrankheiten jedoch noch eine Reihe anderer Faktoren, wie Haltungsgewohnheiten und insbesondere Impfungen, eine erhebliche Rolle. Dagegen soll nach Mosier (1989), zit. nach Hosgood (1995), aufgrund der von Tizard und Warner (1987) festgestellten Verminderung der Phagozytose und Chemotaxis eine Erhöhung der Empfänglichkeit für Infektionskrankheiten bei geriatrischen Tieren festzustellen sein – eine Behauptung, die aus der Originalarbeit jedoch nicht hervorgeht. Gsell (1990) betont jedoch, daß die Infektionskrankheiten auch beim alten Menschen nicht so selten vorkommen, wie häufig behauptet werde, und daß insbesondere die „Mortalität" viel zu oft vernachlässigt werde. Allerdings bestehen auch beim Menschen mehr Vermutungen als gesicherte Erkenntnisse, warum dies so sei; vermutet werden hauptsächlich Insuffizienzen der spezifischen Abwehr durch das lymphozytäre System (ohne daß dies näher belegt wird), während die unspezifische Abwehr durch mononukleäre Phagozyten keine

„wichtigen funktionellen Störungen" aufzuweisen „scheinen" (Cuny u. M., 1995).

Andererseits nehmen die Autoimmunkrankheiten im Alter eindeutig zu, ja, man kann Autoimmunkrankheiten geradezu als Alterskrankheiten bezeichnen. Beim Menschen nimmt die Fähigkeit zur Bildung spezifischer Antikörper gegen Fremdantigen ab, während die Bildung von Antikörpern gegen körpereigene Antigene zunimmt. Damit verknüpft ist die Erhöhung zirkulierender Immunkomplexe. Warum diese Veränderung des Immunsystems stattfindet, ist unklar. Ebenso unklar ist, wie sich die Situation bei den Haustieren entwickelt.

Folgen der Altersinvolution

Im Alter nimmt die Körpermasse durch Reduktion nahezu aller Gewebe ab. Eine Ausnahme bildet (jedoch nicht bei der Katze) das Fettgewebe, das die verlorengegangene Gewebsmasse teilweise ersetzt, so daß im allgemeinen – außer bei Futterverweigerung oder Mangelernährung – kein Gewichtsverlust beobachtet wird. Insbesondere das Bindegewebe, seine Elastizität und seine Permeabilität für körpereigene (Hormone, Elektrolyte, Energieträger) sowie für exogene Substanzen (Arzneimittel) nehmen ab. Ebenso ist seine Widerstandskraft gegenüber traumatischen Einflüssen herabgesetzt. Dadurch sind Verletzungen leichter möglich, wobei die Heilungstendenz abnimmt.

Die Verminderung postmitotischer Nervenzellen oder zumindest ihr Altern dürfte wohl auch bei Hund und Katze schon sehr früh beginnen. Mit zunehmendem Alter zeigen sich besonders beim Hund Veränderungen des Verhaltens, die nicht krankhaft sein müssen, sondern eher mit verminderter Folgsamkeit, oft Mürrischkeit, insgesamt verlangsamten Reaktionen auf die Umwelt einhergehen. Hunde scheinen früher Erlerntes vergessen zu haben, obwohl das Langzeitgedächtnis im allgemeinen nicht gestört ist. Neues wird nicht oder nur schwer hinzugelernt. Die Tierhalter berichten dann oft von Eigenwilligkeit und „Sturheit". Es zeigt sich ein zunehmendes Schlafbedürfnis. In manchen Fällen ist der Schlaf-Wach-Rhythmus verändert. Oft wird der Schlaf unterbrochen, die Tiere sind unruhiger als früher, was außerordentlich störend sein kann und die Tierhalter zum Tierarztbesuch veranlaßt. Durch die Abnahme von Osmorezeptoren im Hypothalamusbereich entsteht ein vermindertes Durstgefühl und damit eine herabgesetzte Wasseraufnahme. Diese Hypodipsie verstärkt die Tendenz zur Dehydratation im Alter, die dann krankhafte Folgen haben kann. Wenn diese Verhaltensänderungen zwar beim Hund, weniger jedoch bei der Katze beobachtet werden, so dürfte dies vorwiegend am für diese Tierart spezifischen Verhaltensmuster liegen.

Der Verlust von Muskelzellen als einer der postmitotischen Zellarten schreitet ebenfalls mit zunehmendem Alter fort. Die Muskelzellatrophie geht mit Fibrose einher. Die körperliche Leistungsschwäche älterer und alter Tiere ist zum Teil auf diese Involution zurückzuführen.

Auch die Knochenmasse reduziert sich (Jaworski u. M., 1980; Weigel und Alexander, 1982). Die Substantia corticalis wird dünner, die Knochenstruktur dichter. Das Ergebnis ist eine Osteoporose, die noch durch erhöhte Inaktivität besonders großer und adipöser Individuen gefördert wird. Die Veränderungen lassen sich schließlich röntgenographisch nachweisen: scharfe Abgrenzung der Spongiosa zum kortikalen Bereich, trabekuläres Muster, weite Markhöhlen, dünnere Compacta. Die Havers-Kanäle verbreitern sich, und die Blutgefäße sklerosieren. Ursächlich in Frage kommen sollen:

- erhöhte Osteoklastenaktivität mit verstärkter endostaler Resorption
- verminderte Osteoblastenfunktion mit verringerter Knochenneubildung

- verminderte Mineralisation infolge geringerer Verfügbarkeit von Kalzium

Letzteres wird besonders durch eine verminderte Kalziumresorption im Darm bewirkt. Bei der Frau kommt besonders der Rückgang der Östrogensekretion nach der Menopause hinzu. Im höheren Alter nehmen darüber hinaus Kalzitriol ab und die Parathormonsekretion zu (Gallagher, 1980). Ob diese Vorgänge bei Hund und Katze eine wesentliche Rolle spielen, ist nicht gesichert. In der Literatur werden sie jedoch stillschweigend vom Menschen auf das Tier übertragen. Durch krankhafte Zustände wie Hyperadrenokortizismus (Cushing-Syndrom), auch dem iatrogenen, evtl. auch durch Diabetes mellitus können Osteoporosen jedoch gefördert werden, wie klinische Krankheitsbilder zeigen. Auch der renale sekundäre Hyperparathyreoidismus kommt besonders im Alter vor und führt zu erheblichen Veränderungen der Kalziumresorption und Kalziumausscheidung und zu Osteofibrose.

Gelenkerkrankungen werden im Alter häufiger gesehen als bei jungen Tieren. Nach Weigel und Alexander (1981) liegen degenerative Erscheinungen am Gelenkknorpel zugrunde mit fokaler Schwellung der Knorpelmatrix. Die Elastizität ist in einem Verlust an Chondroitinsulfat begründet.

Die Zwischenwirbelscheiben alter Beagles erwiesen sich nach Cole u. M. (1986) als ärmer an Proteoglykanen, die jedoch ein höheres Wasserbindungsvermögen als die jüngerer Hunde erkennen ließen. Der Grund wird in einer geringeren Stoffwechselaktivität gesehen.

Alte Tiere zeigen eine Erhöhung der Streßanfälligkeit. Offensichtlich reagiert das Hypophysenvorderlappen-Nebennierenrinden-System sowie das autonome Nervensystem nicht mehr adäquat auf äußere und innere Stressoren. Es besteht eine Tendenz des Überwiegens durch das ACTH-Cortisol-System. Dadurch ist die erste Reaktionsphase des Streß' nach Selye überbetont zuungunsten der zweiten Phase der Streßüberwindung. Wie früher dargestellt, liegt eine erhöhte Infektbereitschaft vor. Sie wird unterstützt durch eine herabgesetzte Phagozytosefähigkeit. Insgesamt nimmt die Reaktionsfähigkeit auf Umwelteinflüsse ab.

Alte Tiere haben wie alte Menschen oft ein geringeres Bewegungsbedürfnis. Dies wird durch Rasseeigentümlichkeiten (Bernhardiner, Neufundländer) und bereits vorliegende Adipositas oder auch durch Krankheiten bisweilen noch verstärkt. Darüber hinaus sinkt der Grundumsatz ab. Bewegungsarmut und verminderter Grundumsatz senken den Energiebedarf. Er kann bei alten Individuen um 20 bis 40 % geringer sein als bei gesunden jungen. Manche Tiere reagieren im Alter mit verminderter Futteraufnahme. Dies ist allerdings nicht immer der Fall. Da nahezu alle Körpergewebe und Organe mit Ausnahme der Fettzellen eine Involution erfahren, tendieren alte Tiere zur Adipositas mit der Folge der Übergewichtigkeit und daraus resultierender Kreislaufbelastung. Daher muß bei alten Individuen die Fütterung auf den verminderten Bedarf eingestellt werden. Generell kann gesagt werden, daß der Energiebedarf abnimmt, während der Proteinbedarf steigt.

Im Herzen nimmt die Lipofuszin- und Fettablagerung (Munnell und Getty, 1968) zu, ebenso die Tendenz zur Hypertrophie. Mikroskopisch läßt sich eine steigende Arteriosklerose feststellen (Valtonen, 1972; Detweiler u. M, 1968). An den Herzklappen werden Mukopolysaccharide abgelagert mit der Tendenz zur Fibrose. Insgesamt wird die Durchblutung vermindert. Die Folgen sind Herabsetzung der Herzleistungsfähigkeit, Abnahme der Frequenzsteigerung bei Belastung und des Herzzeitvolumens. Hinzu kommt eine verminderte Elastizität des Gefäßsystems mit einer Tendenz zur Steigerung des peripheren Widerstand und zum Bluthochdruck. Während diese Verhältnisse beim Menschen gut geklärt sind, bestehen noch erhebliche Lücken beim Hund und besonders bei der Katze.

In den tiefen Atemwegen nimmt die Fähigkeit der Sekretion ab. Die Folge ist ein zäheres Sekret (Dyskrinie). Auch die Zilien verlieren ihre Funktion zum Teil. Insgesamt resultiert eine verminderte Fähigkeit zur Clearance eingedrungener Mikrofremdkörper oder Krankheitserreger. Die Folge ist eine Tendenz zur chronischen obstruktiven Pneumopathie. Die Vitalkapazität ist herabgesetzt. Die Schwelle zur Auslösung des Hustenreizes ist erhöht. Das Interstitium ist als Zeichen einer vermehrten Bindegewebsbildung in der Röntgenaufnahme oft verstärkt dargestellt.

Im Digestionstrakt fallen die ganz ausgeprägten Veränderungen der Mundhöhle besonders auf. Die Demineralisation des Kiefers führt häufig zu Zahnverlusten. Daneben bestehen zahlreiche Krankheiten der Zähne und des Zahnfleischs – mindestens zum Teil Ergebnis unsachgemäßer Fütterung, aber auch der Störungen des Immunsystems. Die Neuronen des Schlundes sollen sich mit dem Alter vermindern mit der Folge eines Tonusverlusts. Veränderungen der Magenschleimhaut, der Leber und des Pankreas führen zu einer Beeinträchtigung der Verdauungsfunktionen. Allerdings werden diese Veränderungen in der Regel nicht manifest, es sei denn es kommen Krankheiten hinzu.

Bei alten Tieren kommt eine zunehmende Involution der Nierenfunktion mit Verdickung der Membranen zustande, insbesondere der Bowmanschen Kapsel. Auch soll eine Sklerosierung der Blutgefäße und damit eine schlechtere Durchblutung stattfinden (Mosier, 1989), wobei allerdings mehr vom Menschen auf das Tier geschlossen wird, als daß gesicherte Erkenntnisse vorliegen. Eine fortschreitende interkapilläre Sklerose führt zu einer Funktionsbeeinträchtigung der Basalmembran, an deren innerer Oberfläche Plasmaproteine abgelagert werden.

Die glomeruläre Filtrationsrate nimmt ab, auch deshalb, weil eine zunehmende Zahl von Nephronen atrophiert und weil ein erhöhter interstitieller Druck auftritt. Hinzu kommt die verminderte Durchblutung infolge allgemeiner Verminderung der Kreislauffunktion. Strasser u. M. (1997) konnten jedoch bei bis zu neun Jahre alten Beagles keine Abnahme der Nierenfunktion feststellen. Wie sich diese Funktionen in höherem Alter entwickeln, ist jedoch unbekannt.

Endokrinopathien sind in den meisten Fällen Alterskrankheiten. In einigen Fällen, wie bei der Hypothyreose des Hundes, konnten Immunopathien zumindest in einem Teil der Fälle als Ursachen dargestellt werden. Die Entwicklung dieser Immunopathien braucht Zeit, so daß ihr Auftreten im Alter verständlich ist. In anderen Fällen sind Endokrinopathien Ausdruck der Alterungsvorgänge im Gehirn oder aber einer verminderten Ansprechbarkeit der peripheren Rezeptoren. Die Abnahme von Hormonen im Alter wird kontrovers diskutiert. In eigenen Untersuchungen konnte keine Abnahme der Schilddrüsenhormone festgestellt werden, während Reimers u. M. (1990) bei über sechs Jahre alten Hunden eine Verminderung von Thyroxin feststellten, während Trijodthyronin bei alten Hunden sogar noch minimal höher lag als bei Hunden jüngeren Alters. In eigenen Untersuchungen konnte keine Abnahme der Schilddrüsenhormone festgestellt werden, während Reimers u. M. (1990) bei über sechs Jahre alten Hunden eine Verminderung von Thyroxin fanden, wohingegen Trijodthyronin bei alten Hunden sogar noch minimal höher lag als bei Hunden jüngeren Alters. Andere Hormone (Geschlechtshormone, auch wenn sie nicht in dem Maße abnehmen wie etwa beim Menschen) nehmen mit dem Alter ab; dagegen soll zumindest bei einigen Hunderassen eine Tendenz zu vermehrter Sekretion von Kortisol bestehen, was Reimers u. M. (1990) jedoch nicht bestätigen können.

Multimorbidität im Alter

Das Auftreten gleichzeitig mehrerer Krankheiten wird als Multimorbidität bezeichnet. Die Krankheiten können unabhängig auftreten, aber auch als Folgen vorausgegangener Krankheiten entstehen. Dabei ist es im Einzelfall unsicher zu entscheiden, inwieweit tatsächlich eine Unabhängigkeit besteht oder ob nicht doch Krankheitsbilder auseinander hervorgegangen sind.

Wie eigene Untersuchungen gezeigt haben (Beelitz, 1988; Trimborn, 1989; Pauling, 1990; Kraft, 1978; Kraft u. M., 1990), werden sowohl beim Hund als auch bei der Katze im Alter eindeutig mehr Krankheiten diagnostiziert als bei jüngeren Tieren (Abb. 1.2 und 1.3). Ihre Häufung ist auf die verminderte Adaptationsfähigkeit älterer Individuen zurückzuführen. Die Multimorbidität im Alter kann auf drei Ursachengruppen zurückgeführt werden (Kraft, 1978):

- Krankheiten, die in jedem Alter auftreten können
- Krankheiten, die vorzugsweise im Alter auftreten
- Krankheiten, die in jüngeren Lebensabschnitten aufgetreten, nicht ausgeheilt, also chronisch geworden sind, also gewissermaßen „mit dem Patienten alt geworden" sind

Wie die Abbildungen 1.2 und 1.3 zeigen, nimmt die Krankheitshäufigkeit mit steigendem Alter zunächst kontinuierlich zu. Dabei ist beim Hund ein Knick nach oben, also eine stärkere Zunahme der Krankheitszahl, um das sechste Jahr festzustellen. Dieser Knick wurde in insgesamt drei eigenen Untersuchungen immer wieder beobachtet. Es kann darüber diskutiert werden, ob diese Häufung ein Ausdruck verminderter Adaptationsfähigkeit an innere und äußere Belastung und damit als ein Kriterium für den Beginn des dritten Lebensabschnittes zu sehen ist. Bei der Katze ist ein solcher Knick erst mit elf Jahren zu erkennen. Wie die Abbildungen 1.4 und 1.5 verdeutlichen,

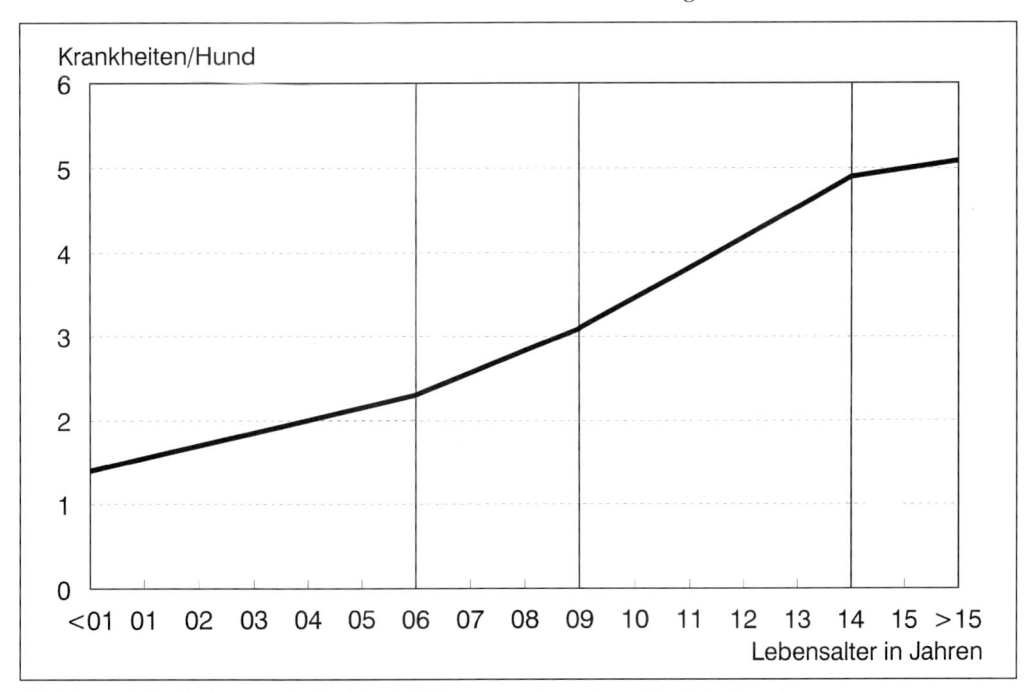

Abbildung 1.2 Steigerung der Multimorbidität mit zunehmendem Alter beim Hund

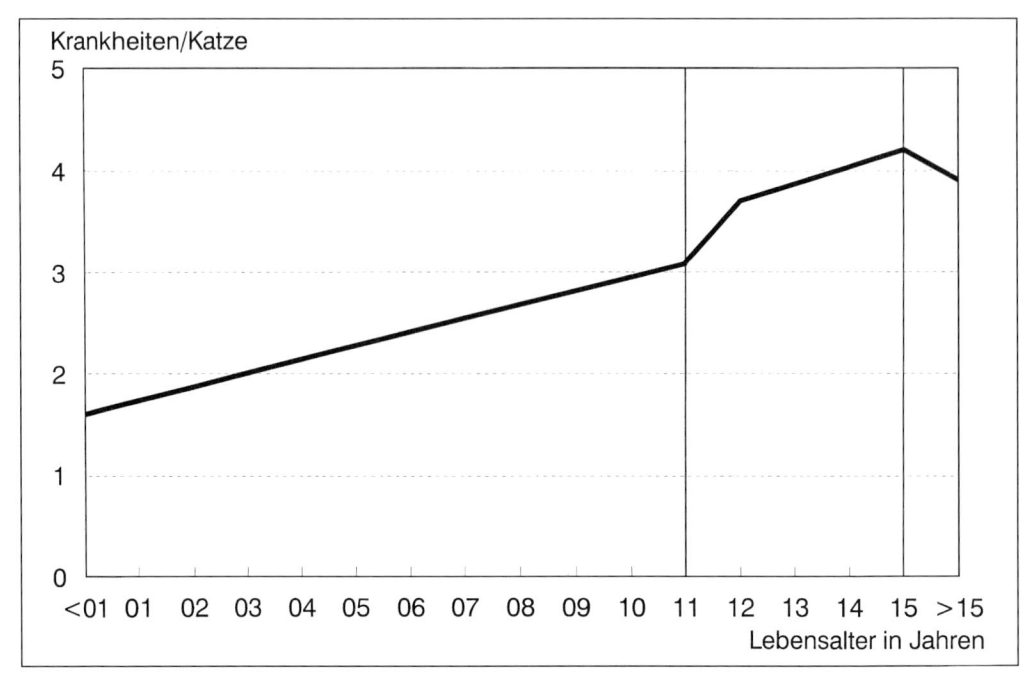

Abbildung 1.3 Steigerung der Multimorbidität mit zunehmendem Alter bei der Katze

zeigen Hunde im höheren Alter durchschnittlich bis zu 1,2 Krankheiten mehr als Katzen, die in der höchsten Altersstufe über 15 Jahre durchschnittlich 3,9 Krankheiten pro Patient aufwiesen.

Ob ein Merkmal oder eine Krankheit im Alter gehäuft vorkommt, wird mit der Altersstandardisierung ermittelt. Die direkte Altersstandardisierung fragt, wie häufig ein Merkmal oder eine Krankheit in verschiedenen Gruppen von Probanden vorkommt, wenn die Altersstruktur gleich wäre. Man berechnet sie dann mit der Formel

$$y' = \frac{(x_j \times y_j)}{x_j}$$

wobei y' der Mittelwert des Merkmals (der Krankheit), x_j die Zahl der Personen in der betroffenen Altersgruppe und y_j die Ausprägung des Merkmals (der Krankheit) ist. ($_j$ bedeutet die jeweilige oder „$_j$-te" Altersgruppe).

Von der Altersmultimorbidität als Häufung voneinander unabhängiger Krankheiten muß die Häufung abhängiger Krankheiten im Alter unterschieden werden. Hierunter werden Krankheiten verschiedener Organe und Gewebe als sekundäre Folge einer Grundkrankheit verstanden. Als Beispiel des Auftretens mehrerer voneinander unabhängiger Krankheiten im Alter seien folgende zufällige Kombinationen von Krankheiten genannt:

- Kardiomyopathie
- Otitis externa chronica
- Stomatitis/Gingivitis
- Zystitis

Voneinander abhängig sein können folgende Krankheiten:

- kongestive (dilatative) Myokardiopathie
  – Blutvolumenzunahme
  – Bluthochdruck
  – Lungenkongestion
  – Hypoxämie, Hypoxie
  – Niereninsuffizienz
  – Hepatopathie

- Darmfunktionsstörung
- Hydrops ascites
- und andere

Während im ersten Beispiel eine Vermehrung von Krankheiten vorliegt, die ursächlich nicht miteinander verbunden sind, handelt es sich im zweiten um eine Grundkrankheit, eben die kongestive Herzinsuffizienz. Im ersten Fall müssen alle Krankheiten nebeneinander behandelt werden. Dagegen heilen im zweiten Falle der kongestiven Herzinsuffizienz die Folgekrankheiten ab, wenn die Grundkrankheit erfolgreich behandelt wird.

In einer prospektiven Studie fand Trimborn (1990) bei der Untersuchung von 1143 Katzen im höheren Alter überdurchschnittlich häufig folgende krankhafte Zustände:

- tumoröse Formen der Leukose, wobei eine zunehmende Negativität des Antigennachweises festzustellen ist
- FIV-Infektionen
- nichtentzündliche Hautkrankheiten
- hypertrophische Kardiomyopathien
- chronische Krankheiten des Respirationstrakts
- Krankheiten der Mundhöhle und – in einigem Abstand – des übrigen Gastrointestinaltrakts
- Hepatopathien, die aber eine relativ geringe Krankheitsrate aufweisen
- Krankheiten der Harnorgane
- Augenkrankheiten
- Diabetes mellitus
- Adipositas
- Tumorosen
- Krankheiten des Bewegungsapparats

Dagegen berichtet Pauling (1990), daß beim Hund – untersucht wurden 2227 Hunde – folgende Krankheitszustände eine Altersprädisposition aufweisen:

- nichtentzündliche, insbesondere endokrine Dermatosen
- chronische Krankheiten des Respirationstrakts
- Krankheiten der Mundhöhle
- chronische Gastroenteropathien
- chronische Hepatopathien
- chronische Nephropathien
- Krankheiten der Harnwege
- Krankheiten des ZNS
- Krankheiten des Endokrinums
- chronische Augenkrankheiten
- chronische Krankheiten des Bewegungsapparates
- Krankheiten des Geschlechtsapparates
- Tumorosen

Danach zeigen also Krankheiten fast aller Organsysteme eine zunehmende Tendenz im höheren Lebensalter. Allerdings fällt auf, daß die chronischen Krankheiten im Alter deutlich ansteigen, während akute Krankheitszustände häufiger in mittleren und besonders jüngeren Jahren auftreten.

Während bei jungen Hunden unter einem Jahr durchschnittlich 1,4 Krankheiten pro Individuum diagnostiziert wurden, liegen bei sechsjährigen bereits 2,6 Krankheiten vor (Pauling, 1990). Danach beginnt die Multimorbiditätskurve stärker zu steigen. Einen weiteren steilen Anstieg nimmt die Kurve jenseits eines Alters von neun Jahren; zu diesem Zeitpunkt werden durchschnittlich 3,1 Krankheiten erreicht, und erst jenseits des dreizehnten Lebensjahres beginnt die Kurve, wieder flacher zu werden. Bei über 15 Jahre alten Hunden wird mit durchschnittlich 5,1 Krankheiten pro Tier die höchste Rate erreicht. Allerdings zeigten bei Zwölf- und Dreizehnjährigen 2,1 % der Hunde nicht weniger als acht Krankheiten (Pauling), während die Katze nicht über höchstens sieben Krankheiten hinauskam (Trimborn).

Bei einem Vergleich beider Studien erkennt man, daß Hunde im jugendlichen bis mittleren Lebensalter eine etwas geringere Morbidität aufweisen als Katzen (Abb. 1.6). Im Alter von neun Jahren kreuzt sich die

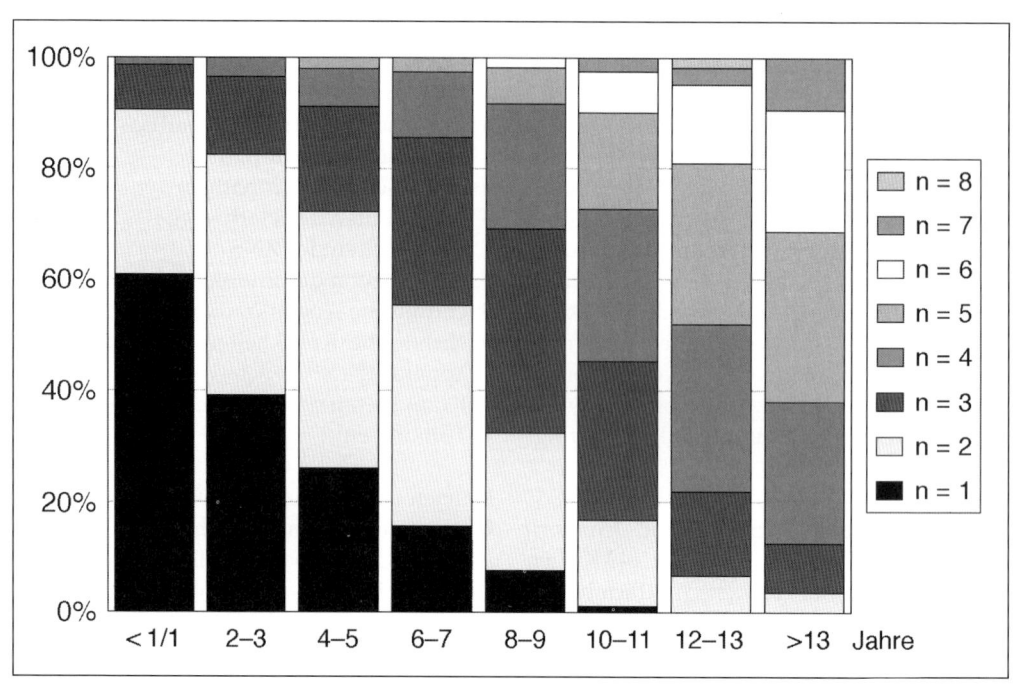

Abbildung 1.4 Anzahl der Krankheiten pro Hund mit zunehmendem Alter (Pauling, 1990; Kraft u. M., 1990)

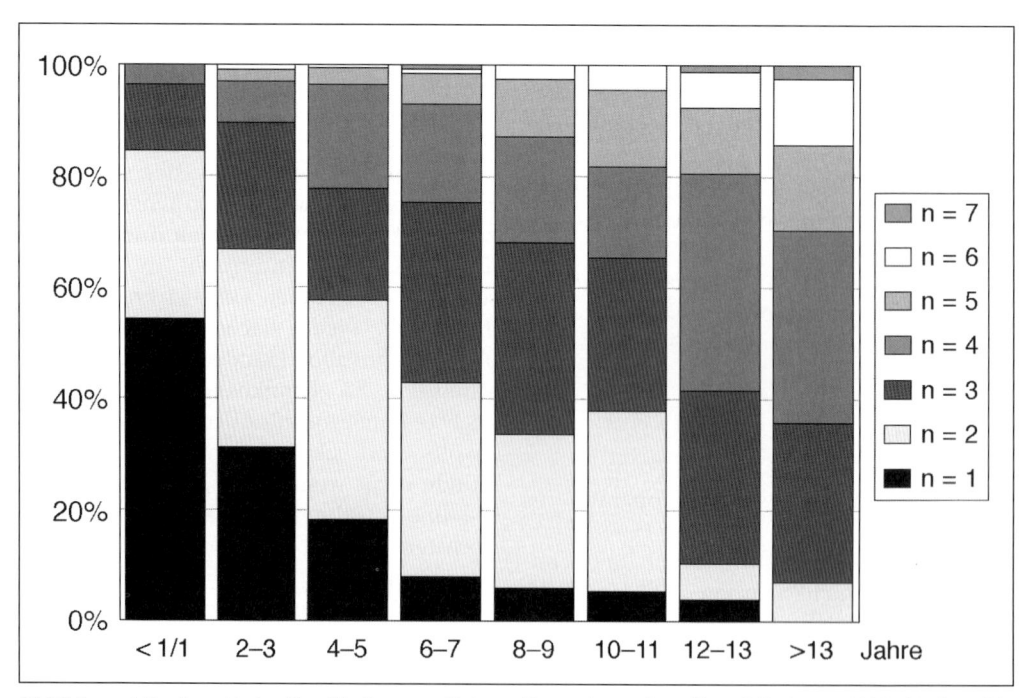

Abbildung 1.5 Anzahl der Krankheiten pro Katze mit zunehmendem Alter (Trimborn, 1990; Kraft u. M., 1990)

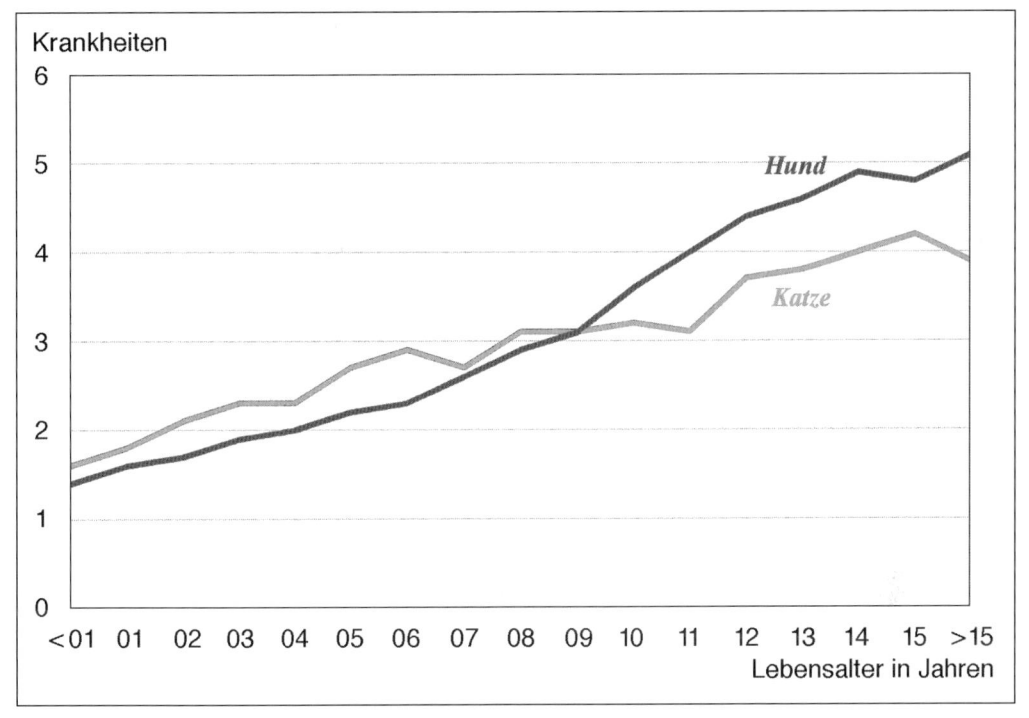

Abbildung 1.6 Vergleich der Multimorbidität bei Hund und Katze

Kurve jedoch. Danach steigt die Morbidität beim Hund stärker an als bei der Katze.

Altersentwicklung

Allgemein besteht der Eindruck, daß Hund und Katze heute ein höheres Lebensalter erreichen als noch vor wenigen Jahren. Dieser Eindruck wird durch Untersuchungen bestätigt (Abb. 1.7 und 1.8).

Wie Alterspyramiden von Hund und Katze der an der Münchener Medizinischen Tierklinik behandelten Patienten zeigen (Abb. 1.7 und 1.8), verändern sie sich für beide Tierarten in Richtung höheres Alter. Offensichtlich ist diese Tendenz beim Hund schon früher eingetreten als bei der Katze. Dabei ist zu erkennen, daß erhebliche Rasseunterschiede bestehen (Abb. 1.10).

Wie stark die Rasseunterschiede sind, wenn die Lebenserwartung untersucht wird, zeigt Abbildung 1.11. Danach haben Siamkatzen mit durchschnittlich 10,7 Jahren die größte Lebenserwartung, gefolgt von Europäisch Kurzhaar mit 8,7 und Perserkatzen mit 8,5 Jahren. Weitere Rassen wurden wegen zu geringen Stichprobenumfangs nicht berücksichtigt.

Ganz erhebliche Unterschiede in der Lebenserwartung der Katzen werden durch die Kastration bewirkt. Kastrierte Kätzinnen leben durchschnittlich fast vier, kastrierte Kater sogar über fünf Jahre länger als „intakte" Tiere. Während jedoch unkastrierte Kater durchschnittlich rund ein Jahr früher sterben als intakte Kätzinnen, ist dieser Unterschied bei kastrierten Katern und Kätzinnen minimal zugunsten der Kater verschoben (Abb. 1.12). Offensichtlich schlägt sich hier der stürmische Lebenswandel unkastrierter Kater, aber auch von Kätzinnen nieder.

Altersentwicklung

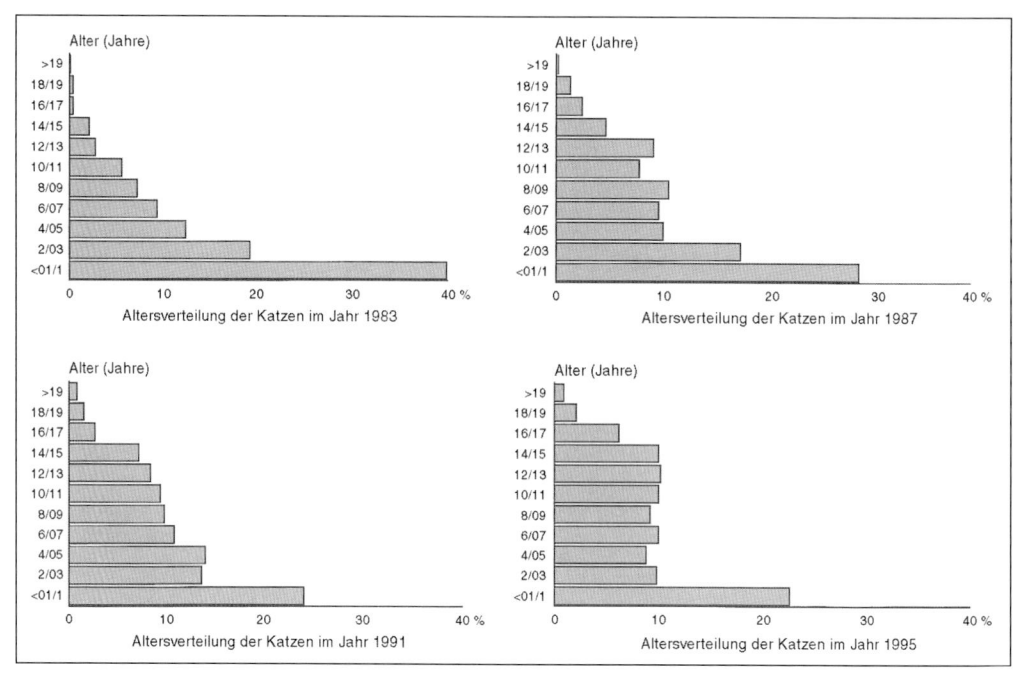

Abbildung 1.7 Altersstruktur der in der Medizinischen Tierklinik, München, 1983–1995 untersuchten Hunde

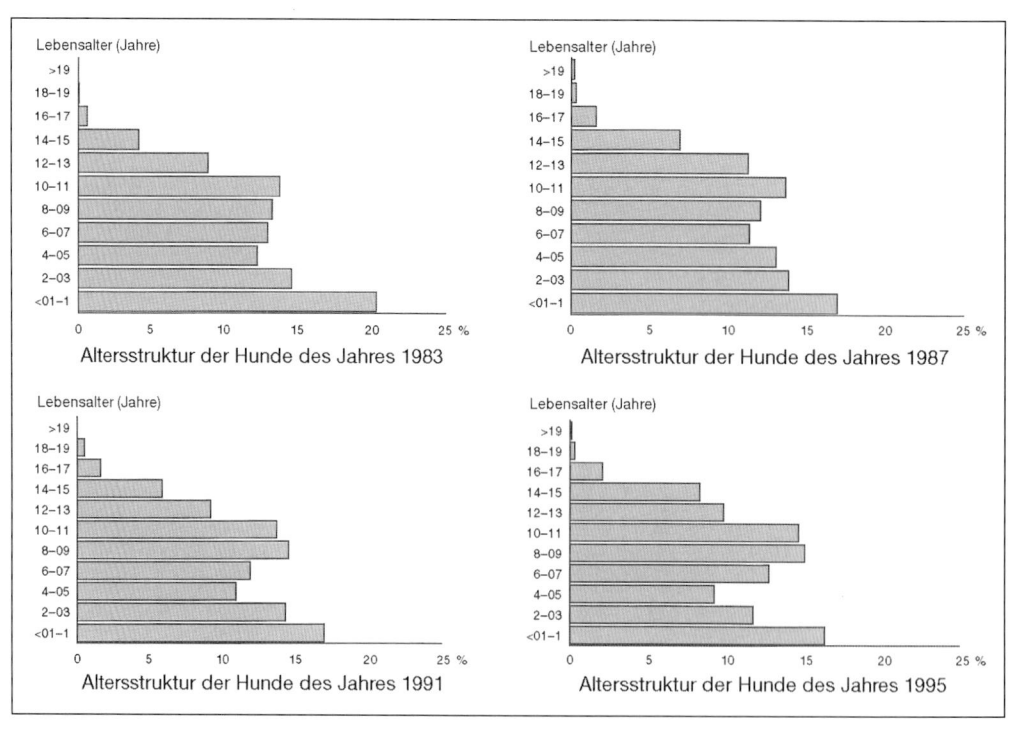

Abbildung 1.8 Altersstruktur der Katzen, München, 1983–1995

Einführung

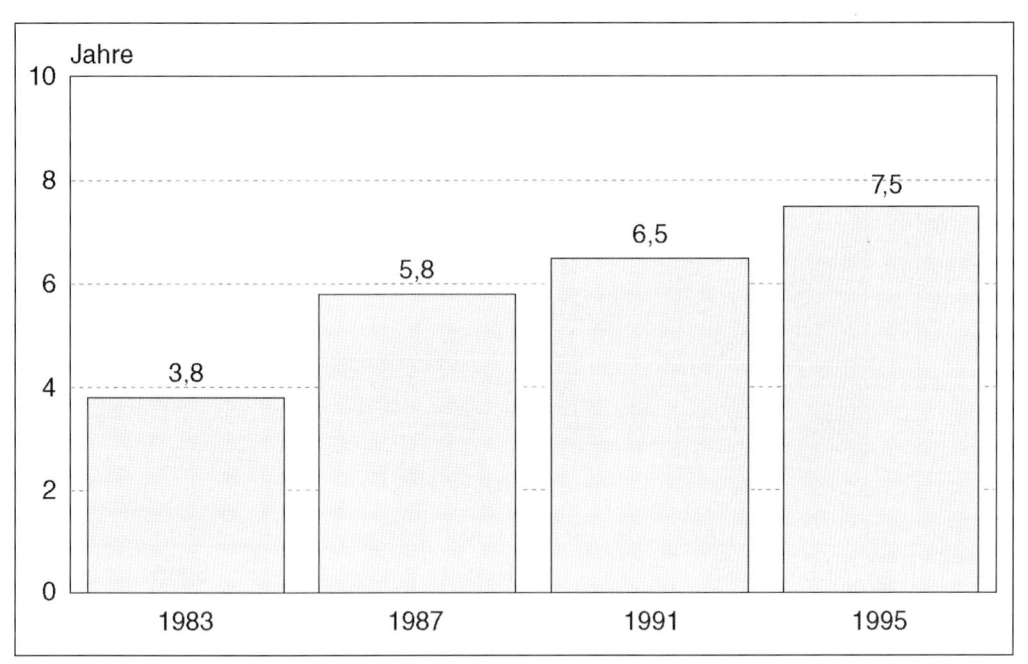

Abbildung 1.9 Durchschnittsalter der in den Jahren 1983–1995 an der Medizinischen Tierklinik in München vorgestellten Katzen

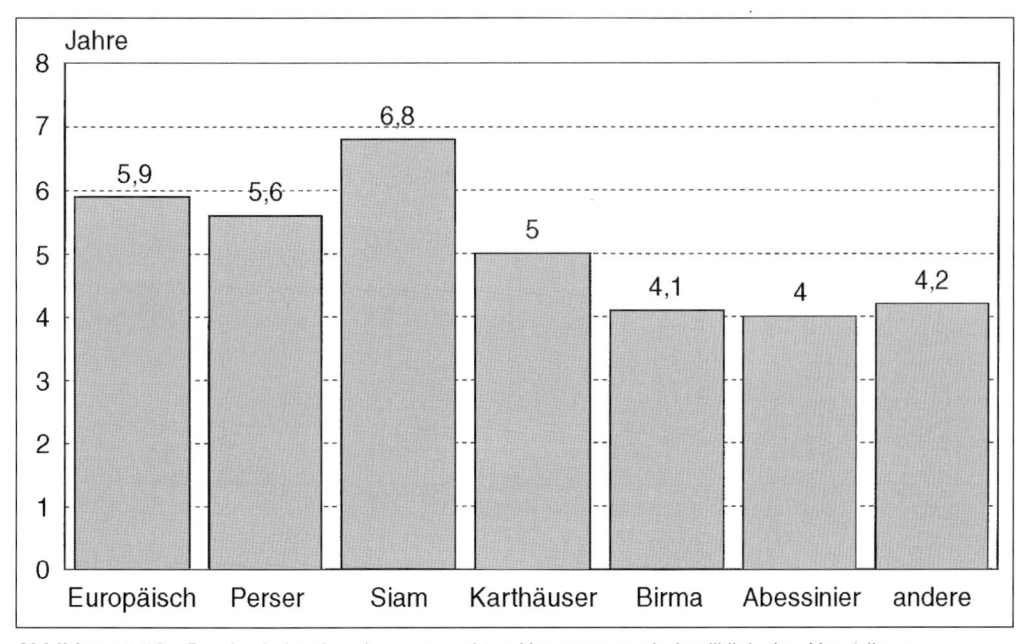

Abbildung 1.10 Durchschnittsalter der untersuchten Katzenrassen bei poliklinischer Vorstellung

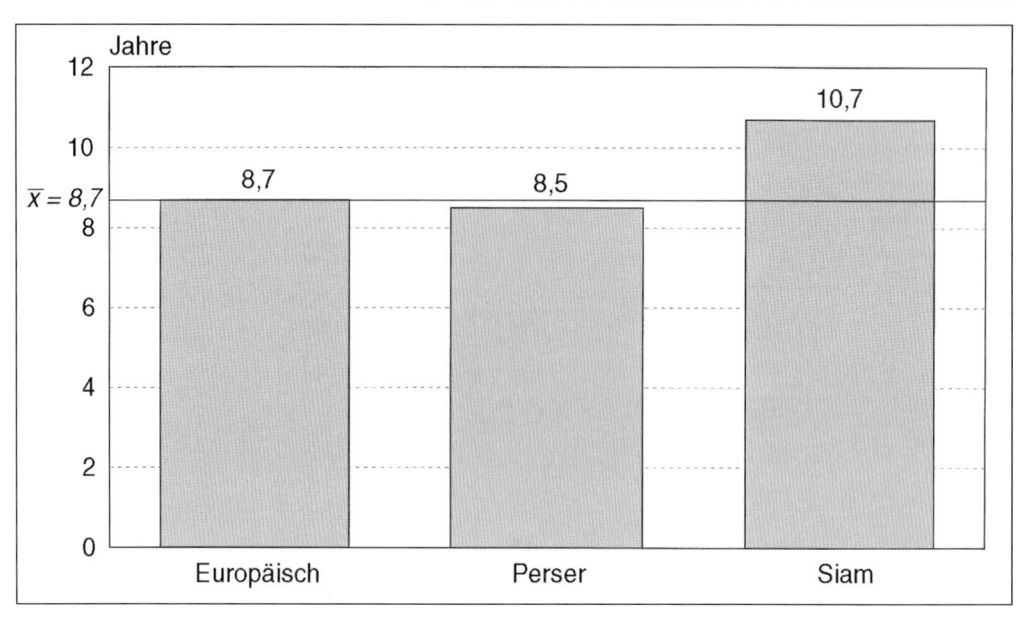

Abbildung 1.11 Durchschnittliches Sterbealter der untersuchten Katzenrassen

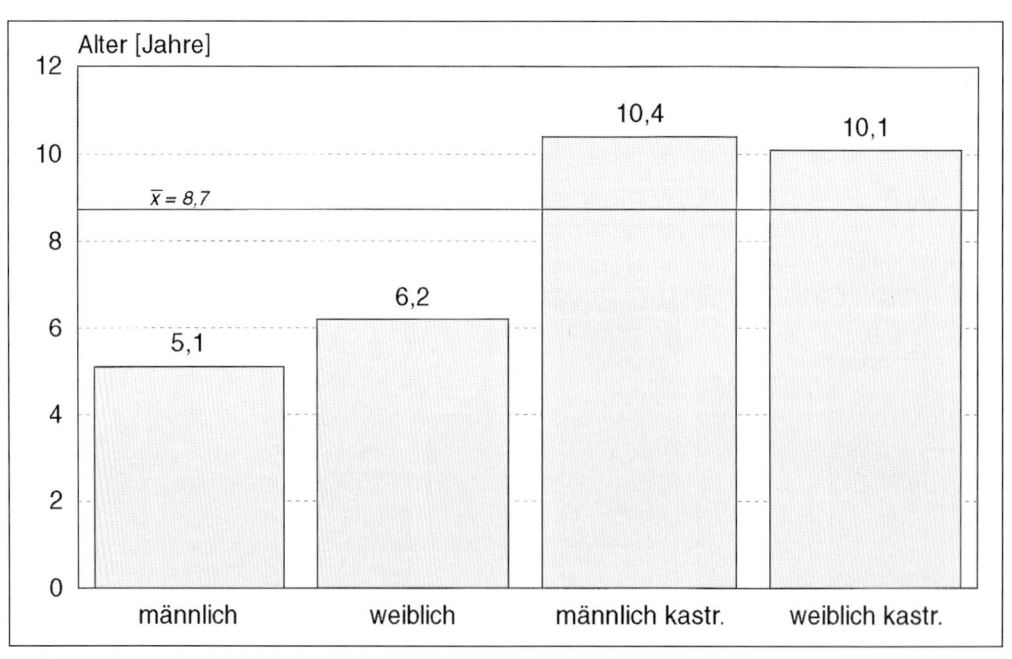

Abbildung 1.12 Sterbealter der Geschlechter der Katzen

Beim Hund sieht die Altersentwicklung etwas anders aus. Hier scheint eher eine Tendenz zu einem jüngeren Sterbealter zu bestehen. Zwar ist auch bei dieser Tierart eine Zunahme des Lebensalters zu erkennen (Abb. 1.13); betrachtet man jedoch das Sterbealter (Abb. 1.14), so scheint hier eher eine abnehmende Tendenz vorzuherr-

Einführung

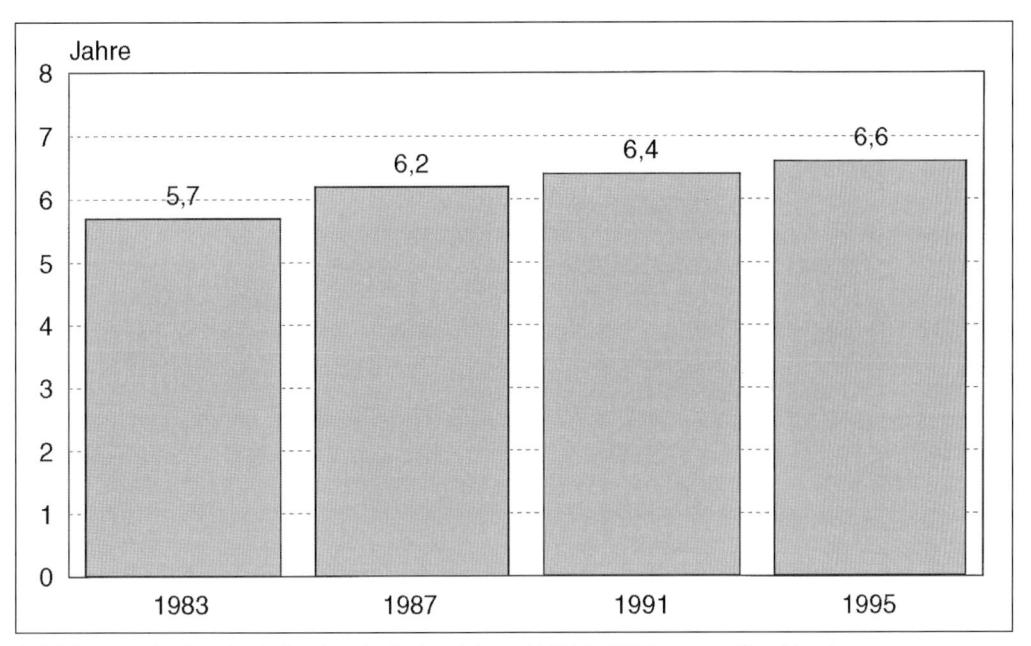

Abbildung 1.13 Durchschnittsalter der in den Jahren 1983 bis 1995 vorgestellten Hunde

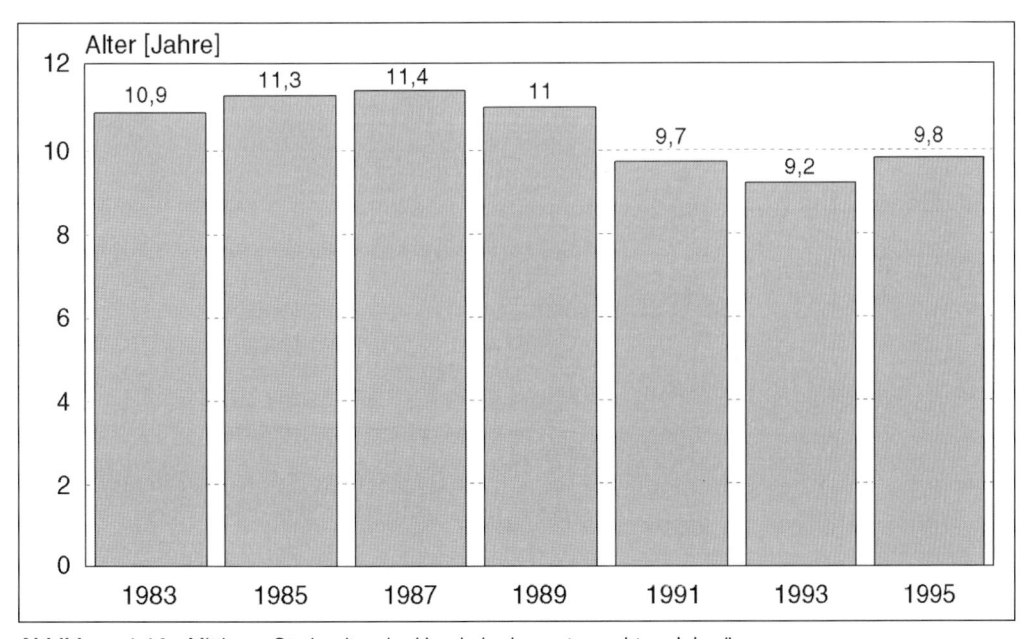

Abbildung 1.14 Mittleres Sterbealter der Hunde in den untersuchten Jahrgängen

schen. Die Ursache kann bisher nicht geklärt werden.

Für die einzelnen Rassen ergeben sich dabei erhebliche Unterschiede, wie Abbildung 1.15 zeigt. Generell kann festgestellt werden, daß große Rassen (im allgemeinen über 45 kg/KM) kürzer leben als mittlere und diese wiederum kürzer als kleine.

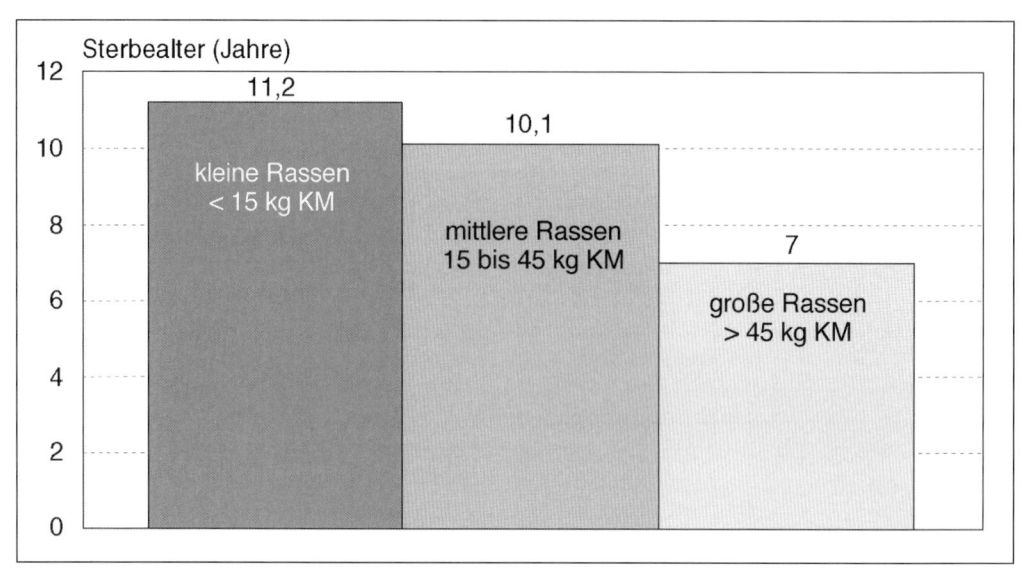

Abbildung 1.15 Sterbealter der Hunderassen, geordnet nach Größengruppen

Allerdings bestehen erhebliche Unterschiede, wie etwa die Betrachtung von West Highland White Terrier, Golden Retriever und Dalmatiner zeigen. Jedoch wird das Bild verzerrt durch die Tatsache, daß einige Rassen plötzlich zu Moderassen werden, so daß vorher zu wenige Tiere alt werden konnten und dadurch der – möglicherweise falsche – Eindruck entsteht, daß Vertreter dieser Rassen früher sterben.

Es zeigt sich, daß die Geschlechter beim Hund eine nahezu identische Lebenserwartung haben. Dies gilt sowohl für kastrierte als auch für intakte Hündinnen und Rüden. Betrachtet man jedoch kastrierte Hunde einerseits und vergleicht sie mit unkastrierten andererseits, so kann man eine über ein Jahr höhere Lebenserwartung bei kastrierten feststellen (Abb. 1.17). Damit ist der Unterschied zwischen kastriertem und unkastriertem Individuum, was die Lebenserwartung betrifft, auch beim Hund festzustellen, wenn auch nicht in dem hohen Ausmaß wie bei der Katze.

Zu ganz ähnlichen Ergebnissen gelangen Eichelberg und Seine (1996). In ihrem sehr umfangreichen Material stellen sie eine durchschnittliche Lebenserwartung von 10,0 Jahren fest, wobei die Pudel mit 13,0 Jahren die höchste und die Berner Sennenhunde mit 6,8 Jahren die niedrigste aufweisen. Mit 27,3 % waren Tumoren die häufigste Sterbeursache, gefolgt von Herz-Kreislauf-Krankheiten, Krankheiten des Intestinums, der Harnorgane und des Skeletts. Bastarde zeigten gegenüber Rassehunden keine Unterschiede.

Diagnostik und Therapie von Symptomen und Krankheiten im Alter

Prinzipiell erfolgt die Diagnostik von Krankheiten im Alter wie bei jungen Patienten. Einige Besonderheiten gilt es jedoch zu beachten.

Die Tendenz zur Multimorbidität und die Entscheidung, ob eine Grundkrankheit mehrere Folgekrankheiten ausgelöst hat oder ob mehrere Grundkrankheiten nebeneinander bestehen, erfordert immer eine Gesamtuntersuchung, die zweifellos aufwendig ist. Wenn schon beim Jungtier und

Einführung

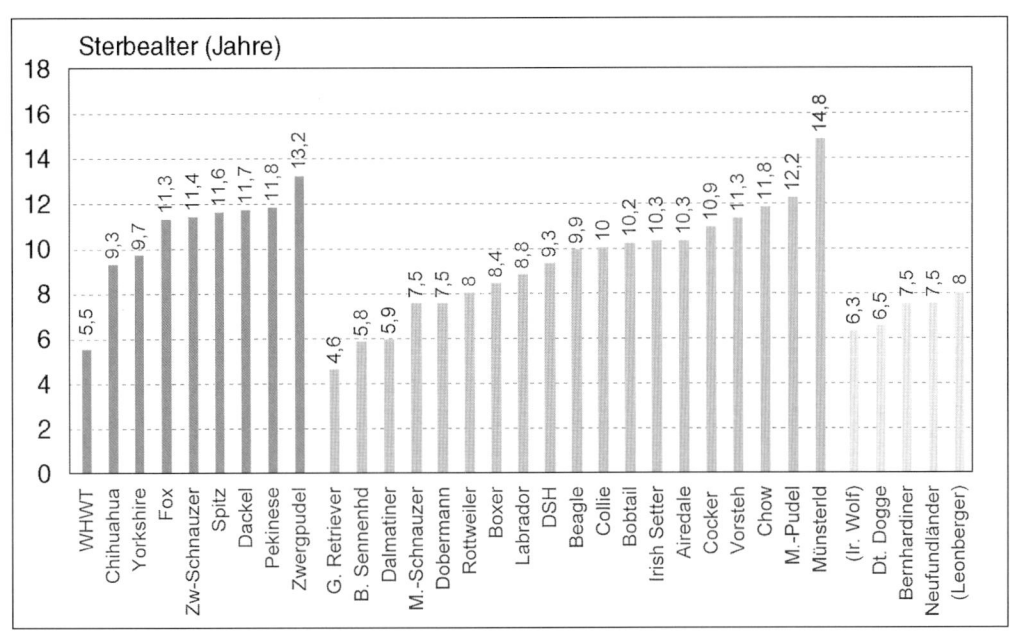

Abbildung 1.16 Sterbealter der Hunderassen, geordnet nach Größengruppen

jüngeren Erwachsenen die Konzentration auf ein einziges, scheinbar im Vordergrund stehendes Problem unter Vernachlässigung anderer nicht akzeptabel ist, so gilt das für das alte Tier um so mehr. Dies setzt allerdings die Kooperationsbereitschaft („Compliance") des Tierhalters voraus. Er muß auf die Erfordernisse einer sorgfältigen Gesamtuntersuchung zumindest hingewiesen und die Gründe müssen genannt werden, damit Tierärztin oder Tierarzt abgesichert sind. Willigt er nicht ein, so geht dies zu sei-

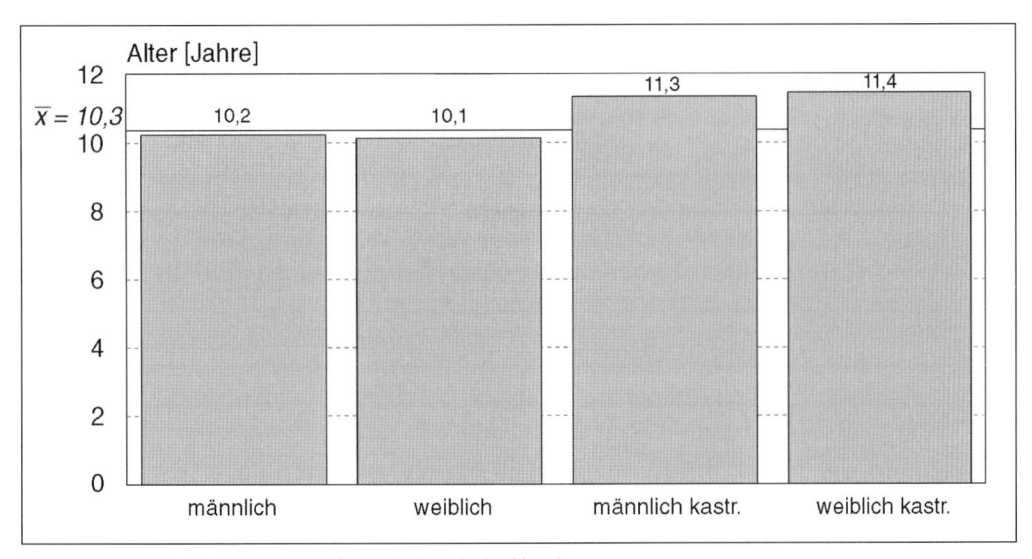

Abbildung 1.17 Sterbealter der Geschlechter beim Hund

nen Lasten. In die Patientenkartei sollte ein entsprechender Vermerk eingetragen werden.

Sinnvoller als die Behandlung von bereits manifesten Krankheiten ist deren Verhinderung. Da ältere Tiere statistisch häufiger erkranken als jüngere, ist die Krankheitsprophylaxe besonders wichtig (s. dort). Dazu ist eine häufigere Kontrolle erforderlich (Vorsorgeuntersuchung) (s. Abb. 1.18).

Häufiger noch werden Verlaufsuntersuchungen erforderlich, wenn Krankheiten bereits ausgebrochen sind. Da Krankheiten bei älteren Tieren wesentlich stärker zur Chronizität neigen als bei jüngeren, müssen die Kontrolluntersuchungen wesentlich häufiger stattfinden und dem Krankheitsverlauf angepaßt werden (s. Abb. 1.18, Mitte).

Prinzipiell folgt das Untersuchungsschema denselben Kriterien wie bei jüngeren Altersstufen. Besonders beachtet werden müssen jedoch Symptome, die bei alten Tieren erfahrungsgemäß häufiger als bei jungen krankhaft verändert sein können. Dabei ist auf folgende Kriterien zu achten:

Erhebung des Vorberichts

- Krankheitszeichen, die dem Besitzer aufgefallen sind
- Impfstatus
- Änderung des Verhaltens, der Lebhaftigkeit, Bewegungsfreude, Leistungsfähigkeit, vermehrtes Schlafbedürfnis
- Änderung des Körpergewichts
- Änderung des Haarkleids: Dichte, Länge, Farbe, Struktur
- Änderung der Futteraufnahme
- Trinkmenge
- Kot- und Urinabsatz

Klinische Untersuchung

- Körperhaltung, Verhalten, Ernährungszustand, Pflegezustand, Bemuskelung
- Haarkleid und Haut, insbesondere auch achten auf:

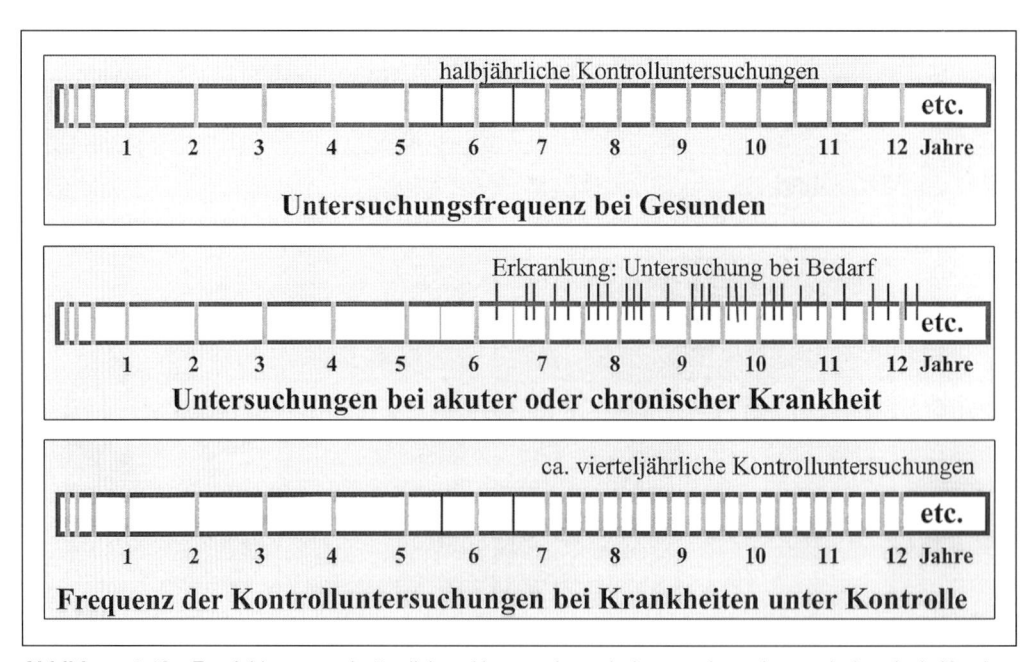

Abbildung 1.18 Empfehlung zur tierärztlichen Untersuchung bei gesunden, akut und chronisch Kranken unter Kontrolle

- Dichte, Länge, Farbe, Struktur, Geschlossenheit, Feuchtigkeitsgehalt des Haarkleids, Ektoparasiten
- Ohren und äußere Gehörgänge
- Krallen und Krallenbett
- Liegeschwielen (Hund)
- Anus mit Analbeuteln
- Umfangsveränderungen der Haut, Tumoren
- Feststellung des Hydratationsgrades (Hautfalte, Augenbulbus, Schleimhautfeuchtigkeit, Hämatokrit, Serum-Protein)
- Schleimhäute; besonders achten auf:
  - Farbe normalerweise rosarot; Abweichungen:
    * Blässe (Anämie, Ischämie, Kreislaufschock)
    * Rötung (Entzündung; generalisiert: Fieber, Bluthochdruck, Hämokonzentration, Polycythaemia vera)
    * Gelbfärbung (Ikterus)
    * Blaufärbung (Hyperkapnie)
    * Mißfarbigkeit (Gefäßpermeabilitätserhöhung)
  - Feuchtigkeit (vermindert bei Dehydratation)
  - mukokutane Übergänge; bei Autoimmunkrankheiten häufig betroffen
- Lymphknoten (Palpation: Lnn. mandibulares und Lnn. polplitei, beim Hund auch Lnn. cervicales supff.; innere Lymphknoten: Palpation [Bauch], Röntgen, Ultraschall) generalisiert vergrößert bei systemischen Infektionskrankheiten, insbesondere auch bei Tumorosen einschließlich Leukosekomplex; örtlich bei lokalisierten Infektionen und Tumoren
- Herz-Kreislauf
  - Puls: Frequenz, Regelmäßigkeit, Gleichmäßigkeit, (respiratorische) Sinusarrhythmie, Größe, Stärke, Gefäßfüllung und -spannung
  - Blutdruckmessung (Dopplermethode) bei Verdacht auf Erhöhung oder Erniedrigung
  - Herz:
    * Adspektion und Palpation des Herzstoßes, Auskultation (auf Frequenz und Vergleich zur Pulsfrequenz achten), Hörbarkeit und Abgesetztheit der Herztöne, Herz- und Nebengeräusche
    * EKG
    * Sonographie
    * Röntgenuntersuchung bei Verdacht auf Krankheiten der Thoraxorgane
- Respirationstrakt
  - Atemfrequenz und -qualität beachten
  - auf Nasenausfluß achten
  - bei Krankheitsverdacht Nasen- und Nasennebenhöhlen, Pharynx respiratorius, Larynx, Trachea, Bronchen röntgen, endoskopieren, zytologische oder histologische, bakteriologische Untersuchung von Sekreten und Bioptaten
  - Thorax auf Form und Beatmung untersuchen, perkutieren, auskultieren
  - nur bei Krankheitsverdacht röntgen
  - nur bei Verdacht auf respiratorische Insuffizienz Blutgasanalyse (arterielles Blut)
- Mundhöhle
  - Mundschleimhaut, insbesondere bei der Katze auch die Gingiven beachten, Backenschleimhaut, Zunge und Zungenschleimhaut, Tonsillen, Pharynx (besonders bei der Katze oft Narkose erforderlich)
  - Zähne (auf Vollständigkeit achten, Zahnkrankheiten, Parodontose, Zahnstein achten)
- Abdomen
  - Form, Symmetrie
  - Palpation: auf Spannung, Schmerzhaftigkeit, Inhalt, insbesondere Umfangsvermehrung achten, beginnend am Vorderbauch ventral (Leber, Milz), evtl. Magen (nur tastbar bei abnormer Füllung mit Gas [tympanischer Perkussionsschall] oder Futter [leerer Perkussionsschall]), Milz (ventral hinter Leber als „dreieckiges" Organ tastbar), dorsal hinter dem Rippenbogen bei Hochhe-

ben an den Vordergliedmaßen evtl. die rechte, dahinter die linke Niere palpabel, im gesamten Abdomen Darmschlingen und ihr Inhalt fühlbar, kaudal die Niere; bei der Hündin den Uterus abtasten
- Anus
  - Adspektion (auf Schluß, Tumoren [insbesondere beim Hund], Analbeutel achten)
  - Spannung des Sphinkters untersuchen (schon beim Fiebermessen möglich, rektale Untersuchung)
  - Prostata beim Rüden palpieren, auf Form, Größe, Konsistenz, Schmerzhaftigkeit achten
- Nervensystem
  - Beobachtung in Ruhe und Bewegung
  - Bewußtsein und Verhalten
  - Körperhaltung und Gang
  - Haltungs- und Stellreaktionen
  - Spinale Reflexe
  - Gehirnnerven
  - Schmerzempfinden
  - Sehfähigkeit, Gehör-, Geruchssinn
  - nur bei Krankheitsverdacht:
    * Röntgen (Schädel und Wirbelsäule)
    * Liquorentnahme und -untersuchung
    * Myelographie
    * Biopsie peripherer Nerven und histologische Untersuchung
    * Untersuchung früher akustisch evozierter Potentiale (FAEP)
    * evtl. Elektroenzephalogramm
- aktiver und passiver Stehapparat
- Blutuntersuchung
  - „großes" Blutbild (Erythrozytenzahl, Hämatokrit, Hämoglobin, evtl. Erythrozytenindices, Leukozytenzahl, Differentialblutbild in absoluten und relativen Zahlen)
  - bei Krankheitsverdacht Thrombozytenzahl, Gerinnungsanalysen
  - evtl. Blutsenkungsreaktion
  - Serum-, Plasmauntersuchungen:
    * Leber: Hund ALT, GLDH, AP; Katze ALT, GLDH
    * Niere: Kreatinin, evtl. Harnstoff
    * Blutzucker
    * Protein
    * bei Verdacht weitere Untersuchungen (s. Fachbücher der Labordiagnostik)
- Urinuntersuchung
  - Menge (Vorbericht!)
  - spezifisches Gewicht
  - Farbe
  - Geruch
  - Konsistenz
  - Transparenz
  - Reaktion (pH-Wert)
  - Protein
  - Glukose
  - Bilirubin
  - Urobilinogen
  - Blut-, Muskelfarbstoff
  - Sediment
  - nur bei Krankheitsverdacht weitere Untersuchungen wie Konzentrationstest, U-P/C, Enzymaktivitäten u. a.
- Kotuntersuchung
  - parasitologisch
- nur bei Krankheitsverdacht weitere Untersuchungen wie bakteriologische, mikroskopische, chemische, Bilanzuntersuchungen

Die Aufstellung soll nicht bedeuten, daß in jedem Falle alle diese Untersuchungen durchgeführt werden müssen. Vielmehr ist eine sinnvolle Auswahl situationsgerecht zu treffen.

Bei der Allgemeinuntersuchung achtet man auf Veränderungen im Verhalten. Diese müssen nicht krankhaft sein; im Alter werden vielmehr, wie früher erwähnt, Verhaltensänderungen festgestellt, die man am besten mit dem Wunsch nach „In-Ruhe-gelassen-werden-wollen" beschreiben kann. Die Tiere gehen nicht mehr so freudig spazieren, werden langsamer, „freuen" sich nicht mehr so sehr wie als Jungtiere, sie schlafen vermehrt, wobei der Schlaf aber unruhiger und häufiger unterbrochen wird.

In ihrem Bedürfnis, in Ruhe gelassen zu werden, beißen alte Hunde und Katzen auch einmal scheinbar unmotiviert zu, wenn sie untersucht werden sollen. Solche Verhaltensänderungen lassen sich aus den Vorbericht meist besser entnehmen als aus der Untersuchung in der Praxis, die unter Ausnahmebedingungen für den Patienten stattfindet. Es ist die Aufgabe des Tierarztes oder der Tierärztin festzustellen, ob das vermehrte Ruhebedürfnis mit dem physiologischen Alterungsprozeß erklärt werden kann oder ob krankhafte organische oder funktionelle Veränderungen vorliegen. Man muß hierbei weitgehend auf das Ausschlußverfahren zurückgreifen, indem man eine sorgfältige klinische Untersuchung durchführt.

Krankheiten, die mit einem vermehrten Ruhe- und Schlafbedürfnis einhergehen, betreffen besonders das Herz, dessen Leistung herabgesetzt sein kann und damit eine Hypoxie des Gehirns eintritt. Die häufigen Niereninsuffizienzen des alten Hundes, mit einigem Abstand auch der Katze, verursachen durch die Urämie ebenfalls eine allgemeine Schwäche mit Schlafbedürfnis. Wesentlich seltener führen chronische Leberkrankheiten durch das hepatozephale Syndrom zu verminderter Lebhaftigkeit und zu schließlich komatösen Zuständen. Seltener auch kommen Hypothyreosen beim Hund, ausnahmsweise nur bei der Katze, als Ursache in Frage. Schließlich können Gehirnkrankheiten, besonders Druckerhöhungen und Atrophie, zu stuporösen bis komatösen Zuständen führen.

Wichtig ist die Feststellung des Ernährungszustandes. Tiere – und Menschen – neigen im Alter wegen der geringeren Bewegungsneigung und der Herabsetzung der Stoffwechseltätigkeit, bisweilen aber auch infolge Krankheit (z. B. Hypothyreose, Cushing-Syndrom), zur Adipositas. Man muß sich jedoch klar darüber sein, daß auch mager aussehende Tiere im Alter immer einen höheren Fettanteil als gleich aussehende jüngere aufweisen. Andererseits führt eine Reihe von Krankheiten zur Kachexie, besonders solche, die mit verminderter Futteraufnahme einhergehen wie Krankheiten der Mundschleimhaut und der Zähne, des Schlundes und Magens, ferner Resorptionsstörungen im Darmbereich einschließlich chronischer Leber- und Pankreaskrankheiten, Niereninsuffizienz, Tumorosen, aber auch Herzkrankheiten, die zu einer Blutstauung im Darmbereich führen können.

Während die Körperpflege beim Hund weitgehend „menschengemacht" ist und damit eher Rückschlüsse auf den Besitzer als auf den Hund zuläßt, ist dies bei der Katze umgekehrt. Katzen betreiben Fellpflege bis ins hohe Alter. Erscheint die Katze ungepflegt, so muß nach dem Grund gesucht werden. Er ist in aller Regel krankhafter Natur. In Frage kommen allgemeine Apathie bis zum Stupor, die wiederum unterschiedlichste Ursachen haben können: Krankheiten des Gehirns oder des Stoffwechsels (Hypoxie, Hepatoenzephalopathie, Urämie, Anämie, Diabetes mellitus, Tumorosen u. a.). Andererseits führen auch schmerzhafte Zustände in der Mundhöhle, besonders der Zunge (Glossitiden), dazu, daß sich die Katze nicht mehr putzt. Die Beachtung des Pflegezustandes ist daher gerade bei dieser Tierart wichtig.

Man sollte sich davor hüten – auch bei der Untersuchung junger Tiere –, sich nach der Allgemeinuntersuchung frühzeitig diagnostisch festzulegen. Dies ist nicht möglich und führt häufig zu Irrtümern. Der nach der Allgemeinuntersuchung oft zu hörende Satz „Die Krankheit betrifft wahrscheinlich das ...-Organsystem" sollte der Vergangenheit angehören.

Eine Reihe von Symptomen, die häufig bei verschiedenen Krankheiten vorkommen, nicht selten aber auch ursächlich ungeklärt bleiben, bedürfen einer intensiven therapeutischen Intervention. Sie sollen daher im folgenden besonders betrachtet werden. Grundsätzlich muß man jedoch immer bestrebt sein, die Ursache eines Symptoms oder eines Symptomenkomplexes zu diagnostizieren. Aus diesem Grund werden im folgenden auch nur solche Symptome untersucht, die erfahrungsgemäß diagnostisch oft unklar bleiben oder aber einer speziellen Behandlung bedürfen.

Allgemeines

WILFRIED KRAFT

Hyperthermie, Fieber

Die Aufrechterhaltung einer „normalen" Körpertemperatur (Isothermie) ist erforderlich, um die biologischen, insbesondere enzymgesteuerten Lebensfunktionen aufrechtzuerhalten. Sie ist das Ergebnis aus Wärmeproduktion und Wärmeabgabe und wird gesteuert durch das Temperatur(regulations)zentrum. Die Wärmeproduktion erfolgt chemisch, die Abgabe physikalisch. Wenn eine der Steuerungsmechanismen versagt, kommt es zu Abweichungen der Körpertemperatur, die in sehr engen Grenzen ihr speziesspezifisches Optimum besitzt. Ob diese Steuerungsmechanismen bei älteren Tieren weniger gut funktionieren als bei jüngeren, ist nicht recht klar. Jedenfalls werden bei älteren Individuen häufiger Tendenzen zur Untertemperatur bemerkt, die allerdings mindestens größtenteils krankheitsbedingt sein dürften; in anderen Fällen kommt bei sehr alten Tieren eine Hyperthermie vor, die offenbar durch eine verminderte Wärmeabgabe hervorgerufen wird.

Gesteuert wird die Wärmeregulation über das Temperaturzentrum im vorderen Hypothalamusbereich, das die Wärmebildung und -abgabe steuert und außerdem Verhaltensweisen beeinflußt, die zur Wärmeproduktion führen (Abb. 2.1). Es ist über den Tractus spinothalamicus mit den Wärmerezeptoren in der Haut und den Schleimhäuten verbunden.

Unter Hyperthermie versteht man erhöhte Temperatur; sie ist nicht identisch mit Fieber, bei dem Hyperthermie eines von mehreren Symptomen ist. Ausgelöst wird Hyperthermie durch verminderte Wärmeabgabe, durch vermehrte chemische Wärmebildung oder erhöhte physikalische Wärmebildung oder -zufuhr (Hitzschlag).

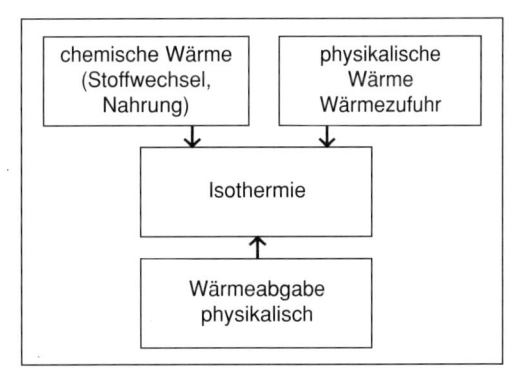

Abbildung 2.1 Steuerung der Wärmeregulation

Ursachen können sein:

- erhöhte Außentemperatur (geschlossenes Auto im Sonnenschein), oft mit hoher Luftfeuchte
- starke körperliche Aktivität
- Krampfzustände jeder Art (epileptischer Anfall, besonders Status epilepticus, Tetanus)
- fiebrige Krankheiten
- Dehydratation
- Adipositas (häufig Ursache bei älteren Tieren)
- altersbedingte verminderte Wärmeabgabe
- maligne Hyperthermie (Riesenrassen besonders bei Inhalationsnarkosen)

- Angstzustände (Hyperthermie [„Fieber"] im Wartezimmer, auf dem Untersuchungstisch)
- Krankheiten im Hypothalamusbereich (Wärmezentrum)

Therapie:
- Infusion kühler (ca. 18–20 °C) salinischer Infusionslösung
- Klysma mit kalter salinischer Lösung
- kühle (20 °C), nicht kalte Dusche
- in schweren Fällen maligner Hyperthermie: kühle Peritonealdialyse
- Inhalation von Sauerstoff-Luft-Gemisch
- Metamizol 20–50 mg/kg KM i. v.

Unter Fieber versteht man die Hyperthermie, die auf eine gestörte hypothalamische Wärmeregulation zurückzuführen ist. Beim Fieber ist also das Regulierungsniveau im Temperaturzentrum auf eine höhere Stufe verschoben.

Ursachen sind in der Hauptsache Infektionen und Infektionskrankheiten jeglicher Art, ferner Gewebszerfälle, Tumorosen. Die Therapie ist nach der Ursache zu wählen. Es ist zu berücksichtigen, daß geringere bis mäßige Fiebergrade durchaus erwünscht sein können. Sehr hohe Fiebergrade (über 41 °C) müssen jedoch behandelt werden, wobei Prostaglandinblocker (Acetylsalicylsäure, Metamizol) erfolgreich angewandt werden.

Hypothermie

Die Unterkühlung des Organismus kommt in jedem Lebensalter vor, scheint aber bei alten Individuen gehäuft aufzutreten.

Ursachen können sein (s. a. Abb. 2.2):

- verminderte Wärmeproduktion (Stoffwechselstörung, Hypothyreose, Kreislaufschock, Kachexie)
- erhöhte Wärmeabgabe (Unterkühlung durch langen Aufenthalt in kalter Umgebung [Kurzhaarhunde], insbesondere im Wasser, Schnee)

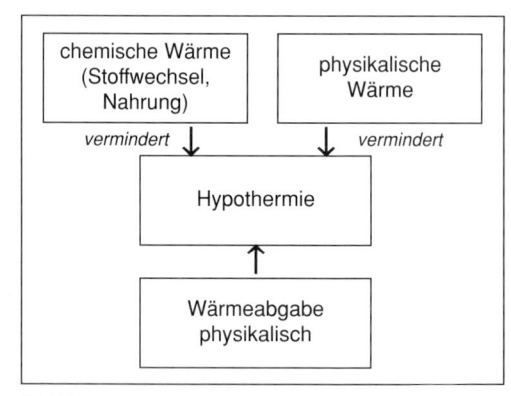

Abbildung 2.2 Pathogenese der Hypothermie. Zustandekommen durch vermehrte Wärmeabgabe oder verminderte chemische Wärmebildung

- medikamentös (gestörte Wärmeregulation durch Phenothiazine, Dipyron)
- Erkrankung des Hypothalamus (Wärmezentrum)
- Organversagen im terminalen Stadium

Die Folgen sind die eines bei längerer Dauer und starker Absenkung der Temperatur herabgesetzten Stoffwechsels:

- Zittern
- Apathie, später Bewußtlosigkeit
- Herzarrhythmie
- Verschiebungen im Elektrolytbereich (Natrium und Kalium können erhöht oder erniedrigt sein)
- metabolische Azidose
- Hyperglykämie, später Hypoglykämie
- Hämokonzentration
- meist Hyper-, bisweilen Hypokoagulabilität
- schließlich Eintritt des Todes

Therapie:
- Patienten aus kalter Umgebung entfernen
- evtl. Körperoberfläche trocknen
- in warme (Isolier-)Tücher einpacken
- Wärmflaschen
- Infrarotlampe (Vorsicht! Nicht zu schnell und nicht zu stark erwärmen, sonst Kreislaufversagen durch Öffnen der Hautgefäße!)

- warme Infusionen (salinische Lösungen)
- warme Klysmen
- evtl. warme Peritonealdialyse

Bewußtseinsstörungen

Der Begriff des Bewußtseins, besser Ich-Bewußtsein, setzt ein Wissen um das Ich voraus. Es sei einmal angenommen, daß Hund und Katze – in Grenzen – ein solches Ich-Bewußtsein haben. Dann wäre Bewußtsein die Summe aller psychischen subjektiven Erlebnisse eines Individuums. Da ein Ich-Bewußtsein nicht als gesichert angesehen wird, hat man den Begriff des Bewußtseins beim Tier oft mit Sensorium umschrieben, womit aber letztlich dasselbe gemeint ist. Bewußtlosigkeit ist die Abwesenheit aller psychischen Erlebnisse und wacher Erfahrung; dabei sind die somatischen Funktionen m. o. w. erhalten. Die vollständige Bewußtlosigkeit wird als Koma bezeichnet. Beim Menschen erfolgt eine Koma-Schwereeinteilung nach der Glasgow-Koma-Skala, in die Augenöffnen, Motorik und Sprache eingehen. Wegen fehlender Sprache ist diese Einteilung bei Hund und Katze nicht möglich. Man beschränkt sich daher auf die Grobeinteilung nach Benommenheit, Somnolenz, Sopor und Koma:

- Benommenheit ist die leichteste Form der Bewußtseinsstörung, bei der die Auffassungsgabe und Reaktionsfähigkeit herabgesetzt und verlangsamt sind.
- Somnolenz ist die Bewußtseinsstörung, die mit Schläfrigkeit (lat. = somnolentia) und vermehrtem Schlafbedürfnis einhergeht. Aus dem Schlafzustand ist der Patient jedoch durch äußere Reize (Anrufen, Geräusche, Rütteln) erweckbar ist.
- Sopor (von lat. Tiefschlaf; auch als Topor bezeichnet) ist eine weitere Steigerung der Bewußtseinsstörung, aus der der Patient durch starke äußere Reize, insbesondere Schmerzreize, erweckbar ist, jedoch nicht mehr voll wach wird.
- Koma (griechisch Tiefschlaf, latinisiert zu Coma) stellt den höchsten Grad der Bewußtlosigkeit dar, aus dem ein Erwecken nicht möglich ist.

Bewußtseinsstörungen können bei zahlreichen Krankheiten in jedem Lebensabschnitt vorkommen. Bei Hund und Katze sind besonders häufig Unfälle die auslösenden Ursachen für Bewußtseinsstörungen. In diesem Falle treten Bewußtseinsstörungen sofort (Commotio) oder bisweilen leicht verzögert (Gehirnblutungen, -ödem) nach dem Ereignis ein. Bewußtseinsstörungen durch innere Krankheiten schreiten dagegen meist, jedoch keineswegs immer (Epilepsie) langsamer fort. Im Alter treten sie häufiger auf. Letztlich geht jedes Leben mit mehr oder weniger langer, oft sehr kurzer, Bewußtseinsstörung bis zum Koma zu Ende.

Die Behandlung von Bewußtseinsstörungen ist also wiederum auf die möglichst exakte Diagnose der Ursache angewiesen (Abb. 2.3). Bei älteren Tieren kommen neben Traumen besonders folgende Ursachen in Frage:

- endokrine und Stoffwechselkrankheiten
  - Urämie
  - diabetische Ketoazidose
  - andere metabolische Azidosen
  - Hypoglykämie
  - Hyperkaliämie
  - Morbus Addison (Hypadrenokortizismus)
  - Hypothyreose
  - Hepatoenzephalopathie
  - Hyperlipämie
  - Hypothermie, Hyperthermie
- Herz-Kreislauf-Krankheiten
  - vermindertes HZV (Gehirnhypoxie)
  - Thrombembolien
  - Gehirnblutungen (Gerinnungsstörungen, Traumen)
  - Bluthochdruck, Blutniederdruck
  - Ischämie

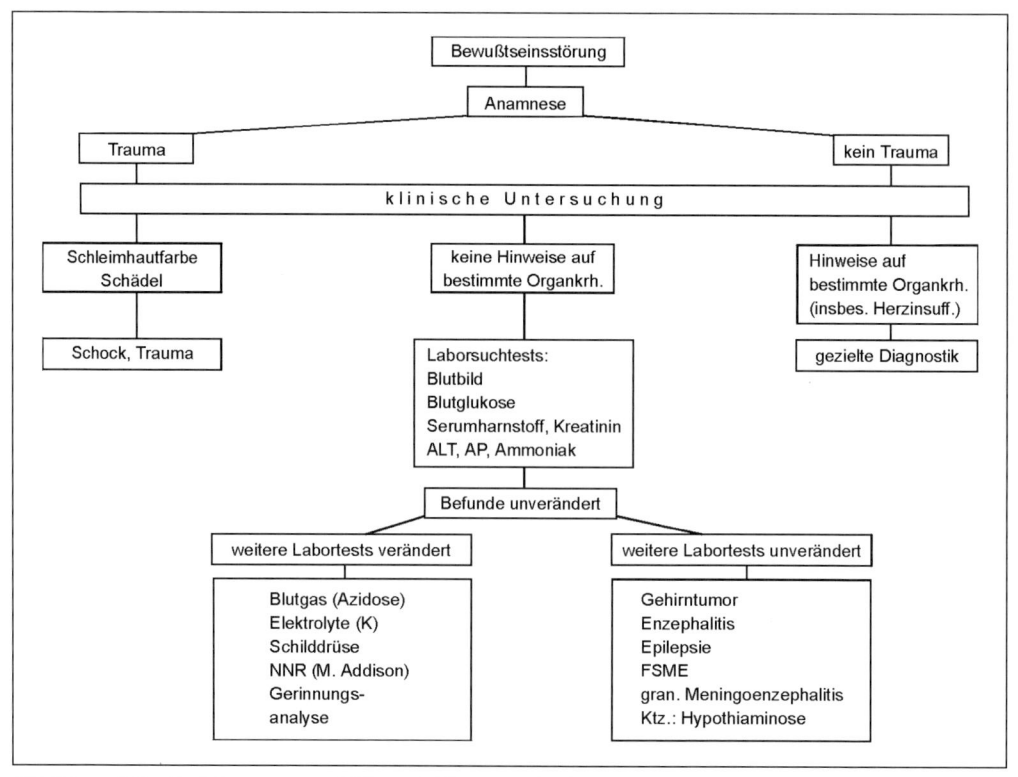

```
                    Bewußtseinsstörung
                           │
                       Anamnese
        ┌──────────────────┴──────────────────┐
     Trauma                                kein Trauma
        │                                       │
              klinische Untersuchung
        │              │                        │
  Schleimhautfarbe  keine Hinweise auf     Hinweise auf
     Schädel       bestimmte Organkrh.    bestimmte Organkrh.
                                          (insbes. Herzinsuff.)
        │              │                        │
  Schock, Trauma   Laborsuchtests:         gezielte Diagnostik
                   Blutbild
                   Blutglukose
                   Serumharnstoff, Kreatinin
                   ALT, AP, Ammoniak
                         │
                   Befunde unverändert
                  ┌──────┴──────┐
         weitere Labortests   weitere Labortests
            verändert            unverändert
                  │                    │
         Blutgas (Azidose)      Gehirntumor
         Elektrolyte (K)        Enzephalitis
         Schilddrüse            Epilepsie
         NNR (M. Addison)       FSME
         Gerinnungs-            gran. Meningoenzephalitis
         analyse                Ktz.: Hypothiaminose
```

Abbildung 2.3 Flußdiagramm zur Differentialdiagnose der Bewußtseinsstörungen

(feline ischämische Enzephalopathie)
- Gefäßkompression
- Gehirnödem
- Tumoren
- Toxine
  - Äthylenglykol (Frostschutzmittel)
  - Schneckenkorn
  - Blei
  - (Zier-)Pflanzen
  - Arzneimittel
- Epilepsie, besonders Status epilepticus
- infektiös, entzündlich
  - Tollwut
  - Morbus Aujeszky
  - Staupe (Old Dog Enzephalitis)
  - Feline Coronavirose (FIP)
  - bakterielle Enzephalitis
  - Toxoplasmose
  - Ehrlichiose
  - granulomatöse Meningoenzephalitis

Ziel ist die ätiologische Therapie. Komatöse Patienten sind allerdings Notfallpatienten, weshalb einige lebenserhaltende Maßnahmen unverzüglich getroffen werden müssen:

- Atemwege freihalten, Zunge herausziehen, Schleim o. a. Atemhindernisse entfernen
- ggf. künstliche Beatmung
- wenn erforderlich Herz-Kreislauf-Behandlung je nach Befund
- Legen eines Venenverweilkatheters
- Blutentnahme, Asservierung zur Untersuchung von Blutbild, Harnstoff, Kreatinin, Glukose, ALT, AP (Hund), Ammoniak; Entnahme einer genügenden Menge, um später evtl. Blutgase, Elektrolyte, Schilddrüsen- und NNR-Hormone, Blutgerinnungsanalysen bestimmen zu können (auf unterschiedliche Antikoagulanzien achten)

- ggf. Schilddrüsen- und NNR-Stimulation anschließen
- Urinentnahme (wichtig besonders spezifisches Gewicht [Dichte])
- wenn möglich, Bestimmung der arteriellen Blutgase (zur Feststellung einer Hypoxämie, aber auch einer Hyperoxämie)

Therapeutische Maßnahmen:
Bei Verdacht auf Gehirnödem:

- Sauerstoffinhalation
- Kortikosteroide (Dexamethason, 1–2 mg/kg, oder Prednisolon, 10 mg/kg i. v.)
- Osmodiuretika (Mannitol, 1,5 g/kg, Dauertropfinfusion)
- Schleifendiuretika (Furosemid, 5 mg/kg, oder Xipamid, 0,5 mg/kg i. v.)

Bei Dehydratation:

- Substitution des Tagesbedarfs
- Ausgleich des Dehydratationsgrads
- Ausgleich zusätzlich verlorener Flüssigkeitsmengen

Der Dehydratationsausgleich soll vorsichtig vorgenommen und lieber unter- als überschritten werden, um ein Gehirnödem zu verhindern.

Bei Hyper- oder Hypothermie:

- Applikation von kalten bzw. warmen Infusions-, Klistier-, Intraperitoneallösungen

Häufiges Wenden eines bewußtseinsgestörten Tieres zur Verhinderung von Dekubitus und Senkungspneumonie und betten auf weicher Unterlage sind erforderlich.

Verhaltensänderungen

Das Zentralnervensystem unterliegt im Laufe des Lebens einer mehr oder weniger ausgeprägten Involution. Dabei bestehen erhebliche individuelle, möglicherweise auch rassespezifische Unterschiede. Hunde und besonders Katzen können jenseits des zwanzigsten Lebensjahres noch im Vollbesitz ihrer „geistigen" Kräfte sein, während andere schon mit zehn Jahren ausgeprägte Senilitätszeichen aufweisen. Cummings u. M. (1993) haben bei Hunden extrazelluläre β-A4-Amyloid-Ablagerungen und intrazelluläre fibrilläre Strukturen wie bei Alzheimer-Krankheit gefunden. Es ist denkbar, daß diese histologisch nachweisbaren Veränderungen mit ähnlichen Verhaltensstörungen wie beim Menschen einhergehen.

Eine Schlüsselrolle neben der Involution des Nervensystems dürfte dem Endokrinum zukommen. Ältere Hunden neigen zu einer vermehrten Sekretion von Cortisol, wie ja auch der Hyperkortisolismus eine Krankheit besonders der älteren und alten Hunde ist. Erhebliche Wesensveränderungen können mit einer Hypothyreose einhergehen, die am häufigsten bei alten Tieren beobachtet wird. Die Hunde werden mürrisch, schlafen viel, verlieren ihre Leistungsfähigkeit, werden apathisch bis stuporös.

Häufig sind jedoch Krankheiten verschiedener Organ- und Funktionssysteme die Ursache für ein verändertes Verhalten. Dies gilt insbesondere für Hepatopathien mit hepatoenzephalem Syndrom, aber auch für chronische Nephropathien sowie für Herzinsuffizienzen, die zur Hypoxämie und Hypoxie führen.

Alte Hunde und Katzen zeigen im allgemeinen eine Tendenz zu vermehrtem und verlängertem Schlaf. Sie sind darüber hinaus weniger aktiv und lebhaft, die Gelehrigkeit nimmt ab. Diese Veränderungen werden einer Verminderung der Neurotransmission zugeschrieben, einer herabgesetzten Serotonin- und Noradrenalinsekretion. Insbesondere die Gehirnhypoxie, die sowohl durch örtliche als auch allgemeine Kreislaufstörungen und durch chronische Pneumopathien ausgelöst werden kann, führt zur Beschränkung der Aufnahmefähigkeit neuer Einflüsse, insbesondere auch des Lernens, während sie das Langzeitgedächtnis nicht beeinträchtigt. Eine wiederholte Sauerstoffbeatmung wie auch eine regelmäßige Arbeit im Freien kann dieses Problem längere Zeit bessern. Medikamentös soll eine Verbesserung durch Propentofyllin, 12,5–100 mg/Hund, zweimal täglich, oder durch Nicergolin, 0,25–0,5 mg/kg KM, erzielt werden.

Dehydratation

Unter Dehydratation versteht man die Abnahme des Körperwassers. Das Körperwasser zeigt im Alter eine Tendenz zur Abnahme. Wenn man vom Welpenalter absieht, kommen häufiger Krankheiten im Alter vor, die zur Dehydratation führen. Geringgradige Flüssigkeitsverluste aktivieren das Durstzentrum, so daß vermehrt Wasser aufgenommen wird. Dehydratationsgrade über 5 % führen zur Störung des Allgemeinbefindens, noch höhere Grade zum Kreislaufversagen mit Abnahme des Blutdrucks und Verluste über 12 % zum Kreislaufschock mit Todesfolge. Unterschieden werden:

- isotone Dehydratation, wobei Wasser und Elektrolyte im gleichen Verhältnis, wie es im Blutplasma vorhanden ist, abnehmen; Vorkommen: Erbrechen, Durchfall, Diurese, Blutverlust, Wassersequestration; Diagnose: klinisches Bild, Natrium im Blutserum zwischen 140 und 155 (Hund) und 145–158 mmol/l (Katze), hilfsweise Bestimmung von Hämatokrit und Serumprotein (beide sind erhöht, wenn nicht vorher schon eine Anämie oder Hypoproteinämie bestanden haben);
- hypotone Dehydratation, bei der verhältnismäßig mehr Elektrolyte, insbesondere Natrium, als Wasser verloren werden; Vorkommen: Morbus Addison (Hypoadrenokortizismus), Überdosierung von Mitodane bei M. Cushing, Verbrennungen, iatrogen bei übermäßiger Wasserzufuhr, Wasserintoxikation (Massenklysma mit Leitungswasser); Diagnose: klinisches Bild, Bestimmung von Serum-Natrium (< 140 bzw. 145 mmol/l);
- hypertone Dehydratation, wobei vorwiegend Wasser verloren wird, so daß eine Steigerung der Elektrolyte, insbesondere des Natriums, im Blut festgestellt wird; Vorkommen: Diabetes mellitus, Diabetes insipidus, Fieber, herabgesetzte Wasseraufnahme; Diagnose: klinisches Bild, Serum-Natrium > 155 bzw. 158 mmol/l.

Dehydratationen in ihren höheren Graden sind lebensbedrohende Zustände. Sie müssen daher ungeachtet ihrer Ursache intensiv behandelt werden. Die Diagnose erfolgt an Hand der klinischen Zeichen (Tab. 2.1).

Tabelle 2.1 Dehydratationsgrade (aus: Kraft, W.: Krankheiten der Niere. In: Kraft, W., Dürr, U. M.: Katzenkrankheiten, 4. Auflage)

Grad (%)	< 5	um 5	6–9	10–12	> 12
Symptome	keine	leichte Verzögerung des Verstreichens einer Hautfalte	Hautfalte verstreicht verzögert, Bulbi leicht eingesunken, KFZ bis 4", Schleimhäute trockener, Allgemeinbefinden mgr. gestört	Hautfalte bleibt bestehen, Bulbi eingesunken, Schleimhäute trocken, KFZ dtl. verzögert, Kreislaufschock manifest (Pulsus celer et mollis)	Vollbild des irreversiblen Kreislaufschocks, Tod in Kürze zu erwarten

Grundsätze der Volumensubstitution bei Dehydratation

- Substitution des täglichen Flüssigkeitsbedarfs (Erhaltungsbedarf)
- Ersatz verlorengegangener Flüssigkeits-Elektrolyt-Mengen (Dehydratationsgrad)
- Ersatz des zusätzlichen Flüssigkeitsverlusts (Erbrechen, Durchfall, Polyurie, Ergüsse)

1. Substitution des täglichen Flüssigkeitsbedarfs (Erhaltungsbedarf)
   Hund und Katze haben einen unterschiedlichen täglichen Erhaltungsbedarf bezogen auf Kilogramm Körpermasse (Abb. 2.4 und 2.5). Solange der Patient keine Wasser- und Futteraufnahme zeigt, ist die für sein Körpergewicht erforderliche Erhaltungsmenge enteral (Sonden) oder parenteral (subkutan bei ausreichender Resorption oder intravenös über Dauertropfinfusion) zuzuführen.

2. Ersatz verlorengegangener Flüssigkeits-Elektrolyt-Mengen (Dehydratationsgrad)
   Es wird der Dehydratationsgrad bestimmt (s. Tab. 2.1) und in Dezimalen angegeben (Beispiel: Dehydratationsgrad 8 % = 0,08 in Dezimalen). Dieser Faktor wird mit der Körpermasse („Körpergewicht") multipliziert. Das Produkt ergibt die Menge an Flüssigkeit, die der Patient bis zum Ausgleich der Dehydratation benötigt.

Beispiel:
Hund, 28 kg KM, Dehydratationsgrad 8 %

Erhaltungsbedarf:
49 ml/kg KM × 28   = 1.372 ml
Dehydratationsausgleich:
0,08 × 28   = 2.240 ml
zusammen also   3.612 ml

Als Anhaltspunkt für die Berechnung eines Dehydratationsausgleichs gilt folgendes:

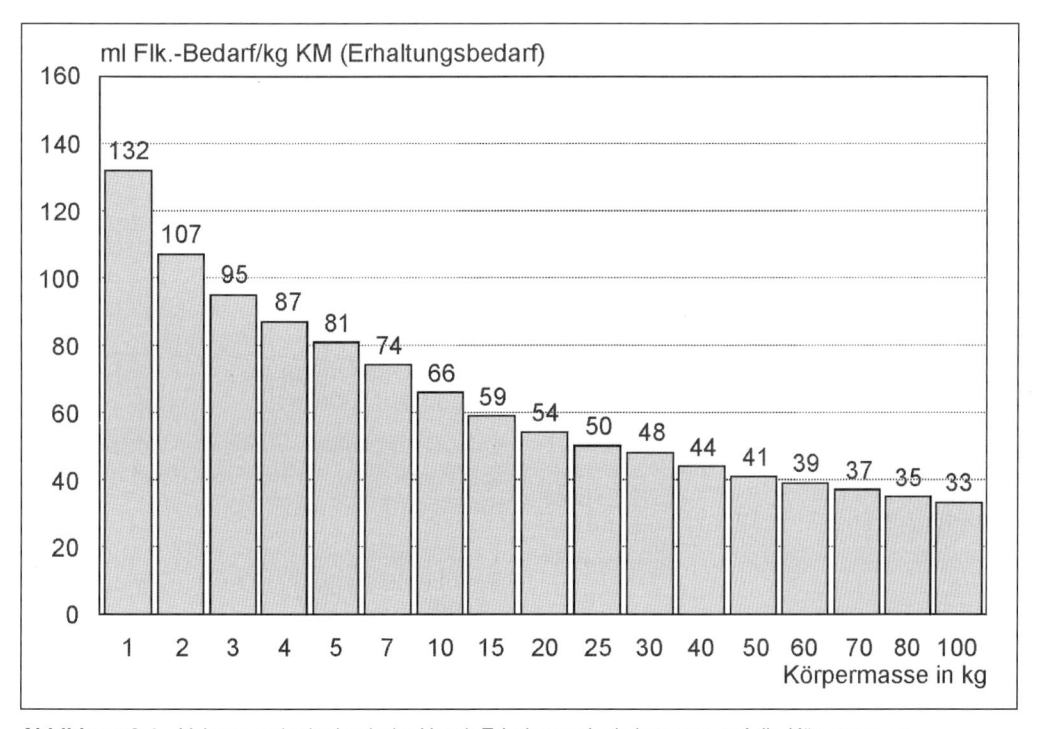

Abbildung 2.4 Volumensubstitution beim Hund: Erhaltungsdosis bezogen auf die Körpermasse

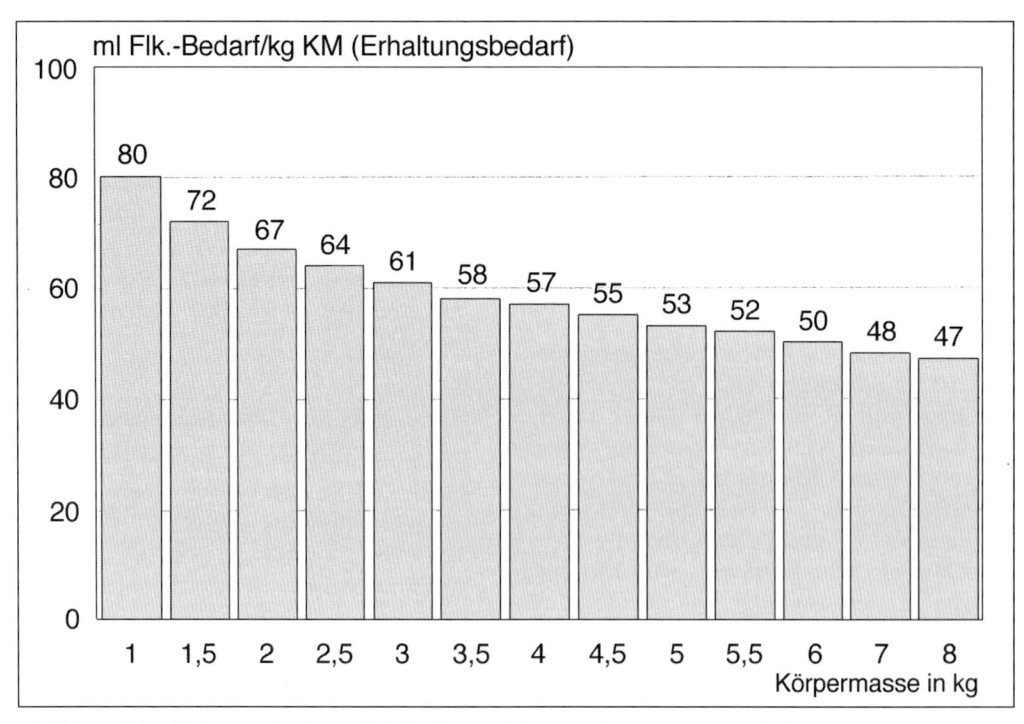

Abbildung 2.5 Volumensubstitution bei der Katze: Erhaltungsdosis bezogen auf die Körpermasse

Dehydratation	Substitutionsmenge [ml/kg KM]
leichte (< 6 %)	40–160
mittlere (6–8 %)	60–180
schwere (> 8 %)	80–120

3. Ersatz des zusätzlichen Flüssigkeitsverlusts (Erbrechen, Durchfall, Polyurie, Ergüsse)

Der zusätzliche Verlust wird anhand der durch Polyurie, Durchfall, Erbrechen o. a. zusätzlich verlorenen Wassermengen geschätzt. Für eine grobe Schätzung gilt: Erhaltungsbedarf × $\frac{1}{2}$.

Im oben erwähnten Beispiel kommen danach noch einmal $1.372 \times \frac{1}{2} = 686$ ml hinzu, insgesamt wären also 4.298 ml zu geben.

Ödeme

Man versteht hierunter die vermehrte Flüssigkeitsansammlung in Geweben oder in Körperhöhlen. Folgende Formen kommen vor (s. a. Abb. 2.6):

- Stauungsödem (lokal, generalisiert)
- entzündliches Ödem
- allergisches Ödem
- kachektisches (hypoproteinämisches) Ödem
- renales (hypalbuminämisches) Ödem
- hepatogenes Ödem (i. a. ein hypalbuminämisches Ödem)
- endokrines Ödem

Ödeme entstehen, wenn die Faktoren, die die Wasserregulierung im Gewebe bestimmen, gestört werden. Dies sind:

1. hydrostatischer Druck (– 17 mm Hg)
2. kolloidosmotischer Druck im Plasma (+ 28 mm Hg)
3. kolloidosmotischer Druck im Gewebe (– 5 mm Hg)
4. interstitieller Flüssigkeitsdruck (– 6,5 mm Hg)

Allgemeines

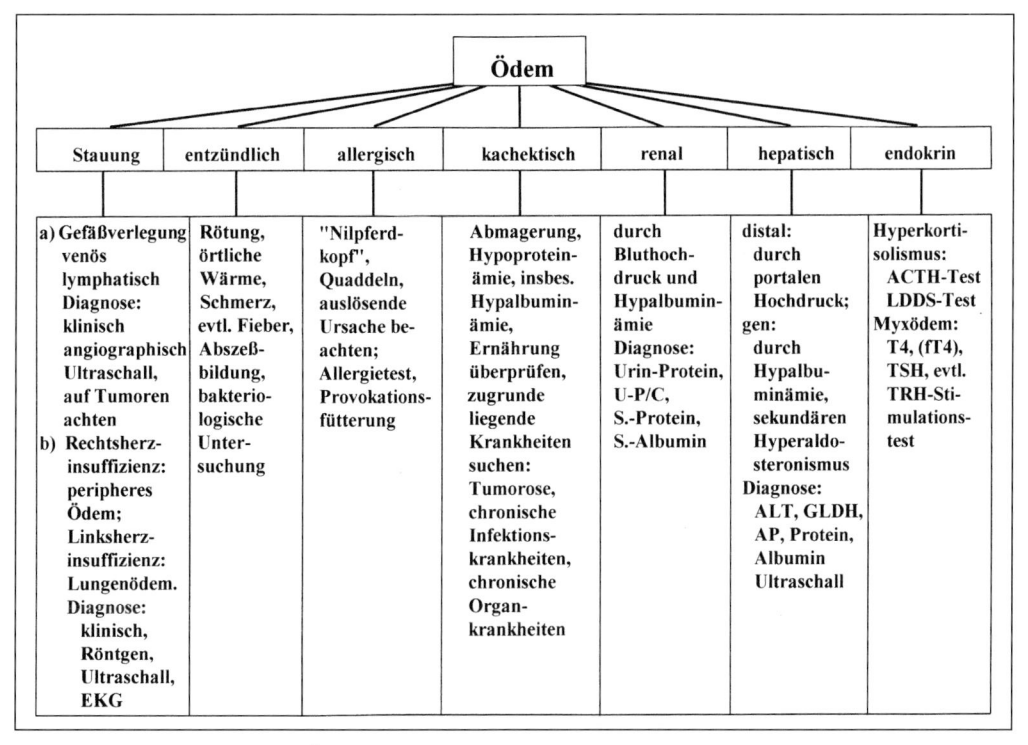

			Ödem			
Stauung	entzündlich	allergisch	kachektisch	renal	hepatisch	endokrin
a) Gefäßverlegung venös lymphatisch Diagnose: klinisch angiographisch Ultraschall, auf Tumoren achten b) Rechtsherz- insuffizienz: peripheres Ödem; Linksherz- insuffizienz: Lungenödem. Diagnose: klinisch, Röntgen, Ultraschall, EKG	Rötung, örtliche Wärme, Schmerz, evtl. Fieber, Abszeß- bildung, bakterio- logische Unter- suchung	"Nilpferd- kopf", Quaddeln, auslösende Ursache be- achten; Allergietest, Provokations- fütterung	Abmagerung, Hypoprotein- ämie, insbes. Hypalbumin- ämie, Ernährung überprüfen, zugrunde liegende Krankheiten suchen: Tumorose, chronische Infektions- krankheiten, chronische Organ- krankheiten	durch Bluthoch- druck und Hypalbumin- ämie Diagnose: Urin-Protein, U-P/C, S.-Protein, S.-Albumin	distal: durch portalen Hochdruck; gen: durch Hypalbu- minämie, sekundären Hyperaldo- steronismus Diagnose: ALT, GLDH, AP, Protein, Albumin Ultraschall	Hyperkorti- solismus: ACTH-Test LDDS-Test Myxödem: T4, (fT4), TSH, evtl. TRH-Sti- mulations- test

Abbildung 2.6 Ursachen von Ödemen

5. Kapillarpermeabilität
6. lymphatische Drainage

Während der hydrostatische Druck, der kolloidosmotische Druck und der interstitielle Flüssigkeitsdruck aus dem Gefäßsystem hinaus gerichtet sind (daher Minuszeichen), ist der kolloidosmotische Druck im Plasma – hauptsächlich vom Plasma-Albumin bestimmt – entgegengesetzt gerichtet, also vom Gewebe ins Plasma hinein (daher Pluszeichen).

Die diagnostischen Möglichkeiten können folgender Formel entnommen werden. Daraus folgt für den Ausstrom aus dem Intra- in den Extravasalraum die Gleichung:

[1] + [3] + [4] = −17 mm Hg − 5 mm Hg − 6,5 mm Hg = −28,5 mm Hg

Dagegen steht der Einstrom in die Gefäße:
[2] = 28,0 mm Hg

Es bleibt also eine Differenz von −0,5 mm Hg. Dies würde bedeuten, daß ein ständiger Ausstrom von Flüssigkeitsvolumen aus dem Intra- in den Extravasalraum stattfindet, der in Kürze zur Ödembildung in Gewebe und Körperhöhlen führen müßte. Verhindert wird dies durch [6], wodurch die Rückführung in das Kreislaufsystem erhalten bleibt.

Gestört werden kann dieses System an jeder Stelle dieser sechs Punkte:

1. Wird der hydrostatische Druck zu groß (periphere Stauung, Herzinsuffizienz), dann übersteigt er den Druck von 17 mm Hg. Solange der lymphatische Rückstrom [6] die austretenden Volumina auffangen kann, entsteht kein Ödem. Wird die Kapazität dagegen überschritten, ergeben sich Ödeme.
2. Bei Absinken des kolloidosmotischen (onkotischen) Drucks (Hypoprotein-, insbe-

sondere Hypalbuminämie) wird der Wert von 28 mm Hg unterschritten, und es entstehen hypoproteinämische Ödeme.
3. Seltener ist der kolloidosmotische Druck im Gewebe verändert; er spielt in der Entstehung örtlicher Ödeme (Entzündung) eine gewisse Rolle.
4. Der interstitielle Druck kann durch äußere oder innere Druckeinwirkung (Tumoren) gestört sein.
5. Die Kapillarpermeabilität kann durch zahlreiche örtliche oder systemische Veränderungen beeinflußt werden. Dies sind insbesondere Toxine, die zu einer generellen Permeabilitätsstörung führen, oder örtliche Entzündungen, die ein lokales Ödem hervorrufen.
6. Der Lymphfluß ist in der Lage, bis zu einem gewissen Grad vermehrt austretende Flüssigkeit dem Kreislauf zurückzuführen. Wird die Menge stark überschritten oder liegen lymphatische Störungen vor (Druckerhöhung durch Entzündung, Tumoren, Abschnürungen o. ä.), so kommt ein Stauungsödem zustande.

Ursachen für Ödeme sind also hauptsächlich:

- erhöhter Kapillardruck
- verminderter onkotischer Druck
- erhöhte Kapillarpermeabilität
- gestörte Lymphdrainage

Wasser liegt im Interstitium in Gelform vor. Erst wenn der interstitielle Flüssigkeitsdruck > 0 mm Hg wird und eine Erhöhung des Wassers um rund 30 % zustande kommt, liegt Wasser in freier, also nicht gelartiger Form vor. Bei Gewebsverletzungen fließt erst dann Wasser ab.

Zur Differentialdiagnose von Ödemen und Hypoproteinämie siehe Abbildung 2.7 bzw. Tabelle 2.2.

Die Therapie ergibt sich aus der Ursache, die vorrangig zu behandeln ist. Die Ödembehandlung wird zusätzlich durchgeführt. Bei entzündlichem, allergischem und endokrinem Ödem ist sie jedoch wenig oder nicht erfolgreich und in den meisten Fällen nach Behandlung der Grundkrankheit auch entbehrlich.

Therapeutische Maßnahmen zur Behandlung von Ödemen sind:

1. Aderlaß: Diese Behandlungsmaßnahme ist heute fast nicht mehr indiziert; einzige relative Ausnahme ist das akute kardiogene Lungenödem mit „wahrer", das heißt absoluter Polyglobulie („echter" Vermehrung der Erythrozyten infolge einer sauerstoffmangelinduzierten Erythropoetinsekretion). Mit dem Aderlaß werden dem Körper außer Volumen auch Erythrozyten (und Leukozyten sowie Thrombozyten) und besonders Protein entzogen, was gerade bei Ödemen nicht indiziert ist.
2. Diuretika: Sie werden gegeben zur Steigerung der Glomerulumfiltration und/oder Erhöhung der tubulären Rückresorption. Tabelle 2.3 gibt einen Überblick über Indikationen und Dosierungen (nach Ungemach, 1994).

Aldosteronantagonisten sind zwar keine sehr potenten Diuretika, sie sind aber sehr

Tabelle 2.2	Differentialdiagnose der Hypoproteinämie			
	Gesamt-Protein	**Albumin**	**Globulin**	**Alb. : Glob.**
renal	↓	↓	→	↓
hepatogen	↓(→)	↓	↑	↓
Gastrointestinaltrakt	↓	↓	↓	→
Blut-, Plasmaverlust	↓	↓	↓	→
Kachexie	↓	↓	↓	→

↑ = erhöht; ↓ = vermindert; → = unverändert

Allgemeines

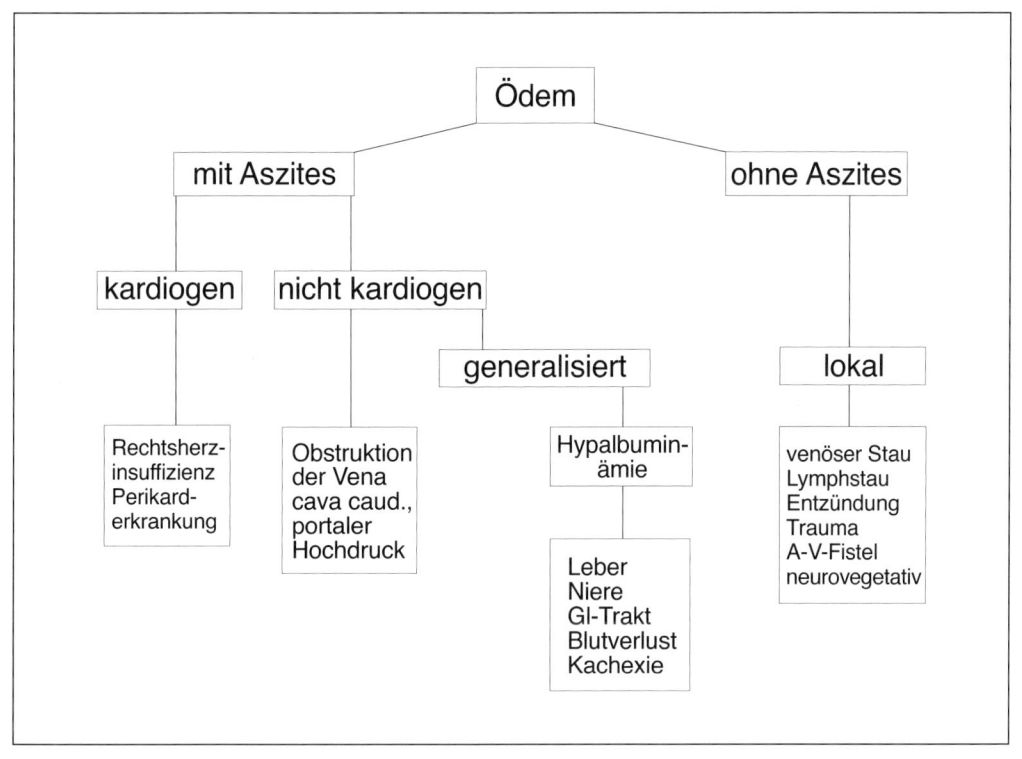

```
                            Ödem
                   ┌──────────┴──────────┐
             mit Aszites            ohne Aszites
          ┌──────┴──────┐         ┌──────┴──────┐
      kardiogen   nicht kardiogen
                           ┌──────┴──────┐
                     generalisiert     lokal
      ┌──────┐    ┌──────┐    ┌──────┐    ┌──────┐
      │Rechts-│   │Obstruk-│  │Hypal- │   │venöser│
      │herzin-│   │tion der│  │bumin- │   │Stau   │
      │suffi- │   │Vena    │  │ämie   │   │Lymph- │
      │zienz  │   │cava    │  │       │   │stau   │
      │Peri-  │   │caud.,  │  │       │   │Entzün-│
      │kard-  │   │portaler│  │       │   │dung   │
      │erkran-│   │Hoch-   │  │       │   │Trauma │
      │kung   │   │druck   │  │       │   │A-V-Fi-│
      └───────┘   └────────┘  └───────┘   │stel   │
                                  │       │neuro- │
                              ┌───┴───┐   │vegeta-│
                              │Leber  │   │tiv    │
                              │Niere  │   └───────┘
                              │GI-Trakt│
                              │Blutver-│
                              │lust    │
                              │Kachexie│
                              └────────┘
```

Abbildung 2.7 Differentialdiagnose der häufigsten Ödeme

gut geeignet, den Blutdruck zu reduzieren (s. u.). Sie sind insbesondere bei Aktivierung der Aldosteronsekretion geeignet und werden bei primärem und sekundärem Hyperaldosteronismus eingesetzt. Damit sind sie bei Ödemen infolge von Herzinsuffizienz, Hepatopathie, auch bei Niereninsuffizienz, indiziert. Spironolacton (z. B. Aldactone®) wird in einer Dosis von 2–4 (bis 6) mg/kg auf einmal täglich gegeben.

Blutdruck: Hypertonie

Der Blutdruck konnte bei Hund und Katze bis vor kurzer Zeit nur blutig gemessen werden; die übrigen Verfahren waren ungenau

Tabelle 2.3 Indikationen und Dosierungen zur Behandlung von Ödemen (nach Ungemach, 1994)

Indikation	Thiaziddiuretika		Schleifendiuretika		Osmodiuretika	
	Hydrochlorothiazid	Dosis (mg/kg KM)	**Furosemid**	Dosis (mg/kg KM)	**Mannitol**	Dosis (mg/kg KM)
gen. Ödeme	x	1–2	x	1–2		
Lungenödem			x	1–2		
Hirnödem			x	1–2	x	1500
Körperhöhlen			x	1–2		
Herzinsuff.	x	1–2	x	1–2		
Niereninsuff.			x	5–10	x	1500
Diabetes insip.	x	2				

und fehlerhaft. Seit einigen Jahren ist mit der Dopplermethode eine recht genaue Messung des Blutdrucks möglich. Wichtig ist die richtige Wahl der Manschettenbreite; sie soll etwa 40 % des Umfangs der Gliedmaße oder des Schwanzes betragen. Andernfalls werden bei zu breiten Manschetten zu niedrige, bei zu schmalen zu hohe Werte gemessen.

Die Tiere werden ruhig behandelt (!), vorsichtig auf die Seite gelegt, die Palmar- oder Plantarfläche des Vorder- oder Hinterfußes geschoren und mit Alkohol befeuchtet und mit Kontaktgel (zur Sonographie) bestrichen. Sodann wird die Manschette fest, aber nicht komprimierend, um den Unterarm/das Bein gelegt. Mit dem Dopplerfühler wird der Puls aufgesucht, der über Kopfhörer oder – weniger gut, da für den Patienten erschreckend – über Lautsprecher übertragen wird. Die Manschette wird bis zum Verschwinden des Pulsgeräuschs aufgepumpt. Danach läßt man langsam die Luft ab und registriert den Druck, an dem das Pulsgeräusch gerade wieder hörbar ist: systolischer Blutdruck. Man läßt weiter Luft ab, bis der Pulsschlag in Rauschen übergeht: diastolischer Blutdruck.

Soweit bisher erkennbar, liegt der Blutdruck bei nicht sehr aufgeregten oder widersetzlichen Hunden und Katzen bei 160/100 mm Hg. Aufregung läßt den Blutdruck erheblich ansteigen. Dies ist insbesondere häufig bei Katzen der Fall. Notfalls muß die Messung mehrfach wiederholt werden, bis sich die Patienten an die Maßnahme gewöhnt haben.

Auch bei Blutdruckveränderungen muß nach der Ursache gefahndet werden. Dies ist in den meisten Fällen nicht besonders schwierig. Die Behandlung der Grundkrankheit steht dann im Vordergrund. In vielen Fällen reicht dies jedoch nicht aus, um den Blutdruck zu normalisieren. Dies betrifft insbesondere die Hypertonie bei Nierenkrankheiten. Aber auch bei nichtbehandelbaren endokrinen Hypertonien, etwa infolge eines inoperablen Tumors (metasta-

Tabelle 2.4 Ursachen von Hypertonie und Hypotonie

Hypertonie	Hypotonie
primäre oder essentielle Hypertension	Hypovolämie
sekundäre Hypertension	Herzinsuffizienz
renale	Endotoxinschock
chronische interstitielle Nephritis	anaphylaktischer Schock
Glomerulitis, Glomerulopathie	Anästhetika
Amyloidose	Vasodilatatoren
Pyelonephritis	ACE-Blocker
Zystenniere	Nitroglycerin
Nierentumoren?	Hydralazin
Stenose der Nierenarterie	Kalziumblocker
Thromboembolie von Nierengefäßen	
Gehirntumor	
endokrin	
Hyperthyreose	
Hyperadrenokortizismus	
Hyperöstrogenismus	
Gravidität	
Hyperkalzämie	
Phäochromozytom	
Polycythaemia vera	
Hyperviskosität	
Fieber	
arteriovenöse Fistel	

Allgemeines

Tabelle 2.5 Drucksenkende Wirkstoffe

Wirkstoff	Dosierung (mg/kg KM)	
	Hund	Katze
Thiaziddiuretika:		
Hydrochlorothiazid	1–2	1–2
Schleifendiuretika:		
Furosemid	1–2	1–2
Xipamid	0,1–0,5	0,1–05
Aldosteronantgonist:		
Spironolacton	3–6	3–6
ACE-Hemmer:		
Enalapril (u. a.)	0,5	0,25–0,5
Kalziumkanalblocker:		
Verapamil	0,5	0,5–1
Diltiazem	0,5–1,5	1,5–2
α1-Rezeptorenblocker:		
Prazosin	1 mg/15 kg KM (zusammen Diuretikum)	?
β-Adrenolytika:		
Propranolol	0,5–1	0,5–1

sierendes Phäochromozytom, tumoröse Hyperkalzämie), müssen medikamentöse Maßnahmen zur Behandlung der Hypertonie ergriffen werden. Zu Ursachen der Hypertonie siehe auch Tabelle 2.4.

Drucksenkende Medikamente und ihre Dosierungen sind in der Tabelle 2.5 angegeben. Sie gehören den Gruppen der Diuretika, Aldosteronantagonisten, ACE-Hemmer, Kalziumblocker, α- oder β-Adrenolytika an.

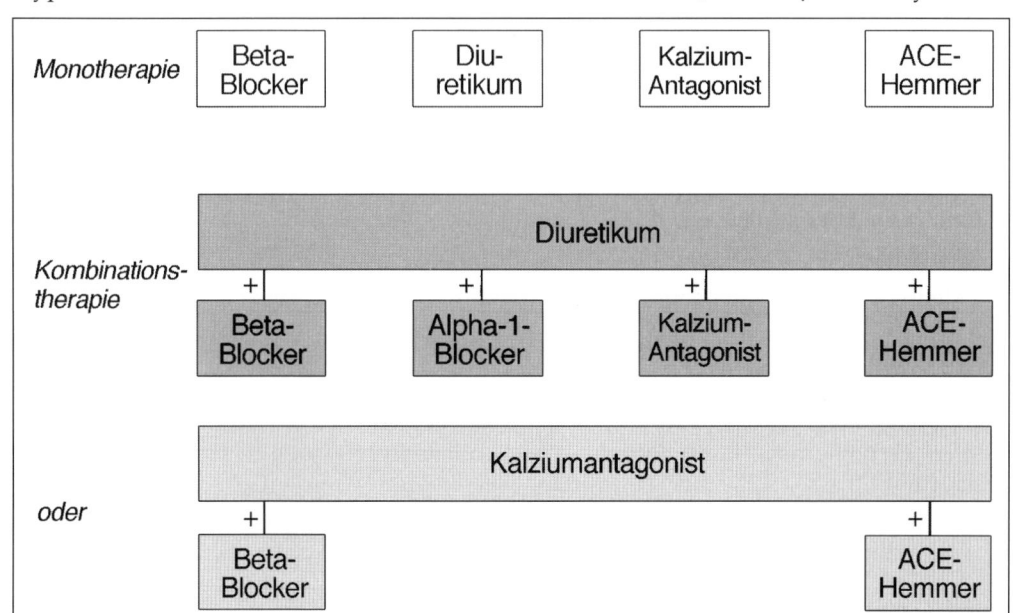

Abbildung 2.8 Mono- und Kombinationstherapie bei Bluthochdruck beim Menschen nach der „Deutschen Liga zur Bekämpfung des hohen Blutdrucks"

Die „Deutsche Liga zur Bekämpfung des hohen Blutdrucks" gibt 1992 für den Menschen die in Abbildung 2.8 angegebenen Kombinationsmöglichkeiten an, die auch beim Hund und bei der Katze angewandt werden können, ohne daß dazu allerdings detaillierte Untersuchungen bestehen.

Blutdruck: Hypotonie

Die Hypotonie führt zu einer Verminderung der Gewebsdurchblutung und damit zu einer Herabsetzung der Sauerstoffversorgung und des Abtransports von Stoffwechselprodukten. Infolge der im Alter gehäuft auftretenden Grundkrankheiten kommt es im letzten häufiger als im mittleren Lebensabschnitt dazu. Ursachen können sein (s. a. Tab. 2.4):

- vermindertes HZV infolge unterschiedlicher Herzinsuffizienzen
- Hypovolämie durch Blutung, Erbrechen, Durchfall, Diurese
- endokrin durch M. Addison, Hypothyreose
- neurogen durch Parasympathikotonie oder Sympathikolyse
- anaphylaktisch
- medikamentös durch massive Diurese, Laxantien, Sympatholytika, Vasodilatatoren, Anästhetika

Die klinischen Symptome hängen erheblich von der Ursache ab. In leichteren Fällen ohne schwere Grundkrankheit bleibt die Hypotonie unerkannt. Bei schlechter Gewebsdurchblutung infolge von Hypotonie werden Hypothermie, kühle Akren, Antriebsarmut, blasse Schleimhäute, verlängerte Kapillarfüllungszeit (>2 s), schwacher, oft beschleunigter Puls, hochgestellter Urin verringerter Menge (<1 ml/kg KM und Stunde), Hyperventilation und allgemeine Schwäche festgestellt. Schließlich können Herzarrhythmien, Turbulenzgeräusche und blutiger Durchfall, bei Kreislaufschock Azotämie infolge prärenaler Urämie, disseminierte intravasale Gerinnung mit Verbrauchskoagulopathie, hypoxisch-azidotische Organschäden und Bewußtlosigkeit eintreten.

Der Blutdruckabfall, insbesondere wenn er mit Kreislaufschock verbunden ist, folgt keinem einheitlichen Therapieschema. Prinzipiell wichtig für den Therapieplan ist die Feststellung, ob es sich bei der Ursache um eine kardiogene oder nichtkardiogene Hypotonie handelt: Während die nichtkardiogene Ursache einer Volumensubstitution bedarf, ist sie bei kardiogener Hypotonie kontraindiziert. Bei kardiogener Hypotonie wird die zugrunde liegende Herzkrankheit behandelt. In diesem Falle ist eine Anwendung von Diuretika und/oder ACE-Hemmer zumindest im Anfangsstadium bis zur Verbesserung des Herzzeitvolumens nicht indiziert. Diuretika und ACE-Hemmer sind dann indiziert, wenn Stauungssymptome auftreten und die Nachlast vermindert werden soll.

In allen Fällen nichtkardiogener Hypotonie bis hin zum Kreislaufschock muß Volumensubstitution durchgeführt werden. Sie folgt den früher erwähnten Prinzipien der Deckung des täglichen Bedarfs unter Berücksichtigung der Körpermasse, dem Ausgleich einer Dehydratation und der Substitution zusätzlich verlorener Flüssigkeitsmengen. Die Art der Volumensubstitution richtet sich nach dem Defizit. Prinzipiell wird die Hälfte der Erhaltungsdosis durch Vollelektrolytlösung, die andere Hälfte durch 5%ige Glukoselösung, die beiden übrigen Komponenten durch Vollelektrolytlösung ersetzt. Bei vollausgebildetem Kreislaufschock werden Kreislaufmittel eingesetzt (Tab. 2.6 und 2.7).

Adipositas

Alte Individuen neigen aus verschiedenen Gründen zur Adipositas. Zum einen ist Fett-

Tabelle 2.6 Kreislaufmittel

Wirkstoff	Wirkungsweise	Indikation	Dosis
Dopamin	α-, β$_1$-Rezeptor, dopaminerg	Kreislaufschock, Schockniere	2–5 (–10) µg/kg und min
Dobutamin	α-, β$_1$-Rezeptor	Erhöhung des HZV	2–5 (–10) µg/kg und min
Adrenalin	α-, β$_1$-Rezeptor	anaphylaktischer Schock	0,5–1 µg/kg (DTI)
Noradrenalin	α-, β$_1$-Rezeptor	(Kreislaufschock)	0,1–1 µg/kg
Orciprenalin	β$_1$-, β$_2$-Rezeptor	AV-Block, Schock	0,1–0,3 µg/kg und min DTI

Tabelle 2.7 Infusionsflüssigkeiten

Blutung	Blut-, Plasmatransfusion je nach verlorener Menge, hochmolekulare Plasmaexpander bis 20 ml/kg KM, Rest salinische Lösungen
Erbrechen	Volumenersatz, meist NaCl-Substitution, bisweilen Kalumsubstitution erforderlich (Hypokaliämie)
Durchfall	Volumenersatz, häufig metabolische Azidose, daher Natriumbikarbonat: -BE x 0,3 x Körpermasse (kg) = Bikarbonationen
Polyurie	abhängig von Grundkrankheit, i. a. salinische Vollelektrolytlösungen (Ringer-Lösung)
Diabetes mellitus	Kochsalzlösung 0,9%ig
M. Addison	Kochsalzlösung 0,9%ig
Hypothyreose	Vollelektrolytlösung (Ringer-Lösung) mit Glukoselösung 5%ig
Fieber	Vollelektrolytlösung (Ringer-Lösung) mit Glukoselösung 5%ig
Anaphylaxie	Plasmaexpander, Vollelektrolytlösung
neurogen	Plasmaexpander, Vollelektrolytlösung
kardiogen	keine Volumensubstitution!

gewebe das einzige Gewebe beim alten Hund und bei der alten Katze, das zunimmt und zum Teil die übrigen Gewebe ersetzt, wodurch der Fettanteil steigt. Zum andern neigen viele ältere Hunde und Katzen zur Verminderung der körperlichen Aktivität, wodurch der Energieverbrauch herabgesetzt ist. Die Folge ist eine zunehmende Tendenz zur Fettanlagerung. Da die meisten Besitzer über diese Zusammenhänge nicht informiert sind und daher die Futterrationen nicht einschränken, sondern im Gegenteil oft sogar noch erhöhen, kommt die Adipositas rasch zustande.

Andererseits führen eine Reihe von Krankheiten, die vorwiegend im Alter auftreten, zur pathologischen Fettablagerung.

Dies sind ganz besonders einige endokrine Krankheiten: Diabetes mellitus, Hypothyreose, Hyperadrenokortizismus. Ob Hypogonadismus (Kastration) zur Verfettung neigt, wird teilweise bestritten; die Erfahrung zeigt aber eher eine Tendenz zur Adipositas. Aus diesen Gründen sind bei alten Individuen folgende Dinge zu berücksichtigen:

- exakte Futteranamnese nach Art und Menge
- Trinkmenge (auch Veränderungen gegenüber früher)
- Bewegungsgewohnheiten
- Vorbehandlungen (Kortikosteroide)
- Beachtung einer Kastration
- Läufigkeitsanamnese
- Untersuchung der Testes

- Untersuchung auf Diabetes mellitus: Blut-, Uringlukose, bei zweifelhafter Erhöhung einschließlich Serum-Fructosamin-Bestimmung
- Untersuchung auf Hypothyreose: T4-(fT4-)-Bestimmung, cTSH-Bestimmung, evtl. TRH-Stimulationstest
- Untersuchung auf Hyperadrenokortizismus: ACTH-Stimulationstest, LDDS

In nichtkrankhaften Fällen muß ein exakter Futterplan aufgestellt werden. Er wird im Kapitel „Ernährung und Diätetik" vorgestellt.

Inanition, Kachexie

Zahlreiche Krankheiten führen zur Inanition (Hungerzustand) und zur Kachexie („Auszehrung", Verlust von über 20 % der Körpermasse), Krankheiten, die vorzugsweise, aber keineswegs ausschließlich, im Alter vorkommen. Inanition und Kachexie können mit Anorexie (Nahrungsverweigerung), aber auch mit normaler Nahrungsaufnahme oder sogar Polyphagie verbunden sein. Allerdings kommt es bei alten Individuen terminal bisweilen zum Verweigern jeglicher Nahrung, so daß die Tiere – wie auch manche Menschen – schließlich an allgemeiner Entkräftung sterben. Neben Nahrungsverweigerung und schmerzhaften oder raumfordernden Zuständen im Bereich der Mundhöhle, des Rachens und Schlundes führen Malabsorption und Maldigestion (Malassimilationssyndrom), Stoffwechselstörungen, hormonelle Störungen, chronische Infektionskrankheiten (FeLV-, FIV-Infektion, FIP, Tuberkulose), maligne Tumorose, chronische Niereninsuffizienz, chronische Herzinsuffizienz mit Kongestion des Magen-Darm-Trakts, Leber- und Pankreaskrankheiten zur Kachexie. Die Kachexie zieht eine allgemeine Schwäche nach sich. Das Zusammentreffen solcher Syndrome im Alter führt dann schließlich zum Bild der sogenannten Altersschwäche (Marasmus senilis).

Die Verhinderung von Inanition, Kachexie und Marasmus muß also die adäquate Energieaufnahme, -verwertung und -assimilation zum Ziel haben. Man geht folgendermaßen vor:

- Aufname der Anamnese zur Ermittlung etwaiger Krankheiten; wichtig: will der Patient Nahrung aufnehmen, wendet sich dann aber ab (Hinweis auf Erkrankung des Mund-Rachen-Schlund-Bereichs), oder macht er gar keinen Versuch zur Nahrungsaufnahme (Hinweis auf Allgemeinkrankheit)
- Analyse des Futters, der angebotenen und aufgenommenen Menge, der Häufigkeit der Fütterung pro Tag; Menge der angebotenen und aufgenommenen Flüssigkeit
- Untersuchung der Mundhöhle, des Rachens, des Schlundes
- Untersuchung auf Malassimilation (Magen, Darm, Leber, Pankreas), chronische Infektionskrankheiten, Tumorose, Stoffwechsel-, endokrine Krankheiten, Herz-, Nierenkrankheiten.

Die einfachste Methode für eine adäquate Energiezufuhr ist die spontane Futteraufnahme. Ist sie nicht zu erreichen, muß „künstlich" ernährt werden. Hierzu s. unter „Anorexie".

Anorexie

Die **Ursachen** der Anorexie (Nahrungsverweigerung) decken sich weitgehend mit denen der Kachexie. Bei Inappetenz ist die „Lust" zur Nahrungsaufnahme, der Appetit, herabgesetzt. Anorexie kann auch durch schmerzhafte Zustände im Mund-Rachen-Ösophagusbereich ausgelöst werden, weshalb hierauf zu achten ist. Tiere, die unter Störungen des Geruchssinns leiden, nehmen ebenfalls weniger oder keine Nahrung auf. Es werden im übrigen die gleichen Untersuchungen durchgeführt wie unter „Inanition, Kachexie" beschrieben.

Zur **Untersuchung** geht man folgendermaßen vor:

- Wird genügend und ausreichend schmackhaftes Futter gegeben?
- Wichtig bei Katzen: Wurde das gewohnte Futter durch ungewohntes ersetzt?
- Liegen in der Umgebung Veränderungen vor, daß dem Tier „der Appetit vergeht" (neue Umgebung, neue Besitzer, sind andere Menschen hinzugekommen [Baby, neue Freundin] oder andere Tiere)?
- Liegen krankhafte Zustände vor: kein Geruch, schmerzhafte Prozesse im Mund-Rachen-Schlund-Bereich?
- Liegen Allgemeinkrankheiten vor? (Fast alle systemischen Krankheiten kommen in Frage, weshalb nach Ausschluß der oben genannten Ursachen spezielle Untersuchungen angeschlossen werden müssen.)

Therapie: Häufig beginnen die Patienten spontan mit der Futteraufnahme, wenn es gelingt, die Grundkrankheit zu bessern. Ihre Diagnose und gezielte Behandlung ist daher wichtig. Aus der Anamnese wird die bevorzugte Nahrung erfragt, was besonders wichtig bei der Katze ist. Das Futter sollte leicht angewärmt werden, um die Palatibilität zu erhöhen. Da häufig auch eine Verminderung der Wasseraufnahme besteht, ist diese durch Infusionen auszugleichen. Auf die Energiesubstitution wird im Kapitel „Ernährung" näher eingegangen. Die parenterale Ernährung wird über einen zentralen Venenkatheter, die künstliche enterale über eine Nasen-Magen-Sonde, Ösophagussonde oder transkutane Magensonde durchgeführt.

Der Appetit kann mit verschiedenen Wirkstoffen angeregt werden. Dies gelingt bei der Katze besser als beim Hund. Sie werden in der Tabelle 2.8 aufgeführt.

Polyphagie

Die vermehrte Aufnahme von Futter, oft als „Heißhunger" bezeichnet, kommt als krankhaftes Zeichen seltener vor als ihr Gegenteil, die Anorexie. Sie wird beobachtet bei insgesamt katabolischer Stoffwechsellage, bei hoher physischer Belastung oder bei einigen Formen des Malassimilationssyndroms, ferner bei Diabetes mellitus, bei Hyperinsulinismus, bei Hyperthyreose oder bei Hyperadrenokortizismus. Man geht folgendermaßen vor:

- Feststellung, ob normaler, über- oder untergewichtiger Ernährungszustand vorliegt
- normaler Ernährungszustand: Wird erhöhte körperliche Arbeit verlangt? Wird das Tier in kalter Umgebung gehalten (erhöhter Energiebedarf)? Krankhaft evtl. in Frühstadien des Hyperadrenokortizismus und der Hyperthyreose
- adipöser Ernährungszustand: Wird zuviel gefüttert (unerkannte Futterquellen ausschließen [Nachbarn, Kinder etc.], zu viele Leckereien, zu gehaltvolle, schmackhafte Nahrung)? Bei Haltung mehrerer Tiere „Futterneid"? Liegen krankhafte Ursachen vor: Hyperadrenokortizismus,

Tabelle 2.8 Wirkstoffe zur Appetitanregung

Wirkstoff	Dosis/Hund	Dosis/Katze
Diazepam	0,05–0,1 mg/kg i. v.	0,05–0,1 mg/kg i. v.
Oxazepam	0,2–0,4 mg/kg p. o.	0,2–0,4 mg/kg p. o.
Flurazepam	0,1 mg/kg p. o.	0,1–0,5 mg/kg p. o.
Cyanocobalamin (Vitamin B12)	1 mg/Hund s. c., i. v.	1 mg/Katze s. c., i. v.

Kortikosteroidapplikation, Hyperthyreose, Hyperinsulinismus (Insulinom)
- kachektischer Ernährungszustand: Ist die Futterqualität minderwertig? Liegen krankhafte Ursachen vor? Achten auf Endoparasiten (Kotuntersuchung), Diabetes mellitus (mit Ketoazidose, Bestimmung von Blutzucker, insbesondere bei der Katze auch von Fructosamin, Ketonkörpern und pH-Wert im Urin), Hyperthyreose (T4-, T3-Bestimmung), exokrine Pankreasinsuffizienz (dreimalige Bestimmung von Chymotrypsin im Kot), Leberinsuffizienz, Maldigestions-, Malabsorptionssyndrom (Laktose-, Xylose-Toleranztest, Serum-Folsäure, Kobalamin)

Polydipsie, Polyurie

Die vermehrte Aufnahme von Wasser und der Absatz erhöhter Urinvolumina sind keine Alterssymptome per se, sie kommen vielmehr im Alter gehäuft vor, weil eine Reihe von Krankheiten, die mit Polydipsie und Polyurie einhergehen, im letzten Lebensabschnitt häufiger als in jüngeren auftreten.

Eine Polydipsie liegt vor, wenn der Hund oder die Katze (?) mehr als 100 ml/kg KM Flüssigkeit pro Tag oder mehr als 4 ml/kg KM und Stunde aufnimmt. Es ist fraglich, ob diese Mengen über alle Rassen und Größen und auch gleichermaßen für die Katze gelten. Von Polyurie spricht man, wenn die Urinmenge 50 ml/kg KM und Tag oder 2 ml/kg KM und Stunde überschreitet. In solchen Fällen muß der Ursache nachgegangen werden.

Häufig bestehen von seiten der Besitzer Unsicherheiten („er trinkt mehr als eine Schüssel am Tag"). Man sollte dann die Menge genau bestimmen lassen. Viele Besitzer berichten, daß der Hund oder die Katze mehr als früher trinken. Dies kann mit äußeren Umständen, wie Umstellung auf Trocken-

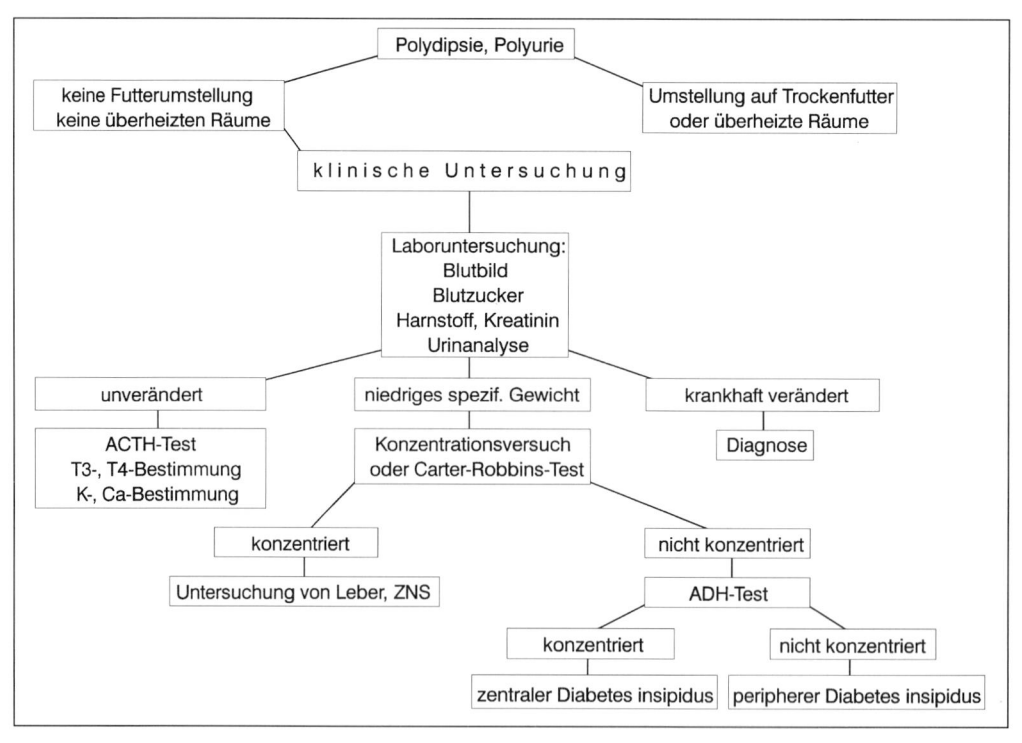

Abbildung 2.9 Differentialdiagnose der Polydipsie und Polyurie

futter, überheizte Räume, zusammenhängen und bedarf der anamnestischen Abklärung.

Als Ursachen für eine krankhafte Polydipsie/Polyurie kommen in Frage:

- Diabetes mellitus (Urin-, Blutglukose, Serum-Fructosamin)
- chronische Niereninsuffizienz (Urinuntersuchung, besonders spezifisches Gewicht, Protein; Serum-Harnstoff, -Kreatinin, evtl. Konzentrations- [Durst-] Versuch oder Carter-Robins-Test)
- Pyelonephritis (klinisches Bild, Ultraschall, Urinsediment, BU)
- Pyometra (klinisches Bild, Röntgen, Ultraschall)
- Diabetes insipidus (spezifisches Uringewicht, ADH-Test; renaler D. i.: Versuch mit Hydrochlorothiazid)
- Hyperadrenokortizismus (Cortisol, ACTH-, LDDS-Test)
- Hypadrenokortizismus (M. Addison; Cortisol, ACTH-Stimulationstest)
- Hyperthyreose (T3, T4)
- Hyperkalzämie (Serum-Kalziumbestimmung)
- Hypokaliämie (Serum-Kaliumbestimmung)
- Hepatopathie (Leberenzyme)
- Krankheiten des Gehirns (zentrale Polydipsie)
- psychogene Polydipsie

Die Ursache der Polydipsie ist in den meisten Fällen zu diagnostizieren. Nach der Grundkrankheit richtet sich die Therapie.

Schlafstörungen, Unruhe, vermehrte Wachzustände

Einschlafstörungen sind bei Hund und Katze weniger bekannt. Dagegen wird von Tierbesitzern häufiger über Durchschlafstörungen bei älteren Hunden, kaum jedoch bei Katzen berichtet. Danach wachen die betroffenen Hunde nachts häufig auf, wandern umher, legen sich zwischenzeitlich nieder und belecken sich häufig. Sie stören dabei die Hundehalterinnen und -halter, was diese veranlaßt, den Tierarzt mit dem betroffenen Hund aufzusuchen. Die Unruhe darf nicht mit Lautäußerungen und Bewegungen durch Traumzustände verwechselt werden (Anamnese!). Ursache echter Schlafstörungen könnte wie beim Menschen die senile Demenz sein. Allein sie wird beim Hund zwar behauptet, ist aber niemals zweifelsfrei nachgewiesen worden. Insbesondere sind aber organische und funktionelle Störungen in jedem Einzelfall auszuschließen. Sie betreffen:

- allgemein schmerzhafte Zustände
- Herzinsuffizienz (mit Orthopnoe)
- Nykturie (als Ausdruck einer Herzinsuffizienz oder einer Polydipsie/Polyurie)
- Kotkontinenz infolge einer Darm- (Kolon-, Rektum-) oder nervalen Erkrankung
- Hyperthyreose
- Veränderung der äußeren Umstände (etwa Verlegung des Hundelagers wegen einer Krankheit des Hundes ins Schlafzimmer von Herrchen oder Frauchen, wodurch der Hund aus seiner gewohnten Umgebung gerissen, außerdem durch Schlafgeräusche der Menschen gestört wird und nachfolgend diese wiederum stört)

Solche Ursachen sind zu erkennen (Anamnese) und gezielte Untersuchungen durchzuführen. Sie müssen sich auf eventuelle schmerzhafte Krankheiten erstrecken und außerdem eine Herz-, Darm und Nierenuntersuchung, auch eine Untersuchung auf Hyperthyreose (T4-, T3-Bestimmung) umfassen.

Lassen sich keine organischen oder Umweltveränderungen als Ursache der Schlafstörungen ermitteln, so muß eine medikamentöse Therapie versucht werden. Benzodiazepine sind Mittel der ersten Wahl; sie sollten abends gegeben werden. Allerdings entsteht beim Hund eine relativ rasche Gewöhnung. Folgende Dosierungen können empfohlen werden:

- Diazepam 0,5–1,0 (bis 2,0) mg/kg KM, dreimal täglich
- Clonazepam 0,5 mg/kg KM, zwei- bis dreimal täglich

Vorübergehend können Barbiturate Anwendung finden. Ihre Wirkungsdauer ist allerdings lang, so daß die Tiere noch am andern Tag müde sein können. Die Dosis sollte 3–6 mg/kg KM nicht übersteigen.

Vermehrter Schlaf

Viele Hunde, ebenfalls wieder seltener Katzen, zeigen im Alter ein vermehrtes Schlafbedürfnis. Dies kann durch Schlafstörungen während der Nacht, aber auch durch über das normale Maß des Erholungsschlafs hinausgehendes Schlafbedürfnis als Folge einer Altersdemenz hervorgerufen werden (bei Hund und Katze allerdings nicht mit Sicherheit nachgewiesen). Andere Ursachen können sein:

- Taubheit (infolge derer der Hund oder die Katze auf Anruf nicht reagiert)
- degenerative neurologische Prozesse
- Stoffwechselstörungen (Leber, Niere)
- starke körperliche Beanspruchung während der Wachzeiten

Schmerz

Das Empfinden von Schmerz ist begreiflicherweise keineswegs auf das Alter beschränkt. Allerdings kommen im Alter vermehrt Zustände vor, die zu Schmerz führen, weshalb diesem Phänomen hier Raum gegeben werden soll.

Beim Tier ist der Nozizeptorenschmerz als gesichert anzusehen. Dabei werden mehr oder weniger ausgedehnt lokale Schmerzrezeptoren durch äußere (mechanische, thermische, chemische) oder innere (Dehnung, Entzündung, chemische) Insulte gereizt. Hinzu kommen körpereigene Substanzen, die als Schmerzmediatoren wirken: Histamin, Prostaglandine, Serotonin, Komplement, Kallikrein, Kininogen, Bradykinin. Durch Aδ-Nervenfasern, die myeliniert sind, wird der Reiz sofort als akutes Schmerzempfinden weitergegeben, etwas später auch durch C-Fasern (nichtmyelinisiert). Beide Leitungen sind für das unterschiedliche Schmerzempfinden verantwortlich, wie es als akuter Sofortschmerz und als längerer Schmerz etwa bei Schnittverletzungen oder beim stumpfen Trauma beobachtet werden kann. Je nach Sitz der Noxe wird entweder das Dorsalhorn des Rückenmarks oder das Gehirn erreicht. Beim Haustier werden insgesamt fünf verschiedene Schmerzleitungswege angenommen; dagegen scheint es kein spezielles Schmerzzentrum zu geben.

Eine Systematisierung des Schmerzes beim Tier ist schwierig. Eine Möglichkeit ist die Einteilung nach der Lokalisation: Kopf-Hals-Bereich, Thorax, Rumpf, Gliedmaßen. Schmerzzustände im Kopfbereich führen zu Kopfbeugung, Vermeidung von Kieferbewegungen, Anorexie (Mundhöhle, Rachen), Kopfschiefhaltung (Ohrbereich), Verengung der Lidspalte (Schmerz der Augen oder Konjunktiven). Das Kopfschmerzsyndrom des Menschen kann beim Tier nur erahnt werden, wenn etwa Apathie, Bewegungsunlust, Kopfbeugung, Leistungsvermeidung beobachtet werden.

Schmerzen im Halsbereich werden besonders bei Halswirbelsäulenerkrankungen gesehen. Sie führen zur Steifheit des Halses, die bei passiver Bewegung (Beugung, seitlicher und dorsaler Bewegung zu Schmerzreaktionen führt).

Gliedmaßenschmerz läßt sich am besten in Ruhe und Bewegung feststellen. Die Tiere „schonen" die betroffene Gliedmaßen, es werden unterschiedliche Grade der Lahmheit festgestellt, die dann adspektorisch, palpatorisch und röntgenologisch weiter abgeklärt werden können.

Ein besonderes Problem stellen Schmerzen im Bereich des Rumpfes dar. Sie können häufig am aufgekrümmten Rücken, an den gespannten, aufgezogenen Bauchdecken, am klammen Gang und dem gestörten Allgemeinbefinden erkannt werden. Die Palpation hat das Ziel, die genauere Lokalisation des Schmerzes zu ermitteln. Generalisierter Bauchschmerz deutet auf Peritonitis hin, wobei allerdings eine Fremdkörpererkrankung oder ein anderweitiger Ileus ausgeschlossen werden muß, die bisweilen ebenfalls mit generalisiertem, meist aber mit lokalem Schmerzempfinden einhergehen. Palpationsschmerz rechts vorn wird bei akuter Pankreatitis beobachtet. Ebenfalls im vorderen Bauchbereich wird Palpationsschmerz bei Gallenblasenkrankheiten, wie sie bei Cholezystitis, Cholangitis und besonders bei Hepatitis contagiosa canis vorkommen, bemerkt. Dagegen sind Leberkrankheiten selbst nicht oder kaum schmerzhaft. Auch Krankheiten der Nieren, selbst Nieren- oder Harnleitersteine, die beim Menschen zu den schwersten denkbaren Schmerzen führen, scheinen bei Hund und Katze keine oder nur geringe Schmerzen zu verursachen. Akute Darmentzündungen rufen Schmerzreaktionen bei Palpation der erkrankten Darmschlingen hervor, die darüber hinaus auch gespannt und verdickt erscheinen. Prostataentzündungen können ebenfalls schmerzhaft sein, wie die rektale Untersuchung ergibt. Dagegen sind Tumorosen in der Regel weniger schmerzhaft.

Schmerz (Dolor) ist ein Symptom wie Wärme (Calor), Tötung (Rubor), Umfangsvermehrung (Tumor) und gestörte Funktion (Functio laesa), keine Diagnose. Es muß also das Ziel sein, die Ursache des Schmerzes zu diagnostizieren und zu behandeln. Andererseits kann Schmerz das Allgemeinbefinden und die Lebensqualität auch bei Tieren so stark beeinträchtigen und weitere Krankheitsbilder nach sich ziehen, daß die symptomatische Behandlung des Schmerzes durchaus sinnvoll und erforderlich ist.

Man kann die Schmerzmittel (Analgetika) in starke (morphinartige) und schwache Analgetika einteilen. Zu den stark wirken-

Tabelle 2.9 Dosierung stark wirkender (morphinartiger) Analgetika

Wirkstoff	Dosis/Hund (mg/kg KM)	Dosis/Katze (mg/kg KM)	Applikationsart	Wiederholung
Meperidin	2–10	2–3	i. m., s. c.	bis 6mal tgl.
Levomethadon	0,05–0,1		s. c.	3–4mal tgl.
Pentazocin	1,5–3		i. m.	bis 6mal tgl.

Tabelle 2.10 Dosierung schwach wirkender Analgetika

Wirkstoff	Dosis/Hund (mg/kg KM)	Dosis/Katze (mg/kg KM)	Applikationsart	Wiederholung
Acetylsalicylsäure	25 mg	25	p. o.	Hund: 3mal tgl. Katze: 1mal tgl.
Metamizol	20–50	20–50	i. v., i. m., p. o.	2–3mal tgl.
Acetaminophen	10	./.	p. o.	2mal tgl.
Phenylbutazon	10	2–3	p. o.	3mal tgl.
Ibuprofen	5	./.	p. o.	3mal tgl.
Flunixinmeglumin	1,1	./.	i. v., p. o.	1–2mal tgl.

den gehören das Morphin selbst, das beim Hund in einer analgetischen Dosis von 0,1–0,5 mg/kg KM i.m. oder s.c. (bei der Katze höchstens bis 0,1 mg/kg KM) eingesetzt wird. Weiter werden eine Reihe von synthetischen Morphinabkömmlingen verwendet; sie sind der Tabelle 2.9 zu entnehmen.

Während die „starken" Analgetika besonders schwere Schmerzen vollkommen zu unterdrücken vermögen, werden die „schwachen" bei mittleren bis geringeren Schmerzen eingesetzt. In vielen Fällen führen sie auf verschiedene Weise durch entzündungsmildernde (antiphlogistische) Wirkung zur Schmerzlinderung. Darüber hinaus wirken sie antipyretisch. Im Unterschied zu den Kortikosteroiden, denen eine ähnliche antipyretische und antiphlogistische Wirkung zukommt, werden sie auch als nichtsteroidale Antiphlogistika bezeichnet. Die nichtsteroidalen Antiphlogistika haben eine Reihe von Nebenwirkungen. Insbesondere führen sie bei den häufig zu beobachtenden Überdosierungen durch Tierbesitzer (besonders häufig durch Ärzte oder Apotheker!) zu akuten Magenentzündungen mit erheblichen Blutungen. Bei der Katze werden besonders durch Acetylsalicylsäure unerwünschte Nebenwirkungen hervorgerufen: Die im intermediären Stoffwechsel entstehende Salicylsäure wird durch Glucuronierung ausgeschieden; da die Glucuronierung bei der Katze nur in geringem Grad möglich ist, ist die Halbwertszeit wesentlich länger als bei anderen Tierarten, weshalb die Nebenwirkungen ausgeprägter sind. Die Dosierung der „schwachen" Analgetika können der Tabelle 2.10 entnommen werden.

Grundsätze der Therapie von Krankheiten im Alter

WILFRIED KRAFT

Pharmakokinetik

Wie bereits bemerkt, ist Alter keine Krankheit und kann daher nicht als solche behandelt werden. Die Behandlung von Krankheiten im Alter dagegen folgt denselben Grundsätzen wie in den anderen Altersgruppen. Einige Besonderheiten müssen jedoch beachtet werden, die allerdings beim Menschen wesentlich besser untersucht sind als beim Tier, bei dem bisher nur kaum gesicherte Befunde vorliegen.

Im Alter tritt eine Änderung der Pharmakokinetik ein. Hierunter versteht man das gesetzmäßige Schicksal eines Pharmakons im Körper, also die Resorption, seine Verteilung, Biotransformation und Ausscheidung (Löscher und Kroker, 1994). Hiervon hängt die Konzentration eines Pharmakons im Blutserum und insbesondere an und in den Geweben und damit an den Zellen und ihren Rezeptoren ab. Jeder einzelne Schritt der Pharmakokinetik, aber auch mehrere gleichzeitig, können verändert sein, so daß einerseits eine geringere Konzentration an den Erfolgsstrukturen eintreten, andererseits eine verminderte Resorption oder/und Ausscheidung stattfinden kann. Im ersten Falle läge eine verminderte Wirksamkeit, im zweiten eine erhöhte Gefahr der Toxizität und Nebenwirkungen vor. Untersuchungen beim Tier hierzu sind außerordentlich schwer durchzuführen. Sie setzen zum einen „Gesundheit" voraus, da Krankheiten jeden dieser Schritte beeinflussen können. Damit scheiden die in der Praxis vorgestellten Patienten zum größten Teil aus. Zum zweiten erfordern sie umfangreiche Versuchsprogramme mit großen Probandenzahlen gesunder Tiere unterschiedlicher Altersgruppen – bei der derzeitigen verbreiteten Mentalität kaum zu realisieren. Auf die Problematik der bei Hund und Katze nur spärlich vorliegenden gesicherten Informationen hat erst kürzlich Kietzmann (1996) hingewiesen.

Ob bei Hund und Katze eine Erhöhung des pH-Wertes im Magensaft wie beim Menschen vorkommt, ist völlig unbekannt. Damit sind nicht die Fälle von – krankhafter! – atrophischer Gastritis zu verwechseln. Normalerweise hat der Hund einen noch niedrigeren pH-Wert als der Mensch. Es ist denkbar, daß dieser niedrige pH-Wert im Alter auch beim Hund und bei der Katze ansteigt; gesichert ist dies nicht. Wenn dem so ist, so müßte die Resorption von schwachen Basen vermindert sein. Beim Menschen spielen diese Veränderungen jedoch keine erhebliche Rolle in ihrer Auswirkung auf die Pharmakokinetik (Castelden u. M., 1977; Green u. M., 1982). Dagegen wird bei älteren Menschen und Tieren eine Abnahme in der Höhe der Darmzotten und damit eine Verminderung der resorptionsfähigen Oberfläche gesehen. Damit geht eine verminderte Resorption oral zugeführter, aber auch einen hepatointestinalen Kreislauf durchmachender Wirkstoffe einher. Die Folge ist eine verminderte Bioverfügbarkeit, die noch durch altersbedingte Motilitätsänderungen des Darms beeinflußt werden kann. Allerdings werden auch subkutan zugeführte Wirkstoffe langsamer resorbiert. Es ist keine Frage, daß hinzukommende Krankheiten, etwa Darmkrankheiten, Kreislaufstörungen infolge von Leber- oder Herzkrankheiten, zu einer wesentlich stärkeren Beeinträchtigung der Bioverfügbarkeit führen können.

Eine größere Bedeutung für die Konzentration eines Wirkstoffs im Blutplasma hat die altersbedingte Veränderung des Verteilungsraums. Sie wird begünstigt durch die Tendenz zur Dehydratation, ferner durch die Abnahme aller Körpergewebe, insbesondere der Muskelmasse, zugunsten einer Zunahme des Körperfetts. Hinzu kommt ein verminderter Blutfluß infolge einer Herabsetzung des Herzzeitvolumens.

Wie früher erwähnt, nimmt bei alten Individuen der Fettanteil zuungunsten der übrigen Körpergewebe zu. Dies führt dazu, daß lipophile Substanzen einen größeren Verteilungsraum vorfinden, ins Fettgewebe abwandern und damit einen verminderten Plasmaspiegel aufweisen. Dadurch sinkt die Bioverfügbarkeit am Erfolgsorgan ab. Umgekehrt können hydrophile Substanzen einen höheren Plasmaspiegel erreichen, da die Abnahme des Körperwassers ihren Verteilungsraum einengt. Die Folge ist ein früheres Erreichen der toxischen Konzentrationen.

Beim Menschen konnte innerhalb der Plasmaproteine eine Verschiebung festgestellt werden: Eine Verminderung des Albumins geht mit einer Vermehrung der Globuline einher (Novak, 1972). Damit wird die Bindungskapazität für Albumin-transportierte Wirkstoffe (und auch körpereigene Substanzen) herabgesetzt. Dies führt zu einer verminderten Transportkapazität. Andererseits erhöht sich der Anteil ungebundener („freier") Substanzen, die damit einerseits rascher bioverfügbar, andererseits wesentlich schneller ausgeschieden werden, wobei die Geschwindigkeit der Ausscheidung die der Bioverfügbarkeit weit überschreitet. Dies kann an folgender Gleichung dargestellt werden:

$$T_{1/2} = \frac{0{,}693 \times V_v}{Cl_p}$$

($T_{1/2}$ = Halbwertszeit, V_v = Verteilungsvolumen, Cl_p = Plasmaclearance)

Daraus ist ersichtlich, daß bei einer Verminderung des Verteilungsvolumens, welcher Art auch immer, die Halbwertszeit abnimmt, während eine Erhöhung des Verteilungsvolumens eine Erhöhung der Halbwertszeit nach sich zieht. Während also der Verteilungsraum für ein lipotropes Medikament (oder Stoffwechselprodukt) steigt, weil im Alter eine Vermehrung des Körperfetts eintritt, sinkt das Verteilungsvolumen für wasserlösliche Wirkstoffe, da das Körperwasser abnimmt. Dadurch wird erklärlich, daß fettlösliche Substanzen im Alter eine längere, wasserlösliche dagegen eine kürzere Halbwertszeit aufweisen.

Die Wirksamkeit eines Arzneimittels, seine pharmakodynamische Wirkung also, ist von seinen Rezeptoren abhängig. Wenn ein Wirkstoff an seinen Rezeptor bindet, werden eine Reihe von Stoffwechselvorgängen in der Zelle aktiviert. Die Zahl der Rezeptoren an der Zelle nimmt beim Menschen mit dem Alter ab. Wahrscheinlich, aber unbewiesen, ist dies bei Hund und Katze ähnlich. Aus der Abnahme der Rezeptoren wird erklärlich, weshalb bei älteren Individuen eine verminderte Wirksamkeit mancher Arzneimittel beobachtet werden kann. Andere dagegen sind wirksamer (Tranquilizer, Anästhetika). Ob hier eine festere Bindung an die Rezeptoren vorliegt, ist unklar.

Manche Wirkstoffe müssen erst in der Leber biotransformiert werden, um ihre wirksame Form zu erhalten. Die gesunde Leber hat auch im Alter eine ausreichende Kapazität zur Biotransformierung, so daß hier kein limitierender Faktor zu suchen ist. Allerdings nimmt die Durchblutung auch der gesunden Leber im Alter ab. Dadurch wird auch die Biotransformation herabgesetzt, andererseits aber auch die Entgiftung toxischer endogener und exogener Substanzen und damit auch die Entgiftung toxischer Arzneimittel und ihrer Metaboliten. Allerdings dürfte diese Beeinträchtigung von geringer klinischer Bedeutung sein.

Die Ausscheidung von Arzneimitteln erfolgt in den meisten Fällen entweder über die Niere oder über das Leber-Galle-Darm-System. Wie oben dargestellt, hat die Leber eine große metabolische Reserve, um Arzneimittel zu verstoffwechseln. Gleiches gilt für die Ausscheidungskapazität. Das hepatointestinale System ist also nicht der limitierende Faktor bei der Eliminierung von Arzneimitteln. Anders sieht es bei der Niere aus. Die Masse der intakten Nephrone nimmt, analog zum Nierengewicht, mit dem Alter ab. Diese Verminderung ist klinisch nicht relevant, sie führt nicht zu Ausfallserscheinungen. Insbesondere entsteht dadurch nicht etwa eine Azotämie; im Gegenteil kommt es eher zu einer Verminderung des Serum-Kreatinins infolge der Abnahme der Muskelmasse und damit des Syntheseortes des Kreatinins (Hartmann, 1990; Dereser, 1989; Kraft u. M., 1990). Die glomeruläre Filtrationsrate ist jedoch eingeschränkt. Hierdurch werden nierengängige Arzneimittel langsamer als bei jüngeren Individuen ausgeschieden und können im Serum akkumulieren. Dadurch kann bei Arzneimitteln mit geringer therapeutischer Breite, die noch dazu häufig im Alter verwendet werden müssen (Digoxin, Antiarrhythmika, nichtsteroidale Antiphlogistika), eine toxische Blutkonzentration auftreten. Man sollte daher bei alten Patienten vorsichtiger mit der Dosierung umgehen und vorteilhafterweise nach Erreichen des Steady state (drei bis fünf Halbwertszeiten) eine Kontrolle des Blutspiegels vornehmen.

Die Veränderung der Pharmakokinetik hat also einige Konsequenzen. Beachtet werden müssen:

- verminderte Resorptionsfähigkeit
- verlangsamte Biotransformation
- verminderte Detoxifizierung
- verlangsamte Ausscheidung
- verminderte Wirksamkeit (Abnahme der Rezeptoren)
- erhöhte Nebenwirkungen

Diese physiologischen Veränderungen im Arzneimittelmetabolismus sollten jedoch nicht überbewertet werden, insbesondere da exakte Untersuchungen bei Hund und Katze weitgehend fehlen. Wesentlich wichtiger ist die Beachtung der Veränderungen durch Krankheit einerseits und durch Arzneimittelinteraktionen andererseits. Gerade weil ältere Tiere (und Menschen) oft mehrere Krankheiten haben, besteht leicht eine Tendenz zur medikamentösen Überversorgung. Nebenwirkungen werden dadurch leichter ausgelöst, andererseits aber auch gegenseitige Wirkungsbehinderungen verursacht. Aucoin u. M. (1995) geben folgende „Daumenregeln" zur Dosierung über die Nieren auszuscheidender antibiotischer Arzneimittel: Wenn ein Hund oder eine Katze mit zehn Jahren einen Serum-Kreatininwert von 1,0 und bei einer späteren Messung von 2,0 mg/dl hat, dann besteht eine Reduktion der glomerulären Filtrationsrate von 50%. In diesem Fall solle man eine Tagesdosis auslassen (also von dreimal täglich auf zweimal täglich oder von zweimal täglich auf einmal täglich reduzieren). Aminoglykoside sollten vermindert werden, wenn Unsicherheit über die Nierenfunktion besteht (Halbierung der Dosis). Analgetika sollten öfter in kleineren als seltener in größeren Mengen gegeben werden (Aucoin u. M., 1996). Bei der Anwendung von nichtsteroidalen Antiphlogistika ist gerade bei älteren Patienten an die gastralen Nebenwirkungen zu denken. Man sollte daher die niedrigste noch wirksame Dosis geben.

Zweifellos ist die Wirkstoffmessung im Blut ein gutes Mittel zur Kontrolle der Resorptions- und Ausscheidungsfähigkeit, wo dies möglich ist. Dies gilt etwa für Herzglykoside; bei Digoxin erwartet man einen Wirkstoffspiegel von 1–2 ng/ml acht bis zwölf Stunden nach der letzten Gabe. Bei Phenobarbital beträgt der erwünschte Spiegel zwischen 10 und 30 (40) µg/ml. Phenobarbital wird über die Leber verstoffwechselt; bei herabgesetzter Leberfunktion ist mit einer verlängerten Halbwertszeit zu rechnen.

Nichtsteroidale Antiphlogistika sollten beim alten Tier unter Verwendung der jeweils niedrigsten angegebenen Dosis angewandt werden, bei Nierenfunktionsstörung oder auch bei dem Verdacht darauf (eingeschränkte Leistungsbreite im ersten Stadium der chronischen Niereninsuffizienz) soll ebenfalls um eine Dosis pro Tag vermindert werden. Bei der Verwendung von Analgetika sollten lieber mehrere kleine Dosen als einmal eine größere Dosis verabreicht werden. Dabei ist zu berücksichtigen, daß Tiere, die Antiepileptika auf Barbituratbasis erhalten, auf Barbiturate schlechter ansprechen.

Alter und Krankheiten im Alter sind ein weites Betätigungsfeld von Anhängern sogenannter „alternativer" Heilmethoden. Sie haben im allgemeinen den Vorteil, daß sie nicht oder wenig schaden, und ihre Wirkung beruht vorwiegend in der Hoffnung auf Erfolg, nicht zuletzt auch auf dem Placeboeffekt. Zweifellos führt die intensivere Beschäftigung mit dem Haustier zu einer psychisch bedingten Verbesserung des Allgemeinbefindens, eine nicht unwesentliche Voraussetzung für die Verbesserung des Allgemeinbefindens und des Gesundheitszustandes.

Geriatrika

Unter Geriatrika versteht man Arzneimittel zur Linderung oder Beseitigung von Altersbeschwerden. Eine Reihe von Stoffen verschiedener Wirkstoffgruppen wird als Geriatrika eingesetzt. Tabelle 3.1 gibt einen Überblick über gebräuchliche Geriatrika und ihre vermutete Wirkung (nach Ungemach, 1994).

Die Wirksamkeit aller dieser Stoffe wird angezweifelt. Eine geroprophylaktische oder revitalisierende Wirkung konnte nicht nachgewiesen, die Alterungsvorgänge durch die antioxidativen Geriatrika konnten nicht aufgehalten werden. Auch die Wirkung des Procain als Revitalisierer des Zellstoffwechsels erwies sich als nicht reproduzierbar. Ebenso unwirksam sind – mit Ausnahme einer Substitution bei speziellen Mangelzuständen – Multivitamin- oder Spurenele-

Tabelle 3.1 Als Geriatrika eingesetzte Pharmaka (nach Ungemach, 1994)

Wirkstoff	vermutete Wirkung
Vitamin E, Vitamin C	Prophylaxe des zellulären Alterns durch antioxidative, radikalenfangende Eigenschaften, Verhinderung von Proteinquervernetzung und Alterspigmentbildung
Procain	Aktivierung des Zellstoffwechsels
Vitamine, Spurenelemente	Substitution von altersbedingten Mangelzuständen
anabole Hormone	Hormonsubstitution, kräftigende und körperaufbauende Wirkung
Durchblutungsförderer Pentoxifyllin u. a. Xanthinderivate (z. B. Karsivan®)	Steigerung der peripheren und zentralen Durchblutung, Förderung der Mikrozirkulation, verbesserte Sauerstoff- und Nährstoffversorgung von Gewebe und Gehirn
Nootropika Piracetam, Nimodipin, Pyritinol, Nicergolin	enzephalotrope Durchblutungsförderer, Verbesserung des Hirnstoffwechsels, Steigerung der Vigilanz und der kognitiven Fähigkeiten bei Hirnleistungsstörungen

mentpräparate, desgleichen Phytopharmaka (wie Gingko, Ginseng, Knoblauchextrakte), Sexualhormone. Ungemach lehnt letztere nicht nur wegen ihrer Unwirksamkeit, sondern auch wegen der Nebenwirkungen ab. Dagegen besitzen Xanthinderivate eine nachweisbare vasodilatierende Wirkung mit Verbesserung der Mikrozirkulation. Allerdings reichen die empfohlenen oralen Dosen nicht aus, die Gehirndurchblutung zu fördern; eine Erhöhung der Dosis scheitert aber an möglichen Nebenwirkungen. Es ist darüber hinaus fraglich, ob beim Hund überhaupt eine Indikation besteht.

Die Nootropika stellen eine neue Klasse von Geriatrika dar, die „beim Menschen bei leichten bis mittleren demenziellen Syndromen bescheidene therapeutische Erfolge" erzielen konnten (Ungemach, 1994). Für den Hund gibt es keine Untersuchungen. Es ist auch fraglich, ob beim Hund Indikationen für die Anwendung der Nootropika bestehen.

Ungemach zieht das Fazit: „Bei objektiver Betrachtung der als Geriatrika eingesetzten Wirkstoffgruppen ist für den Hund festzustellen, daß keines der hierfür verwendeten Arzneimittel dem therapeutischen Anspruch einer Verhinderung von Altersprozessen, Revitalisierung oder nur Linderung von Alterungserscheinungen hinreichend gerecht wird. Geriatrika beim Hund (und bei der Katze; Anm. d. Hrsg.) können nach dem derzeitigen Erkenntnisstand nur als (oft auch teure) Placebos betrachtet werden, wobei aufgrund der komplexen Symptomatik des Alterungsprozesses Placebowirkungen immer wieder als scheinbare Heilerfolge mißgedeutet werden." Dem ist nichts hinzuzufügen.

Haarkleid, Haut, Unterhaut

WILFRIED KRAFT

Alte Hunde, weniger häufig auch Katzen, haben oft Hautprobleme (s. Abb. 4.1). Im „Patientengut" von Trimborn (1990) zeigten aber immerhin auch 279 von 1143 untersuchten Katzen Hautkrankheiten. Davon waren 95,5 % an einer, 4,1 % an zwei und 0,4 % (eine Katze) an drei verschiedenen Hautkrankheiten erkrankt. 24,8 % waren Rassekatzen. Die Altersverteilung verhält sich bei Hund und Katze sehr unterschiedlich, wie aus der Abbildung 4.1 hervorgeht. Während bei der Katze nach einem leichten Anstieg bis zum Alter von vier Jahren ein stetiger Abfall zu verzeichnen ist, steigt die Zahl der Hautkrankheiten beim Hund bis zum achten Jahr, fällt dann ab und steigt jenseits des 12. Lebensjahres wieder an.

Die Unterschiede bei Hund und Katze dürften zum einen auf die unterschiedliche Fellbeschaffenheit und -pflege, zum andern aber auf die beim Hund zahlreichen endokrinen Ursachen zurückzuführen sein. Dies geht auch aus einer Gegenüberstellung entzündlicher und nichtentzündlicher Hautkrankheiten hervor (Abb. 4.2 und 4.3). Trimborn (1990) fand bei entzündlichen Hautkrankheiten der Katze ein Durchschnittsalter von sieben, bei nichtentzündlichen von 8,9 Jahren, während beim Hund bei entzündlichen Dermatopathien ein Durch-

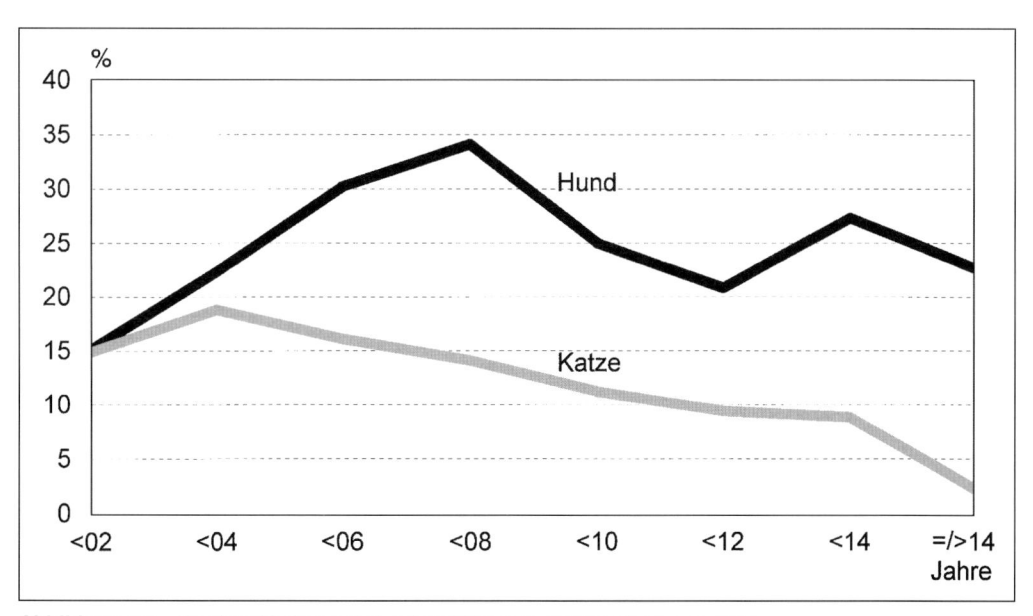

Abbildung 4.1 Hautkrankheiten bei Hund und Katze in Abhängigkeit vom Alter

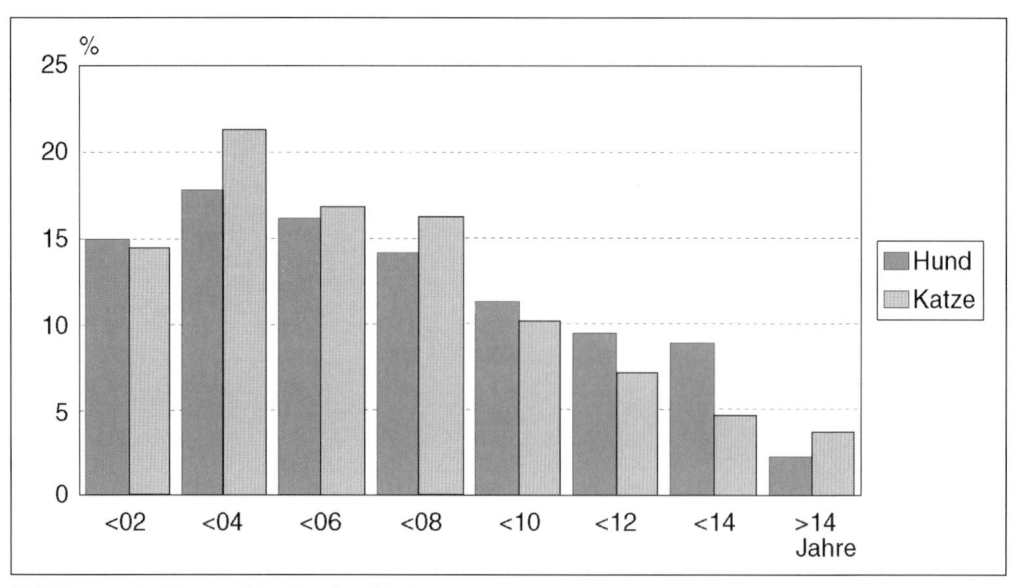

Abbildung 4.2 Entzündliche Hautkrankheiten in Abhängigkeit vom Alter

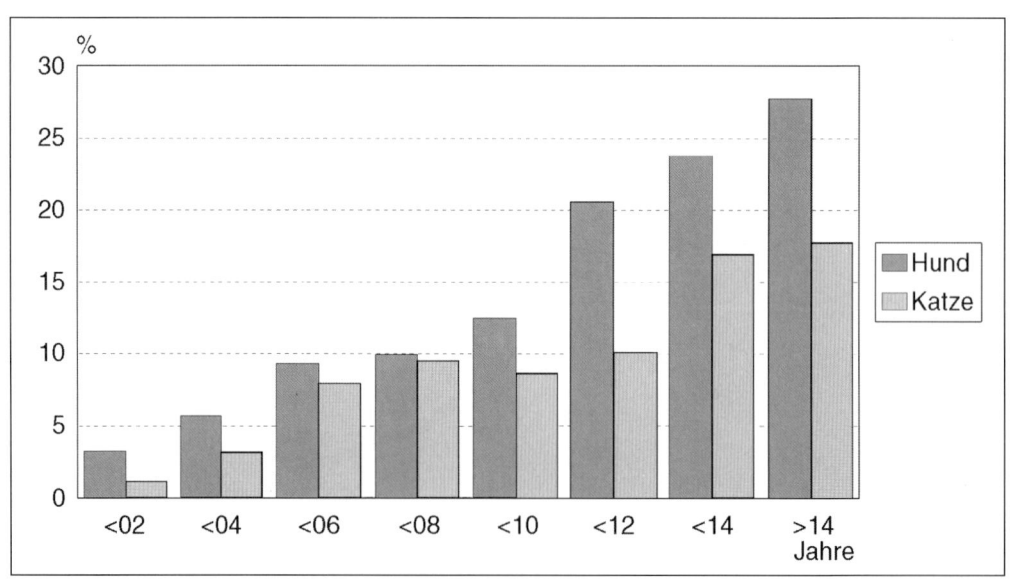

Abbildung 4.3 Nichtentzündliche Hautkrankheiten in Abhängigkeit vom Alter

schnittsalter von rund vier und bei nichtentzündlichen von 9,2 Jahren nachgewiesen wurde (Pauling, 1990).

In den meisten Fällen ist die Haut bei alten Tieren sekundär aufgrund anderer Organ- oder Funktionsstörungen in Mitleidenschaft gezogen. Nicht selten sind Hautkrankheiten Folgen schlechter Fellpflege durch den Besitzer (Hund) oder auch des Tragens von mit Medikamenten versehenen Halsbändern

(Katze). Alte Hunde neigen zu Tylomen, Haarausfällen (häufig bei Endokrinopathien, besonders Hyperadrenokortizismus, Hypothyreose, Sertolizelltumoren) und Tumoren jeder Art. Während Ektoparasiten in jedem Alter vorkommen können, treten sie bei Jungtieren häufiger und ausgeprägter als bei Alttieren auf. Dies gilt insbesondere für die Demodikose. Wenn allerdings bei einem geriatrischen Hund die Demodikose ausbricht, sollte man eingehend nach immunsuppressiven Ursachen fahnden (Hyperkortisolismus, langzeitige Kortikosteroidbehandlung, Tumorose, Zytostatikabehandlung, chronische Organkrankheiten einschließlich chronischer Infektionskrankheiten).

Die **Untersuchung** der Haut folgt den klassischen Methoden. Man geht in folgender Reihenfolge vor:

- Adspektion des Haarkleids und der Haut
- Palpation
- ggf. Untersuchung mit der Woodschen Lampe
- Entnahme von Haaren und Schuppen (mykologische Untersuchung)
- Sekretentnahme (bakteriologische Untersuchung, Antibiogramm)
- Biopsie (Feinnadelbiopsie: zytologische Untersuchung; Abschabung: zytologische Untersuchung; Stanzbiopsie: histologische Untersuchung)
- Hautgeschabsel (parasitologische Untersuchung, ferner mykologische, bakteriologische, zytologische Untersuchung)
- Untersuchungen innerer Organe und Funktionen (bei sekundären Hautkrankheiten)
- Untersuchung der Unterhaut

Bei der Adspektion achtet man besonders auf die Beschaffenheit der Haare, auf Länge, Glanz, Geschlossenheit des Haarkleids, Farbveränderungen. Häufig ist Haarausfall, oft symmetrisch, die Ursache, weshalb die tierärztliche Praxis aufgesucht wird. Zahlreiche Krankheiten, aber auch psychische Ursachen (Katze!) können dafür in Frage kommen.

Bei zahlreichen Hautkrankheiten verändern sich Dichte, Länge und Farbe des Haares. Nicht selten erwähnt dies der Besitzer nicht besonders, da er insbesondere Farbveränderungen ins Hellere als „Alterserscheinung" fehlinterpretiert (z. B. Weißfärbung des Apricotpudels oder des Yorkshire Terriers bei M. Cushing). Das länger und seidiger werdende Haar bei insgesamt schütterem Haarkleid bis hin zur symmetrischen Alopezie ist ebenfalls häufig Ausdruck einer im Alter wesentlich häufiger als in jüngeren Jahren vorkommenden hormonellen Störung.

Symmetrische Haar-„Ausfälle" werden bei einzeln gehaltenen Katzen nicht selten gesehen. Ganz unterschiedliche Körperregionen können befallen sein; die häufigsten Gegenden sind der Bauch, die Flanken bis hin zum Schwanzansatz, auch die Vordergliedmaßen und die Vorderbrust können betroffen sein. In solchen Fällen achte man darauf, ob die betroffenen Hautstellen völlig frei von Haaren sind oder ob Haarstümpfe in „normaler" Dichte als Ausdruck normalen Haarwachstums vorhanden sind. Dies ist in den weitaus meisten Fällen festzustellen. Bei den betroffenen Katzen handelt es sich um zu wenig geforderte, gelangweilte Tiere. Oder es hat sich in der Umwelt der Katze etwas anderes ereignet – im Alter plötzlich aufgetretene Familienveränderung, Partner gestorben o. ä. –, so daß sich die betroffene Katze durch Lecken „abreagiert". Diese Ergebnisse von Verhaltensstörungen können zwar in jedem Alter auftreten, werden aber im Alter öfter gesehen und dann nicht selten mit „Juckreiz" oder „hormonellen Störungen" verwechselt und fehltherapiert.

Ein typisches Alterszeichen beim Hund ist das Auftreten weißer Haare. Dies betrifft vor allem die Gegend um Mund und Nase, zum Teil auch die Augengegend, selten den ganzen Körper (in diesem Fall ist eher an eine meist hormonelle Störung zu denken). Alte Hunde, weniger Katzen, neigen zum

Schütterwerden des Haares. Es wird trockener, stumpfer, bisweilen länger. Aber auch in solchen Fällen sollte immer auch an eine systemische Krankheit gedacht werden; in Frage kommen besonders Endokrinopathien, Nierenkrankheiten, aber auch Herzkrankheiten (schlechte Durchblutung der Haut und damit chronische Hypoxie).

Alte Tiere, Hunde mehr als Katzen, neigen zur Verdickung der Haut. Dies ist auf eine Hyperkeratose zurückzuführen. Dagegen wird generell eine Tendenz zur Atrophie der Epidermis gefunden mit einer Verminderung der Zahl der Zellschichten. Oftmals sind die Haarfollikel verstopft. Es kommt dann zur Follikelatrophie. Bei Druck springen bisweilen die Pfröpfe aus den Follikeln heraus.

Verdickungen der Haut treten an manchen Körperregionen besonders hervor, insbesondere als Liegeschwielen im Bereich der Ellbogen und an der Violschen Drüse (Suprakaudalorgan) des Hundes. Sie können sekundär infiziert sein und zu örtlichen Pyodermien führen.

Insgesamt ist die Hautelastizität herabgesetzt. Dieser Eindruck überwiegt beim Hund, während er bei der Katze klinisch weniger auffällig ist. Zugrunde liegen ein Elastizitätsschwund des Elastins in den elastischen Fasern, Veränderungen des Kollagens sowie die Einlagerung von Kalk. Man kann dies prüfen durch Bildung einer Hautfalte. Nicht zu verwechseln ist die krankhafte örtliche Kalkeinlagerung etwa bei Morbus Cushing.

Man achte bei alten Tieren auf knotige Veränderungen in der Haut. Alte Hunde neigen ganz besonders zu Warzen und zu Hautzysten. Die Tendenz zu Hauttumoren nimmt im Alter sowohl beim Hund als auch bei der Katze deutlich zu. In jedem Falle sollte eine Biopsie und zytologische oder histologische Untersuchung durchgeführt werden.

Autoimmunkrankheiten der Haut kommen weitaus häufiger im Alter vor, während Allergien eher die Krankheiten des jüngeren bis mittelalten Erwachsenen sind. Sie werden ebenfalls durch histologische Untersuchungen von Bioptaten abgeklärt.

Auf keinen Fall vergessen sollte man die Untersuchung auf Anzeichen einer Dehydratation, die durch Untersuchung der Unterhaut durch Bildung einer Hautfalte offenbar werden. Hierzu gehört auch die Untersuchung des Bulbusdrucks und der Schleimhäute. Ältere Tiere neigen eher als Jungtiere zur Dehydratation mit allen nachteiligen Folgen, insbesondere für den Kreislauf.

Folgende Veränderungen treten im Alter auf:

- Haar wird teilweise stumpf, glanzlos
- verminderte Follikelfunktion → z. T. Alopezie
- z. T. Verlust der Haarpigmentation → weiße Haare
- Haut an Druckstellen hypertrophisch, hyperkeratinisiert → Ballenverdickung, Verstopfung von Follikeln
- Krallen werden spröde, Spaltenbildung
- Epidermisatrophie → 3-Zell-Lagen
- Elastinveränderung → Elastizitätsverlust
- apokrine Drüsen dilatiert, zystisch, hyperplastisch → Verminderung der Talgsekretion → glanzloses Haar (s. o.)
- größere Tendenz zu Hauttumoren

Spezielle Hautkrankheiten und Symptome

Da Hautkrankheiten im Alter hauptsächlich sekundärer Natur sind, sei auf die entsprechenden Kapitel verwiesen. Primärkrankheiten oder Krankheitsbilder, die zu Hautsymptomen bei älteren Tieren führen, sind besonders:

- Hyperadrenokortizismus
- Hypothyreose
- „Cushing-like syndrome" (möglicherweise z. T. STH-Defizienz)

- Diabetes mellitus
- Ovarialzysten oder -tumoren
- Sertolizelltumoren
- Seminome
- Leydigzelltumoren
- Leberzirrhose
- Niereninsuffizienz
- Dünndarmkrankheiten
- exokrine Pankreasinsuffizienz
- Pemphigus
- Lupus erythematodes (systemisch oder als discoidalis)
- Immundefizienz (auch iatrogen)
- ernährungsbedingt (Fett, Protein)
- Adipositas

Im folgenden sei daher nur auf solche Krankheiten verwiesen, die sich vorwiegend als Krankheiten alter Tiere und besonders in der Haut manifestieren.

Pemphigus

Autoimmunkrankheit, bei der Antikörper mit der Kittsubstanz (Glykokalyx) zwischen den epidermalen Zellen reagieren. Besonders bei älteren Hunden, seltener auch bei Katzen vorkommend, bisweilen allerdings auch schon in jungen Jahren zu beobachten.

Klinisches Bild: Es treten vier Formen auf:

P. foliaceus:
Häufigster Pemphigus, vorwiegend im Bereich der Nasenöffnungen, auch auf dem Nasenrücken, um die Augen, im Lippenbereich, häufig auch generalisiert. Zunächst Rötung und Blasenbildung, oft schon in diesem Stadium einreißend, oder Einwandern von neutrophilen Granulozyten (steriler Eiter), Nässen (Exsudation), seltener Juckreiz, in älteren Fällen Schuppen, Krusten, Haarausfall. Sekundär bakterielle Pyodermie.

P. vulgaris:
Rötung und Ulkusbildung an den Schleimhäuten (besonders Mundschleimhaut, auch Vulva, Anus) und den mukokutanen Übergängen, bisweilen auch am Krallenbett mit der Folge von Paronychia. Stärkerer Juckreiz, Allgemeinstörungen.

P. vegetans:
Mildere Form des P. foliaceus, unter verrukösen Wucherungen unvollständig heilende Ulzera.

P. erythematosus:
Harmlosere Form des P. foliaceus, möglicherweise auch Übergangsform zu Lupus erythematodes. Es werden eher Rötungen und Schuppenbildung an den für P. foliaceus typischen Stellen beobachtet.

Diagnose: Biopsie, am besten In-toto-Entnahme unversehrter Vesikeln oder Pusteln, histologische Untersuchung.

Therapie: Prednisolon, 1–2 mg/kg KM, zweimal täglich. Bisweilen bessere Erfolge mit Dexamethason, 0,1 mg/kg KM, einmal täglich. Nach Besserung (eine Woche) Reduktion auf die Hälfte, danach langsam „Ausschleichen", Dauertherapie mit der geringsten noch wirksamen Dosis oft lange Zeit (bis lebenslang) erforderlich, am besten jeden zweiten Tag.

Bessere Erfolge werden mit der Kombination Prednisolon + Azathioprin erzielt (1 mg/kg KM, zweimal täglich, + 2 mg/kg KM, einmal täglich).

Ebenfalls möglich ist die Kombination Prednisolon mit Cyclophosphamid, 1 mg/kg KM, einmal täglich. Cyclophosphamid wird zwei bis vier Wochen lang an vier Tagen/Woche gegeben; die Zahl der Leukozyten soll wöchentlich kontrolliert werden.

Aurothioglukonat: Testinjektion bei Katzen sowie Hunden unter 5 kg KM: 1 mg/Tier, bei schwereren Hunden 5 mg; wenn keine toxischen Effekte auftreten: einmal wöchentlich 1 mg/kg KM i. m. in Kombination mit Prednisolon (0,5–1 mg/kg KM). Später Reduktion der Aurothioglukonatdosis auf jede zweite Woche. Die Nebenwirkungen scheinen geringer als beim Menschen zu sein.

Bullöses Pemphigoid

Vesikobullöse Krankheit mit Bildung von Bullae in der Tiefe der Haut und/oder Schleimhaut, kann überall am Körper auftreten. Die Krankheit kommt sowohl bei alten als auch bei jüngeren Tieren zur Beobachtung.

Klinisches Bild: Rasch entstehende Pusteln in der Schleimhaut und der äußeren Haut, wobei die anfangs soliden Knoten sich rasch mit sterilem Eiter füllen. Betroffen sind meistens die Schleimhaut der Mundhöhle, die mukokutanen Übergänge und die Haut zwischen den Zehen und am Rumpf. Es können aber auch sämtliche andere Körperregionen betroffen sein.

Diagnose: Biopsie und histologische Untersuchung.

Therapie: Wie bei Pemphigus.

Lupus erythematodes

Die Krankheit kann als systemisches (nahezu generalisiertes) Krankheitsbild (systemischer Lupus erythematodes, SLE) oder in einer harmloseren lokalen Form (Lupus erythematodes discoidalis, LED) auftreten. Ursächlich liegt eine Autoimmunkrankheit nach dem Typ III vor; dessen Ätiologie ist letztlich unbekannt. Beim SLE werden zirkulierende Antigen-Antikörper-Komplexe und Antikörper gegen Blutzellen gefunden. Sofern die Immunkomplexe klein genug sind, um in die Endothelzellen zu diffundieren, wird Komplement aktiviert, wodurch eine perivaskuläre Entzündung entsteht. Besonders Nieren (Glomerula), Gelenke und Blutzellen (Erythrozyten, Thrombozyten und/oder Leukozyten) sind betroffen.

Klinisches Bild: Oft entsteht ein akutes Krankheitsbild mit Fieber, Lahmheiten infolge von Polyarthritiden und Myositiden, Glomerulonephritiden mit Urämie und Albuminurie, regenerativen hämolytischen Anämien, oft Thrombozytopenien und Leukopenien (Neutropenie), Hautaffektionen mit symmetrischem Haarausfall mit Bevorzugung des Nase („Collie-nose"), Erythem, Schuppenbildung, nässende und krustöse Dermatitis, Depigmentierung, bisweilen generalisiert. Bei LED ist das Krankheitsgeschehen auf die Haut beschränkt. Seltener werden Endo- und Myokarditiden oder neurologische Störungen beobachtet.

Diagnose: Klinisches Bild in Verbindung mit Biopsie und histologischer Untersuchung, ferner Nachweis antinukleärer Antikörper (ANA), LE-Zellen (beide Tests sind nur bei Berücksichtigung des klinischen Bildes verläßlich und nur als Hilfsuntersuchung zu verstehen, da sowohl falsch-positive als auch falsch-negative Ergebnisse vorkommen).

Prognose: Sie ist zweifelhaft. Häufig werden infektiöse Komplikationen beobachtet, die zu Sepsis und Tod führen können. Der LED hat eine wesentlich günstigere Prognose als der SLE.

Therapie: Sie entspricht der des Pemphigus (eine Behandlung mit Aurothioglukonat ist jedoch nicht erprobt).

Alopezie

Bei der Kahlheit (Alopecia) durch vermehrten Haarausfall (Effluvium) werden irreversible (meist angeborene oder erbliche) von reversiblen (erworbenen) unterschieden. Die Alopezie ist dann ein Symptom, das bei zahlreichen Krankheiten vorkommen kann und das im Alter besonders häufig beobachtet wird.

Diagnose: Die klinische Untersuchung unter Berücksichtigung des Vorberichts deckt weitere Symptome auf, die in die Richtung der Diagnose führen (Tab. 4.1). Folgende weitere

Untersuchungen werden – je nach klinischem Befund – angeschlossen:

- mykologische Untersuchung, besonders bei Juckreiz
- bakteriologische Untersuchung und Antibiogramm bei entzündlicher Reaktion
- Hautgeschabsel (parasitologische, mykologische Untersuchung, oberflächlich, tief)
- Hautbiopsie, histologische und zytologische Untersuchung
- Blut- und Serumuntersuchung mit Hormonbestimmung und ggf. Stimulationstests

Die **Therapie** ist ganz auf die Beseitigung oder Behandlung der Ursache abgestellt. Krankheiten, die mit einer Hautatrophie einhergehen, lassen sich nicht erfolgreich behandeln. Die übrigen Krankheiten dagegen können im allgemeinen gut therapiert werden, sofern nur die richtige Diagnose gestellt worden ist (Tab. 4.2).

Papillome

Sie kommen beim alten Hund wesentlich häufiger zur Beobachtung als bei der Katze. Pauling fand sie bei 27 % aller hautkranken Hunde mit einem Durchschnittsalter von über neun Jahren, während Trimborn nur bei 6 % hautkranker Katzen Papillome feststellte. Insgesamt kamen sie bei 0,4 % aller Katzen, aber bei 3,2 % aller Hunde vor.

Warzen sind in der Regel oberflächlich zerklüftet. Durch Kratzdefekte können sie sich infizieren und entzünden. Man sollte sie daher entfernen, wenn sie besondere Ausmaße

Tabelle 4.1 Differentialdiagnose der Alopezie

entzündlich	nichtentzündlich
pyodermisch	neoplastisch
parasitär	atrophisch
mykotisch	immunpathogen
neoplastisch	Hypothyreose
immunpathogen	Hyperadrenokortizismus
infektiös (z. T. bei Leishmaniose)	STH-abhängig
	geschlechtshormonabhängig
	psychisch (Katze)
	medikamentös (Hyperadrenokortizismus, Zytostatika)
	iatrogen (bisweilen nach Elektrochirurgie)
	Vitamin-A-Hypovitaminose
	Fettsäuredefizit

Tabelle 4.2 Behandlung der Alopezie

Wirkstoff	Dosierung/Hund	Dosierung/Katze
Erythromycin	25 mg/kg, auf 3 x tgl.	25 mg/kg, auf 3 x tgl.
Lincomycin	20 mg/kg, auf 2 x tgl.	20 mg/kg, auf 2 x tgl.
Cephalexin	22 mg/kg, auf 2 x tgl.	22 mg/kg, auf 2 x tgl.
Oxacillin	12 mg/kg, auf 3 x tgl.	12 mg/kg, auf 3 x tgl.
Gentamicin	4 mg/kg, auf 2 x tgl.	4 mg/kg, auf 2 x tgl.
Trimethoprim-Sulfonamid	30 mg/kg, auf 2 x tgl.	30 mg/kg, auf 2 x tgl.
Enrofloxacin	10 mg/kg, auf 2 x tgl.	10 mg/kg, auf 2 x tgl.
Chloramphenicol	50 mg/kg, 3 x tgl.	25 mg/kg, 3 x tgl.

erreichen, wenn sie sich wiederholt entzünden oder wenn sie an Stellen vorkommen, die zu mechanischen Störungen Anlaß geben (Augenlider, Ohrrand, Gehörgang o. a.).

Atherome

Die Atherome oder Grützbeutel werden ebenfalls bei alten Hunden und – seltener – Katzen ungleich häufiger als bei jüngeren beobachtet. Unterschieden werden echte Atherome oder Epidermoidzysten, aus bereits vor der Geburt abgeschnürten Hautteilen hervorgehend und dann schon in der Jugend auftretend, von falschen Atheromen, die durch Stauung von Talgdrüsen entstehen (Talgretentionszysten, Steatom). Im Gegensatz zu den echten Atheromen besitzen die falschen eine zentrale Öffnung. Sie kommen vorwiegend im Alter vor (Hund 4,4 % der über Siebenjährigen, Katze 2,0 % der über Zehnjährigen). Die oft sehr groß werdenden Zysten enthalten einen schmierigbreiigen, cholesterinreichen Inhalt. Sie können sich entzünden und dann zu tiefen Follikulitiden und Perifollikulitiden führen. Auf seitlichen Druck entleert sich ihr breiiger bis eitriger Inhalt. Nicht selten füllt sich die Zyste erneut. Große Atherome sollten chirurgisch durch Exzision behandelt werden. Kleinere können entleert und mit 1%iger Silbernitrat- oder Jodlösung verödet werden. Sofern eine umfangreichere Perifollikulitis entstanden ist, sollte ein Antibiogramm angefertigt und eine antibiotische Behandlung durchgeführt werden.

Tylome

Tylome (Schwielen) kommen praktisch nur beim Hund vor. Sie entwickeln sich bevorzugt an mechanisch beanspruchten Stellen, besonders an Ellbogen und den Außenflächen der Sprunggelenke. Bisweilen entstehen aber auch an anderen Stellen Tylome, etwa wenn sich die Hunde nach einer Blutentnahme oder (para-)venösen Injektion ständig Belecken oder Benagen. Oft nehmen die Schwielen erhebliche Umfänge an, werden rissig, infizieren sich und vereitern. Erhebliche Phlegmonen können die Folge sein. Die Therapie besteht bei sehr umfangreichen Tylomen in der Exstirpation, wenn genügend Haut zur Verfügung steht. Im übrigen geht man konservativ vor:

- Antibiotika nach Antibiogramm
- bei nichteitrigen Veränderungen Auftragen und Einreiben einer Salizylsäure-Kortikosteroid-Salbe und leichtes Hineinmassieren, evtl. Salbenverband

Seborrhoe

Die Seborrhoe ist in den meisten Fällen die Folge einer chronischen Dermatitis, also ein Symptom, keine definierte Krankheit. Beim Hund (vorzugsweise Cocker-Spaniels) kommt jedoch eine primäre oder idiopathische Seborrhoe ohne erkennbare Grundkrankheit vor. In den weitaus meisten Fällen liegen jedoch entzündliche (ekzematöse) Hautkrankheiten vor, ferner werden Seborrhoen bei Dermatomykosen, Ektoparasitosen, Hypothyreose, Hyperadrenokortizismus, Autoimmunkrankheiten, Allergien gesehen. Das **klinische Bild** zeigt vermehrt Schuppen, die eine schmierige Beschaffenheit aufweisen und an Fell und Haut festkleben. Juckreiz durch die entzündlichen Veränderungen oder die Grundkrankheit kann hinzukommen. Häufig besteht gleichzeitig eine Otitis externa. Die **Diagnose** wird aufgrund des klinischen Bildes, Ausschluß oder Nachweis von Grundkrankheiten, durch Biopsie mit histologischer Untersuchung, parasitologischer, bakteriologischer und mykologischer Untersuchung gestellt. Die **Therapie** richtet sich nach der Grundkrankheit. Eine Heilung der primären Seborrhoe ist nicht zu erwarten. Durch häufiges Baden mit Shampoos, die Laurylsulfat, Imidazol-Harnstoff-Derivate, Lanolin oder Olivenöl enthalten, lassen sich jedoch Besserungen erzielen (Willemse, 1991). Auch salizylsäure- oder benzoylperoxidhaltige Shampoos lassen sich bei öliger Seborrhoe gut einsetzen. Sofern Entzündungen der Haut vorliegen, sollte vor jeder Behandlung eine bakteriologische Untersuchung mit Antibiogramm angefertigt werden.

Hyperpigmentation

Die vermehrte Pigmentierung kommt beim Hund häufiger als bei der Katze vor. Sie ist ein Symptom, keine Krankheitsdiagnose, weshalb bei jeder Hyperpigmentation die Ursache gesucht werden muß. Unterschieden werden müssen die rassetypische (Hyper-)Pigmentation von krankhaften Zuständen. Bei der Untersuchung muß man die folgenden Fragen beantworten: entzündlich – nichtentzündlich; umfangsvermehrt – nichtumfangsvermehrt; symmetrisch – asymmetrisch (s. a. Abb. 4.4). Danach richtet sich das weitere Vorgehen: mykologische, bakteriologische, zytologische, histologische Untersuchung, Blut-, Serumuntersuchungen.

Komedonen

Die auch als „Mitesser" bezeichneten schwarzen, wurstförmigen schmierigen bis festen Gebilde sitzen in den Haarfollikeln und lassen sich herausdrücken. Sie entstehen meist in Verbindung mit einer Seborrhoe durch Verstopfung der Haarfollikel infolge von Hyperkeratose der Follikel und vermehrter Talgsekretion. Selten kommt es zur Entzündung mit umfangreicherer Perifollikulitis. Komedonen werden vermehrt bei endokrinen Hautveränderungen gesehen. Beim Schnauzer wird ein Komedo-Syndrom beobachtet, das besonders auf dem Rücken ausgeprägt ist. Die **Therapie** entspricht der der Seborrhoe.

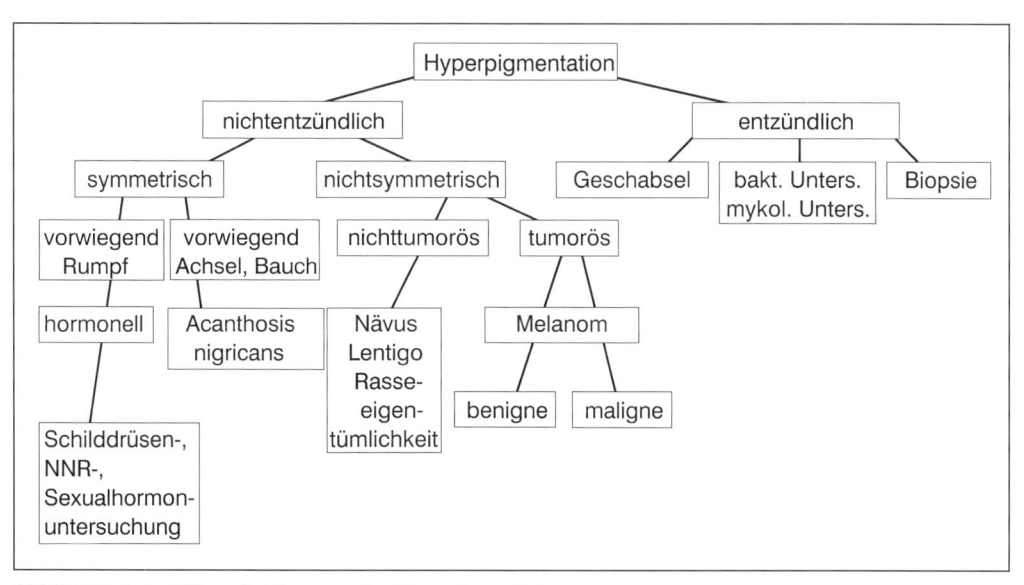

Abbildung 4.4 Differentialdiagnose der Hyperpigmentation

Zirkulationsapparat

WILFRIED KRAFT

Herzinsuffizienzen sind beim alten Hund oft, weniger häufig bei der alten Katze anzutreffen. Pauling (1990) fand beim Hund ein klares Überwiegen der höchsten Altersstufen. Die Klappenerkrankungen fanden sich am häufigsten, gefolgt von Myokardiopathien und Rhythmusstörungen. Dagegen herrschten bei den Katzen Trimborns in den Jahren 1988/89 noch die dilatativen Kardiomyopathien vor, eine Krankheit, die heute bei dieser Tierart wegen der diätetischen Maßnahmen wesentlich seltener zu beobachten ist. Hypertrophische Kardiomyopathien kamen danach in jedem Alter vor.

Folgende pathophysiologische Veränderungen treten im Alter am Herzen auf:

- Fettinfiltration, Lipofuszin-, Kalzium-, Mucopolysaccharidablagerung, Fibrosierung, Hypertrophie
    → Klappenfibrose
    hypertrophische Kardiomyopathie
    Koronarsklerose
    Klappenverdickung
    Verminderung des HZV
    Tendenz zu Frequenzstörungen

Gefäßveränderungen:

- hyaline Verdickung der Gefäßmedia
- Kalziumablagerung in der Aortenintima
- Kollagenvermehrung
- Endothelproliferation
- Gefäßfibrose
    → chronische Hypoxie, Kapillarfragilität, Hyperpermeabilität

Bei alten Hunden (und Katzen) wird an den Münchener Kliniken vor jeder Narkose, soweit kein Notfall vorliegt, gleichgültig ob aus chirurgischen, internistischen oder gynäkologisch-andrologischen Gründen, eine eingehende Herzuntersuchung durchgeführt. Sie umfaßt die Feststellung der Pulsfrequenz und -qualität, soweit möglich die Füllung und evtl. Stauung der peripheren Venen, die Schleimhautbeurteilung sowie die Untersuchung des Herzens selbst, wobei auf die eingehende klassische klinische Untersuchung – Adspektion des Herzstoßes, seine Palpation sowie die Auskultation – besonderer Wert gelegt wird. Dabei ist immer daran zu denken, daß Tiere im Sprechzimmer unter „Streß" stehen, Adrenalin freisetzen und dadurch zu höherer Herzfrequenz, eher Regelmäßigkeit und höherem Blutdruck neigen. Alte Hunde, weniger Katzen, zeigen oft Herzvergrößerungen, das Palpationsfeld ist dann vergrößert, man kann die Frequenz, die Regelmäßigkeit, die Gleichmäßigkeit, oft auch Herzgeräusche palpieren. Bei der Auskultation wird, wie auch bei jüngeren Tieren, auf die im Alter häufigen Herzgeräusche, auf Arrhythmien, insbesondere aber auch auf die Intensität und die Lage der Puncta maxima der Herztöne geachtet.

Röntgen: Es sollten eine laterale und eine dorsoventrale Aufnahme angefertigt werden. In der lateralen Aufnahme achtet man auf folgende Kriterien:

- ist die Herzsilhouette insgesamt vergrößert
- ist die Herzbasis nach dorsal verlagert: Trachea verläuft dann parallel zur Wirbelsäule
- liegt eine Abrundung des Herzschattens („Kugelherz") vor: Rechts- und Linksdilatation oder -hypertrophie oder Hydroperikard
- liegt ein vergrößerter Kontakt zum Brustbein vor: Vergrößerung des rechten Ventrikels (gleichzeitig Verschiebung der Trachea nach dorsal, Anzeichen für Lungenkongestion mit verstärkter venöser Zeichnung, evtl. auch Lungenödem)
- ist die kaudale Herzbegrenzung vorgewölbt: Vergrößerung des linken Ventrikels
- ist die kraniale Herzbegrenzung vorgewölbt: Vergrößerung des rechten Ventrikels
- ist das obere Viertel der kranialen Herzbegrenzung vergrößert: Vergrößerung des rechten Atriums
- bestehen Stauungserscheinungen in den großen Kreislauf (Hepatomegalie, Splenomegalie, Aszites, Verbreiterung der V. cava, verstärkte Zeichnung der abdominalen Venen): Rechtsherzinsuffizienz

Dorsoventrale Aufnahme (Betrachtung von ventral, so daß rechte Seite links liegt):

- Vorwölbung bei zwei bis drei Uhr: Vergrößerung des linken Atriums
- Vorwölbung bei zehn Uhr: Vergrößerung des rechten Atriums

Die Anfertigung eines EKG sollte beim geriatrischen Patienten vor Narkosen nicht unterlassen werden. Dazu ist die Kenntnis

Tabelle 5.1 EKG-Referenzbereiche

Referenzbereiche	Hund	Katze
Frequenz	70–160 (Zwergrassen bis 180, Welpen bis 220)/min	160–240
P-Welle	Breite: bis 0,04″ Höhe: bis 0,4 mV	bis 0,04″ bis 0,2 mV
PQ-Intervall	0,06–0,13″	0,05–0,09″
QRS-Komplex	Breite: bis 0,05 (kleine Rassen), bis 0,06″ (große Rassen) Höhe: R-Zacke: bis 2,5 mV (kleine Rassen), bis 3,0 mV (große Rassen)	bis 0,04″ bis 0,9 mV
ST-Strecke	Senkung bis 0,2 mV, Hebung bis 0,15 mV	keine Senkung oder Hebung
T-Welle	positiv, negativ, biphasisch möglich, nicht größer als 1/4 der R-Zacke	meist positiv, negativ oder biphasisch möglich
QT-Intervall	Breite: 0,15–0,25″, höhere Frequenzen verkürzen, niedere verlängern	0,12–0,18″ (0,07–0,20″ möglich)
elektrische Herzachse	+40 bis +100°	0 bis +160°
CV_5RL	positive T-Welle	
CV_6LL	S-Zacke bis 0,8 mV R-Zacke bis 2,5 mV	
CV_6LU	S-Zacke bis 0,7 mV R-Zacke bis 3,0 mV	R-Zacke bis 1,0 mV
V_{10}	QRS negativ, T-Welle außer Chihuahua negativ	

der „Normalwerte" (Referenzbereiche) und die Fähigkeit, Abweichungen zu interpretieren, erforderlich.

Das EKG ermöglicht auf einfache Weise besonders die Feststellung und Zuordnung von Rhythmusstörungen. Es wird ergänzt durch die Herzsonographie. Man kann damit Umfang, Struktur und Funktion des Herzmuskels, der Kammern und der Klappen beurteilen. Wichtig zur Beurteilung sind ebenfalls die Referenzbereiche.

In Tabelle 5.1 werden die von Tilley (1989) angegebenen Referenzbereiche aufgezeigt.

Eine wesentliche Verbesserung der Diagnostik von Herzkrankheiten wurde durch die Echokardiographie erzielt. Es ist erforderlich, die am Patienten gefundenen Daten mit Referenzwerten zu vergleichen, die an gesunden Katzen und Hunden ermittelt worden sind. Tabelle 5.2 gibt einen Überblick über echokardiographische Referenzwerte, die von Hörauf (1994) zusammengestellt worden sind.

Strasser u. M. (1997) stellten in einer Longitudinalstudie an Beagles fest, daß ältere Hunde unter physischen Belastungssituationen (Laufband) geringere Herzfrequenzen zeigten als jüngere Tiere (die Grenze alt/jung lag bei sieben Jahren).

Spezielle Herzkrankheiten und Symptome

Krankheiten der Herzklappen, Endokardose

Die Ursache ist vermutlich in einer genetisch determinierten Bindegewebsdegeneration, insbesondere des Kollagens, zu suchen. Die Veränderungen kommen, wie Abbildung 5.1 zeigt, vorzugsweise im Alter zur Beobachtung. Dabei sind besonders kleine und mittelgroße Hunde, sehr selten

Tabelle 5.2 Echokardiographische Referenzwerte (zusammengestellt von Hörauf, 1994)

[mm]	Katze	Hund 2–10 kg	Hund 15–25 kg	Hund 30–50 kg
IVSD	2,5–5	4–8	6–9	6–12
LVDD	11–16	21–35	31–43	45–61
HWD	2,5–5	3–7	6–8	7–12
IVSS	5–9	7–12,5	9–13	10–20
LVDS	6–10	10–23	22–30	32–45
HWS	4–9	4,5–10,5	9–12	10,5–19
FS [%]	29–55		30–40	
IVSD/HWD			≤1,3	
Aortenwurzel	6,5–11	11–19	17–24	21–33
linker Vorhof	8,5–12,5	9–18	15–24	21–33
LA/AO	0,8–1,3		0,8–1,2	
Aort.-Geschw.			ca. 1,0–1,2 m/s	
Pulm.-Geschw.			ca. 0,8–1,1 m/s	

Abkürzungen:
IVSD: Linksventrikulärer systolischer Durchmesser
LVDD: Linksventrikulärer diastolischer Durchmesser
HWS: Hinterwand systolisch
HWD: Hinterwand diastolisch
IVSS: Interventrikuläres Septum in der Systole
LVDS: Interventrikuläres Septum in der Diastole
FS [%]: fractional shortening
LA/AO Verhältnis Vorhof- : Aortendurchmesser

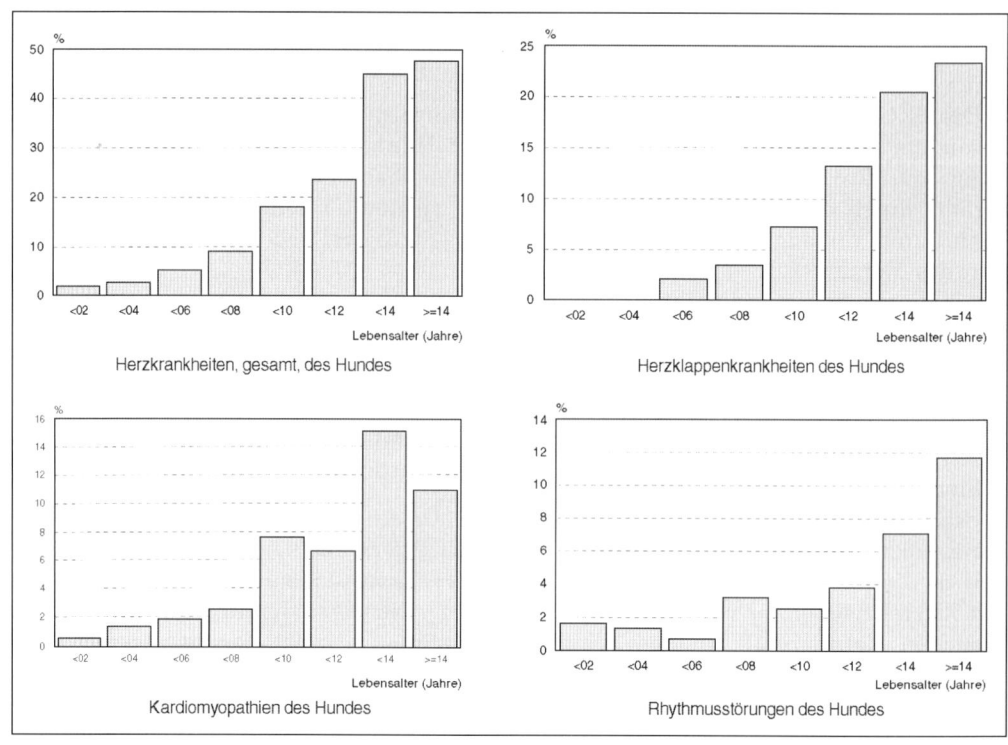

Abbildung 5.1 Herzkrankheiten des Hundes in Abhängigkeit vom Alter

Katzen betroffen. Whitney (1974) fand bei über neun Jahre alten Hunden in 58 %, bei über 13 Jahre alten Hunden in jedem Fall Endokardosen. In einer Münchener Untersuchung wurden bei über 13 Jahre alten Hunden in 23,4 % der Fälle Klappeninsuffizienzen festgestellt (Pauling, 1990); die sonographisch feststellbaren Veränderungen ohne klinische Manifestation liegen jedoch deutlich höher.

Klinisches Bild: Die Folgen der Endokardose machen sich dann bemerkbar, wenn umfangreichere Klappeninsuffizienzen zum Rückstrom ventrikulären Bluts in die Atrien führen; es kommt zum Rückwärtsversagen des Herzens mit Erhöhung der Vorlast („preload"). Daraus ergeben sich:

- Volumenüberladung des betreffenden Atriums oder beider Atrien
- Dilatation des Atriums
- kompensatorische Hypertrophie
- Mitralinsuffizienz: Lungenkongestion mit Lungenödem; Trikuspidalinsuffizienz: Kongestion in den großen Kreislauf mit Verbreiterung der V. cava, Vergrößerung der Leber, der Milz, evtl. Aszites
- Tachykardie, bisweilen Rhythmusstörungen (bei Dilatation des rechten Vorhofs; Kammerextrasystolen bei Kammerwanderkrankungen)
- systolisches Herzgeräusch über der Mitralis (links, 4. bis 5. ICR) oder über Trikuspidalis (rechts, 4. ICR)
- sekundäres Organversagen infolge Durchblutungsstörungen mit Hypoxie (Lunge [Linksherzinsuffizienz], Niere, Leber, Magen-Darm-Trakt, Gehirn [Rechtsherzinsuffizienz])

Diagnose: Klinisches Bild (Herzgeräusch, Tachykardie, oft Arrhythmie, Organversagen) in Verbindung mit Röntgenuntersuchung (Vergrößerung des betroffenen Atriums, oft auch des Ventrikels, Stauungserscheinungen in Lunge oder/und in Bauchorganen), EKG (Verlängerung der P-Welle über 0,04 s = P mitrale, evtl. biphasisches P, bei Vergrößerung des linken Atriums; Erhöhung der P-Amplitude über 0,4 mV beim Hund, über 0,2 mV bei der Katze bei Vergrößerung des rechten Atriums) und Ultraschalluntersuchung (Vergrößerung der betroffenen Atrien, insbesondere Umfangsvermehrung der Klappen; Regurgitation in die Atrien bei Doppler-Echokardiographie deutlich zu erkennen [Abb. 5.2, siehe Farbtafel IV, nach S. 170]).

Therapie: Bei kongestiver Herzinsuffizienz im akuten Stadium: Sauerstoffbeatmung; ferner:

- Furosemid, 2–4 mg/kg KM, später 1 mg/kg KM, auf dreimal täglich verteilt
- ACE-Blocker: Captopril, 0,5–1 mg/kg KM, zwei- bis dreimal täglich, oder Enalapril, 0,5–1 mg/kg KM, ein- bis zweimal täglich
- bei supraventrikulärer Arrhythmie oder Vorhofflattern und Kontraktionsschwäche: Metildigoxin, Hund drei Tage 0,02 mg/kg, auf zweimal täglich verteilt, danach 0,01 mg/kg, bei der Katze von Beginn an 0,007 mg/kg KM
- salzfreie Diät
- reduzierte körperliche Aktivität, nach Besserung jedoch langsame Steigerung wünschenswert

Ruptur der Cordae tendineae

Sofern nur vereinzelt Cordae tendineae zweiter oder dritter Ordnung abreißen, bleibt die Funktion der Klappen erhalten. Der Abriß mehrerer Cordae oder von Cordae erster Ordnung führt dagegen zu schwerwiegenden perakuten Klappeninsuffizienzen mit hochgradiger Herzinsuffizienz. Ursachen sind dieselben wie die der Endokardose, ferner Amyloidose, Endokarditis, mukoide Degeneration. Bei der Katze wurde die Ruptur nie beobachtet.

Klinisches Bild: Es variiert von inapparent bis zu hochgradiger akuter Insuffizienz mit Leistungsschwäche, Müdigkeit, Husten mit Tachypnoe und Dyspnoe (Mitralis) bis zu hochgradiger Atemnot, Lungenödem, Benommenheit bis Koma und Tod. Später kommen die chronischen Symptome der Klappeninsuffizienz mit Rückwärtsstauung in den Kreislauf hinzu. Häufig sind die Schleimhäute livid, die Kapillarfüllungszeit ist verlängert (kardiogener Schock).

Diagnose: Das Krankheitsbild ist nicht von dem einer Klappeninsuffizienz zu unterscheiden. Allenfalls ist ein neuerdings aufgetretenes verändertes Klappengeräusch verdächtig. Es besteht in der Regel aus einem holosystolischen Geräusch der Intensität V/VI bis VI/VI mit dem Punctum maximum über der Mitralis oder der Trikuspidalis. Das EKG kann unverändert sein, oder es bestehen Zeichen einer links- oder rechtsatrialen Vergrößerung (s. Endokardose). Arrhythmien können sehr ausgeprägt sein, in anderen Fällen aber fehlen. Im Röntgenbild (Vorsicht bei Seitenlage!) werden Kongestionszeichen besonders in der Lunge gesehen. Am ehesten ist die Sonographie in der Lage, die Diagnose zu ermöglichen. Die betroffene Klappe flattert unregelmäßig während der Diastole, während sie in der Systole ins Lumen des Atriums gerät. Diese Bewegungen sind im M-Mode am besten zu erkennen. In der Doppler-Echokardiographie ist der erhebliche Rückstrom zu erkennen (Abb. 5.3, siehe Farbtafel IV, nach S. 170). Die echokardiographischen Befunde dürften bei Mitralis- und Trikuspidalisabrissen ähnlich sein; bisher wurden sie jedoch m. W. bei Trikuspidalabrissen nie intra vitam beschrieben.

Therapie: Versucht werden können die unter „Endokardose" beschriebenen Maßnahmen. Es ist sofort mit Sauerstoff zu beatmen. Insbesondere soll versucht werden, die Nachlast durch ACE-Hemmer zu vermindern.

Besonders bei Lungenödem, aber auch bei Stauungen im großen Kreislauf müssen Diuretika in hohen Dosen gegeben werden (Furosemid, 5 mg/kg KM; Xipamid, 0,5 mg/kg KM i. v.). Herzglykoside sind bei supraventrikulären Arrhythmien indiziert. Die Tiere sind absolut ruhig zu stellen.

Die Prognose ist bei Abriß von Cordae tendineae erster Ordnung ungünstig.

Kongestive Kardiomyopathie

Die Krankheit kommt häufiger in mittleren Lebensaltern vor, bei Riesenrassen sogar eher bei jungen Hunden. Allerdings wurde sie in eigenen Untersuchungen auch bei alten Hunden häufig gesehen (Pauling, 1990; Kraft u. M., 1990). Bei Katzen ist die Krankheit aufgrund der Zugabe von Taurin ins Katzenfutter heute selten geworden. Die Ursache ist letztlich ungeklärt. Die dilatative oder kongestive Kardiomyopathie führt infolge der verminderten Kontraktilität zur Herabsetzung des pro Kontraktion geförderten Volumens. Dies versucht das Herz mit einer erhöhten Schlagfrequenz zu kompensieren. Die Folgen sind verminderte Blutversorgung im großen Kreislauf (Linksherzinsuffizienz) und/oder der Lunge (Rechtsherzinsuffizienz). Durch Rückstau des von den Kammern nicht ausreichend aufgenommenen Blutes kommt es zu Kongestionen in die Lunge (bei Linksherzinsuffizienz) und/oder in die Organe des großen Kreislaufs (bei Linksherzinsuffizienz). Daraus resultieren eine Reihe von Folgen: Beeinträchtigung der Funktion aller jener Organe, die unzureichend mit Sauerstoff versorgt werden. Vergrößerung der gestauten Organe. In der Niere führt die verminderte Durchblutung zur Aktivierung des Renin-Angiotensin-Aldosteron-Systems mit Erhöhung des Blutdrucks. Das Antidiuretische Hormon (ADH) läßt über eine vermehrte Rückresorption von Natrium und Wasser das intravasale Volumen ansteigen. Dies führt zur Steigerung des vom Herzen zu bewegenden Volumens und zu einem Anstieg von Vor- und Nachlast. Zusätzlich wird durch die Aktivierung des sympathischen Nervensystems und eine vermehrte Adrenalinsekretion der Blutdruck zusätzlich gesteigert. Diese pathophysiologischen Vorgänge führen zu einer weiteren Belastung des Herzens.

Klinisches Bild: Allgemeine Schwäche, bei Linksherzinsuffizienz Dyspnoe und Husten sind die Kennzeichen einer kongestiven Herzinsuffizienz. Hinzu kommen Tachykardie, oft Arrhythmien, Blässe bis Blaufärbung der Schleimhäute, Tachypnoe, oft Abmagerung, Hepato-Splenomegalie, Polydipsie, Polyurie, Aszites. In schweren Fällen kommen Bewußtseinstrübungen hinzu.

Diagnose: Sie wird anhand der klinischen Untersuchung gestellt, unterstützt durch das Röntgenbild (Kardiomegalie, Lungenkongestion, Stauung der Vena cava, Hepatomegalie, oft Splenomegalie, Aszites). Das EKG ist im Sinne einer Vergrößerung der Herzkammern (linker Ventrikel: R-Zacke vergrößert, Verlängerung des QRS-Komplexes; rechter Ventrikel: Vergrößerung der S-Zacke >0,35 mV, positive T-Welle in V 10). Die Echokardiographie ist wohl am hilfreichsten in der Diagnostik. Sie zeigt besonders im M-Mode die verminderte Kontraktilität der Kammer(n). Da sehr häufig gleichzeitig eine Klappeninsuffizienz besteht, läßt sich der Rückfluß besonders gut mit der Doppler-Echokardiographie untersuchen.

Es sollten unbedingt Laboruntersuchungen durchgeführt werden, insbesondere um Organbeeinträchtigungen erkennen und ihren Verlauf kontrollieren zu können. Hierzu gehören:

- Hämatokrit; er bewegt sich oft im physiologischen Bereich, bisweilen werden leichte Polyzythämien infolge der durch

Allgemeines

Tabelle 2.5 Drucksenkende Wirkstoffe

Wirkstoff	Dosierung (mg/kg KM)	
	Hund	Katze
Thiaziddiuretika:		
Hydrochlorothiazid	1–2	1–2
Schleifendiuretika:		
Furosemid	1–2	1–2
Xipamid	0,1–0,5	0,1–05
Aldosteronantgonist:		
Spironolacton	3–6	3–6
ACE-Hemmer:		
Enalapril (u. a.)	0,5	0,25–0,5
Kalziumkanalblocker:		
Verapamil	0,5	0,5–1
Diltiazem	0,5–1,5	1,5–2
α1-Rezeptorenblocker:		
Prazosin	1 mg/15 kg KM (zusammen Diuretikum)	?
β-Adrenolytika:		
Propranolol	0,5–1	0,5–1

sierendes Phäochromozytom, tumoröse Hyperkalzämie), müssen medikamentöse Maßnahmen zur Behandlung der Hypertonie ergriffen werden. Zu Ursachen der Hypertonie siehe auch Tabelle 2.4.

Drucksenkende Medikamente und ihre Dosierungen sind in der Tabelle 2.5 angegeben. Sie gehören den Gruppen der Diuretika, Aldosteronantagonisten, ACE-Hemmer, Kalziumblocker, α- oder β-Adrenolytika an.

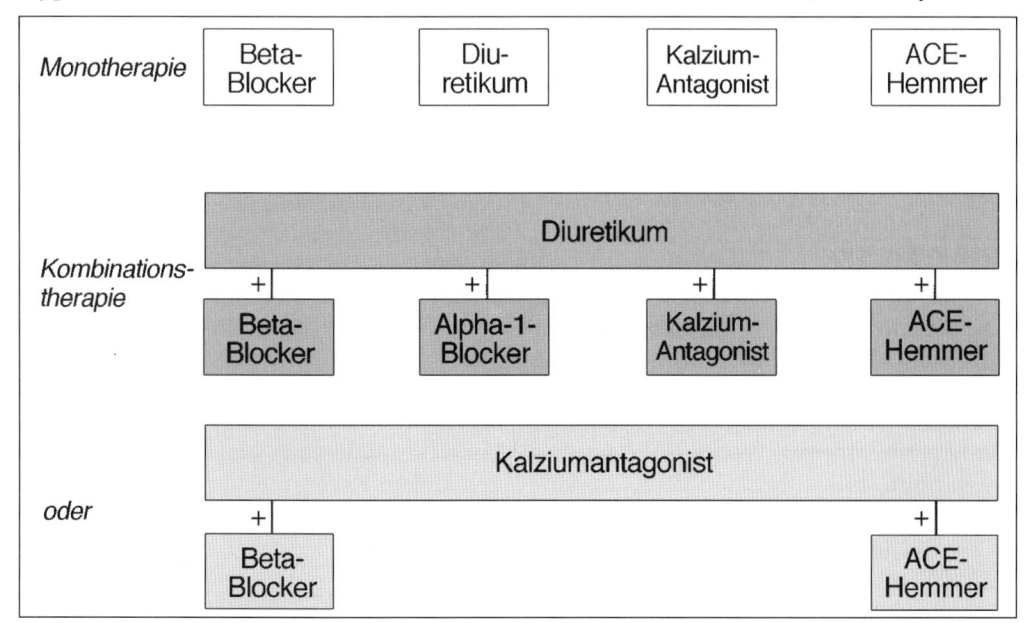

Abbildung 2.8 Mono- und Kombinationstherapie bei Bluthochdruck beim Menschen nach der „Deutschen Liga zur Bekämpfung des hohen Blutdrucks"

Die „Deutsche Liga zur Bekämpfung des hohen Blutdrucks" gibt 1992 für den Menschen die in Abbildung 2.8 angegebenen Kombinationsmöglichkeiten an, die auch beim Hund und bei der Katze angewandt werden können, ohne daß dazu allerdings detaillierte Untersuchungen bestehen.

Blutdruck: Hypotonie

Die Hypotonie führt zu einer Verminderung der Gewebsdurchblutung und damit zu einer Herabsetzung der Sauerstoffversorgung und des Abtransports von Stoffwechselprodukten. Infolge der im Alter gehäuft auftretenden Grundkrankheiten kommt es im letzten häufiger als im mittleren Lebensabschnitt dazu. Ursachen können sein (s. a. Tab. 2.4):

- vermindertes HZV infolge unterschiedlicher Herzinsuffizienzen
- Hypovolämie durch Blutung, Erbrechen, Durchfall, Diurese
- endokrin durch M. Addison, Hypothyreose
- neurogen durch Parasympathikotonie oder Sympathikolyse
- anaphylaktisch
- medikamentös durch massive Diurese, Laxantien, Sympatholytika, Vasodilatatoren, Anästhetika

Die klinischen Symptome hängen erheblich von der Ursache ab. In leichteren Fällen ohne schwere Grundkrankheit bleibt die Hypotonie unerkannt. Bei schlechter Gewebsdurchblutung infolge von Hypotonie werden Hypothermie, kühle Akren, Antriebsarmut, blasse Schleimhäute, verlängerte Kapillarfüllungszeit (>2 s), schwacher, oft beschleunigter Puls, hochgestellter Urin verringerter Menge (<1 ml/kg KM und Stunde), Hyperventilation und allgemeine Schwäche festgestellt. Schließlich können Herzarrhythmien, Turbulenzgeräusche und blutiger Durchfall, bei Kreislaufschock Azotämie infolge prärenaler Urämie, disseminierte intravasale Gerinnung mit Verbrauchskoagulopathie, hypoxisch-azidotische Organschäden und Bewußtlosigkeit eintreten.

Der Blutdruckabfall, insbesondere wenn er mit Kreislaufschock verbunden ist, folgt keinem einheitlichen Therapieschema. Prinzipiell wichtig für den Therapieplan ist die Feststellung, ob es sich bei der Ursache um eine kardiogene oder nichtkardiogene Hypotonie handelt: Während die nichtkardiogene Ursache einer Volumensubstitution bedarf, ist sie bei kardiogener Hypotonie kontraindiziert. Bei kardiogener Hypotonie wird die zugrunde liegende Herzkrankheit behandelt. In diesem Falle ist eine Anwendung von Diuretika und/oder ACE-Hemmer zumindest im Anfangsstadium bis zur Verbesserung des Herzzeitvolumens nicht indiziert. Diuretika und ACE-Hemmer sind dann indiziert, wenn Stauungssymptome auftreten und die Nachlast vermindert werden soll.

In allen Fällen nichtkardiogener Hypotonie bis hin zum Kreislaufschock muß Volumensubstitution durchgeführt werden. Sie folgt den früher erwähnten Prinzipien der Deckung des täglichen Bedarfs unter Berücksichtigung der Körpermasse, dem Ausgleich einer Dehydratation und der Substitution zusätzlich verlorener Flüssigkeitsmengen. Die Art der Volumensubstitution richtet sich nach dem Defizit. Prinzipiell wird die Hälfte der Erhaltungsdosis durch Vollelektrolytlösung, die andere Hälfte durch 5%ige Glukoselösung, die beiden übrigen Komponenten durch Vollelektrolytlösung ersetzt. Bei vollausgebildetem Kreislaufschock werden Kreislaufmittel eingesetzt (Tab. 2.6 und 2.7).

Adipositas

Alte Individuen neigen aus verschiedenen Gründen zur Adipositas. Zum einen ist Fett-

Allgemeines

Tabelle 2.6 Kreislaufmittel

Wirkstoff	Wirkungsweise	Indikation	Dosis
Dopamin	α-, β_1-Rezeptor, dopaminerg	Kreislaufschock, Schockniere	2–5 (–10) µg/kg und min
Dobutamin	α-, β_1-Rezeptor	Erhöhung des HZV	2–5 (–10) µg/kg und min
Adrenalin	α-, β_1-Rezeptor	anaphylaktischer Schock	0,5–1 µg/kg (DTI)
Noradrenalin	α-, β_1-Rezeptor	(Kreislaufschock)	0,1–1 µg/kg
Orciprenalin	β_1-, β_2-Rezeptor	AV-Block, Schock	0,1–0,3 µg/kg und min DTI

Tabelle 2.7 Infusionsflüssigkeiten

Blutung	Blut-, Plasmatransfusion je nach verlorener Menge, hochmolekulare Plasmaexpander bis 20 ml/kg KM, Rest salinische Lösungen
Erbrechen	Volumenersatz, meist NaCl-Substitution, bisweilen Kalumsubstitution erforderlich (Hypokaliämie)
Durchfall	Volumenersatz, häufig metabolische Azidose, daher Natriumbikarbonat: -BE x 0,3 x Körpermasse (kg) = Bikarbonationen
Polyurie	abhängig von Grundkrankheit, i. a. salinische Vollelektrolytlösungen (Ringer-Lösung)
Diabetes mellitus	Kochsalzlösung 0,9%ig
M. Addison	Kochsalzlösung 0,9%ig
Hypothyreose	Vollelektrolytlösung (Ringer-Lösung) mit Glukoselösung 5%ig
Fieber	Vollelektrolytlösung (Ringer-Lösung) mit Glukoselösung 5%ig
Anaphylaxie	Plasmaexpander, Vollelektrolytlösung
neurogen	Plasmaexpander, Vollelektrolytlösung
kardiogen	keine Volumensubstitution!

gewebe das einzige Gewebe beim alten Hund und bei der alten Katze, das zunimmt und zum Teil die übrigen Gewebe ersetzt, wodurch der Fettanteil steigt. Zum andern neigen viele ältere Hunde und Katzen zur Verminderung der körperlichen Aktivität, wodurch der Energieverbrauch herabgesetzt ist. Die Folge ist eine zunehmende Tendenz zur Fettanlagerung. Da die meisten Besitzer über diese Zusammenhänge nicht informiert sind und daher die Futterrationen nicht einschränken, sondern im Gegenteil oft sogar noch erhöhen, kommt die Adipositas rasch zustande.

Andererseits führen eine Reihe von Krankheiten, die vorwiegend im Alter auftreten, zur pathologischen Fettablagerung.

Dies sind ganz besonders einige endokrine Krankheiten: Diabetes mellitus, Hypothyreose, Hyperadrenokortizismus. Ob Hypogonadismus (Kastration) zur Verfettung neigt, wird teilweise bestritten; die Erfahrung zeigt aber eher eine Tendenz zur Adipositas. Aus diesen Gründen sind bei alten Individuen folgende Dinge zu berücksichtigen:

- exakte Futteranamnese nach Art und Menge
- Trinkmenge (auch Veränderungen gegenüber früher)
- Bewegungsgewohnheiten
- Vorbehandlungen (Kortikosteroide)
- Beachtung einer Kastration
- Läufigkeitsanamnese
- Untersuchung der Testes

- Untersuchung auf Diabetes mellitus: Blut-, Uringlukose, bei zweifelhafter Erhöhung einschließlich Serum-Fructosamin-Bestimmung
- Untersuchung auf Hypothyreose: T4-(fT4-)Bestimmung, cTSH-Bestimmung, evtl. TRH-Stimulationstest
- Untersuchung auf Hyperadrenokortizismus: ACTH-Stimulationstest, LDDS

In nichtkrankhaften Fällen muß ein exakter Futterplan aufgestellt werden. Er wird im Kapitel „Ernährung und Diätetik" vorgestellt.

Inanition, Kachexie

Zahlreiche Krankheiten führen zur Inanition (Hungerzustand) und zur Kachexie („Auszehrung", Verlust von über 20 % der Körpermasse), Krankheiten, die vorzugsweise, aber keineswegs ausschließlich, im Alter vorkommen. Inanition und Kachexie können mit Anorexie (Nahrungsverweigerung), aber auch mit normaler Nahrungsaufnahme oder sogar Polyphagie verbunden sein. Allerdings kommt es bei alten Individuen terminal bisweilen zum Verweigern jeglicher Nahrung, so daß die Tiere – wie auch manche Menschen – schließlich an allgemeiner Entkräftung sterben. Neben Nahrungsverweigerung und schmerzhaften oder raumfordernden Zuständen im Bereich der Mundhöhle, des Rachens und Schlundes führen Malabsorption und Maldigestion (Malassimilationssyndrom), Stoffwechselstörungen, hormonelle Störungen, chronische Infektionskrankheiten (FeLV-, FIV-Infektion, FIP, Tuberkulose), maligne Tumorose, chronische Niereninsuffizienz, chronische Herzinsuffizienz mit Kongestion des Magen-Darm-Trakts, Leber- und Pankreaskrankheiten zur Kachexie. Die Kachexie zieht eine allgemeine Schwäche nach sich. Das Zusammentreffen solcher Syndrome im Alter führt dann schließlich zum Bild der sogenannten Altersschwäche (Marasmus senilis).

Die Verhinderung von Inanition, Kachexie und Marasmus muß also die adäquate Energieaufnahme, -verwertung und -assimilation zum Ziel haben. Man geht folgendermaßen vor:

- Aufname der Anamnese zur Ermittlung etwaiger Krankheiten; wichtig: will der Patient Nahrung aufnehmen, wendet sich dann aber ab (Hinweis auf Erkrankung des Mund-Rachen-Schlund-Bereichs), oder macht er gar keinen Versuch zur Nahrungsaufnahme (Hinweis auf Allgemeinkrankheit)
- Analyse des Futters, der angebotenen und aufgenommenen Menge, der Häufigkeit der Fütterung pro Tag; Menge der angebotenen und aufgenommenen Flüssigkeit
- Untersuchung der Mundhöhle, des Rachens, des Schlundes
- Untersuchung auf Malassimilation (Magen, Darm, Leber, Pankreas), chronische Infektionskrankheiten, Tumorose, Stoffwechsel-, endokrine Krankheiten, Herz-, Nierenkrankheiten.

Die einfachste Methode für eine adäquate Energiezufuhr ist die spontane Futteraufnahme. Ist sie nicht zu erreichen, muß „künstlich" ernährt werden. Hierzu s. unter „Anorexie".

Anorexie

Die **Ursachen** der Anorexie (Nahrungsverweigerung) decken sich weitgehend mit denen der Kachexie. Bei Inappetenz ist die „Lust" zur Nahrungsaufnahme, der Appetit, herabgesetzt. Anorexie kann auch durch schmerzhafte Zustände im Mund-Rachen-Ösophagusbereich ausgelöst werden, weshalb hierauf zu achten ist. Tiere, die unter Störungen des Geruchssinns leiden, nehmen ebenfalls weniger oder keine Nahrung auf. Es werden im übrigen die gleichen Untersuchungen durchgeführt wie unter „Inanition, Kachexie" beschrieben.

Zur **Untersuchung** geht man folgendermaßen vor:

- Wird genügend und ausreichend schmackhaftes Futter gegeben?
- Wichtig bei Katzen: Wurde das gewohnte Futter durch ungewohntes ersetzt?
- Liegen in der Umgebung Veränderungen vor, daß dem Tier „der Appetit vergeht" (neue Umgebung, neue Besitzer, sind andere Menschen hinzugekommen [Baby, neue Freundin] oder andere Tiere)?
- Liegen krankhafte Zustände vor: kein Geruch, schmerzhafte Prozesse im Mund-Rachen-Schlund-Bereich?
- Liegen Allgemeinkrankheiten vor? (Fast alle systemischen Krankheiten kommen in Frage, weshalb nach Ausschluß der oben genannten Ursachen spezielle Untersuchungen angeschlossen werden müssen.)

Therapie: Häufig beginnen die Patienten spontan mit der Futteraufnahme, wenn es gelingt, die Grundkrankheit zu bessern. Ihre Diagnose und gezielte Behandlung ist daher wichtig. Aus der Anamnese wird die bevorzugte Nahrung erfragt, was besonders wichtig bei der Katze ist. Das Futter sollte leicht angewärmt werden, um die Palatibilität zu erhöhen. Da häufig auch eine Verminderung der Wasseraufnahme besteht, ist diese durch Infusionen auszugleichen. Auf die Energiesubstitution wird im Kapitel „Ernährung" näher eingegangen. Die parenterale Ernährung wird über einen zentralen Venenkatheter, die künstliche enterale über eine Nasen-Magen-Sonde, Ösophagussonde oder transkutane Magensonde durchgeführt.

Der Appetit kann mit verschiedenen Wirkstoffen angeregt werden. Dies gelingt bei der Katze besser als beim Hund. Sie werden in der Tabelle 2.8 aufgeführt.

Polyphagie

Die vermehrte Aufnahme von Futter, oft als „Heißhunger" bezeichnet, kommt als krankhaftes Zeichen seltener vor als ihr Gegenteil, die Anorexie. Sie wird beobachtet bei insgesamt katabolischer Stoffwechsellage, bei hoher physischer Belastung oder bei einigen Formen des Malassimilationssyndroms, ferner bei Diabetes mellitus, bei Hyperinsulinismus, bei Hyperthyreose oder bei Hyperadrenokortizismus. Man geht folgender maßen vor:

- Feststellung, ob normaler, über- oder untergewichtiger Ernährungszustand vorliegt
- normaler Ernährungszustand: Wird erhöhte körperliche Arbeit verlangt? Wird das Tier in kalter Umgebung gehalten (erhöhter Energiebedarf)? Krankhaft evtl. in Frühstadien des Hyperadrenokortizismus und der Hyperthyreose
- adipöser Ernährungszustand: Wird zuviel gefüttert (unerkannte Futterquellen ausschließen [Nachbarn, Kinder etc.], zu viele Leckereien, zu gehaltvolle, schmackhafte Nahrung)? Bei Haltung mehrerer Tiere „Futterneid"? Liegen krankhafte Ursachen vor: Hyperadrenokortizismus,

Tabelle 2.8 Wirkstoffe zur Appetitanregung

Wirkstoff	Dosis/Hund	Dosis/Katze
Diazepam	0,05–0,1 mg/kg i. v.	0,05–0,1 mg/kg i. v.
Oxazepam	0,2–0,4 mg/kg p. o.	0,2–0,4 mg/kg p. o.
Flurazepam	0,1 mg/kg p. o.	0,1–0,5 mg/kg p. o.
Cyanocobolamin (Vitamin B12)	1 mg/Hund s. c., i. v.	1 mg/Katze s. c., i. v.

Kortikosteroidapplikation, Hyperthyreose, Hyperinsulinismus (Insulinom)
- kachektischer Ernährungszustand: Ist die Futterqualität minderwertig? Liegen krankhafte Ursachen vor? Achten auf Endoparasiten (Kotuntersuchung), Diabetes mellitus (mit Ketoazidose, Bestimmung von Blutzucker, insbesondere bei der Katze auch von Fructosamin, Ketonkörpern und pH-Wert im Urin), Hyperthyreose (T4-, T3-Bestimmung), exokrine Pankreasinsuffizienz (dreimalige Bestimmung von Chymotrypsin im Kot), Leberinsuffizienz, Maldigestions-, Malabsorptionssyndrom (Laktose-, Xylose-Toleranztest, Serum-Folsäure, Kobalamin)

Polydipsie, Polyurie

Die vermehrte Aufnahme von Wasser und der Absatz erhöhter Urinvolumina sind keine Alterssymptome per se, sie kommen vielmehr im Alter gehäuft vor, weil eine Reihe von Krankheiten, die mit Polydipsie und Polyurie einhergehen, im letzten Lebensabschnitt häufiger als in jüngeren auftreten.

Eine Polydipsie liegt vor, wenn der Hund oder die Katze (?) mehr als 100 ml/kg KM Flüssigkeit pro Tag oder mehr als 4 ml/kg KM und Stunde aufnimmt. Es ist fraglich, ob diese Mengen über alle Rassen und Größen und auch gleichermaßen für die Katze gelten. Von Polyurie spricht man, wenn die Urinmenge 50 ml/kg KM und Tag oder 2 ml/kg KM und Stunde überschreitet. In solchen Fällen muß der Ursache nachgegangen werden.

Häufig bestehen von seiten der Besitzer Unsicherheiten („er trinkt mehr als eine Schüssel am Tag"). Man sollte dann die Menge genau bestimmen lassen. Viele Besitzer berichten, daß der Hund oder die Katze mehr als früher trinken. Dies kann mit äußeren Umständen, wie Umstellung auf Trocken-

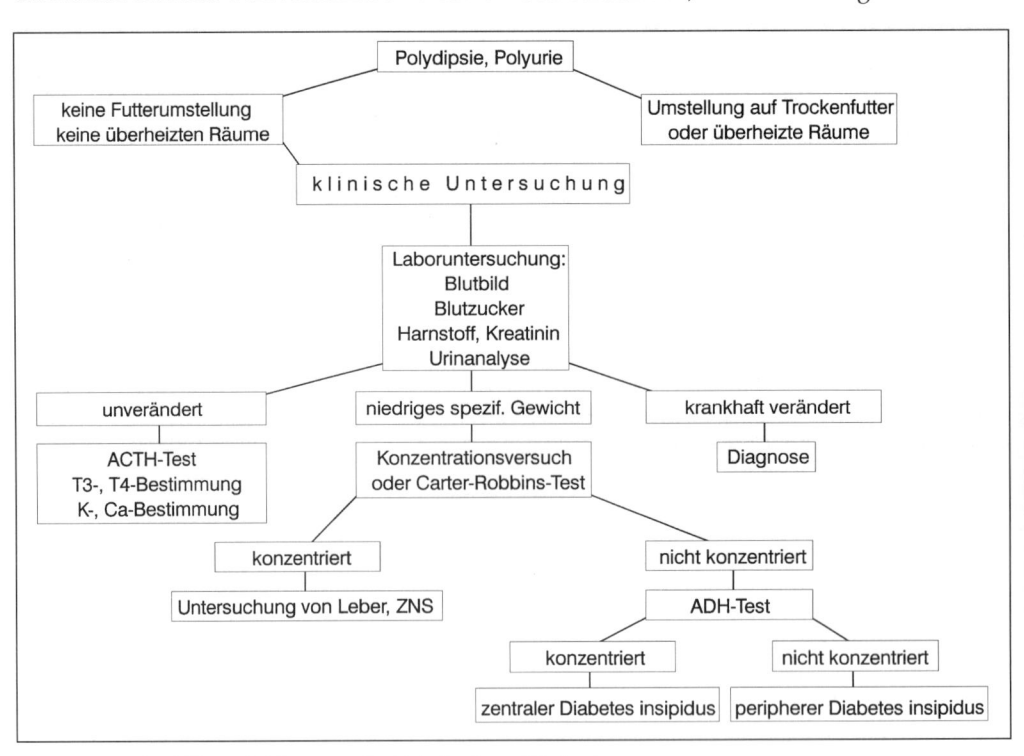

Abbildung 2.9 Differentialdiagnose der Polydipsie und Polyurie

futter, überheizte Räume, zusammenhängen und bedarf der anamnestischen Abklärung.

Als Ursachen für eine krankhafte Polydipsie/Polyurie kommen in Frage:

- Diabetes mellitus (Urin-, Blutglukose, Serum-Fructosamin)
- chronische Niereninsuffizienz (Urinuntersuchung, besonders spezifisches Gewicht, Protein; Serum-Harnstoff, -Kreatinin, evtl. Konzentrations- [Durst-] Versuch oder Carter-Robins-Test)
- Pyelonephritis (klinisches Bild, Ultraschall, Urinsediment, BU)
- Pyometra (klinisches Bild, Röntgen, Ultraschall)
- Diabetes insipidus (spezifisches Uringewicht, ADH-Test; renaler D. i.: Versuch mit Hydrochlorothiazid)
- Hyperadrenokortizismus (Cortisol, ACTH-, LDDS-Test)
- Hypadrenokortizismus (M. Addison; Cortisol, ACTH-Stimulationstest)
- Hyperthyreose (T3, T4)
- Hyperkalzämie (Serum-Kalziumbestimmung)
- Hypokaliämie (Serum-Kaliumbestimmung)
- Hepatopathie (Leberenzyme)
- Krankheiten des Gehirns (zentrale Polydipsie)
- psychogene Polydipsie

Die Ursache der Polydipsie ist in den meisten Fällen zu diagnostizieren. Nach der Grundkrankheit richtet sich die Therapie.

Schlafstörungen, Unruhe, vermehrte Wachzustände

Einschlafstörungen sind bei Hund und Katze weniger bekannt. Dagegen wird von Tierbesitzern häufiger über Durchschlafstörungen bei älteren Hunden, kaum jedoch bei Katzen berichtet. Danach wachen die betroffenen Hunde nachts häufig auf, wandern umher, legen sich zwischenzeitlich nieder und belecken sich häufig. Sie stören dabei die Hundehalterinnen und -halter, was diese veranlaßt, den Tierarzt mit dem betroffenen Hund aufzusuchen. Die Unruhe darf nicht mit Lautäußerungen und Bewegungen durch Traumzustände verwechselt werden (Anamnese!). Ursache echter Schlafstörungen könnte wie beim Menschen die senile Demenz sein. Allein sie wird beim Hund zwar behauptet, ist aber niemals zweifelsfrei nachgewiesen worden. Insbesondere sind aber organische und funktionelle Störungen in jedem Einzelfall auszuschließen. Sie betreffen:

- allgemein schmerzhafte Zustände
- Herzinsuffizienz (mit Orthopnoe)
- Nykturie (als Ausdruck einer Herzinsuffizienz oder einer Polydipsie/Polyurie)
- Kotinkontinenz infolge einer Darm- (Kolon-, Rektum-) oder nervalen Erkrankung
- Hyperthyreose
- Veränderung der äußeren Umstände (etwa Verlegung des Hundelagers wegen einer Krankheit des Hundes ins Schlafzimmer von Herrchen oder Frauchen, wodurch der Hund aus seiner gewohnten Umgebung gerissen, außerdem durch Schlafgeräusche der Menschen gestört wird und nachfolgend diese wiederum stört)

Solche Ursachen sind zu erkennen (Anamnese) und gezielte Untersuchungen durchzuführen. Sie müssen sich auf eventuelle schmerzhafte Krankheiten erstrecken und außerdem eine Herz-, Darm und Nierenuntersuchung, auch eine Untersuchung auf Hyperthyreose (T4-, T3-Bestimmung) umfassen.

Lassen sich keine organischen oder Umweltveränderungen als Ursache der Schlafstörungen ermitteln, so muß eine medikamentöse Therapie versucht werden. Benzodiazepine sind Mittel der ersten Wahl; sie sollten abends gegeben werden. Allerdings entsteht beim Hund eine relativ rasche Gewöhnung. Folgende Dosierungen können empfohlen werden:

- Diazepam 0,5–1,0 (bis 2,0) mg/kg KM, dreimal täglich
- Clonazepam 0,5 mg/kg KM, zwei- bis dreimal täglich

Vorübergehend können Barbiturate Anwendung finden. Ihre Wirkungsdauer ist allerdings lang, so daß die Tiere noch am andern Tag müde sein können. Die Dosis sollte 3–6 mg/kg KM nicht übersteigen.

Vermehrter Schlaf

Viele Hunde, ebenfalls wieder seltener Katzen, zeigen im Alter ein vermehrtes Schlafbedürfnis. Dies kann durch Schlafstörungen während der Nacht, aber auch durch über das normale Maß des Erholungsschlafs hinausgehendes Schlafbedürfnis als Folge einer Altersdemenz hervorgerufen werden (bei Hund und Katze allerdings nicht mit Sicherheit nachgewiesen). Andere Ursachen können sein:

- Taubheit (infolge derer der Hund oder die Katze auf Anruf nicht reagiert)
- degenerative neurologische Prozesse
- Stoffwechselstörungen (Leber, Niere)
- starke körperliche Beanspruchung während der Wachzeiten

Schmerz

Das Empfinden von Schmerz ist begreiflicherweise keineswegs auf das Alter beschränkt. Allerdings kommen im Alter vermehrt Zustände vor, die zu Schmerz führen, weshalb diesem Phänomen hier Raum gegeben werden soll.

Beim Tier ist der Nozizeptorenschmerz als gesichert anzusehen. Dabei werden mehr oder weniger ausgedehnt lokale Schmerzrezeptoren durch äußere (mechanische, thermische, chemische) oder innere (Dehnung, Entzündung, chemische) Insulte gereizt. Hinzu kommen körpereigene Substanzen, die als Schmerzmediatoren wirken: Histamin, Prostaglandine, Serotonin, Komplement, Kallikrein, Kininogen, Bradykinin. Durch Aδ-Nervenfasern, die myeliniert sind, wird der Reiz sofort als akutes Schmerzempfinden weitergegeben, etwas später auch durch C-Fasern (nichtmyelinisiert). Beide Leitungen sind für das unterschiedliche Schmerzempfinden verantwortlich, wie es als akuter Sofortschmerz und als längerer Schmerz etwa bei Schnittverletzungen oder beim stumpfen Trauma beobachtet werden kann. Je nach Sitz der Noxe wird entweder das Dorsalhorn des Rückenmarks oder das Gehirn erreicht. Beim Haustier werden insgesamt fünf verschiedene Schmerzleitungswege angenommen; dagegen scheint es kein spezielles Schmerzzentrum zu geben.

Eine Systematisierung des Schmerzes beim Tier ist schwierig. Eine Möglichkeit ist die Einteilung nach der Lokalisation: Kopf-Hals-Bereich, Thorax, Rumpf, Gliedmaßen. Schmerzzustände im Kopfbereich führen zu Kopfbeugung, Vermeidung von Kieferbewegungen, Anorexie (Mundhöhle, Rachen), Kopfschiefhaltung (Ohrbereich), Verengung der Lidspalte (Schmerz der Augen oder Konjunktiven). Das Kopfschmerzsyndrom des Menschen kann beim Tier nur erahnt werden, wenn etwa Apathie, Bewegungsunlust, Kopfbeugung, Leistungsvermeidung beobachtet werden.

Schmerzen im Halsbereich werden besonders bei Halswirbelsäulenerkrankungen gesehen. Sie führen zur Steifheit des Halses, die bei passiver Bewegung (Beugung, seitlicher und dorsaler Bewegung zu Schmerzreaktionen führt).

Gliedmaßenschmerz läßt sich am besten in Ruhe und Bewegung feststellen. Die Tiere „schonen" die betroffene Gliedmaßen, es werden unterschiedliche Grade der Lahmheit festgestellt, die dann adspektorisch, palpatorisch und röntgenologisch weiter abgeklärt werden können.

Ein besonderes Problem stellen Schmerzen im Bereich des Rumpfes dar. Sie können häufig am aufgekrümmten Rücken, an den gespannten, aufgezogenen Bauchdecken, am klammen Gang und dem gestörten Allgemeinbefinden erkannt werden. Die Palpation hat das Ziel, die genauere Lokalisation des Schmerzes zu ermitteln. Generalisierter Bauchschmerz deutet auf Peritonitis hin, wobei allerdings eine Fremdkörpererkrankung oder ein anderweitiger Ileus ausgeschlossen werden muß, die bisweilen ebenfalls mit generalisiertem, meist aber mit lokalem Schmerzempfinden einhergehen. Palpationsschmerz rechts vorn wird bei akuter Pankreatitis beobachtet. Ebenfalls im vorderen Bauchbereich wird Palpationsschmerz bei Gallenblasenkrankheiten, wie sie bei Cholezystitis, Cholangitis und besonders bei Hepatitis contagiosa canis vorkommen, bemerkt. Dagegen sind Leberkrankheiten selbst nicht oder kaum schmerzhaft. Auch Krankheiten der Nieren, selbst Nieren- oder Harnleitersteine, die beim Menschen zu den schwersten denkbaren Schmerzen führen, scheinen bei Hund und Katze keine oder nur geringe Schmerzen zu verursachen. Akute Darmentzündungen rufen Schmerzreaktionen bei Palpation der erkrankten Darmschlingen hervor, die darüber hinaus auch gespannt und verdickt erscheinen. Prostataentzündungen können ebenfalls schmerzhaft sein, wie die rektale Untersuchung ergibt. Dagegen sind Tumorosen in der Regel weniger schmerzhaft.

Schmerz (Dolor) ist ein Symptom wie Wärme (Calor), Tötung (Rubor), Umfangsvermehrung (Tumor) und gestörte Funktion (Functio laesa), keine Diagnose. Es muß also das Ziel sein, die Ursache des Schmerzes zu diagnostizieren und zu behandeln. Andererseits kann Schmerz das Allgemeinbefinden und die Lebensqualität auch bei Tieren so stark beeinträchtigen und weitere Krankheitsbilder nach sich ziehen, daß die symptomatische Behandlung des Schmerzes durchaus sinnvoll und erforderlich ist.

Man kann die Schmerzmittel (Analgetika) in starke (morphinartige) und schwache Analgetika einteilen. Zu den stark wirken-

Tabelle 2.9 Dosierung stark wirkender (morphinartiger) Analgetika

Wirkstoff	Dosis/Hund (mg/kg KM)	Dosis/Katze (mg/kg KM)	Applikationsart	Wiederholung
Meperidin	2–10	2–3	i. m., s. c.	bis 6mal tgl.
Levomethadon	0,05–0,1		s. c.	3–4mal tgl.
Pentazocin	1,5–3		i. m.	bis 6mal tgl.

Tabelle 2.10 Dosierung schwach wirkender Analgetika

Wirkstoff	Dosis/Hund (mg/kg KM)	Dosis/Katze (mg/kg KM)	Applikationsart	Wiederholung
Acetylsalicylsäure	25 mg	25	p. o.	Hund: 3mal tgl. Katze: 1mal tgl.
Metamizol	20–50	20–50	i. v., i. m., p. o.	2–3mal tgl.
Acetaminophen	10	./.	p. o.	2mal tgl.
Phenylbutazon	10	2–3	p. o.	3mal tgl.
Ibuprofen	5	./.	p. o.	3mal tgl.
Flunixinmeglumin	1,1	./.	i. v., p. o.	1–2mal tgl.

den gehören das Morphin selbst, das beim Hund in einer analgetischen Dosis von 0,1–0,5 mg/kg KM i. m. oder s. c. (bei der Katze höchstens bis 0,1 mg/kg KM) eingesetzt wird. Weiter werden eine Reihe von synthetischen Morphinabkömmlingen verwendet; sie sind der Tabelle 2.9 zu entnehmen.

Während die „starken" Analgetika besonders schwere Schmerzen vollkommen zu unterdrücken vermögen, werden die „schwachen" bei mittleren bis geringeren Schmerzen eingesetzt. In vielen Fällen führen sie auf verschiedene Weise durch entzündungsmildernde (antiphlogistische) Wirkung zur Schmerzlinderung. Darüber hinaus wirken sie antipyretisch. Im Unterschied zu den Kortikosteroiden, denen eine ähnliche antipyretische und antiphlogistische Wirkung zukommt, werden sie auch als nichtsteroidale Antiphlogistika bezeichnet. Die nichtsteroidalen Antiphlogistika haben eine Reihe von Nebenwirkungen. Insbesondere führen sie bei den häufig zu beobachtenden Überdosierungen durch Tierbesitzer (besonders häufig durch Ärzte oder Apotheker!) zu akuten Magenentzündungen mit erheblichen Blutungen. Bei der Katze werden besonders durch Acetylsalicylsäure unerwünschte Nebenwirkungen hervorgerufen: Die im intermediären Stoffwechsel entstehende Salicylsäure wird durch Glucuronierung ausgeschieden; da die Glucuronierung bei der Katze nur in geringem Grad möglich ist, ist die Halbwertszeit wesentlich länger als bei anderen Tierarten, weshalb die Nebenwirkungen ausgeprägter sind. Die Dosierung der „schwachen" Analgetika können der Tabelle 2.10 entnommen werden.

Grundsätze der Therapie von Krankheiten im Alter

WILFRIED KRAFT

Pharmakokinetik

Wie bereits bemerkt, ist Alter keine Krankheit und kann daher nicht als solche behandelt werden. Die Behandlung von Krankheiten im Alter dagegen folgt denselben Grundsätzen wie in den anderen Altersgruppen. Einige Besonderheiten müssen jedoch beachtet werden, die allerdings beim Menschen wesentlich besser untersucht sind als beim Tier, bei dem bisher nur kaum gesicherte Befunde vorliegen.

Im Alter tritt eine Änderung der Pharmakokinetik ein. Hierunter versteht man das gesetzmäßige Schicksal eines Pharmakons im Körper, also die Resorption, seine Verteilung, Biotransformation und Ausscheidung (Löscher und Kroker, 1994). Hiervon hängt die Konzentration eines Pharmakons im Blutserum und insbesondere an und in den Geweben und damit an den Zellen und ihren Rezeptoren ab. Jeder einzelne Schritt der Pharmakokinetik, aber auch mehrere gleichzeitig, können verändert sein, so daß einerseits eine geringere Konzentration an den Erfolgsstrukturen eintreten, andererseits eine verminderte Resorption oder/ und Ausscheidung stattfinden kann. Im ersten Falle läge eine verminderte Wirksamkeit, im zweiten eine erhöhte Gefahr der Toxizität und Nebenwirkungen vor. Untersuchungen beim Tier hierzu sind außerordentlich schwer durchzuführen. Sie setzen zum einen „Gesundheit" voraus, da Krankheiten jeden dieser Schritte beeinflussen können. Damit scheiden die in der Praxis vorgestellten Patienten zum größten Teil aus. Zum zweiten erfordern sie umfangreiche Versuchsprogramme mit großen Probandenzahlen gesunder Tiere unterschiedlicher Altersgruppen – bei der derzeitigen verbreiteten Mentalität kaum zu realisieren. Auf die Problematik der bei Hund und Katze nur spärlich vorliegenden gesicherten Informationen hat erst kürzlich Kietzmann (1996) hingewiesen.

Ob bei Hund und Katze eine Erhöhung des pH-Wertes im Magensaft wie beim Menschen vorkommt, ist völlig unbekannt. Damit sind nicht die Fälle von – krankhafter! – atrophischer Gastritis zu verwechseln. Normalerweise hat der Hund einen noch niedrigeren pH-Wert als der Mensch. Es ist denkbar, daß dieser niedrige pH-Wert im Alter auch beim Hund und bei der Katze ansteigt; gesichert ist dies nicht. Wenn dem so ist, so müßte die Resorption von schwachen Basen vermindert sein. Beim Menschen spielen diese Veränderungen jedoch keine erhebliche Rolle in ihrer Auswirkung auf die Pharmakokinetik (Castelden u. M., 1977; Green u. M., 1982). Dagegen wird bei älteren Menschen und Tieren eine Abnahme in der Höhe der Darmzotten und damit eine Verminderung der resorptionsfähigen Oberfläche gesehen. Damit geht eine verminderte Resorption oral zugeführter, aber auch einen hepatointestinalen Kreislauf durchmachender Wirkstoffe einher. Die Folge ist eine verminderte Bioverfügbarkeit, die noch durch altersbedingte Motilitätsänderungen des Darms beeinflußt werden kann. Allerdings werden auch subkutan zugeführte Wirkstoffe langsamer resorbiert. Es ist keine Frage, daß hinzukommende Krankheiten, etwa Darmkrankheiten, Kreislaufstörungen infolge von Leber- oder Herzkrankheiten, zu einer wesentlich stärkeren Beeinträchtigung der Bioverfügbarkeit führen können.

Eine größere Bedeutung für die Konzentration eines Wirkstoffs im Blutplasma hat die altersbedingte Veränderung des Verteilungsraums. Sie wird begünstigt durch die Tendenz zur Dehydratation, ferner durch die Abnahme aller Körpergewebe, insbesondere der Muskelmasse, zugunsten einer Zunahme des Körperfetts. Hinzu kommt ein verminderter Blutfluß infolge einer Herabsetzung des Herzzeitvolumens.

Wie früher erwähnt, nimmt bei alten Individuen der Fettanteil zuungunsten der übrigen Körpergewebe zu. Dies führt dazu, daß lipophile Substanzen einen größeren Verteilungsraum vorfinden, ins Fettgewebe abwandern und damit einen verminderten Plasmaspiegel aufweisen. Dadurch sinkt die Bioverfügbarkeit am Erfolgsorgan ab. Umgekehrt können hydrophile Substanzen einen höheren Plasmaspiegel erreichen, da die Abnahme des Körperwassers ihren Verteilungsraum einengt. Die Folge ist ein früheres Erreichen der toxischen Konzentrationen.

Beim Menschen konnte innerhalb der Plasmaproteine eine Verschiebung festgestellt werden: Eine Verminderung des Albumins geht mit einer Vermehrung der Globuline einher (Novak, 1972). Damit wird die Bindungskapazität für Albumin-transportierte Wirkstoffe (und auch körpereigene Substanzen) herabgesetzt. Dies führt zu einer verminderten Transportkapazität. Andererseits erhöht sich der Anteil ungebundener („freier") Substanzen, die damit einerseits rascher bioverfügbar, andererseits wesentlich schneller ausgeschieden werden, wobei die Geschwindigkeit der Ausscheidung die der Bioverfügbarkeit weit überschreitet. Dies kann an folgender Gleichung dargestellt werden:

$$T_{1/2} = \frac{0{,}693 \times V_v}{Cl_p}$$

($T_{1/2}$ = Halbwertszeit, V_v = Verteilungsvolumen, Cl_p = Plasmaclearance)

Daraus ist ersichtlich, daß bei einer Verminderung des Verteilungsvolumens, welcher Art auch immer, die Halbwertszeit abnimmt, während eine Erhöhung des Verteilungsvolumens eine Erhöhung der Halbwertszeit nach sich zieht. Während also der Verteilungsraum für ein lipotropes Medikament (oder Stoffwechselprodukt) steigt, weil im Alter eine Vermehrung des Körperfetts eintritt, sinkt das Verteilungsvolumen für wasserlösliche Wirkstoffe, da das Körperwasser abnimmt. Dadurch wird erklärlich, daß fettlösliche Substanzen im Alter eine längere, wasserlösliche dagegen eine kürzere Halbwertszeit aufweisen.

Die Wirksamkeit eines Arzneimittels, seine pharmakodynamische Wirkung also, ist von seinen Rezeptoren abhängig. Wenn ein Wirkstoff an seinen Rezeptor bindet, werden eine Reihe von Stoffwechselvorgängen in der Zelle aktiviert. Die Zahl der Rezeptoren an der Zelle nimmt beim Menschen mit dem Alter ab. Wahrscheinlich, aber unbewiesen, ist dies bei Hund und Katze ähnlich. Aus der Abnahme der Rezeptoren wird erklärlich, weshalb bei älteren Individuen eine verminderte Wirksamkeit mancher Arzneimittel beobachtet werden kann. Andere dagegen sind wirksamer (Tranquilizer, Anästhetika). Ob hier eine festere Bindung an die Rezeptoren vorliegt, ist unklar.

Manche Wirkstoffe müssen erst in der Leber biotransformiert werden, um ihre wirksame Form zu erhalten. Die gesunde Leber hat auch im Alter eine ausreichende Kapazität zur Biotransformierung, so daß hier kein limitierender Faktor zu suchen ist. Allerdings nimmt die Durchblutung auch der gesunden Leber im Alter ab. Dadurch wird auch die Biotransformation herabgesetzt, andererseits aber auch die Entgiftung toxischer endogener und exogener Substanzen und damit auch die Entgiftung toxischer Arzneimittel und ihrer Metaboliten. Allerdings dürfte diese Beeinträchtigung von geringer klinischer Bedeutung sein.

Die Ausscheidung von Arzneimitteln erfolgt in den meisten Fällen entweder über die Niere oder über das Leber-Galle-Darm-System. Wie oben dargestellt, hat die Leber eine große metabolische Reserve, um Arzneimittel zu verstoffwechseln. Gleiches gilt für die Ausscheidungskapazität. Das hepatointestinale System ist also nicht der limitierende Faktor bei der Eliminierung von Arzneimitteln. Anders sieht es bei der Niere aus. Die Masse der intakten Nephrone nimmt, analog zum Nierengewicht, mit dem Alter ab. Diese Verminderung ist klinisch nicht relevant, sie führt nicht zu Ausfallserscheinungen. Insbesondere entsteht dadurch nicht etwa eine Azotämie; im Gegenteil kommt es eher zu einer Verminderung des Serum-Kreatinins infolge der Abnahme der Muskelmasse und damit des Syntheseortes des Kreatinins (Hartmann, 1990; Dereser, 1989; Kraft u. M., 1990). Die glomeruläre Filtrationsrate ist jedoch eingeschränkt. Hierdurch werden nierengängige Arzneimittel langsamer als bei jüngeren Individuen ausgeschieden und können im Serum akkumulieren. Dadurch kann bei Arzneimitteln mit geringer therapeutischer Breite, die noch dazu häufig im Alter verwendet werden müssen (Digoxin, Antiarrhythmika, nichtsteroidale Antiphlogistika), eine toxische Blutkonzentration auftreten. Man sollte daher bei alten Patienten vorsichtiger mit der Dosierung umgehen und vorteilhafterweise nach Erreichen des Steady state (drei bis fünf Halbwertszeiten) eine Kontrolle des Blutspiegels vornehmen.

Die Veränderung der Pharmakokinetik hat also einige Konsequenzen. Beachtet werden müssen:

- verminderte Resorptionsfähigkeit
- verlangsamte Biotransformation
- verminderte Detoxifizierung
- verlangsamte Ausscheidung
- verminderte Wirksamkeit (Abnahme der Rezeptoren)
- erhöhte Nebenwirkungen

Diese physiologischen Veränderungen im Arzneimittelmetabolismus sollten jedoch nicht überbewertet werden, insbesondere da exakte Untersuchungen bei Hund und Katze weitgehend fehlen. Wesentlich wichtiger ist die Beachtung der Veränderungen durch Krankheit einerseits und durch Arzneimittelinteraktionen andererseits. Gerade weil ältere Tiere (und Menschen) oft mehrere Krankheiten haben, besteht leicht eine Tendenz zur medikamentösen Überversorgung. Nebenwirkungen werden dadurch leichter ausgelöst, andererseits aber auch gegenseitige Wirkungsbehinderungen verursacht. Aucoin u. M. (1995) geben folgende „Daumenregeln" zur Dosierung über die Nieren auszuscheidender antibiotischer Arzneimittel: Wenn ein Hund oder eine Katze mit zehn Jahren einen Serum-Kreatininwert von 1,0 und bei einer späteren Messung von 2,0 mg/dl hat, dann besteht eine Reduktion der glomerulären Filtrationsrate von 50 %. In diesem Fall solle man eine Tagesdosis auslassen (also von dreimal täglich auf zweimal täglich oder von zweimal täglich auf einmal täglich reduzieren). Aminoglykoside sollten vermindert werden, wenn Unsicherheit über die Nierenfunktion besteht (Halbierung der Dosis). Analgetika sollten öfter in kleineren als seltener in größeren Mengen gegeben werden (Aucoin u. M., 1996). Bei der Anwendung von nichtsteroidalen Antiphlogistika ist gerade bei älteren Patienten an die gastralen Nebenwirkungen zu denken. Man sollte daher die niedrigste noch wirksame Dosis geben.

Zweifellos ist die Wirkstoffmessung im Blut ein gutes Mittel zur Kontrolle der Resorptions- und Ausscheidungsfähigkeit, wo dies möglich ist. Dies gilt etwa für Herzglykoside; bei Digoxin erwartet man einen Wirkstoffspiegel von 1–2 ng/ml acht bis zwölf Stunden nach der letzten Gabe. Bei Phenobarbital beträgt der erwünschte Spiegel zwischen 10 und 30 (40) µg/ml. Phenobarbital wird über die Leber verstoffwechselt; bei herabgesetzter Leberfunktion ist mit einer verlängerten Halbwertszeit zu rechnen.

Nichtsteroidale Antiphlogistika sollten beim alten Tier unter Verwendung der jeweils niedrigsten angegebenen Dosis angewandt werden, bei Nierenfunktionsstörung oder auch bei dem Verdacht darauf (eingeschränkte Leistungsbreite im ersten Stadium der chronischen Niereninsuffizienz) soll ebenfalls um eine Dosis pro Tag vermindert werden. Bei der Verwendung von Analgetika sollten lieber mehrere kleine Dosen als einmal eine größere Dosis verabreicht werden. Dabei ist zu berücksichtigen, daß Tiere, die Antiepileptika auf Barbituratbasis erhalten, auf Barbiturate schlechter ansprechen.

Alter und Krankheiten im Alter sind ein weites Betätigungsfeld von Anhängern sogenannter „alternativer" Heilmethoden. Sie haben im allgemeinen den Vorteil, daß sie nicht oder wenig schaden, und ihre Wirkung beruht vorwiegend in der Hoffnung auf Erfolg, nicht zuletzt auch auf dem Placeboeffekt. Zweifellos führt die intensivere Beschäftigung mit dem Haustier zu einer psychisch bedingten Verbesserung des Allgemeinbefindens, eine nicht unwesentliche Voraussetzung für die Verbesserung des Allgemeinbefindens und des Gesundheitszustandes.

Geriatrika

Unter Geriatrika versteht man Arzneimittel zur Linderung oder Beseitigung von Altersbeschwerden. Eine Reihe von Stoffen verschiedener Wirkstoffgruppen wird als Geriatrika eingesetzt. Tabelle 3.1 gibt einen Überblick über gebräuchliche Geriatrika und ihre vermutete Wirkung (nach Ungemach, 1994).

Die Wirksamkeit aller dieser Stoffe wird angezweifelt. Eine geroprophylaktische oder revitalisierende Wirkung konnte nicht nachgewiesen, die Alterungsvorgänge durch die antioxidativen Geriatrika konnten nicht aufgehalten werden. Auch die Wirkung des Procain als Revitalisierer des Zellstoffwechsels erwies sich als nicht reproduzierbar. Ebenso unwirksam sind – mit Ausnahme einer Substitution bei speziellen Mangelzuständen – Multivitamin- oder Spurenelementpräparate, desgleichen Phytopharmaka (wie Gingko, Ginseng, Knoblauchextrakte),

Tabelle 3.1 Als Geriatrika eingesetzte Pharmaka (nach Ungemach, 1994)

Wirkstoff	vermutete Wirkung
Vitamin E, Vitamin C	Prophylaxe des zellulären Alterns durch antioxidative, radikalenfangende Eigenschaften, Verhinderung von Proteinquervernetzung und Alterspigmentbildung
Procain	Aktivierung des Zellstoffwechsels
Vitamine, Spurenelemente	Substitution von altersbedingten Mangelzuständen
anabole Hormone	Hormonsubstitution, kräftigende und körperaufbauende Wirkung
Durchblutungsförderer Pentoxifyllin u. a. Xanthinderivate (z. B. Karsivan®)	Steigerung der peripheren und zentralen Durchblutung, Förderung der Mikrozirkulation, verbesserte Sauerstoff- und Nährstoffversorgung von Gewebe und Gehirn
Nootropika Piracetam, Nimodipin, Pyritinol, Nicergolin	enzephalotrope Durchblutungsförderer, Verbesserung des Hirnstoffwechsels, Steigerung der Vigilanz und der kognitiven Fähigkeiten bei Hirnleistungsstörungen

Sexualhormone. Ungemach lehnt letztere nicht nur wegen ihrer Unwirksamkeit, sondern auch wegen der Nebenwirkungen ab. Dagegen besitzen Xanthinderivate eine nachweisbare vasodilatierende Wirkung mit Verbesserung der Mikrozirkulation. Allerdings reichen die empfohlenen oralen Dosen nicht aus, die Gehirndurchblutung zu fördern; eine Erhöhung der Dosis scheitert aber an möglichen Nebenwirkungen. Es ist darüber hinaus fraglich, ob beim Hund überhaupt eine Indikation besteht. Hug und Neu (1995) bejahen in einer klinischen Doppelblindstudie die positive Wirkung von Propentofyllin bei Herzinsuffizienz. Sie empfehlen eine Dosis von 3 bis 5 mg/kg KM zweimal täglich per os. Hudlicka u. M. (1981) konnten in einer experimentellen Studie eine Vergrößerung des Herzzeitvolumens, eine geringgradige Verminderung des Blutdrucks mit Herabsetzung des peripheren Widerstandes, eine Verstärkung des Blutflusses des Herzens, des Gehirns und der Skelettmuskulatur durch das Xanthinderivat 1-(5'Oxohexyl)-3-methyl-7-Propylxanthin (also Propentofyllin) beim Hund feststellen. Über eine Verminderung der neuronalen Schädigung nach Gehirnischämie berichten Parkinson u. M. (1994) sowie Park und Rudolphi (1994) durch Gabe von Propentofyllin, und Rudolphi und Schubert (1997) erwarten einen günstigen Effekt bei der Behandlung neurodegenerativer Prozesse bei vaskulär bedingter Demenz.

Die Nootropika stellen eine neue Klasse von Geriatrika dar, die „beim Menschen bei leichten bis mittleren demenziellen Syndromen bescheidene therapeutische Erfolge" erzielen konnten (Ungemach, 1994). Für den Hund gibt es keine Untersuchungen. Es ist auch fraglich, ob beim Hund Indikationen für die Anwendung der Nootropika bestehen.

Ungemach ist skeptisch und zieht das Fazit: „Bei objektiver Betrachtung der als Geriatrika eingesetzten Wirkstoffgruppen ist für den Hund festzustellen, daß keines der hierfür verwendeten Arzneimittel dem therapeutischen Anspruch einer Verhinderung von Altersprozessen, Revitalisierung oder nur Linderung von Alterungserscheinungen hinreichend gerecht wird. Geriatrika beim Hund (und bei der Katze; Anm. d. Hrsg.) können nach dem derzeitigen Erkenntnisstand nur als (oft auch teure) Placebos betrachtet werden, wobei aufgrund der komplexen Symptomatik des Alterungsprozesses Placebowirkungen immer wieder als scheinbare Heilerfolge mißgedeutet werden."

Ergänzende Literatur
(siehe auch Literaturverzeichnis, S. 239–249)

Hudlicka O, Komarek J, Wright AJA. The effect of a xanthine derivate, 1-(5'oxohexyl)-3-methyl-7-Propylxanthin (HWA 285), on heart performance and regional blood flow in dogs an rabbits. Brit J Pharmacol 1981; 72:723-30

Hug MC, Neu H. Klinische und echokardiographische Verlaufsuntersuchungen am herzinsuffizienten Hund im Stadium I–II unter der Behandlung mit Propentofyllin und/oder Metildigoxin. Kleintierprax 1995; 40:431-42

Park CK, Rudolphi KA. Antiischemic effects of propentofylline (HWA 285) against focal cerebral infarction in rats. Neurosci letters 1994; 178:235-8

Parinson FE, Rudolphi KA, Fredholm BB. Propentophylline: A nucleoside transport inhibitor with neuroprotective effects in cerebral ischemia. Gen Pharmacol 1994; 25:1053-8

Rudolphi KA, Schubert P. Modulation of neuronal and glial cell function by adenosine and neuroprotection in vascular dementia. Behavioural Brain Res 1997; 83:123-28

auch eine zytologische oder histologische Untersuchung einleiten. Bei Katzen mit chronischer Stomatitis finden sich häufig Caliciviren. Da Stomatitiden bei der Katze oft mit FIV-Infektionen zusammen vorkommen, sollte eine Antikörperbestimmung durchgeführt werden.

Therapie: Man geht folgendermaßen vor:
- Entfernung von Zahnstein
- Sanierung kranker Zähne
- Abtragen hyperplastischen Zahnfleischs, Gingivektomie (Thermokauter, Silbernitrat [Höllensteinstift])
- weiteres Vorgehen je nach Untersuchungsbefund:
  - Antibiotika nach Antibiogramm. Der Erfolg ist allerdings häufig beschränkt, da nach Absetzen der Antibiotika die Entzündung erneut entsteht
  - Antimykotika bei Pilzbefall. Nystatin örtlich, Griseofulvin, Hund 20–40 mg/kg KM, Katze 60–120 mg/kg KM, oder Ketokonazol, 10 (bis 20) mg/kg KM p. o.
  - Kortikosteroide bei Entzündungen mit autoimmuner Komponente (Pemphigus, Calicivirusinfektion, eosinophile, lymphoplasmazytäre Stomatitis). Prednisolon, 2 mg/kg KM, zweimal täglich, oder Dexamethason, 0,1–0,2 mg/kg KM, jeden zweiten Tag, oder Triamcinolonacetonid, 2 (bis 3) mg/Katze, 0,1 mg/kg KM beim Hund, Wiederholung nach mehreren Wochen bei Bedarf; evtl. in Kombination mit Azathioprin, 1–2 mg/kg KM, auf einmal täglich
- Örtliche Behandlung durch Spülungen mit Kamille, Polyvinylpyrrolidon-Jodkomplex-Lösungen, Chlorhexidin, Aluminiumchlorat o. a.

Chronische Stomatitiden neigen zum Rezidiv. Oft ist eine lebenslange Behandlung erforderlich. Der Besitzer oder die Besitzerin sollte hierauf aufmerksam gemacht werden.

Parodontopathien

Der Sammelbegriff steht für die früher als Parodontose bezeichneten nichtentzündlichen Krankheiten des Zahnhalteapparats. Die Parodontopathien kommen sowohl beim Hund als auch bei der Katze mit zunehmendem Alter sehr häufig vor. Ursächlich werden besonders Zahnplaques beschuldigt, die durch anhaftende Futterreste insbesondere kohlehydrathaltiger Nahrungsmittel unter Bakterieneinfluß entstehen. Hinzu kommen die Sekretion von Glykoproteinen mit dem Speichel sowie Polysaccharide. Dabei werden saure Stoffwechselprodukte gebildet. Durch Kalkeinlagerungen entsteht Zahnstein. Es wird vermutet, daß diese Vorgänge auf immunogener, infektiöser (grampositive und gramnegative Bakterien, zusätzlich Spirochäten), chemischer (Säure) und physikalischer (Druck durch Zahnstein) Basis Gingivitiden und schließlich Retraktion des Zahnfleisches auslösen. Die Folgen sind Proliferationen und endlich Atrophien der Gingiven. Die Zahnhälse werden zunehmend freigelegt, es entstehen Zahnfleischtaschen, in die Futter eingekaut wird und in die Krankheitserreger eindringen. Schließlich wird das Parodont erfaßt, so daß eine Parodontitis entsteht und sich der Zahn lockert und am Ende ausfällt.

Klinisches Bild: Die Krankheit kommt beim Hund außerordentlich häufig vor. Pauling (1990) fand sie bei über 13 Jahre alten Hunden in 56,9 % der Fälle (Abb. 7.5). Dagegen wurde sie bei Katzen nur in 22,7 % der Fälle beobachtet (Trimborn, 1990).

Zunächst bilden sich graue bis braune rauhe Beläge auf den Zähnen (Plaques), später Zahnstein. Die Zahnfleischränder entzünden sich. Sie schwellen an, heben sich vom Zahnhals ab und bilden Taschen, in die Futter gekaut wird. Die daraus resultierende bakterielle Infektion führt zu verstärkter entzündlicher Reaktion des Zahnfleischs mit weiterer Proliferation des Zahnfleischran-

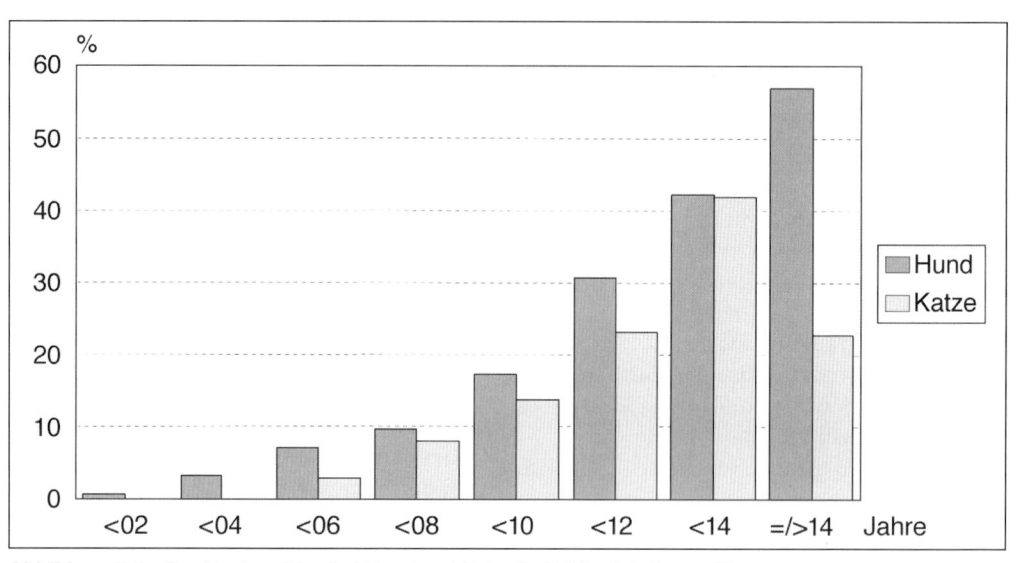

Abbildung 7.5 Parodontopathien bei Hund und Katze in Abhängigkeit vom Alter

des. Beim Kauen können Blutungen auftreten, die sich infizieren und zu Ulzera führen können. Schließlich kommt ein Zurückweichen des Zahnfleischs zustande, so daß die Zahnhälse zunehmend frei werden. Nicht selten entweicht aus dem Zahnfach Eiter. Die Zähne lockern sich und fallen schließlich aus. Nicht zu unterschätzen sind die Fernwirkungen der Parodontopathien. Der chronische Infektions- und Eiterherd kann in ungünstigen Fällen zu Bakteriämien mit Befall innerer Organe, besonders Herz und Niere, führen; außerdem können Immunopathien ausgelöst werden, die sowohl die Parodontose beschleunigen und aggravieren, als auch zu immunpathogenen Entzündungen in inneren Organen führen. Durch Fortleitung der Entzündung aus dem Zahnfach, durch Fistelbildung in die Nasenhöhle kann eine chronische Rhinitis ausgelöst werden, die den üblichen Therapiemaßnahmen trotzt. Schließlich können sich oronasale Fisteln bilden, die die Rhinitis unterhalten.

Diagnose: Sie läßt sich durch exakte klinische Untersuchung leicht stellen. Zusätzlich können bei Bedarf, nämlich wenn chronischer Nasenausfluß oder der Verdacht auf tiefe Eiterungen im Zahnfach bestehen, eine Röntgenaufnahme des Kiefers angefertigt werden. Sie ist auch erforderlich, wenn der Verdacht auf einen Kiefertumor vorliegt. Es sollte auch eine Allgemeinuntersuchung durchgeführt werden, um etwaige Fernwirkungen aufzudecken. Insbesondere sollte eine Herz-, Nieren- und Leberuntersuchung durchgeführt werden. Bei der Katze empfiehlt es sich, Tests auf FeLV- und FIV-Infektionen anzuschließen. Außerdem empfiehlt es sich, eine bakteriologische Untersuchung mit Anfertigung eines Antibiogramms einzuleiten.

Therapie: Die meisten therapeutischen Maßnahmen bei Parodontopathien müssen unter Narkose eingeleitet werden. Dabei ist das Operationsrisiko des alten Patienten abzuschätzen. Bei sehr alten Individuen wird man abwägen, ob eine nicht ganz risikolose Narkose noch durchgeführt werden soll.

Zunächst sind Zahnstein und Plaques zu entfernen. Wichtig ist dabei auch die Entfernung von Zahnstein, der sich bereits unter die Gingiven ausgebreitet hat. Danach sind die Zähne zu polieren, um eine glatte Oberfläche zu schaffen und so Bakterien und Salzen keine haftende Oberfläche zu bieten. Sehr lockere Zähne und solche, die auf Eiter sitzen, werden entfernt. Dies gelingt häufig durch leichten Zug; eine Narkose sollte dann nicht erfolgen. Bei ausgedehnter infizierter Stomatitis und Parodontitis wird eine systematische, mindestens zweiwöchige Antibiose nach Ausfall des Antibiogramms durchgeführt. Sie sollte bereits vor einer etwaigen chirurgischen Intervention eingeleitet werden. Die Röntgenaufnahme gibt Auskunft darüber, welche weiteren – auch relativ fest sitzenden – Zähne nicht mehr zu erhalten sind und entfernt werden müssen. Dagegen ist es nicht erforderlich, feste Zähne, die keine Reaktion im Zahnfach zeigen, zu extrahieren, auch wenn der Zahnhals bereits freiliegt. Wichtig ist die Beseitigung von Zahnfleischtaschen, unter die sich sofort wieder Futter einkauen würde. Dazu sind plastische Operationen erforderlich. Dabei wird ein Schleimhautlappen gebildet, mobilisiert und über den Defekt gezogen und nach Auffrischung an der gegenüberliegenden Seite durch eine Naht fixiert.

Patienten, die zur Parodontopathie neigen, sollen spätestens alle drei Monate, erforderlichenfalls häufiger, zu Kontrolluntersuchungen vorgestellt werden. Dem Besitzer ist zu empfehlen, die Zähne täglich, mindestens aber jeden zweiten Tag zu putzen. Dazu können Zahnbürsten für den Menschen verwendet werden; es sind aber auch Bürsten speziell für Hund und Katze und entsprechend Zahnpaste im Handel erhältlich, die sich gut eignen. Inzwischen gibt es auch spezielles Hundefutter, das beim Kauen eine Zahnreinigung ermöglicht. Da Plaques besonders durch Kohlehydrate entstehen, ist ihre Fütterung einzuschränken, oder die Mundhöhle ist nach jeder Fütterung auszuspülen.

Karies

Sie wird insgesamt relativ selten beim alten Hund, noch weniger häufig bei der Katze beobachtet. Ursache ist die Demineralisation des Zahnschmelzes durch Säuren, die aus Kohlehydratresten der Nahrung durch Bakterien gebildet werden. Das **klinische Bild** entspricht dem des Menschen: zunächst Weiß-, später Braunschwarzfärbung des Schmelzes mit Höhlenbildung, später Einbruch in die Pulpenhöhle mit Pulpitis und schließlich Verlust des Zahns. Die betroffenen Tiere können Schmerzhaftigkeit bei der Nahrungsaufnahme zeigen; allerdings wird dies beim Hund relativ selten beobachtet. Die **Diagnose** wird durch Adspektion gestellt. Man sollte eine Sondierung vornehmen, ob die Pulpenhöhle bereits eröffnet ist. Ist dies der Fall, sollte eine Röntgenuntersuchung des Kiefers durchgeführt werden, um zu erkennen, wenn eine Periodontitis besteht. Die **Therapie** besteht im Ausbohren und in der Füllung des Defekts, ggf. mit Wurzelbehandlung. Wenn eine Zahnwurzelentzündung besteht, muß der Zahn extrahiert werden.

Zahnbrüche

Sie kommen beim Hund und bei der Katze durch Beißen harter Nahrungsbestandteile (Knochen) oder auch durch externe Traumen zustande. Zu letzteren gehören auch Zahnschäden, die etwa beim Herunterfallen narkotisierter Hunde entstehen; auch die ungeschickte Entfernung von Zahnstein mit der Zange kann – besonders bei der Katze – zu Zahnbrüchen führen. Das **klinische Bild** kann mit Futteraufnahmestörungen einhergehen, wenn die Fraktur tief genug sitzt oder wenn sich eine Pulpitis anschließt. Auch kann eine Hypersalivation beobachtet werden. Eine **Therapie** ist nicht erforderlich, solange die Pulpenhöhle nicht eröffnet ist. Jedoch können scharfe Spitzen und Kanten ggf. Zungen- oder Zahnfleischläsionen auslösen. Sie sollten dann abgeschliffen werden. Im übrigen käme eine Plombierung, bei Gebrauchshunden auch eine Überkronung, bei Pulpitis eine Wurzelbehandlung in Frage. Sobald jedoch die Fraktur bis in die Tiefe des Zahns reicht oder gar die Wurzel erfaßt hat, ist die Extraktion indiziert.

Zahnresorption

Die Krankheit wird besonders bei der Katze (bis zu 67 %) beobachtet (van Wessum u. M., 1992). Besonders Perserkatzen, aber auch Siamkatzen scheinen vermehrt betroffen zu sein. Es handelt sich ursprünglich nicht um eine Karies; sie kann jedoch sekundär einen so erkrankten Zahn befallen.

Klinisches Bild: Die Auflösungserscheinungen beginnen am Übergang vom Schmelz zum Dentin. Häufig werden die ersten Zeichen im Bereich der Gingiven sichtbar. Es bestehen Defekte im Zahnschmelz, die offensichtlich hochgradig schmerzhaft sein können, da die Katzen die Nahrungsaufnahme verweigern. Charakteristisch ist dann der Gang zur Futterschüssel, die Aufnahme eines Bissens und dann das Herauswerfen des gerade aufgenommenen Futters mit der Zunge. Bei der klinischen Untersuchung fällt oft auf, daß der erkrankte Zahn stark von proliferiertem Zahnfleisch überwuchert ist, so daß der Defekt zunächst nicht gesehen wird. Nach seiner Entfernung wird dann der Defekt in seinem ganzen Ausmaß erkennbar. DeBowes und Harvey (1995) teilen die Defekte in vier Grade ein:

1. frühe Läsionen mit Ausdehnung in Schmelz und Zement
2. Erfassung des Dentins, jedoch noch bei geschlossener Pulpa
3. Eindringen des Prozesses in die Pulpa
4. chronische Läsionen mit extensiver Zahnerkrankung

Neben der örtlichen Proliferation der Gingivalschleimhaut kann der Defekt von Zahnstein völlig überdeckt sein. In anderen Fällen schließt sich eine Karies an. Schließlich wird der Zahn gelockert, die Wurzel wird resorbiert und fällt aus. Damit können umfangreiche Erkrankungen des Kieferknochens einhergehen.

Die **Diagnose** wird durch die klinische Untersuchung gestellt. In fortgeschrittenen Fällen sollte der Kiefer geröntgt werden.

Therapie: In geringen Graden kann die Füllung des Defekts nach Entfernung kariösen Materials durchgeführt werden; sie scheint jedoch nicht sehr erfolgreich zu sein. In höheren Graden kommt nur die Extraktion in Frage.

Abgeschliffene Zähne

Sie werden besonders beim Hund beobachtet und kommen vor allem bei apportierenden Hunden vor. Vorwiegend sind die Schneidezähne, oft auch die Canini betroffen. Ganz besonders gefährdet sind Hunde mit Schmelzdefekten, wie sie beim Staupegebiß vorkommen. Aber auch bei völlig normaler Zahnentwicklung werden bei harte Gegenstände apportierenden Hunden Abschliffe gefunden.

Klinisches Bild: Wenn die Zähne sehr rasch abgeschliffen werden, kommt die Eröffnung der Pulpa zustande, und es folgt eine Pulpitis, verbunden mit starker Schmerzhaftigkeit. Sofern jedoch nur ein langsames Abschleifen erfolgt, wird Dentin reparativ gebildet und so der Defekt von innen verschlossen. Bei der Untersuchung ist daher auf die Eröffnung der Pulpa zu achten. **Therapeutisch** kommt die Plombierung, ggf. Überkronung oder – Wurzelgranulom – die Extraktion in Frage. Wenn die Pulpenhöhle jedoch geschlossen ist, wird keine Behandlung durchgeführt. In jedem Fall sollte der Besitzer darauf hingewiesen werden, daß der Hund weniger apportieren sollte, insbesondere sollte das Steineapportieren unterbleiben.

Oronasale Fisteln

Ursachen der direkten Verbindung zwischen Mund- und Nasenhöhle beim alten Tier können Gaumenverletzungen (durch Traumen, insbesondere Autounfälle) sein; meistens sind es jedoch Zahnwurzelabszesse, Verluste von Zähnen (insbesondere der Canini) oder Periodontitis, die zur Eröffnung der Nasenhöhle von der Mundhöhle aus führen.

Klinisches Bild: Charakteristisch sind Nasenausfluß, oft mißfarben und übelriechend, Niesen, Eiterung aus der Fistel heraus. Meist besteht stark übelriechender Mundgeruch. Bei Gaumenverletzungen kommt noch Regurgitation bei Futter-, insbesondere aber bei Flüssigkeitsaufnahme hinzu.

Diagnose: Sie läßt sich im allgemeinen leicht durch sorgfältige Adspektion der Mundhöhle stellen. Oft erkennt man die Eröffnung des Zahnfachs zunächst nicht sofort, da sie durch Futter- und Nekrosemassen verschlossen sein kann. Man muß das Zahnfach dann freispülen (Rivanol-, Jodkomplexlösung o. ä.); dabei läuft das Spülmittel oft aus der Nase ab. Eine Röntgenuntersuchung deckt bei Wurzelabszessen das Ausmaß der Läsion auf.

Therapie: Entfernen eines betroffenen Zahns, sofern er noch vorhanden ist. Danach ist eine plastische Operation angezeigt. Es wird eine Mono- oder Doppellage eines mukoperiostalen Lappens hergestellt. Zunächst wird der Fistelrand aufgefrischt. Dann wird der Schleimhautlappen mobilisiert, wobei mit einem Periostschaber auch das Periost abgehoben wird. Der über den Defekt gezogene Lappen darf nicht unter Spannung geraten und muß an der Basis genügend breit sein, um ausreichend ernährt zu werden. Er wird mit dem aufgefrischten Rand der Fistel vernäht.

Tumoren im Bereich der Mundhöhle

Sie werden besonders beim Hund häufig beobachtet. In der Regel handelt es sich um gutartige Epulitiden, die oft zwar sehr groß und zerklüftet sind, aber lediglich Schleimhautwucherungen und Granulome darstellen. Einige Rassen, wie Boxer, Möpse, Pekinesen, Cocker Spaniels, sind besonders häufig betroffen. Ein anderer Tumor ist das Ameloblastom oder Adamantinom, das ebenfalls gutartig ist, obwohl es lokal infiltrierend wächst. Seltener kommen beim Hund bösartige Tumoren vor, besonders Melanome, Plattenepithelkarzinome und Fibrosarkome. Dagegen sind die Tumoren im Bereich der Mundhöhle bei der Katze in den weitaus meisten Fällen maligne. In der Regel handelt es sich um Plattenepithelkarzinome oder Fibrosarkome. Bei beiden Tierarten kommen bei älteren Individuen Neoblastome der Tonsillen vor, und zwar Karzinome, die sehr früh in die regionären Lymphknoten metastasieren, oder maligne Lymphome im Verlauf einer generalisierten Lymphomatose.

Klinisches Bild: Die Tiere zeigen zunehmend Anorexie, magern ab bis zur Kachexie, werden weniger leistungsfähig, schlafen vermehrt. Oft vermeiden sie in fortgeschrittenen Fällen den vollständigen Mundschluß, und es besteht Hypersalivation. Der Speichel fließt aus der mehr oder weniger weit geöffneten Mundspalte ab, ist anfangs klar, wird später trüb, eitrig und mißfarben bis blutig und riecht putrid. In einem eigenen Fall bestanden diese Symptome bei einem 12jährigen Cocker Spaniel seit drei Wochen und hatten zur Zerstörung nahezu der gesamten Zunge geführt.

Die **Diagnose** läßt sich durch Adspektion als wahrscheinlich stellen. Besonders zerklüftete Umfangsvermehrungen sind verdächtig, beim Hund jedoch keineswegs, eher bei der Katze beweisend. Man sollte unbedingt eine Biopsie zur zytologischen oder histologischen Untersuchung durchführen.

Die **Therapie** besteht im Versuch, den Tumor durch Exstirpation im Gesunden zu entfernen. Die Prognose ist jedoch nur dann günstig, wenn der Tumor vollständig entfernt werden kann und noch keine (Lymphknoten-)Metastasen bestehen. Lymphome werden durch Chemotherapie behandelt.

Krankheiten des Schlundes

Megaösophagus, Ösophagusdilatation

Die häufigste Krankheit des Schlundes stellt bei alten Hunden der Megaösophagus dar. Bei der Katze ist dies die Ausnahme; Schlunddilatationen kommen fast nur bei der Polyganglionopathie des autonomen Nervensystems (Key-Gaskell-Syndrom) vor. Eine ganze Reihe von Ursachen werden vermutet; gesichert ist nur weniges. Prinzipiell kommen intraluminale (Fremdkörper, Strikturen, Tumoren, Divertikel), intramurale (Tumoren, Entzündungen, Nervenlähmungen) und extramurale Ursachen (Kompressionen durch Tumoren, Gefäße, Kardiomegalie) in Frage, ferner neuromuskuläre Dysfunktionen und Stoffwechselstörungen bei Myasthenia gravis, Polyneuritis, Polymyositis, Lupus erythematodes, Hypothyreose, Hyperadrenokortizismus, weiterhin Vergiftungen, insbesondere Blei und Organophosphate. In vielen Fällen bleibt die Ursache ungeklärt (idiopathische Schlunddilatation).

Klinisches Bild: Typisch ist die Regurgitation, die entweder direkt nach Nahrungsaufnahme oder auch einige Stunden später beobachtet wird. Das vorher aufgenommene Futter ist schleimüberzogen, riecht unverdaut, allenfalls dann stechend bis faulig, wenn es lange Zeit vor der Regurgitation im Schlund gelegen hat. Die Reaktion ist alkalisch. Durch Aspiration kann sich das Bild einer Fremdkörperpneumonie dazugesellen. In vielen Fällen tritt Abmagerung ein. Dehydratation kommt hinzu, wenn auch das Abschlucken des Wassers unmöglich ist. In diesem Fall besteht gleichzeitig Hypersalivation.

Die **Diagnose** kann durch Röntgenkontrastaufnahme (Kontrastmittel mit Futter vermischen und sofort nach der Aufnahme röntgen, besser durchleuchten). Dabei kann auch ggf. die zugrundeliegende Ursache ermittelt werden. Wertvolle Hilfe leistet die Bronchoskopie, wenn die Ursache festgestellt werden muß (für die Diagnose selbst leistet sie weniger gute Dienste). Sie ermöglicht die Erkennung intraluminaler, häufig auch intramuraler Ursachen. Auch lassen sich auf diese Weise extramurale Passagehindernisse exakt lokalisieren.

Therapie: Sie zielt auf die Abstellung der Ursache ab, sofern sie erkannt werden kann. Dies gilt besonders für Fremdkörper, die in der Regel mit Hilfe des Endoskops, sonst durch chirurgische Operation entfernt werden können. Bei Tumoren muß entschieden werden, ob eine Exstirpation im Einzelfall Aussicht auf Erfolg verspricht. Eine Kardiomegalie kann sich in manchen Fällen mindestens partiell zurückbilden, wenn es gelingt, die Ursache (Taurinmangel bei der Katze, Verminderung der Nachlast durch Verwendung von ACE-Hemmern) zu beheben oder wenigstens zurückzudämmen.

Die idiopathische Schlunddilatation läßt sich kaum bessern. In diesen Fällen werden Futter und Wasser von einem erhöhten Futterplatz gegeben. Man muß feststellen, ob der Patient festes oder suppiges Futter besser abschlucken kann. Jedenfalls sollte nachts keine – unbeobachtete – Möglichkeit der Aufnahme bestehen (Aspirationsgefahr).

Folgeerscheinungen müssen intensiv behandelt werden. Dies gilt für die Wasser-substitution bei Dehydratation (unter Berücksichtigung der drei Komponenten Erhaltungsbedarf, Dehydratationsausgleich, Ausgleich zusätzlich verlorener Volumina), ggf. für die Energiezufuhr (durch perkutane Magensonde oder – vorübergehend – über einen zentralen Venenkatheter) und besonders für eine eventuelle Aspirationspneumonie. Hierbei besteht oft hohes Fieber, allgemeine Schwäche bis zum Kreislaufschock, Leukozytose (bis Leukopenie infolge Erhöhung des marginalen Leukozytenpools bei Schock), Husten und faulig-süßer Atemgeruch. Am besten saugt man die fauligen Futter-Sekret-Massen über ein Endoskop ab. Man gibt Breitspektrumantibiotika und Bronchodilatatoren, zusätzlich auch Sekretolytika.

Ösophagitis

Die Schlundentzündung kann als Ursache Fremdkörperobstruktion, Entfernung von Fremdkörpern (bisweilen perforierend), beim Hund auch nach Aufnahme von Säuren, Laugen oder heißem Futter, bei Hund und Katze Reflux sauren Mageninhalts oft bei Sphinkterlähmung, häufiges Erbrechen haben.

Das **klinische Bild** ist meist undeutlich. Bisweilen verweigern die Tiere nach dem ersten Schluck die weitere Futteraufnahme, oft besteht völlige Anorexie mit Gewichtsverlust und Dehydratation. Hat die Ösophagitis zur Perforation geführt, so entsteht in der Regel eine fulminante Mediastinitis mit sehr hohem Fieber, Sepsis und schließlich Kreislaufschock.

Diagnose: Die beste Methode, eine Ösophagitis zu diagnostizieren, ist die Endoskopie. Man kann damit die Ausdehnung erkennen oder den exakten Ort bestimmen, ferner feststellen, ob eine Perforation vorliegt; in diesem Falle entleert sich aus der – allerdings oft undeutlich zu erkennenden – Öffnung, deren Ränder mißfarben sind, eine eitrig-putride Flüssigkeit, manchmal unter Blasenbildung, in das Lumen.

Therapie: Gute Wirkungen werden mit H_2-Blockern (Cimetidin, 5–10 mg/kg, dreimal täglich, Ranitidin oder Omeprazol, 0,5–1 mg/kg, ein- bis zweimal täglich) erzielt. Ziel ist die Verminderung der Säuresekretion. Durch Metoclopramid, einen Dopamin-D2-Antagonisten, wird die orthograde Entleerung des Magens gefördert. Dosis: 0,1–0,3 mg/kg KM, dreimal täglich. Durch Sucralfat wird ebenfalls die Säuresekretion gehemmt. Dosis: 20–40 mg/kg KM, drei- bis viermal täglich. Zunächst soll nur breiige bis suppige Nahrung gegeben werden, wobei Kohlehydrate einer protein- und fettreichen Nahrung vorzuziehen sind.

Tumoren des Ösophagus

Sie kommen – selten – bei alten Hunden und Katzen vor. **Klinisch** erscheinen sie wie Strikturen, führen zur Regurgitation gerade vorher aufgenommenen Futters, wenn nicht kranial eine Dilatation des Schlundes vorliegt. Die **Diagnose** läßt sich leicht anhand der Endoskopie in Verbindung mit Biopsie zur zytologischen oder histologischen Untersuchung stellen. Die **Therapie** ist chirurgisch, wobei im Falle von Lymphomen (bei der Katze) mit chemotherapeutischen Maßnahmen ebenfalls gute Erfolge erzielt werden.

Krankheiten des Magens

Auch hierbei sind wiederum die chronischen Krankheiten im Alter häufiger als die akuten. Beim Hund liegt das Mittel des Erkrankungsalters bei 5,7 Jahren im Falle der akuten und 7,8 Jahren bei chronischen Krankheiten, während die Werte bei der Katze 5,2 bzw. 9,0 Jahre betrugen. Bei beiden Tierarten kommen akute Krankheiten jedoch häufiger vor als chronische. Allerdings dürfte die Dunkelziffer nicht unbeträchtlich sein.

Leitsymptom bei Krankheiten des Magens ist das Erbrechen. Es läßt sich vom Regurgitieren durch die typischen pumpenden Brechbewegungen, je nach Zeitdauer des Aufenthalts im Magen an der Vorverdauung und am sauren pH-Wert unterscheiden. Allerdings ist Erbrechen nicht pathognomonisch für Magenkrankheiten. In folgenden Organen kommen Brechrezeptoren vor: Rachen, Magen, Duodenum, Harnleiter, Peritoneum, Uterus, 4. Ventrikel, Medulla oblongata. Ihre Aktivierung kann also ebenfalls zum Erbrechen führen. Dies kann durch örtliche Krankheiten, aber auch durch Allgemeinkrankheiten ausgelöst werden. Ursachen des Erbrechens können sein:

- Magenkrankheiten (Gastritis, Magenulzera, Magentumoren, Parasiten, Fremdkörper)
- Dünndarmkrankheiten, besonders des Duodenums (entzündlich, obstruktiv, tumorös)
- Krankheiten des Blinddarms und Colons
- Pankreatitis
- Infektionskrankheiten (Staupe, H.c.c., Parvovirose, Coronavirose, Salmonellose, Leptospirose; betroffen meist nur Jungtiere)
- Endometritis
- Prostatitis
- Urämie (chronische Niereninsuffizienz)
- Enzephalitis, Gehirntumoren, Vestibularkrankheiten, Traumen
- „Seekrankheit" (auch beim Autofahren; meist nur Jungtiere)
- Diabetes mit Ketoazidose
- Hypoadrenokortizismus (Morbus Addison)

Die Krankheiten werden durch gründliche klinische Untersuchung in Verbindung mit Laboruntersuchungen und Sonographie diagnostiziert. Sehr wertvoll ist die Gastroskopie, die durch Biopsie und histologische Untersuchung erweitert und durch einen Schleimhautabstrich (zytologische Bürste) mit Untersuchung auf helicobacterartige Organismen vervollständigt werden sollte.

Chronische Gastritis

Die Ursachen bleiben häufig unbekannt (idiopathische Gastritis). In vielen Fällen kann man jedoch durch endoskopisch entnommene Gewebsproben die histologischen Veränderungen nachweisen und dann eine gezielte und überwiegend durchaus erfolgreiche Therapie durchführen.

Klinisches Bild: Es ist gekennzeichnet durch Erbrechen, das unterschiedlich lang, oft mehrere Stunden, nach Nahrungsaufnahme beobachtet wird. In der Regel ist das Erbrochene angedaut, allenfalls bei atrophischer Gastritis eher faulig (Bakterienüberwucherung des Magens durch Achlorhydrie oder Hypazidität). Blutbeimengungen sind selten. Die Futteraufnahme kann, muß aber nicht, vermindert sein. Wenn Abmagerung eintritt, dann wegen Inappetenz und Erbrechen, nicht etwa wegen fehlender gastraler Verdauung. Nur bei sehr häufig wiederholtem Erbrechen werden weitere Symptome gefunden, wie Dehydratation, metabolische Alkalose, Hyponatriämie, -chlorämie und -kaliämie; auch aplastische aregenerative Anämien kommen, wenn auch selten, vor.

Diagnose: Sie ist streng genommen nur durch histologische Untersuchung eines Bioptats zu stellen. Man sollte an allen fünf Biopsiepunkten des Magens (Korpus, Antrum, Pylorus, Fundus, Kardia) mindestens drei (bei kleinen Tieren evtl. weniger) Bioptate entnehmen. Zusätzlich soll eine Bürstenprobe zur Bestimmung von helicobacterähnlichen Erregern entnommen werden. Die histologische Untersuchung ergibt folgende Befunde:

1. Chronische atrophische Gastritis. Sie kommt bei Hund und Katze sehr sel-

ten vor. Schon das endoskopische Bild gibt Hinweise: flaches Schleimhautrelief, durchscheinende Blutgefäße, eher blasse Schleimhaut. Den Beweis liefert die histologische Untersuchung. Da die Atrophie vorwiegend die Antrum-Pylorus-Gegend erfaßt, wird vermutet, daß zumindest ein Teil der Fälle durch duodenalen Reflux entsteht. Dieser ist bei der Endoskopie leicht am zurückfließenden grünlichen, bisweilen schaumigen Duodenalinhalt zu erkennen.
2. Chronische hypertrophische Gastritis. Auch sie wird bei Hund und Katze eher selten beobachtet. Bei der Katze scheinen die Siamkatzen, beim Hund der Boxer sowie die Zwergrassen häufiger betroffen zu sein. Auch hierbei ist meist die Antrum-Pylorus-Gegend erfaßt. Die Hypertrophie kann solche Ausmaße annehmen, daß eine Obstruktion mit Magenentleerungsstörungen resultieren kann. Die Diagnose wird durch Endoskopie mit histologischer Untersuchung eines Bioptats gestellt.
3. Chronische lymphoplasmazytäre Gastritis. Sie stellt wohl die häufigste Form der chronischen Gastritis beim Hund, aber auch bei der Katze dar. Vielfach ist sie verbunden mit ähnlichen Erkrankungen des Darms (lymphoplasmazytäre Gastroenteritis, Kolitis). Auch diese Form der Gastritis, die im allgemeinen gut therapeutisch zu beherrschen ist, wird mittels Endoskopie und Histologie gestellt. Die Schleimhaut erscheint ödematös glänzend, leicht umfangsvermehrt und gerötet. Sie ist leichter vulnerabel als die der atrophischen oder hypertrophischen Gastritis und blutet leicht bei der Untersuchung.
4. Eosinophile Gastritis. Sie wird gelegentlich als diffuse, bisweilen aber umschriebene Infiltration vorzugsweise im distalen Teil des Korpus, im Antrum und Pylorus gesehen. Es wird angenommen, daß zumindest in einem Teil der Fälle Nahrungsmittelallergene oder Endoparasiten ursächlich in Frage kommen. Endoskopisch fallen verdickte Schleimhautfalten auf, in anderen Fällen kommen umschriebene balkenförmige Umfangsvermehrungen vorwiegend der Schleimhaut zur Beobachtung. Die Biopsie und histologische Untersuchung ergeben die Diagnose. Es ist ein Irrtum anzunehmen, daß die gastrale Eosinophilie mit einer Bluteosinophilie einhergehen muß. Dies ist keineswegs immer, meistens sogar nicht der Fall. Eine fehlende Bluteosinophilie spricht also keineswegs gegen eine Gastritis eosinophilica. In manchen Fällen werden jedoch gleichzeitig eine Enteritis oder eine Enterocolitis eosinophilica beobachtet.

Therapie:
1. Atrophische Gastritis. Man gibt mehrfach täglich kleine Mengen Futter. Prednisolon, 0,5–1 mg/kg KM, zweimal täglich, hat sich als hilfreich erwiesen. Die Entleerung wird begünstigt durch die Gabe von Metoclopramid, 0,1–0,3 mg/kg KM, dreimal täglich. Durch die Gabe von Coffein in niedrigen Dosierungen (1–3 mg/kg KM, mehrfach täglich) kann die Gastrinsekretion und damit der Wachstumsreiz für die Schleimhaut angeregt werden.
2. Hypertrophische Gastritis. Bei Passagehindernissen wird eine Teilresektion mit Pyloroplastik durchgeführt.
3. Lymphoplasmazytäre Gastritis. Cimetidin, 5–10 mg/kg KM, dreimal täglich, oder Famotidin oder Ranitidin, 0,5–1 mg/kg KM, ein- bis zweimal täglich. Metoclopramid, 0,1–0,3 mg/kg KM, dreimal täglich. Prednisolon, 0,5–1 mg/kg KM, zweimal täglich, evtl. in Kombination mit Azathioprin, 1–2 mg/kg KM, einmal täglich.
4. Eosinophile Gastritis. Genaue Futtermittelanamnese erheben, Futterumstellung auf Arten, die bisher nicht gegeben worden waren. Medikamentöse Behandlung:

Prednisolon, 0,5–1 mg/kg KM, zweimal täglich, evtl. in Kombination mit Azathioprin, 1–2 mg/kg KM, einmal täglich.

Ulcus ventriculi, Magengeschwür

Man versteht darunter oberflächliche Erosionen, die in der Ein- oder Mehrzahl vorkommen, eher geringe Ausdehnung besitzen und meist akut sind, oder tiefe Läsionen, die die Magenschleimhaut durchbrechen können, in die Submukosa, die Muskularis ein- und schließlich in die Bauchhöhle durchbrechen können. Die Ursachen sind vielfältig. In unserem „Patientengut" gehören zu den häufigsten Ursachen psychische Belastung, nichtsteroidale Antiphlogistika, seltener Kortikosteroide, ferner Sepsis, Kreislaufschock, Fremdkörper (einschließlich Haarballen), Tumoren, duodenaler Reflux, Urämie, Hyperadrenokortizismus, Hepatopathie, sehr selten Mastozytose.

Klinisches Bild: Es ist dann typisch und als Verdachtsdiagnose bereits einem Magenulkus zuzuweisen, wenn Hämatemesis, meist „kaffeesatzartig", vorliegt, oft verbunden mit Meläna. Bei hungernden Hunden und Katzen ist das Erbrochene blutig (keine Sekretion von Magensäure in der Hungerphase), während nach Futteraufnahme durch die Induktion der Magensaftsekretion eine Denaturierung vorliegt („Kaffeesatz"). In vielen Fällen fehlt jedoch die makroskopische Blutkontamination, so daß nur chronisches Erbrechen, meistens kurz nach der Futteraufnahme, oft jedoch Inappetenz, Gewichtsverlust, reduziertes Allgemeinbefinden, chronische Blutungsanämie, bisweilen Fieber beobachtet werden. Beim Durchbruch eines Magenulkus in die Bauchhöhle entsteht ein akuter Kreislaufschock, der rasch tödlich ausgehen kann.

Diagnose: Erbrechen von reinem Blut oder denaturiertem, kaffeesatzartigem Blut, ferner Meläna sind charakteristisch. Häufig fehlen diese Symptome jedoch, oder es werden nur Meläna beobachtet. An Magenulzera muß beim Vorliegen chronischen Erbrechens mit Gewichtsverlust, häufig reduziertem Allgemeinbefinden gedacht werden, insbesondere wenn eine der o. a. Grundkrankheiten vorliegt. Gleichzeitig wird in der Regel eine Anämie gefunden, die anfangs regenerativ (Retikulozytenvermehrung), später aregenerativ mit Normo- bis Hypochromasie und Mikrozytose ist. Gleichzeitig liegt meist eine Leukozytose mit Linksverschiebung vor. Ferner wird eine Hypoproteinämie mit Abnahme aller Eiweißfraktionen gesehen. Die Diagnose wird gesichert durch die Endoskopie. Werden Ulzera gefunden, insbesondere tiefe Geschwüre, so muß eine Biopsie mit histologischer Untersuchung durchgeführt werden. Grundsätzlich sollte auch eine Untersuchung auf Helicobacter(-ähnliche Organismen) durchgeführt werden. Die im Handel erhältlichen Schnelldiagnostika, die auf der Ureasewirkung dieser Organismen beruhen, sind nur bei positivem Ausfall beweisend, da einige der Organismen keine Urease bilden. Sicherer wird die Diagnose, wenn gleichzeitig im Bioptat oder im Bürstenabstrich nach Helicobacter gefahndet wird.

Therapie:
- H_2-Hemmer: Cimetidin, 5–10 mg/kg KM, dreimal täglich, oder Famotidin oder Ranitidin, 0,5–1 mg/kg KM, ein- bis zweimal täglich
- Antazida: Magnesiumhydroxid, 10–20 mg/kg KM, vier- bis sechsmal täglich; oder Aluminiumhydroxid, 10 mg/kg KM, ebenfalls vier- bis sechsmal täglich, oder Sucralfat (z. B. Ulcogant), 20–40 mg/kg KM, zwei- bis dreimal täglich; nicht zusammen mit H_2-Hemmern geben, sondern zeitlich versetzt (etwa Zweistundenabstand)
- Metoclopramid, 0,1–0,3 mg/kg KM, dreimal täglich

- symptomatische Therapie: Wasser-Elektrolyt-Substitution bei Volumenmangel durch Erbrechen oder Blutungen unter der Berücksichtigung der drei Komponenten:
- täglicher Erhaltungsbedarf
- Dehydratationsausgleich
- Ersatz zusätzlich verlorener Volumina (etwa durch Erbrechen)
- Breitspektrumantibiotika bei Magendurchbruch und chirurgische Versorgung

Magentumoren

Sie kommen insgesamt relativ selten bei Hund und Katze vor. In den meisten Fällen handelt es sich um Adenokarzinome (Hund) und Lymphome (Katze). Sie werden fast ausschließlich im distalen Bereich des Magens bis zum Pylorus gefunden. Das **klinische Bild** ist zunächst unauffällig. Später kommen Anorexie, Erbrechen, Gewichtsverlust, aregenerative Anämie, Hämatemesis, Meläna hinzu. Die **Diagnose** wird am besten durch Endoskopie mit Biopsie und histologischer Untersuchung gestellt. Da die Tumoren häufig ulzerös verändert sind, können sie ohne Biopsie und histologische Untersuchung für ein benignes Ulkus gehalten werden. Die **Therapie** ist chirurgisch.

Motilitätsstörungen des Magens, Magendilatation

Bei älteren Hunden, seltener bei Katzen, werden hin und wieder Motilitätsstörungen des Magens beobachtet. In vielen Fällen liegt ein mechanisches Hindernis im Pylorusbereich (Fremdkörper, bei Langhaarkatzen insbesondere Haarballen), Hypertrophie der Magenwand (hypertrophische Gastritis) oder ein Tumor zugrunde. In manchen Fällen einer Magendilatation liegt ein Hypadrenokortizismus (Morbus Addison) vor. Häufig bleibt die Ursache unklar. Das **klinische Bild** ist wenig charakteristisch: Erbrechen, oft viele Stunden nach Futteraufnahme, häufiger Ruktus, oft nach faulen Eiern riechend, bei längerer Dauer Abmagerung. Die **Diagnose** ist dann sicher, wenn wiederholte Röntgenaufnahmen einen gas- oder wassergefüllten Magen mit Gasblase über dem Flüssigkeitssee zeigt. Andernfalls sollte eine Kontrastuntersuchung durchgeführt werden. Bei der Gastroskopie fällt das Bild des „dunkelroten Magens" auf: die erhebliche Dilatation macht die Ausleuchtung schwierig. Man muß sich insbesondere die Gegend des Antrum-Pylorus ansehen und auf Fremdkörper, Hypertrophie, Tumoren untersuchen und ggf. Bioptate anfertigen. Eine Untersuchung auf Hypadrenokortizismus sollte durchgeführt werden, wenn die gastroskopische Untersuchung negativ verläuft.

Die **Therapie** richtet sich nach der Ursache. Auch wenn die Untersuchung auf Morbus Addison negativ verlaufen ist, ergibt die Kortikosteroidapplikation (Prednisolon, 0,5–1 mg/kg KM, zweimal täglich) oft gute Ergebnisse, wenn keine anderweitige Kontraindikation besteht. Weiterhin wird eine gut verdauliche Diät mit niedrigem Fettgehalt und geringen Ballaststoffen mehrmals täglich in kleinen Mengen gegeben. Metoclopramid, 0,1–0,3 (bis 0,5) mg/kg KM, dreimal täglich, fördert die Magenentleerung. Bei Pylorushypertrophie ist die Pyloroplastik indiziert.

Krankheiten des Darms

Auch Darmkrankheiten tendieren bei älteren Hunden und Katzen zur Chronizität. Beelitz (1988) stellte das Maximum chronischer Darmkrankheiten bei den 12- und 13jährigen Katzen fest. 36,8 % der an chronischen Magen-Darm-Krankheiten leidenden Katzen Trimborns (1990) zeigten Enteritiden, weitere 16 % Gastroenteritiden. Das Durchschnittsalter betrug 9 Jahre. Beim Hund scheint die Spitze chronischer Krankheiten dagegen schon bei acht und neun Jahren zu liegen (Pauling, 1990). Beim Hund sind akute Krankheiten des Darms im Alter offenbar häufiger als chronische anzutreffen, wobei akute Enteritiden wiederum bei Jungtieren wesentlich öfter als im Alter vorkommen. Die meisten Darmkrankheiten werden etwa gleichmäßig über das ganze Lebensalter angetroffen; eine gewisse Altersprädisposition ist allenfalls bei Tumoren zu finden.

Die meisten Darmkrankheiten gehen mit Durchfall als Leitsymptom, wenige mit Obstipation einher. Wichtige Indikatoren für eine Darmkrankheit sind auf Seite 84 ff aufgeführt. Sowohl aus therapeutischen als auch prognostischen Gründen ist die Unterscheidung zwischen Krankheiten des Dünndarms und Krankheiten des Dickdarms erforderlich. Die Differentialdiagnose ist dem Flußdiagramm in Abbildung 7.4 zu entnehmen.

Chronische Enteritiden

Während infektiöse Ursachen und insbesondere die parasitären Infestationen im Alter in den Hintergrund treten, nehmen Krankheiten mit immunogener Komponente zu. Gemeinsam ist diesen Krankheiten die Tendenz zur Chronizität, Durchfall und Abmagerung bis hin zur Kachexie, oft Dehydratation mit Elektrolytverschiebungen. Sekundär kann es zur bakteriellen Überwucherung kommen. Die Ursachen bleiben weitgehend unbekannt. Sie werden in Nahrungsmittelunverträglichkeit und -allergie, Dysbakterie, „Streß" u. a. gesucht. Während das klinische Bild weitgehend ähnlich ist, können histologisch eine Reihe von Unterschieden festgestellt werden, die von therapeutischer Bedeutung sind. Sie sollen daher getrennt betrachtet werden.

Klinisches Bild: Chronische Dünndarmentzündungen zeigen sich unter dem Bild des Malassimilationssyndroms, für das allerdings auch Leber- (Gallenblasen- und Gallengangs-) und Pankreaskrankheiten verantwortlich sein können. Im Vordergrund stehen:

- Durchfall
- Gewichtsverlust bis zur Kachexie
- Dehydratation mit Elektrolytverschiebungen

Hinzukommen können:

- Meläna
- Abgang unverdauten Futters
- Flatulenz
- Anorexie, selten Polyphagie
- Erbrechen
- Koliksymptome, Palpationsschmerz
- Leistungsschwäche
- Apathie
- hypoproteinämische Ödeme

Diagnose: Die Palpation des Abdomens ergibt in einigen Fällen Verspannung der Bauchdecken und Schmerzäußerungen. Die Darmwand kann verdickt sein, manchmal sind glucksende Geräusche auszulösen (Gas-Chymus-Füllung). Die Laboruntersuchung muß folgende Untersuchungen berücksichtigen:

- Hämatokrit (steigt bei Flüssigkeitsverlust, fällt bei Anämie [meist aregenerativ], bleibt unverändert bei geringem Flüssigkeitsverlust oder bei massivem Flüssigkeitsverlust und gleichzeitiger Anämie)
- bei Anämie: Erythrozytenmorphologie und -färbung, Retikulozyten (zur Differenzierung aregenerativer von regenerativen Anämien)
- Gesamt-Leukozytenzahl und Differentialblutbild; auf Eosinophile achten (sie sind bei Eosinophiler [Gastro-]Enteritis z. T., aber keineswegs immer, vermehrt)
- Serum-(Plasma-)Protein. Es ist in der Regel leicht vermindert, bei exsudativer („protein-loosing enteropathy") stark vermindert. Bei FIP, das bisweilen als Darmform auftreten kann, ist Protein in der Regel stark erhöht.

- Globuline sind bei lymphoplasmazytärer Enteritis bisweilen leicht, bei FIP stark erhöht
- bei der Katze sollte eine FIV- und FeLV-Untersuchung durchgeführt werden
- obwohl bei alten Tieren ein Parasitenbefall eher selten ist, sollte eine Untersuchung durchgeführt werden (Flotationsverfahren)
- besonders bei der Katze sollte eine Hyperthyreose ausgeschlossen werden

Der Laktosetoleranztest gibt Auskunft über die Funktion des Bürstensaums im Dünndarm. Steigt nach Laktosegabe die Blutglukose nicht um mindestens 15 % über den Ausgangswert an, so muß mit einer gestörten Funktion des Bürstensaums gerechnet werden.

Beim Hund, nicht zuverlässig bei der Katze, eignet sich der D-Xylose-Toleranztest zur Überprüfung der Kohlehydratresorption. Die Xylose-Konzentration wird im Blut gemessen. Bei einem Maximum unter 45 mg/dl liegt eine Kohlehydratmalabsorption, Dysbakterie oder aber eine chronische Pankreasinsuffizienz vor.

Bei Dünndarmkrankheiten werden außerdem Kobalamin und Folsäure schlechter resorbiert. Sie können im Blutserum nachgewiesen werden und sind bei Enteritis mit Resorptionsstörung vermindert. (Näheres s. Fachbücher der Labordiagnostik.)

Die mit der Röntgenleeraufnahme zu erkennenden „Verdickungen" der Dünndarmwand sind in den meisten Fällen eher auf eine randständige Ansammlung von flüssigem Darminhalt zurückzuführen. Besser läßt sich eine Darmwandverdickung durch Kontraströntgenographie nachweisen. Besser jedoch lassen sich Dünndarmerkrankungen nachweisen und dann auch exakt histologisch zuordnen, wenn eine Endoskopie und histologische Untersuchung von Bioptaten vorgenommen werden. Wenn die Duodenoskopie nicht möglich ist, kann die Probenentnahme durch eine Laparotomie durchgeführt werden. Die Laparotomie ist auch in den meisten Fällen zur Diagnostik einer Jejunitis erforderlich. Mögliche histologische Befunde sind:

1. lymphoplasmazytäre Enteritis
2. eosinophile Enteritis
3. Lymphangiektasie (durch Laparotomie zu diagnostizieren)
4. tumoröse Infiltration

Therapie:
1. Lymphoplasmazytäre Enteritis:
   - Diätetik: Ballast- und fettarmes Futter, kommerzielle Diätfutter können gut verwandt werden; sonst Reis mit Hüttenkäse oder Magerquark, Joghurt, Kartoffeln
   - Kortikosteroide: Prednisolon, 0,5–1 mg/kg KM, zweimal täglich, nach acht bis 14 Tagen langsame Reduktion, später ggf. jeden zweiten Tag
   - Antibiotika und Chemotherapeutika: Sie sind nur sinnvoll bei bakterieller Überwucherung. Möglich sind Sulfonamide (mit Trimethoprim), 30 mg/kg KM, zweimal täglich, Tetrazykline, 25 mg/kg KM, dreimal täglich, Metronidazol, 30–60 mg/kg KM, einmal täglich

2. Eosinophile Enteritis:
   - Diät: Feststellen, welches Futter noch nicht gegeben worden ist, und dieses dann verabreichen. Wenig allergen sind Reis, Kartoffeln, unter den Fleischarten – weil seltener gefüttert – Schafsfleisch, Geflügel, Kaninchen; es sei aber noch einmal auf die Erhebung des Vorberichts hingewiesen! „Das" antiallergische Futter gibt es nicht, auch nicht kommerziell
   - evtl. Antiparasitika: Fenbendazol, 50 mg/kg KM, drei Tage lang; Pyrantelpamoat 14,5 mg/kg KM (= 5 mg Base) beim Hund, 57,7 mg/kg KM (= 20 mg Base) bei der Katze. Zahlreiche andere Wirkstoffe und Wirkstoffkombinationen sind im Handel.

- Kortikosteroide: wie bei lymphoplasmazytärer Enteritis
- Immunsuppressiva: Sie sind indiziert, wenn Kortikosteroide allein nicht ausreichen. Azathioprin, 0,5–2 mg/kg KM, einmal täglich, oder Cyclophosphamid, 1 mg/kg KM, einmal täglich während vier Tagen in der Woche
- liegt ein umschriebener Herd vor, so kann er chirurgisch entfernt werden

3. Lymphangiektasie, exsudative Enteropathie:
- chirurgische Entfernung, wenn nur ein kurzer Darmabschnitt betroffen ist, oder Verödung
- Diät: Low-Fat-Diät oder Reis-Hüttenkäse-Diät, ferner Diät auf Kartoffel-, Nudel-, Brotbasis mit magerem Hühnerfleisch; Vitaminsubstitution (ADEK)
- mittelkettige Fettsäuren: $1/2$–1 Teelöffel zu jedem Futter
- Plasmatransfusion: bei hochgradigen hypoproteinämischen Ödemen

Dünndarmtumoren

Beim Hund werden – insgesamt relativ selten – Dünndarmtumoren festgestellt, die vorwiegend, allerdings nicht ausschließlich, im höheren Alter auftreten. Es handelt sich besonders um maligne Lymphome (Lymphosarkome), Adenokarzinome, Leiomyome und Leiomyosarkome. Bei der Katze werden mit zunehmendem Alter hauptsächlich Lymphome (v. Bomhard, 1996) gesehen, die in den meisten Fällen FeLV-negativ reagieren (Hoover und Mullins, 1991; Pedersen, 1991; Kraft, 1990, 1991; Cotter, 1992; Hartmann und Kraft, 1993), ferner Adenokarzinome.

Klinisches Bild: Die Symptome sind die eines zunächst unvollständigen Ileus des Dünndarms mit Erbrechen, Anorexie, Dehydratation. Je nach Ausdehnung (Malabsorption) und Fortschreiten (Tumornekrosefaktor) kommt Gewichtsverlust bis zur Kachexie hinzu. Sobald Blutungen auftreten, werden Meläna beobachtet. Die Tumoren haben eine Tendenz zur Metastasierung in die regionären Lymphknoten, häufig auch in die Leber und die Lunge.

Diagnose: Sie wird durch den Palpationsbefund gestellt. Eine Übersichtsröntgenaufnahme macht den oder die Tumoren in manchen Fällen sichtbar. Besser geeignet ist die Ultraschalluntersuchung des Bauches, die auch Metastasen leichter aufdeckt und außerdem eine gezielte Feinnadelbiopsie mit anschließender zytologischer Untersuchung ermöglicht. In jedem Falle wird eine Laparotomie anzuschließen sein, bei der nicht nur Untersuchungsmaterial zur histologischen Untersuchung entnommen, sondern auch die Exstirpation durchgeführt werden kann.

Therapie: Mittel der Wahl bei Karzinomen und Sarkomen ist die chirurgische Entfernung. Bei Lymphosarkomen bietet sich die Chemotherapie an (s. d.).

Chronische Kolitiden

Sie werden im Alter wesentlich häufiger als die akuten Kolitiden gesehen. Die Ursachen sind im Alter selten infektiöser (Balantidium) oder parasitärer (Trichuris) Natur, häufiger dagegen diätetischer, metabolischer, bakterieller (ureasebildende Bakterien), immunologischer Natur oder können auch von Motilitätsstörungen ausgelöst werden. Psychische Faktoren werden ebenfalls diskutiert, führen aber seltener zu Entzündungen als zu Funktionsstörungen. In vielen Fällen läßt sich die Ursache jedoch nicht ermitteln („chronische idiopathische Kolitis").

Klinisches Bild: Chronische Kolitiden zeichnen sich durch folgende Symptome aus:
- Durchfall, der oft nur breiig, seltener wäßrig, häufig schleimig ist

- Tenesmus ani (häufiger Kotabsatz, oft unter Schmerzen)
- Juckreiz am Anus (ständiges Belecken)
- falls Blutbeimengungen: frisches Blut (Hämatochezie)

Die Symptome, insbesondere der Durchfall, können mit unauffälligen Perioden abwechseln. Gewichtsverlust, Anorexie gehören nicht zum typischen Bild der chronischen Kolitis. Selten ist auch – außer in schweren Fällen von Wasserresorptionsstörungen im proximalen Kolon – eine ausgeprägte Dehydratation anzutreffen, ebenso selten auch eine Hypoproteinämie mit Ödemen. Wenn zunächst geformter Kot abgesetzt wird, dann aber bei wiederholtem Kotabsatz die Konsistenz immer weicher und schleimiger, selten auch blutig wird, liegt eher ein Colon irritabile vor.

Diagnose: Die klinische Untersuchung sollte die makroskopische, parasitologische, bei Verdacht auf gleichzeitige Enteritis auch virologische und bakteriologische Untersuchung des Kotes beinhalten. Die Blutuntersuchung sollte den Hämatokrit (selten Hämokonzentration, bei schwerer Hämochezie eher Anämie), Leukozytenzahl (bisweilen Neutrophilie, bei eosinophiler Kolitis teilweise, aber keineswegs immer Bluteosinophilie), Serum-Protein (selten Hypoproteinämie) umfassen. Wichtiger ist die Kolonoskopie. Sie wird in Verbindung mit einer Biopsie und histologischer Untersuchung durchgeführt. Insbesondere lassen sich so tumoröse, ulzeröse oder beengende Veränderungen (Strikturen) nachweisen. Die histologische Untersuchung des Bioptats kann folgende Diagnosen ergeben:

1. lymphoplasmazytäre Kolitis
2. eosinophile Kolitis
3. ulzeröse Kolitis
4. histiozytär-ulzeröse Kolitis
5. Colitis cystica profunda

Therapie: Neben der unten näher beschriebenen spezifischen Behandlung der Kolitiden ist darauf zu achten, daß eine etwaige Dehydratation ausgeglichen wird. Bei Kolitiden ist eine einleitende Entleerung des Darms, verbunden mit einer „Verdünnung" der Keimflora, vorteilhaft. Man verwendet hierzu am besten Lactulosesirup und gibt mehrmals täglich 1–2 ml/kg KM des 50%igen Sirups per os. Eine antibiotische Therapie ist dann nur selten noch nötig. Eine Besserung der Darmmotilität kann mit Loperamid (z. B. Imodium®), 0,04 mg/kg KM, bis viermal täglich, erzielt werden.

1. Lymphoplasmazytäre Kolitis:
   - Diät: Alle Kolitiden werden mit einer Diät behandelt, die einen höheren Anteil an Ballaststoffen enthält (Weizenkleie oder z. B. Metamucil®)
   - Kortikosteroide: Prednisolon, 0,5–1 mg/kg KM, zweimal täglich, nach acht bis 14 Tagen langsame Reduktion, später ggf. jeden zweiten Tag. Die früher geübte rektale Applikation wird heute nur noch selten durchgeführt, ist der systemischen Applikation auch unterlegen
   - Sulfasalazin (z. B. Azulfidine®), 15–20 mg/kg KM, zwei- bis dreimal täglich (auch bei der Katze möglich). Gabe drei, bei chronischer Veränderung bis sechs Wochen
2. Eosinophile Kolitis:
   - Diät: wie bei eosinophiler Enteritis
   - Kortikosteroide: Prednisolon, 0,5–1 mg/kg KM, zweimal täglich
   - Immunsuppressiva sind kaum nötig
3. Ulzeröse Kolitis:
   - bei solitärem Ulkus Touchieren mit $AgNO_3$ möglich
   - Sulfasalazin (Dosierung s. o.)
   - Klysmen mit Adstringenzien (Aluminiumhydroxid-bis-salicylat, Wismutzitrat
   - Fütterungskorrektur: Ballastreiches Futter (s. o.)
4. Histiozytär-ulzeröse Kolitis:
   - es gibt keine sichere Therapie. Die Behandlung wird durchgeführt wie bei lymphoplasmazytärer Kolitis

5. Colitis cystica profunda:
- die offenbar sehr selten vorkommende Krankheit wird symptomatisch behandelt wie die lymphoplasmazytäre Kolitis

Chronische idiopathische Enterokolitiden („Chronic inflammatory bowel disease")

Die sowohl beim Hund als auch – vorwiegend – bei der Katze vorkommende unspezifische entzündliche Erkrankung des Dünn- und Dickdarms ist gekennzeichnet durch Infiltration der Darmschleimhaut mit Neutrophilen, Lymphozyten, Plasmazellen, Eosinophilen in unterschiedlicher Konzentration; in den meisten Fällen ähnelt die Krankheit den lymphoplasmazytären Enteritiden oder Kolitiden. Neben dem Darm kann auch der Magen betroffen sein. Die Ursache ist unbekannt; spekulativ kann vermutet werden, daß dieselben Ursachen in Frage kommen wie die bei der lymphoplasmazytären Enteritis und Kolitis angenommenen.

Klinisches Bild: Es gleicht gewissermaßen einer Kombination aus chronischer Enteritis und Kolitis. In unterschiedlicher Verteilung werden Erbrechen, Durchfall oder beides beobachtet, ferner Anorexie. Die Tiere neigen zum Gewichtsverlust, einmal durch Malassimilation, zum andern wegen des Wasserverlusts. Leistungsschwäche und Apathie, nicht zuletzt wegen der Elektrolytverluste, treten häufig auf. Neben den ausgeprägten Erscheinungen des Durchfalls und Erbrechens kommen Tage ohne Symptome vor; solche Tiere – besonders Katzen – zeigen auch weniger Allgemeinsymptome.

Diagnose: Bei der Palpation des Abdomens fallen oft stark umfangsvermehrte Darmschlingen auf. Für die Röntgenuntersuchung gilt das unter lymphoplasmazytäre Enteritis Gesagte. Die Ultraschalluntersuchung macht die umfangsvermehrte Darmwand sichtbar. Bei der Endoskopie fallen bisweilen die rigide Darmschleimhaut, das verengte Lumen, die leichte Vulnerabilität und die samtartige, trockene bis stark sezernierende, manchmal gerötete Schleimhaut auf. Es sollte eine Biopsie an mehreren Stellen angeschlossen werden.

Therapie:
- zu Beginn sollte man zwei Tage hungern lassen und Lactulosesirup, 1–2 ml/kg KM, mehrmals täglich, geben. Danach wird zunächst eine ballastarme, nach Abklingen der Dünndarmsymptome eine ballastreichere Nahrung gegeben
- sofern Dehydratationzeichen bestehen, muß Volumensubstitution durchgeführt werden, evtl. verbunden mit Azidoseausgleich
- Prednisolon, 0,5–1 (vorübergehend bis 2) mg/kg KM, zweimal täglich, ist das erfolgreichste Mittel. Es wird nach Besserung langsam reduziert, muß aber oft lebenslang, am besten jeden zweiten Tag, gegeben werden
- Azathioprin, 0,5–1 (2) mg/kg KM, einmal täglich, wird zusätzlich zu Prednisolon gegeben, wenn es allein keine ausreichende Wirkung zeigt
- Sulfasalazin, 15–20 mg/kg KM, zwei- bis dreimal täglich
- Antibiotika sind kaum nötig

Colon irritabile

Die Krankheit kommt auch bei jüngeren und mittelalten Hunden vor, scheint auch mit dem Alter nicht besonders zuzunehmen. Es handelt sich um keine entzündliche, sondern eher um eine hypersekretive Funktionsstörung des Colons, besonders des letzten Teils des Colon descendens. Bei der Katze wird das Colon irritabile sehr selten beobachtet.

Als **Ursache** kommen Streßphänomene jeder Art in Frage. Die Funktionsstörung wird besonders bei Änderungen in der Umgebung des Hundes beobachtet, die dem Besitzer oder der Besitzerin oft selbst nicht bewußt sind. Vorberichtlich konnten bei eigenen Patienten Wohnungswechsel, Geburt eines Kindes, weitere Haustiere, insbesondere Neuankömmlinge, neuer Freund/neue Freundin, Wechsel des gewohnten Futters als – mögliche – Ursachen festgestellt werden. Wahrscheinlich ist psychischer Streß aber nicht die alleinige Ursache, wie die unbefriedigenden Behandlungsergebnisse mit Psychopharmaka und die Besserung durch Erhöhung des Rohfaseranteils zeigen, wie aber auch aufgrund der bisweilen negativen Vorberichtserhebung anzunehmen ist. Offensichtlich handelt es sich um ein multifaktorielles Geschehen, bei dem psychischer Streß eine von mehreren Ursachen darstellt.

Klinisches Bild: Die Symptome sind so typisch, daß allein aufgrund des sorgfältig erhobenen Vorberichts in den meisten Fällen die Diagnose gestellt werden kann. Die Hunde setzen zunächst geformten Kot ab. Nach kurzer Zeit wird erneut und dann weiterhin Kot abgesetzt, der immer weicher und schleimiger wird. Zuletzt wird in schweren Fällen nur noch schleimige Flüssigkeit abgegeben. Typisch ist Tenesmus ani bei den späteren Defäkationen. Bisweilen besteht Juckreiz.

Diagnose: Sie stützt sich, wie erwähnt, auf das typische klinische Bild. Die klinische Untersuchung ist ebenso wie Laboruntersuchungen unauffällig. Die Kolonoskopie ergibt einen negativen Befund. Bei nichtsedierten Tieren kann während der Untersuchung vermehrt zäher Schleim sezerniert werden, die Schleimhaut kann in Einzelfällen zunehmend ödematisiert sein.

Therapie: Sie ist nicht sicher zu standardisieren. Empfohlen worden sind Tranquilizer und Sedativa (Chlorpromazin, Phenobarbital, Diazepam), Anticholinergika, Kombinationen von beiden, morphinähnliche Stoffe (Loperamid). Der Autor selbst hat mit diesen Wirkstoffen keine sichtbaren Erfolge erzielt. Wesentlich bessere Ergebnisse werden mit einer Futterumstellung auf höheren Ballaststoffanteil erzielt: Fütterung von Kleie, zwei bis sechs Teelöffel ins Futter. Unterstützt werden kann die Behandlung durch Gabe von Prednisolon, 0,5–1 mg/kg KM, zweimal täglich.

Obstipatio coli

Die Verstopfung kommt zwar ebenfalls in jedem Alter vor, tritt aber im Alter gehäuft auf. Die **Ursachen** sind vielfältig:

- keine Gelegenheit zum Kotabsatz (Wohnungstiere ohne Auslauf, schmutziges „Klo")
- Abschlucken großer Haarmengen (besonders bei Perserkatzen)
- Fütterung großer Mengen von Knochen
- Fremdkörper
- anatomische Hindernisse (Beckenbrüche mit Lumenverengung, Perinealhernie, Kolon- oder Rektumtumoren, -strikturen, extramurale Tumoren)
- Pseudoobstipation (panzerartige Verklebung der Analgegend durch Kot und Haare)
- schmerzhafte Prozesse (Proktitis, Periproktitis, Analbeutelvereiterung)
- Innervationsstörungen (Megakolon, Rückenmarkskrankheiten, Lähmung des N. pelvicus; Morbus Hirschsprung dagegen ist eher eine Krankheit junger Tiere)
- Stoffwechselstörungen (Hypothyreose, Hypokaliämie, Hyperkalzämie)
- iatrogen (Verordnung von ballastarmem Futter über lange Zeit, Anticholinergika [Spasmolytika wie Butylscopolamin] über längere Zeit, insbesondere bei zweifelhafter Indikation)

Durch unregelmäßigen oder längere Zeit unmöglichen Kotabsatz bleibt der Darminhalt zu lange im Dickdarm liegen. Der Dünndarm schiebt immer weiter Chymus nach, so daß sich die Menge vergrößert. Gleichzeitig wird im Dickdarm das Wasser des Darminhalts resorbiert, so daß der Inhalt immer trockener und fester wird. Nach anfänglicher Hyperperistaltik wird der Dickdarm immer weiter gedehnt, die Darmmuskulatur erschlafft, es kann zu irreversiblen Schäden mit Darmlähmung kommen, so daß dann das klinische Bild des Megacolons entsteht (die im amerikanischen Schrifttum und neuerdings auch im Deutschen zu findende synonyme Behandlung der Begriffe Obstipation oder Constipation, Impaction und Megakolon ist fehlerhaft, worauf kürzlich auch Burrows, 1996, hingewiesen hat).

Klinisches Bild: Dem aufmerksamen Besitzer fällt der wiederholte, oft wenig oder gar nicht erfolgreiche Versuch des Kotabsatzes auf. Katzen geben dabei nicht selten Schmerzenslaute von sich. In nicht wenigen Fällen aber machen die Tiere gar keinen Versuch zum Kotabsatz. Dann werden in fortgeschrittenen Fällen Anorexie, gestörtes Allgemeinbefinden, evtl. Erbrechen beobachtet.

Diagnose: Die Koprostase ist durch Palpation des Bauches und rektale Untersuchung leicht zu stellen. Das Ausmaß kann durch Röntgenuntersuchung erkannt werden. Nach Beheben der Koprostase sollte die Ursache zu ermitteln versucht werden. Dazu sind folgende Untersuchungen durchzuführen:

- sorgfältige Erhebung des Vorberichts, insbesondere Futtergewohnheiten (Möglichkeit zur Aufnahme von Knochen, Fremdkörpern, Haarabschlucken, zu ballastarme Nahrung)
- sorgfältige Untersuchung des Kotes, Aufschwemmung in Wasser, Untersuchung auf Haare, Fremdkörper, Knochenteile
- besonders bei Langhaarkatzen Untersuchung des Haarkleides und der Haut (Fellpflege, Dermatopathien)
- Untersuchung der Analgegend auf Verklebungen („Pseudokoprostase"), schmerzhafte Prozesse
- Durchforstung des „Arzneimittelschatzes" des Patienten (Parasympatholytika, Opiate)
- sofern diese Untersuchungen keine verwertbaren Ergebnisse erbracht haben: Röntgen des Beckens und der Wirbelsäule, evtl. mit Kontrastdarstellung, Colonoskopie, ggf. mit Biopsie und histologischer Untersuchung
- Laboruntersuchung auf Hypothyreose (Serum-Thyroxin und -TSH, evtl. Stimulationstests), Hypokaliämie, Hyperkalzämie

Therapie: Als erstes muß die aktuelle Koprostase behandelt werden:

- Klysma mit warmem Wasser, besser – insbesondere bei der Katze – mit warmer physiologischer Kochsalzlösung
- bei sehr festem Kot vorheriges Aufweichen mit Natriumaurylthiosulfoazetat (z. B. Microklist®) oder Paraffinum liquidum, dieses auch per os, 0,5–1 ml/kg KM
- wenn erforderlich, Volumenausgleich mit Ringer-Glukose-Lösung; dabei darf leicht überinfundiert werden, um eine Sekretion in den Darm hinein zu ermöglichen
- Choleretika, wie Chenodeoxycholsäure (z. B. Chenofalk®) oder Ursodeoxycholsäure (z. B. Ursochol®), 10–15 mg/kg KM, fördern die Ausscheidung auf natürliche Weise

Es schließt sich die Untersuchung und – soweit möglich – ätiologische Therapie an:

- Gelegenheit zum Kotabsatz geben, Auslauf oder regelmäßiges Ausführen, Katzenklo regelmäßig reinigen
- regelmäßige Haarpflege, Dermatopathien behandeln (besonders bei Perserkatzen)
- Fütterung normalisieren, Ballaststoffe zufüttern, je nach Größe zwei bis sechs Teelöffel Weizenkleie oder z. B. Metamucil®

ins Futter geben, Knochenfütterung reduzieren
- anatomische Hindernisse (Beckenbrüche mit Lumenverengung, Perinealhernie, Colon- oder Rektumtumoren, -strikturen, extramurale Tumoren) chirurgisch beheben
- Verklebung der Analgegend durch Kot und Haare durch Abscheren beheben und den Besitzer auf sorgfältige Hygiene hinweisen
- Proktitis, Periproktitis mit Antibiotika nach Antibiogramm oder/und steroidalen Antiphlogistika behandeln, Analbeutel entleeren, Spülung mit Rivanollösung, erforderlichenfalls Instillation eines Antibiotikums, ggf. zusammen mit einem Kortikosteroid, nach einigen Tagen entfernen
- bei erworbenen Innervationsstörungen (Megakolon, Rückenmarkskrankheiten, Lähmung des N. pelvicus) bleibt nur die diätetische Versorgung mit erhöhtem Ballastanteil (Kleie, Metamucil®), unterstützt durch Lactulose-Sirup (z. B. Bifiteral®)
- Stoffwechselstörungen:
  - Hypothyreose: L-Thyroxin, 10, nach 14 Tagen 15 µg/kg KM, zweimal täglich
  - Hypokaliämie: Kaliumchlorid je nach Grad der Hypokaliämie 20–40 (60) mmol/l Infusionslösung
  - Hyperkalzämie: Diagnose und Beseitigung der Ursache; physiologische Kochsalzlösung (Dauertropfinfusion), evtl. mit Glukoselösung, Furosemid, 1 mg/kg
- iatrogen: Diätkorrektur; Anticholinergika absetzen

Tumoren in Kolon und Rektum

In den meisten Fällen handelt es sich um gutartige Adenome, bisweilen aber um Adenokarzinome oder maligne Lymphome. Sie sind sowohl beim Hund als auch bei der Katze relativ selten.

Klinisches Bild: Die Tumoren fallen entweder als Passagehindernis (Kotabsatzbeschwerden) oder durch frische Blutungen dem Besitzer auf. Erst spät führen Metastasen in Leber oder Lunge zu klinischen Symptomen.

Diagnose: Da die meisten Tumoren im Rektum oder dem Endteil des Colon descendens lokalisiert sind, kann man sie mit dem rektal untersuchenden Finger palpieren. Dies sollte daher bei Kotabsatzbeschwerden oder frischen Blutungen nie unterlassen werden. Es folgt die Kolonoskopie. Dabei kann man den Tumor leicht erkennen. Er sitzt entweder gestielt oder breit auf der Unterlage auf, oder es bestehen breitflächige Infiltrationen in die Darmwand. Adenokarzinome und Polypen, aber auch Lymphome, sind in der Regel glatt, können aber durch Ulzera auch zerklüftet und blutig aussehen. Adenokarzinome sehen eher blumenkohlartig aus, weisen oft Ulzera auf und zeigen Blutungen. Man sollte eine Röntgenaufnahme der Lunge (dorsoventral, laterolateral) herstellen und eine sorgfältige sonographische Untersuchung des Bauchraums (regionale Lymphknoten, Leber) durchführen, um nach Metastasen zu suchen.

Therapie: Die Exstirpation ist Mittel der Wahl bei Adenomen und Karzinomen. Man kann dies per rectum mit einem Schlingenthermokauter über den Arbeitskanal des Endoskops durchführen. Der Langzeiterfolg hängt davon ab, ob bereits Metastasen bestehen. Ist dies nicht der Fall, so haben die Tiere eine normale Lebenserwartung. Bei malignem Lymphom kann ebenfalls eine örtliche palliative Entfernung zur Wiederherstellung der Passage durchgeführt werden. Es muß sich dann eine Chemotherapie anschließen.

Tumoren im Bereich des Anus

Besonders bei älteren Hunden werden Tumoren des APUD-Systems (Amine Precurser Uptake and Decarboxylation) im Analbereich gefunden. Es handelt sich meist um ein benignes Adenom, selten Adenokarzinom der apokrinen Analbeuteldrüsen, das eine parathormonartige Substanz produziert. Daraus resultiert ein Pseudohyperparathyreoidismus mit Hyperkalzämie und Hypophosphatämie. Das parathyreogene Parathormon sinkt infolge des negativen Feed-Back-Mechanismus auf Null ab.

Klinisches Bild: Der Tumor befindet sich in der näheren oder weiteren Umgebung des Anus, ist glatt, führt zur Vorwölbung der Haut und kann gut palpiert werden. In manchen Fällen werden eine allgemeine Schwäche, Erbrechen, Obstipatio coli, Polyurie, Polydipsie, Niereninsuffizienz gefunden.

Diagnose: Sie wird durch örtliche Untersuchung, insbesondere Feinnadelbiopsie mit zytologischer Untersuchung, Bestimmung von Serum-Kalzium (Hyperkalzämie) und -Phosphat (Hypophosphatämie) gestellt. Wenn Parathormon bestimmt werden kann, so ist dies niedrig bis unmeßbar.

Therapie: Sie besteht in der Entfernung des Tumors.

Leber

WILFRIED KRAFT

Primäre Krankheiten der Leber gehören bei Hund und Katze eher zu den selteneren Ereignissen, sind jedenfalls seltener als beim Menschen. In der Hauptsache ist dies auf die unterschiedliche Lebensweise, in zweiter Linie beim Hund auf die seit Jahrzehnten systematische Impfung gegen Hepatitis contagiosa canis zurückzuführen. Leberkrankheiten, in der Regel chronische Krankheiten, sind ausgesprochene Alterskrankheiten. In der Untersuchung Paulings (1990) traten sie in über Dreiviertel der Fälle (77,6 %) bei Hunden auf, die acht Jahre oder älter waren, mit einem Durchschnittsalter von 9,9 Jahren. Das Durchschnittsalter der Katzen von Trimborn (1990) betrug 9,3 Jahre, wobei 62,5 % zehn Jahre oder älter waren.

Klinisches Bild: Die Symptome von Leberkrankheiten sind wenig pathognomonisch, auch wenn man Symptomengruppen betrachtet. Dies geht aus der Tabelle 8.1 hervor, die die häufigsten Symptome bei Leberkrankheiten sowie weitere, nicht immer auftretende Symptome aufführt.

Häufig steht eine primäre Krankheit im Vordergrund, die sekundär zu Leberreaktionen geführt hat: Herzinsuffizienz, Niereninsuffizienz, endokrine Störungen (Hyperthyreose, Diabetes mellitus, Hyperadrenokortizismus), Nebenwirkungen von Behandlungen anderer Krankheiten.

Zur **Diagnose** von Leberkrankheiten sind daher weitere Untersuchungen erforderlich (s. a. Tab. 8.2, 8.3, 8.4):

- Labordiagnose: Sagt aus, ob die Leber erkrankt ist, zeigt zum Teil das Ausmaß der daraus resultierenden Stoffwechselstörungen an (Hepatoenzephalopathie)
- Sonographie: Zeigt an, ob die Struktur der Leber, die Form und Größe verändert sind, läßt Gallenblase, Galle und Gallengänge beurteilen
- Biopsie, Zytologie und Histologie: Läßt die Art und das Ausmaß, zum Teil auch die Ätiologie erkennen

Tabelle 8.1 Symptome bei Leberkrankheiten

Häufige Symptome	Nicht immer auftretende Symptome
Anorexie	Apathie
Erbrechen	Somnolenz
Durchfall	Koma
Polydipsie	Hepatoenzephalopathie
Polyurie	Fieber
Ikterus	Leistungsschwäche
hämorrhagische Diathese	Vorderbauchschmerz
Leistungsschwäche	

Tabelle 8.2 Lebersuchprogramm

ALT
AST
GLDH
Urin-Bilirubin

Tabelle 8.3 Ergänzungsprogramm

Blutbild
AP
S-Bilirubin
sek. Bilirubin
Harn-Urobilinogen
Plasma-Ammoniak
Röntgenbild
Sonographie
Biopsie

Tabelle 8.4 Programm bei besonderen Fragestellungen

Ammoniumchloridbelastungstest
Gallensäuren, postprandial
Gerinnungsanalysen
S-Protein
Albumin-Globulin-Verhältnis
Elektrophorese
Blutglukose
S-Cortisol (Hund)
S-Thyroxin
Angiographie
Cholezystographie
Bakteriologische Untersuchung

- spezielle Untersuchungen: Belastungstests (Ammoniumchloridbelastung, evtl. BSP-, Indocyaningrüntest), Gallenblasenkontrastuntersuchung

Therapie: Die Behandlungsmaßnahmen umfassen:

1. Behandlung der Ursache
   - Tyzzersche Krankheit (Bac. piliformis): Tetracyclin, 25 mg/kg, auf 3 x tägl. verteilt
   - Trematodenbefall (selten): Praziquantel (Droncit) 5 mg/kg KM 2 x tägl., 2 Tage lang
   - Behandlung einer Kupfervergiftung (bei der Katze Ausnahmeerscheinungen): D-Penicillamin 10–15 mg/kg, alle 12 h
   - Zinkazetat 100 mg/kg KM, alle 12 h
   - Diätetik
2. Behandlung von Wasser-Elektrolyt-Kalium-Imbalanzen
3. Azidose-Alkalose-Ausgleich
4. Behandlung der Entzündung
   - kontrollieren, ob eine Infektionskrankheit vorliegt (Biopsie, bakteriologische Blutuntersuchung): Prednisolon 1–2 mg/kg KM, ausschleichend bis 0,5 mg/kg KM jeden zweiten Tag
   - in Kombination mit Azathioprin: Azathioprin 1 mg/kg KM + Prednisolon 0,5–1 mg/kg KM
5. Behandlung der Fibrose
   - Colchicin 0,03 mg/kg KM (Nebenwirkungen: Erbrechen, Durchfall)
6. Diätetik
   - fettarm, kohlehydratreich, Protein leicht verdaulich, wenig aromatische Aminosäuren, künstliche Ernährung durch Nasen-Schlund-Sonde oder transkutane Magensonde, besonders wichtig bei Katzen mit Leberlipidose
7. Behandlung des hepatoenzephalen Syndroms
   - leicht verdauliches Futter, keine Ballaststoffe
   - Lactulose 1–2 ml/kg KM, alle 8 Stunden
   - Neomycin 20 mg/kg KM, alle 8 Stunden
   - Metronidazol 10 mg/kg KM, alle 12 Stunden
   - Lactulose-Klistier: 3 Teile Lactulose + 7 Teile Wasser, davon 25 ml/kg KM rektal, nach 20–30 min entfernen
   - Krampfanfälle: Versuch mit Diazepam 0,5 mg/kg KM i. v.
   - wenn erfolglos: Phenobarbital 2–3 mg/kg i. v.
   - Gehirnödem (Verdacht!): Mannit 1–2 g/kg KM i. v. (DTI), Furosemid 1 mg/kg
8. Behandlung des Aszites
   - Spironolacton (Aldactone) 2–4 mg/kg + Furosemid 1 mg/kg

9. Behandlung von Koagulopathien
   - Vitamin-K-Mangel durch Resorptionsstörung: Vitamin K anfangs 5 mg/kg oder mehr, Dauerbehandlung 1 mg/kg
   - Synthesestörung: Plasma-(Blut-)Transfusion 5 ml/kg KM
   - Verbrauchskoagulopathie: Heparin 50–80 (bis 100) E/kg und h, danach 30–50 E/kg und Stunde
10. Behandlung von Infektionen
    - Antibiotika oder Chemotherapeutika nach Antibiogramm (Blut, Leber [Galle]); mögliche Antibiotika:
      Amoxicillin 10–20 mg/kg
      Cephazolin (Elzogram) 25–50 mg/kg
      Enrofloxazin 5 mg/kg
      Kanamycin 15–25 mg/kg
      Gentamicin 3–4 mg/kg
11. Behandlung gastrointestinaler Ulzera
    - H_2-Antagonisten
      Famotidin (Pepdul) 0,5 mg/kg, 1 x täglich
      Ranitidin (Sostril) 0,5 mg/kg, 2 x täglich
      Cimetidin (Tagamet) 5–10 mg/kg, 3 x täglich.
      Sucralfat (Ulcogant) 20–40 mg/kg, 3 x täglich
12. Choleretika
    - [Clanobutin (Bykahepar) 20 mg/kg KM]
    - Gallensäuren:
      Dehydrocholsäure (Decholin) 10–20 mg/kg
      Ursodeoxycholat (Ursochol) 10–15 mg/kg
      Chenodeoxycholsäure (Chenofalk) 10–15 mg/kg
    - kontraindiziert bei extrahepatischer Cholestase

Hepatoenzephales Syndrom, Coma hepaticum

Das Krankheitsbild kann auf zwei verschiedenen Wegen entstehen:

- durch portosystemischen Shunt
- durch Funktionsausfall der Leber

Beim alten Tier steht der Funktionsausfall weit im Vordergrund. Das Leberversagen führt zu mangelhafter Entgiftung und Verstoffwechselung von im Blut enthaltenen, in der Mehrzahl aus dem Darm über die Vena portae der Leber zugeführten Substanzen, die dadurch in den großen Kreislauf geraten und im Gehirn auf im einzelnen noch nicht bekannter Weise zu Funktionsstörungen führen.

Klinisches Bild: Die klinischen Symptome sind zunächst unspezifisch, wie dies bei Hepatopathien der Fall ist. Beim hepatoenzephalen Syndrom kommen Apathie, Übelkeit mit Erbrechen, Salivation, Benommenheit mit schwankendem, ataktischem Gang, bisweilen Muskelzittern, Schlafsucht bis hin zum Koma hinzu. Die Tiere sitzen oft stundenlang unbeweglich da. Die Symptome können – anfangs – intermittierend, später permanent vorhanden sein. Charakteristisch ist, daß sich die Symptome nach Futteraufnahme verstärken (vermehrte Bildung der „Komastoffe" nach Verdauung im Darm).

Diagnose: Bestimmung der Leberenzyme, der Serum-Gallensäuren und des Serum-Ammoniaks im Nüchternzustand. Zwei Stunden nach einer eiweiß- und cholesterinreichen Nahrung (Eigelb mit Fleisch) steigen die Gallensäuren und das Ammoniak bei Hepatoenzephalopathie deutlich über die Referenzbereiche gesunder Tiere an. Bei Verdacht und „normalem" Nüchternwert des Ammoniaks sollte unbedingt ein Ammoniumchloridbelastungstest durchgeführt werden:

- Blutentnahme zum Zeitpunkt 0
- Applikation von 100 mg Ammoniumchlorid-Lösung/kg KM per os (Magensonde)
- erneute Blutentnahme zum Zeitpunkt 30' nach Applikation

Bei Hepatoenzephalopathie steigt der Ammoniak-30-Minuten-Wert auf weit über 120 µg/dl an.

Therapie: Behandlung des HE-Syndroms
- leicht verdauliches Futter, keine Ballaststoffe
- Lactulose 1–2 ml/kg KM, alle 8 Stunden
- Neomycin 20 mg/kg KM, alle 8 Stunden, nicht länger als eine Woche
- Metronidazol 10 mg/kg KM, alle 12 Stunden, nicht länger als eine Woche
- Lactulose-Klistier: 3 Teile Lactulose + 7 Teile Wasser
  - davon 25 ml/kg KM rektal
  - nach 20–30 min entfernen
- bei Krampfanfällen:
  - Versuch mit Diazepam 0,5 mg/kg KM i. v.
  - wenn erfolglos: Phenobarbital 2 mg/kg i. v.
- Gehirnödem (Verdacht!):
  - Mannit 1–2 g/kg KM i. v. (DTI)
  - Furosemid 1 mg/kg KM i. v.

Leberlipidose

Die Leberlipidose kommt zwar nicht ausschließlich, aber vorwiegend bei älteren und dazu adipösen Katzen der Rasse Europäisch Kurzhaar vor, während bei den Siamkatzen eher jüngere Tiere erkranken sollen. Der Pathogenitätsmechanismus der idiopathischen Leberlipidose ist letztlich unbekannt. Vermutet werden Proteindefizit in der Nahrung bei gleichzeitigem Unterangebot an Kohlehydraten, ferner Argininmangel, endo- oder exogene Schädigung der hepatozellulären Mitochondrien, Insulindefizit bei Diabetes mellitus, absolut oder relativ.

Klinisches Bild: Die Tiere sind meist stark adipös und verweigern die Nahrung. Oft bestehen anderweitige Krankheiten oder Gründe zur Futterverweigerung. Die Patienten werden rasch apathisch, es bestehen Erbrechen und oft Durchfall. Es entsteht rasch ein schwerer Ikterus, ferner eine hochgradige Dehydratation, schließlich Coma hepaticum (Hepatoenzephales Syndrom). Gerinnungsstörungen sind Folgen einer Verbrauchskoagulopathie oder der Synthesestörung von Gerinnungsfaktoren einschließlich Resorptionsstörung von Vitamin K.

Diagnose: Sofern eine adipöse Katze plötzlich das Futter verweigert, muß mit einer Leberlipidose gerechnet werden. Die Leber ist vergrößert. Bei der Sonographie erkennt man eine besonders starke Echogenität der Leber. Das Blutserum ist meist opaque. Es entsteht eine aplastische, aregenerative Anämie. Die Leberenzyme (AST, ALT, GLDH und auch AP) sind meist stark erhöht. Gleiches gilt für die Serum-Gallensäuren. Bei Diabetes mellitus besteht eine Hyperglykämie. Gesichert wird die Diagnose an Hand der histologischen Untersuchung eines Leberbioptats. Vorher sollte eine Gerinnungsuntersuchung durchgeführt werden.

Therapie:
- künstliche Ernährung bei hungernden, insbesondere adipösen Katzen sofort einleiten (Ösophagussonde, transkutane-transabdominale Sondenernährung). Benötigte Energie etwa 100 kcal oder ca. 400 kJ/kg KM
- Arginin, 1 g/kg KM, und Taurin, 500 mg/kg KM, sind zu geben, solange die Katze kein kommerzielles Katzenfutter aufnimmt
- Diazepam (0,25 mg/kg KM per os oder 0,1–0,25 mg/Katze intravenös) zur Appetitanregung
- parenteral (als Dauertropfinfusion) Vollelektrolytlösungen
- Kalium, 0,3 (bis 0,5) mmol/kg KM pro Stunde, in Form von Kaliumchlorid verabreicht (Dauertropfinfusion)
- Glukoselösung 10%ig, 2 g Glukose/kg KM und Stunde im Dauertropf, evtl. zusätzlich bis 1 E Alt-Insulin/3 g Glukose
- Thiamin (Vitamin B1) 100 mg/kg KM

Kontraindiziert sind Glukokortikoide. Unbewiesen ist die Wirksamkeit von Methionin, bei hepatoenzephalem Syndrom ist es kontraindiziert.

Cholezystitis, Cholangiohepatitis

Die Krankheiten der Gallenblase und der Gallengänge kommen bei der Katze wesentlich häufiger vor als beim Hund. **Ursachen** sind aszendierende Bakterien aus dem Duodenum, immunpathogene Vorgänge, Toxoplasmose, andere Protozoeninfektionen (Coccidia-like organisms), Tyzzersche Krankheit (Bacillus piliformis), ferner eine idiopathische Form.

Klinisches Bild: Es tritt in drei Formen auf:
- eitrige Cholangitis/Cholangiohepatitis
- lymphatische oder nichteitrige Cholangitis/Cholangiohepatitis
- sklerosierende Cholangitis/Cholangiohepatitis

Eitrige Cholangitis/Cholangiohepatitis

Sie ist eine Krankheit höheren Alters. Folgende Symptome werden beobachtet: Fieber, Anorexie, Apathie, Erbrechen, Gewichtsverlust, Dehydratation, Ikterus (Serum-Bilirubin oft > 10 mg/dl). Bisweilen entwickelt sich ein akutes Leberversagen: hohes Fieber, hochgradig gestörtes Allgemeinbefinden bis zum Leberkoma, Kreislaufversagen, Erbrechen, Durchfall, hochgradige Dehydratation, petechiale Blutungen (Verbrauchskoagulopathie).

Lymphatische oder nichteitrige Cholangitis/Cholangiohepatitis

Meistens erkranken junge Katzen bis zu einem Alter von vier Jahren. Die Krankheit soll daher hier nicht weiter besprochen werden.

Sklerosierende Cholangitis/Cholangiohepatitis

Das Krankheitsbild wird sehr selten beobachtet und verläuft von Anbeginn an chronisch mit sklerosierender Bindegewebsvermehrung. Die Gallengänge sind extra- und intrahepatisch verdickt. Bisweilen ist auch die Gallenblase betroffen. Die Umfangsvermehrung der Wände kann so ausgeprägt sein, daß das Lumen nahezu verschlossen ist. Es entsteht ein posthepatischer Ikterus.

Die Laboruntersuchungen ergeben erhöhtes Bilirubin, milde Leukozytose, starke Hyperenzymämie (ALT, AST, GLDH und als Zeichen der Cholestase auch die AP). Die Serum-Gallensäuren sind ebenfalls erhöht. Sobald ein mehr oder weniger vollständiges Sistieren des Galleflusses eintritt, wird in dem dunkelgelbbraunen Urin kein Urobilinogen mehr nachgewiesen.

Diagnose: Bestimmung der Leberenzyme AST, ALT, GLDH und AP. Negatives Urin-Urobilinogen bei Ikterus und erhöhtem Urin-Bilirubin deutet auf einen Gallengangsverschluß (posthepatischer Ikterus) hin.

Die Ultraschalluntersuchung der Leber unterstützt die Diagnose. Die Gallengänge sind erheblich gestaut, die Wände verdickt und echogen, die Gallenblase stark gefüllt, die Wände verdickt. Eine definitive Diagnose, auch eine Differenzierung der drei Typen der Krankheit, erfolgt mit der Leberbiopsie. Vorher sollte eine Untersuchung der Blutgerinnung erfolgen.

Therapie:
Eitrige Cholangitis/Cholangiohepatitis:

- Antibiose: Anfangs parenterale, später – nach Sistieren eines evtl. Erbrechens – orale Applikation von Antibiotika
  - mögliche Antibiotika:
    Amoxicillin 10–20 mg/kg
    Cephazolin (Elzogram) 25–50 mg/kg
    Enrofloxazin 5 mg/kg
    Kanamycin 15–25 mg/kg
    Gentamicin 3–4 mg/kg
  - Die Behandlung muß mindestens sechs Wochen durchgeführt werden.
- Choleretika: Gallensäuren:

Dehydrocholsäure (Decholin®)
10–20 mg/kg
Ursodeoxycholat (Ursochol®)
10–15 mg/kg
Chenodeoxycholsäure (Chenofalk®)
10–15 mg/kg Clanobutin (Bykahepar⁽)
20 mg/kg KM. Es ist nicht bei Gallestau (extrahepatische Cholestase) indiziert. Clanobutin soll kanzerogen sein und ist deshalb kaum noch erhältlich.
– Bei extrahepatischer Cholestase sind Choleretika kontraindiziert.
- Dehydratationsausgleich: Elektrolyt-Glukose-Lösungen
- Azidosebehandlung: Natriumbikarbonat in der Dauertropfinfusion, berechnet nach der Formel -BE x 0,3 x kg KM = zu substituierende Bikarbonationen
- Verbrauchskoagulopathie: Heparin, Beginn mit 50–100 E/kg KM im Dauertropf, später auf 30–50 E/kg KM und Stunde reduzieren.
- Appetitanregung mit Diazepam ($^{1}/_{4}$ mg/kg KM i. m.).

Sklerosierende Cholangitis/Cholangiohepatitis:

- Wenig aussichtsreich. Versucht wird eine Behandlung wie bei eitriger Cholangitis/Cholangiohepatitis. Auch eine Gallenblasen-Duodenal-Anastomose kann erfolgreich sein.

Exokrines Pankreas

WILFRIED KRAFT

Akute und chronische Pankreatitis

Erkrankungen des exokrinen Pankreas in Form einer chronischen Pankreatitis kommen bei Hund und Katze offensichtlich wesentlich häufiger vor, als dies bisher vermutet worden ist. Während die klinische Diagnose bei der Katze noch immer auf große Probleme stößt, kann man beim Hund häufig vorübergehend sehr hohe Enzymaktivitäten der α-Amylase und der Lipase feststellen, die auf eine akute Pankreatitis hinweisen. Aus diesen akuten Pankreatitiden können chronische hervorgehen, die allerdings erst nach Ausfall großer Teile des Pankreas zu meßbaren Verdauungsstörungen mit Enzymabfällen im Kot und zu einem positiven PABA-Test führen. Kürzlich konnte Bangerter (1997) den Beweis von pathologischer Seite erbringen, daß diese Enzymerhöhungen offensichtlich wirklich mit einer Pankreaserkrankung korrelieren. Er konnte darüber hinaus zeigen, daß die Katze offensichtlich wesentlich häufiger erkrankt als der Hund (Abb. 9.1). Außerdem findet sich bei beiden Tierarten eine eindeutige Altersabhängigkeit: Mit zunehmendem Alter besteht eine sich ständig erhöhende Krankheitsinzidenz, die bei der alten Katze nahezu 80 % der untersuchten Tiere betrug. Allerdings dürften

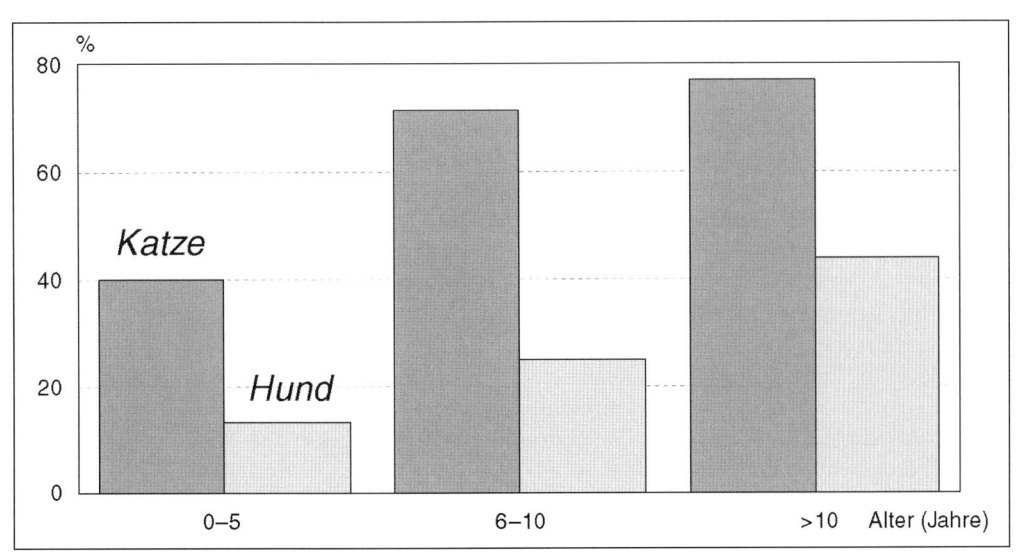

Abbildung 9.1 Chronische Pankreatitis bei Hund und Katze in Abhängigkeit vom Alter; Sektionsbefunde nach Bangerter (1997), Institut für Tierpathologie, München; modifiziert

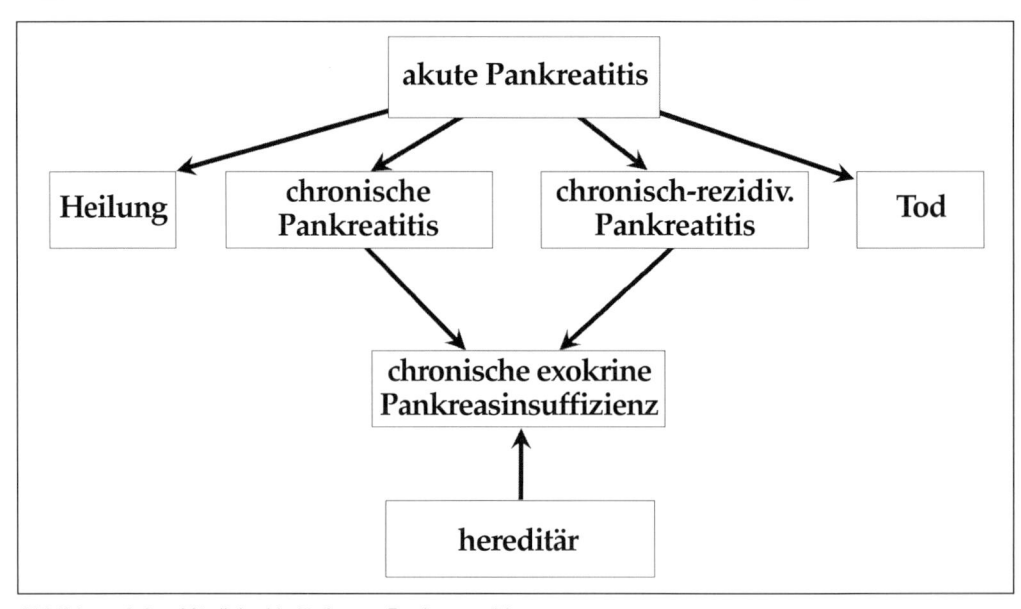

```
        akute Pankreatitis
       ↙    ↙      ↘       ↘
 Heilung  chronische   chronisch-rezidiv.   Tod
          Pankreatitis  Pankreatitis
                ↘       ↙
          chronische exokrine
           Pankreasinsuffizienz
                   ↑
                hereditär
```

Abbildung 9.2 Mögliche Verläufe von Pankreopathien

die wenigsten Tiere klinische Symptome entwickelt haben, so daß die Krankheit in vielen Fällen inapparent gewesen sein dürfte.

In der Untersuchung von Beelitz betrug das Durchschnittsalter der von einer Pankreatitis befallenen Katzen 6,6 Jahre, mit einer Streuung von vier Monaten bis 14 Jahren.

Pankreatitiden können Verläufe nehmen, wie in Abbildung 9.2 dargestellt.

Klinisches Bild: Die Pankreatitiden zeigen klinisch wenig pathognostische Symptome. Folgende Krankheitszeichen werden beobachtet:

Apathie, Anorexie, Dehydratation, Hypothermie, Erbrechen, Abdominalschmerz, der besonders bei Palpation des Vorderbauchs erkennbar wird, ferner Dyspnoe, Durchfall, Fieber, Polydipsie und Polyurie. Die Symptome können so dezent sein, daß sie übersehen werden. In anderen Fällen – bei hämorrhagisch-nekrotisierender Pankreatitis – bestehen schwerste klinische Symptome unter Einbeziehung weiterer Organe, besonders der Lunge, der Leber und der Nieren. Die Krankheit endet häufig im irreversiblen Kreislaufschock.

Diagnose: Beim Hund ist die Bestimmung der Enzymaktivitäten von α-Amylase und Lipase recht indikativ, wenn sie das Dreifache der oberen Referenzbereichsgrenze erreichen oder überschreiten; allerdings sind die Enzyme bei 10–15 % der Fälle nicht erhöht, insbesondere im Anfangsstadium. In solchen Fällen sollten die Enzyme einen Tag später erneut bestimmt werden. Bei akuter Pankreatitis werden Hyperkaliämien und Hypokalzämien, Enzymaktivitätssteigerung von AST, ALT und GLDH und teilweise eine geringgradige Hypercholesterinämie festgestellt, ferner werden Urämien, metabolische Azidosen und Leukozytosen mit Werten bis 50 000/μl beobachtet. Auch der TLI-Test (trysin-like immunoreactivity), der nun auch für die Katze erhältlich ist, soll „oft erhöht" sein (Steiner, 1995). Bei der Katze sind die Aktivitäten von α-Amylase und Lipase kaum einmal deutlich erhöht, so daß bei dieser

Tierart noch eine große diagnostische Unsicherheit besteht.

Die Ultraschalluntersuchung des Vorderbauchs auf der rechten Seite kann eine echoärmere Zone zwischen Duodenum und Magen ergeben. Es gehört jedoch einige Erfahrung dazu, die Struktur richtig zu bewerten.

Die Laparoskopie, evtl. mit Biopsie, kann die Diagnose endgültig sichern. Allerdings ist die dazu erforderliche Narkose bei den oft schlechten Kreislaufverhältnissen nicht ungefährlich. Auch wird die Biopsie beschuldigt, eine akute Pankreatitis verschlechtern zu können.

Therapie: Sie ist nicht standardisiert, und die Meinungen über die einzelnen Maßnahmen gehen auseinander. Der Autor führt folgende Maßnahmen durch:

- Hungern lassen, künstliche Ernährung über zentralen Venenkatheter, keine Nahrung per os!
- Wasser-Elektrolyt-Ausgleich
- Azidoseausgleich: Natriumbikarbonatlösung 4,2%ig nach der Formel:
  negativer Basenüberschuß (-BE) (mmol/l) x kg KM x Faktor 0,3 = benötigte Bikarbonat-Ionen (mmol/Patient)
- Aprotinin (z. B. Trasylol®) 5000–8000 E/kg KM (Wirksamkeit unbewiesen)
- Antiemetika: Chlorpromazin oder Prochlorperazin 0,25–0,5 mg/kg KM i.m. oder i.v.
- Beim Hund: Selen 0,1 mg/kg KM (entsprechend 0,3 mg Natriumselenit/kg KM)
- Breitspektrumantibiotika sind nur in schweren Fällen sinnvoll
- Nach Abklingen der akuten Symptome vorsichtiges Anfüttern, auf mehrfach am Tag verteilt eine fettarme, kohlehydratreiche, mäßig proteinhaltige Diät (etwa r/d-Diät, Versuch mit Anwärmen oder nach Wasseraufschwemmung mit der Sonde eingeben)

Chronische exokrine Pankreasinsuffizienz

Die chronische exokrine Pankreasinsuffizienz (CEPI) kann aus der akuten oder der chronischen Pankreatitis hervorgehen (ältere Tiere), oder aber sie wird als hereditäre Krankheit bei Junghunden (Deutscher Schäferhund) innerhalb des ersten Lebensjahres manifest.

Klinisches Bild: Typisch ist die Trias Polyphagie – Massenstühle – Abmagerung. Das Allgemeinbefinden ist kaum einmal gestört (außer bei rezidivierender Pankreatitis). Die Tiere magern ab bis zum Skelett. Oft besteht übelstriechende Flatulenz. Der Kot weist einen hohen Anteil unverdauten Fettes auf (Fettkot, Steatorrhoe). Durch die mangelhafte Fettassimilation entsteht eine Hypovitaminose fettlöslicher Vitamine (A, D, E, K). Das Allgemeinbefinden ist nicht gestört. Daneben können andere unverdaute Futterbestandteile gefunden werden (Fleischstücke, Kohlehydrate wie Reis, Haferflocken).

Diagnose: Folgende Untersuchungen werden durchgeführt (Näheres siehe Fachbücher der Labordiagnostik):

- qualitative Fett-, Muskelfaser- und Stärkebestimmung im Kot nach Fütterung einer Probekost aus gekochten Kartoffeln, rohem Muskelfleisch und Öl
- dreimalige Bestimmung von Chymotrypsin im Kot
- PABA-Test
- TLI-Test, fTLI-Test (Steiner, 1995)
- Serum-Kobalamin

Therapie: Zwei Teelöffel der handelsüblichen Pankreasfermentpräparate ins Futter. Ob eine Vorinkubation vor der Fütterung stattfinden soll, wird kontrovers diskutiert.

Vitaminmischung zufügen, die die fettlöslichen Vitamine A, D, E und K enthält, bei Katzen auch eine Vitamin-B-Mischung.

Harnsystem

WILFRIED KRAFT

Die chronische Niereninsuffizienz aufgrund der chronischen Nephritiden ist eine im Alter des Hundes oft anzutreffende Krankheit. Sie zählt zu den häufigsten Todesursachen. Auch bei zehn Jahre alten und älteren Katzen nimmt die Krankheitsrate rapide zu (Beelitz, 1988; Trimborn, 1990). Auch Krawiec u. M. (1996) fanden bei der Katze eine starke Zunahme im Alter mit einer Inzidenz von 29,52 % der über 15 Jahre alten Tiere. Bei beiden Tierarten (Abb. 10.1) ist mit einem mehr oder weniger kontinuierlichen Anstieg der Harnwegsinfektionen zu rechnen, wobei das Maximum jenseits des 14. Lebensjahrs liegt (Kraft u. M., 1990). Allerdings fand Pauling (1990) beim Hund ein Maximum bei zehn und elf Jahren und danach eine Verminderung des Anteils am Gesamtkrankenaufkommen. Das Durchschnittsalter der Katzen Trimborns, bei denen Krankheiten der Nieren diagnostiziert worden waren, betrug 11,4 Jahre, bei Harnwegserkrankungen waren es 8,6 Jahre. Die Hunde Paulings erkrankten früher an Nierenkrankheiten, nämlich mit 9,4 Jahren; das Durchschnittsalter bei Harnwegserkrankungen betrug wie bei der Katze 8,6 Jahre.

Bei älteren Tieren ist es jedenfalls erforderlich, die Harnorgane sowohl während

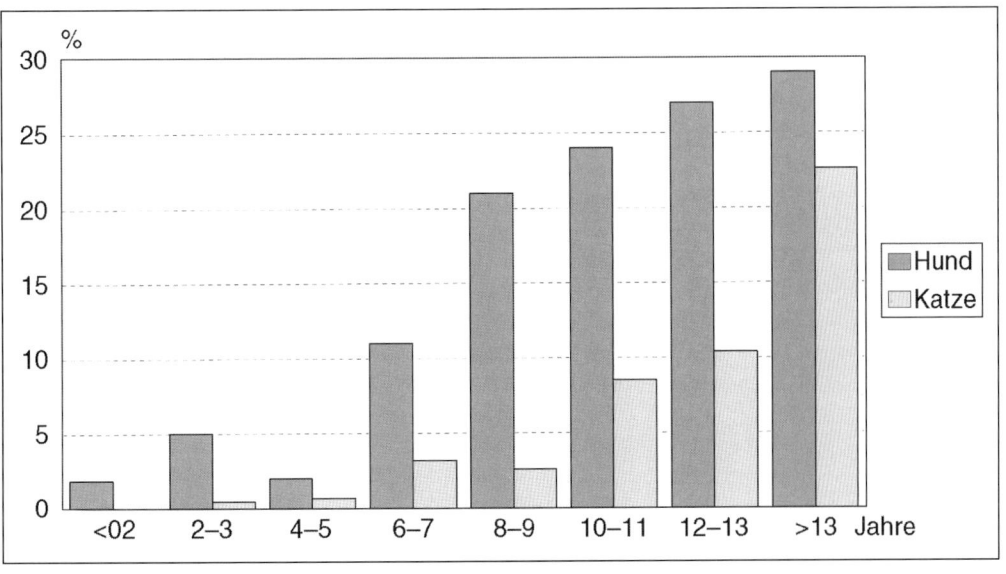

Abbildung 10.1 Chronische Nephropathien bei Hund und Katze

der regelmäßigen prophylaktischen als auch bei der Vorstellung wegen anderer Krankheiten sorgfältig zu untersuchen. Nach Palpation von Niere und Harnblase sollte man eine Ultraschalluntersuchung durchführen. Man achtet bei der Niere auf die Größe, Form, Struktur, insbesondere auch auf die Trennung zwischen Rinde und Mark und auf das Nierenbecken. Die Struktur der Rinde ist dicht, jedoch weniger als die der Leber. Verkalkungen und Konkremente erkennt man an der Schallauslöschung. Die Harnblase ist leicht aufzufinden. Die Wand ist dünn und doppelschichtig; je weniger die Blase gefüllt ist, um so dicker erscheint die Wand. Man achtet außerdem auf den Inhalt; normalerweise ist die Blase nahezu leer. Bei älteren Tieren kommen nicht selten Umfangsvermehrungen der Harnblasenwand als Ausdruck einer Hypertrophie vor. Ebenso muß auf umschriebene oder multiple Umfangsvermehrungen geachtet werden, wie sie bei Tumoren vorkommen. Steine lassen sich leicht anhand der Schallauslöschung erkennen, die auch in der Röntgenuntersuchung deutlich sichtbar werden. Harngrieß und sehr „hochgestellter", d. h. also stark konzentrierter, Harn führen zu „Aufblitzen". Durch leichte stoßende Bewegungen mit dem Schallkopf kann man Harngrieß und Kristalle, aber auch Blutzellen und Detritus aufwirbeln und so der Untersuchung zugänglich machen.

Besonderes Augenmerk muß bei der Sonographie der Prostata gewidmet werden. Sie ist gerade bei älteren und alten Rüden – nach Gaschen (1996) betrug das Durchschnittsalter bei 177 erkrankten Rüden 8,9 Jahre – oft vergrößert, liegt vor dem Beckenrand in der Bauchhöhle und enthält sehr häufig Zysten, die bluten und zu vom Urinabsatz unabhängigem Abgang von Blutstropfen aus der Harnröhre führen können. Beim Hund kommen vorwiegend benigne Prostatahyperplasien, akute und chronische Prostatitis sowie Prostataabszesse, paraprostatische Zysten, Neoplasien und epitheliale Metaplasien zur Beobachtung (Gaschen, 1996).

Die Untersuchung erfolgt durch rektale Palpation. Man achte dabei auf die Lage des

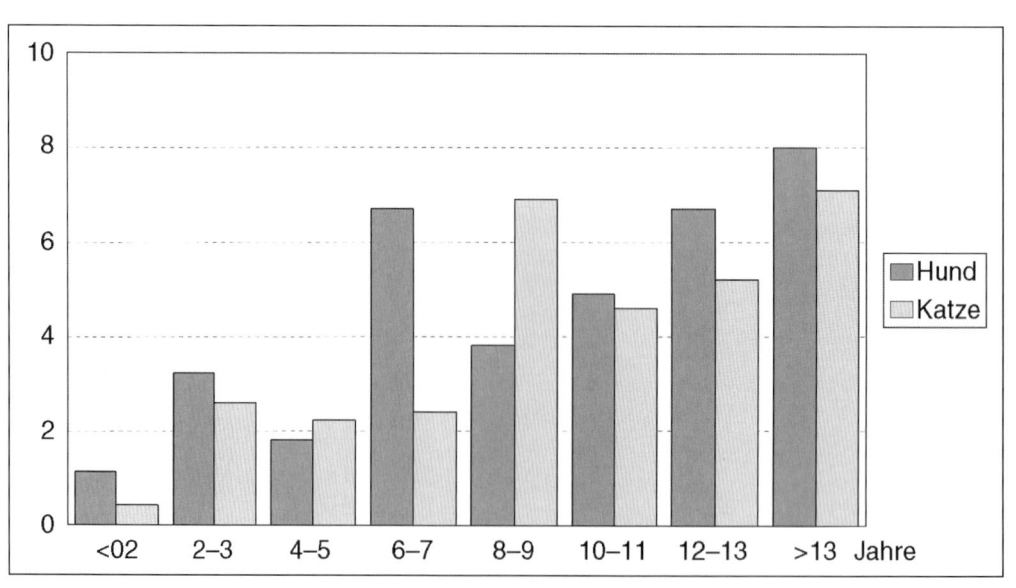

Abbildung 10.2 Krankheiten der harnableitenden Wege bei Hund und Katze

Organs, das normalerweise auf dem Beckenboden gut tastbar ist. Bei sehr großen Hunden ist es jedoch – abhängig von der Länge des untersuchenden Fingers – zum Teil nicht erreichbar. Vergrößerung läßt die Prostata vor den Beckenrand gelangen, und sie kann dann bisweilen vom Bauch her ertastet werden. Im allgemeinen kann man den medianen Sattel zwischen den Drüsenhälften ertasten. Die Prostata ist symmetrisch. Bei Abszessen oder Tumoren wird ein Teil vergrößert und das Organ asymmetrisch, bei Hypertrophie besteht eine Vergrößerung in toto. Die Konsistenz ist derbelastisch, die Drüse ist leicht mit der Harnröhre verschieblich. Bei Tumoren wird das Organ derb; es können Verwachsungen und Infiltrationen in die Umgebung vorkommen, so daß die Drüse nicht mehr gegen die Umgebung abgrenzbar und verwachsen ist. Große Abszesse lassen eine umschriebene Fluktuation tastbar werden. Die häufigen kleinen Abszesse und Zysten können jedoch nur mit Ultraschall entdeckt werden. Prostatitiden entgehen häufig der Untersuchung, können jedoch Anlaß für rezidivierende Bakteriämien bis hin zu tödlicher Sepsis sein. Man sollte in jedem Verdachtsfalle – Fieber, Leukozytose, beschleunigte Blutkörperchensenkungsreaktion, vergrößerte, pralle, schmerzhafte Prostata, evtl. Abszesse oder sonographisch entdeckte Hohlräume – eine Punktion der Prostata entweder durch den Mastdarm oder durch die Bauchhöhle mit bakteriologischer und zytologischer Untersuchung durchführen (wobei bei Prostatitis die Punktion durch den Mastdarm leichte Vorteile bietet).

Sehr wichtig sind Laboruntersuchungen. Sie sollten bei der zweimal jährlichen Routineuntersuchung immer vorgenommen werden. Der Urin wird am besten als Spontanurin gewonnen. Damit lassen sich dann auch die Harnwege distal der Harnblase beurteilen. Ist dies nicht möglich (fast immer bei der Katze), dann ist die Zystozentese die bessere Gewinnungsmethode als das Katheterisieren oder das Ausmassieren der Harnblase (Katze). Man führt zur Untersuchung der Harnorgane folgende Untersuchungen durch:

- spezifisches Gewicht
- Reaktion (pH-Wert)
- Protein
- Blut/Blutfarbstoff
- Sediment

Wie bei jüngeren Tieren auch, ist das spezifische Gewicht über ein weites Spektrum ausgedehnt, beim Hund von 1,001–1,065, bei der Katze von 1,001–1,085. Wenn die Tiere viel getrunken oder flüssige Nahrung aufgenommen haben, wird es auch bei Gesunden (vorübergehend) niedrig, bei Trockenfutter und wenig Flüssigkeitsaufnahme höher. Man muß also den Vorbericht berücksichtigen. In Zweifelsfällen, ob ein Tier konzentrieren kann, muß nötigenfalls ein Konzentrationsversuch oder der Carter-Robbins-Test angeschlossen werden. Hunde sollten auf 1,030, Katzen auf 1,035 und höher konzentrieren können. Das spezifische Gewicht ist jedoch erhöht und kann Konzentrationsfähigkeit vortäuschen bei Albuminurie, Blutbeimengung oder Glukosurie, weshalb auf diese Bestandteile untersucht werden soll.

Normalerweise werden bei Hund und Katze saure pH-Werte gemessen. Die im Alter vermehrt auftretenden Infektionen der Harnwege können jedoch einen alkalischen pH-Wert hervorrufen.

Durch die Involutionserscheinungen, besonders immunpathogene Vorgänge an der Bowman-Kapsel und die verminderte Durchblutung, können Plasmaproteine vermehrt in den Urin gelangen. Aus diesem Grund soll immer auf eine Proteinurie (Albuminurie) geachtet werden. Bei großer Proteinurie muß immer auch der Proteingehalt im Blutserum beachtet werden. Am besten wird dann auch eine Elektrophorese, zumindest aber eine Albuminbestimmung, im Serum durchgeführt.

Die speziell auf die Beurteilung der Harnorgane gerichtete Blutuntersuchung erstreckt sich in erster Linie auf die Bestimmung von Serum-Harnstoff und -Kreatinin. Es sei aber betont, daß sie erst ansteigen, wenn zwei Drittel bis drei Viertel der Nephrone funktionslos geworden sind. Im Falle einer Erhöhung (Azotämie) sollten Elektrolyte (Natrium, Kalium, Chloride, Phosphat, auch Kalzium, sowie Blutgas) bestimmt werden. Weiterhin muß dann ein rotes und weißes Blutbild erstellt werden. Bei manifester Urämie kommt eine Verkürzung der Überlebensdauer der Erythrozyten und eine Funktionsbeeinträchtigung der Thrombozyten zustande. In Verbindung mit mangelhafter Erythropoetinsekretion wird dadurch eine aplastische Anämie hervorgerufen, im Blut erkennbar an den trotz Anämie fehlenden Regenerationszeichen, besonders Mangel an Retikulozyten. Andererseits führt die Funktionsstörung der Thrombozyten zu einer erhöhten Blutungsneigung. Auf altersbedingte Abweichungen von Laborergebnissen wird später eingegangen.

Die in praxi selten untersuchte Clearance ist beim alten Tier aus den genannten Gründen vermindert. Die herabgesetzte glomeruläre Filtrationsrate wird durch die Verminderung der Clearance angezeigt.

Die häufig im Alter auftretende Inkontinenz kann zahlreiche Ursachen haben. Die wohl häufigste Ursache bei der Hündin ist der mit der Ovariektomie einhergehende Östrogenmangel. Die Inkontinenz tritt meist einige Monate bis Jahre nach der Kastration auf. Auch die im Alter häufigen Harnblasen- und Harnröhrenentzündungen können unkontrollierten Urinabsatz begünstigen. Rückenmarkserkrankungen, Krankheiten des Groß- oder Kleinhirns können ebenfalls zu Harninkontinenz führen. Dabei ist die willentliche Unterdrückung des Harnabsatzes gestört. Lähmungen des unteren motorischen Neurons im Sakralmark lassen ebenfalls den Harn unwillkürlich ablaufen, während Lähmungen im oberen motorischen Neuron oder Rückenmark kranial des Sakralmarks zu Sphinkterspasmen mit übervoller Blase führen.

Krankheiten der Harnblase gehen häufig mit Hämaturie einher, wobei insbesondere der Terminalurin bereits vom Besitzer makroskopisch als blutig erkannt wird. Man sollte daher besonders bei der Erhebung des Vorberichts dieses Symptom berücksichtigen. Auch aus diesem Grund ist es sinnvoll zu versuchen, den Spontanurin zu untersuchen. Dagegen führen Krankheiten der Prostata und der Harnröhre zu vom Urinabsatz unabhängigem Blutabgang aus der Harnröhre oder zu blutigem Anfangsurin.

Chronische Niereninsuffizienz

Definition: Progressive Verminderung des Glomerulumfiltrats infolge fortschreitender Funktionsunfähigkeit der Nephrone mit zunehmender Störung des Wasser-Elektrolyt-Säure-Basen-Status sowie endokrinen Funktionsstörungen (Erythropoetin-, Calcitriol-Verminderung).

Die **Ursache** chronischer Niereninsuffizienzen bleibt beim alten Tier oft unklar; in vielen Fällen liegt eine idiopathische chronische interstitielle Nephritis vor (DiBartola u. M., 1987). Seltener sind chronische immunogene Glomerulopathien (Glomerulitis) oder Amyloidosen verantwortlich, ferner Pyelonephritis, malignes Lymphom (Lymphosarkom), Feline Infektiöse Peritonitis, Zystenniere, Hydronephrose und Polyarteriitis nodosa. Vorwiegend bei der Katze werden nicht selten Embolien der Nierenarterien infolge hypertrophischer Myokardiopathien beobachtet. Hereditäre Nephropathien sind Jungtierkrankheiten.

Klinisches Bild: Die Leitsymptome chronischer Niereninsuffizienzen sind:

- Polydipsie
- Polyurie
- eingeschränkte Harnkonzentrationsfähigkeit (dauernd < 1,035, später 1,008–1,012)

Als häufige Folgesymptome kommen hinzu:
- Dehydratation
- Inappetenz, Anorexie
- Gewichtsverlust
- Erbrechen
- Durchfall
- Leistungsverlust
- Schwäche
- Apathie
- Bluthochdruck
- Schleimhäute oft blaß bis verwaschen, Gefäße stark gezeichnet
- Bewegungsstörungen (Osteofibrose)

Von seiten des Haarkleides und der Haut werden folgende Symptome bemerkt: Trockenheit, Glanzlosigkeit, Bestehenbleiben einer Hautfalte infolge Dehydratation. Weitere Symptome sind arterieller Bluthochdruck, Linksherzhypertrophie, eventuell Herzrhythmusstörungen, tiefe Atmung (Kussmaul-Atmung), Atemluft riecht stechend urinös, verstärkt gezeichneter Bronchialbaum infolge von Kalkeinlagerung. Stomatitiden und Gastritiden gehören zu den häufigeren Folgeerscheinungen (Ausscheidung von Harnstoff über die Schleimhäute, Metabolisierung zu Ammoniak, das als Zellgift wirkt). Während in den Anfangs- und fortgeschrittenen Stadien Polyurie besteht, versiegt mit zunehmendem Untergang von Nephronen die Harnproduktion, und es entsteht die terminale Oligurie/Anurie bei weiterhin bestehender Isothenurie. Durch den Bluthochdruck können Retinopathien bis zur Blindheit eintreten. Die Tiere sind allgemein geschwächt, neigen zu vermehrtem Schlaf, schließlich zu Stupor bis zum Coma uraemicum. Weiterhin bestehen aregenerative Anämie (Erythropoetinmangel), das Skelettsystem zeigt eine verminderte Dichte infolge des Mangels an Calcitriol (Osteofibrose); ferner können Blutungen infolge einer Thrombozytopathie auftreten. Chronische Nierenkrankheiten neigen zum Begünstigen von Infektionskrankheiten (Streß, allgemeine Immunschwäche).

Diagnose:
- Sorgfältige klinische Gesamtuntersuchung mit Beachtung des Allgemeinbefindens, der Schleimhautbeschaffenheit, Dehydratation, Herz- und Lungenfunktion, Magen-Darm-Störungen, natürlich der Nieren und der Harnwege, des Nervensystems einschließlich der Sinnesorgane, des Skelettsystems
- Ultraschalluntersuchung des Herzens und des gesamten Bauchraums
- Nötigenfalls Röntgenuntersuchung des Skelettsystems (und des Herzens und der Lunge)
- Harnuntersuchung:
  - spezifisches Gewicht, Protein, Hämoglobin
  - Sediment (Erythrozyten, Leukozyten, Epithelien, Harnzylinder)
  - U-P/C
- Blutuntersuchung:
  - Erythrozyten, Retikulozyten, Färbung, Erythrozytenindices
  - Leukozyten, Gesamtzahl, Differentialblutbild
- Serumuntersuchung:
  - Kreatinin
  - Harnstoff
  - Natrium, Kalium, Kalzium, Phosphat
  - Protein
- Blutgasanalyse
- Erforderlichenfalls können in zweifelhaften Anfangsstadien Clearanceuntersuchungen durchgeführt werden
- Nierenbiopsie zur definitiven Erkennung des Ausmaßes, der Art und möglicherweise der Ätiologie

Therapie: Folgende Maßnahmen sind erforderlich:

- Flüssigkeits-Elektrolyt-Ausgleich, insbesondere Azidose-Ausgleich
- Phosphatverminderung: Aluminiumhydroxid, 50–100 mg/kg, zu jedem Futter
- Diätetik: s. dort
- gastrointestinale Entzündungen, Blutungen, Ulzera: H_2-Blocker: Cimetidin, 5–10 mg/kg, zweimal täglich; oder Ranitidin, 0,5–1,0 mg/kg, zweimal täglich, oder Famotidin, gleiche Dosierung
- Antibiose bei Infektionskrankheiten: nierengängige Antibiotika oder Chemotherapeutika (Sulfonamide) nach Antibiogramm
- Anämie: Erythropoetin, 1. Woche 2x wöchentlich 50 E/kg KM s.c. oder i.m.; 2. Woche 2x wöchentlich 75 E/kg KM s.c. oder i.m.; 3. Woche 2x wöchentlich 100 E/kg KM s.c. oder i.m. (Empfehlung nach Leipold). In etwa 25 % der Fälle werden gegen das rekombinante humane Erythropoetin Antikörper von Hund und Katze gebildet. In diesem Falle bessert sich die aregenerative Anämie nicht; das Erythropoetin ist abzusetzen (spätestens nach drei Wochen)
- renaler sekundärer Hyperparathyreoidismus: Calcitriol, 1,5–3,5 ng/kg KM pro Tag (Chew und Nagode, 1992), oder 6,6 ng/kg KM (Brown und Finco, 1995)
- Immunsuppressive Therapie besonders bei Glomerulonephritiden immunogenen Ursprungs: Prednisolon 1–2 mg/kg KM, zweimal täglich, oder Prednisolon 0,5–1 mg/kg, zweimal täglich, zusammen mit Azathioprin, 0,5–1 (bis 2) mg/kg KM, einmal täglich

Akutes Nierenversagen

Die Krankheit kann in jedem Alter vorkommen, hat aber bei älteren Individuen wegen der geringeren Regenerationsfähigkeit besondere Bedeutung. Die **Ursachen** können im weiteren Sinne intrarenal (Infektionskrankheiten wie Leptospirose, Staphylokokken-, Streptokokken-, Proteus-, Escherichiainfektionen, ferner Staupe, Hepatitis contagiosa canis, Herpesvirose, FeLV-Infektion), Intoxikationen (Äthylenglykol, Schwermetalle, Thallium, nephrotoxische Therapeutika) und im engeren Sinne Durchblutungsstörungen durch Kreislaufschocks jeglicher Genese, Traumen oder Nierenarterienembolie sein.

Klinisches Bild: Es wird infolge der Grundkrankheit, deren Symptome zunächst im Vordergrund stehen, erfahrungsgemäß oft übersehen. Unabhängig von der Ursache können vier Stadien des ANV beobachtet werden:

1. Initial- oder Schädigungsstadium
2. Stadium der Oligo-Anurie
3. Stadium der Polyurie
4. Stadium der funktionellen Wiederherstellung

Im Initialstadium steht die Ursache im Vordergrund. Durch die entzündlichen Vorgänge oder aber durch den intrarenalen Blutdruckabfall wird vermindert Primärharn gebildet; es entsteht dann eine Oligurie. In diesem Stadium der „Niere im Schock" läßt sich die Oligurie behandeln.

Sofern die Grundkrankheit überstanden wird, kann dieses Stadium folgenlos abheilen. Sonst aber tritt das zweite Stadium der Oligo-Anurie ein („Schockniere") mit Anstieg der harnpflichtigen Substanzen (Harnstoff, Kreatinin u.a., ferner Hyperkaliämie, Hyperphosphatämie und metabolische Azidose). In wenigen Tagen entsteht das Vollbild einer Urämie mit hochgradig gestörtem Allgemeinbefinden, Erbrechen, Anorexie, Foetor urinosus ex ore, Störungen des Nervensystems (fibrilläre Zuckungen, Ataxie, Benommenheit, Krampfanfälle). Die Urinmenge ist vermindert. Durch den Kreislaufschock, der Oligurie und Störung lokaler Abwehrmechanismen besteht die erhöhte Gefahr einer Infektion der Harnwege. Das spezifische Gewicht des wenigen noch sezernierten Urins ist herabgesetzt (<1,035). Meist wird eine Leukozytose beobachtet. In diesem Stadium kann der Patient als Folge der Urämie sterben. Die Hyperkaliämie führt zu schweren Herzinsuffizienzen. Die metabolische Azidose, das Kreislaufversagen und die Harnstoffausscheidung mit Umwandlung in Ammoniak ziehen schwere gastrointestinale Störungen nach sich mit Mundschleimhautveränderungen (Stomatitis, Ulzera), Erbrechen, Durchfällen, Magen-Darm-Blutungen.

Überlebt der Patient, so wird das dritte oder polyurische Stadium erreicht. Die Harnmenge steigt auf über 2 ml/kg KM und Stunde, das spezifische Gewicht sinkt auf unter 1,008). Die Azotämie mit Harnstoff- und Kreatininerhöhung, Hyperphosphatämie und Hyperkaliämie sowie Azidose bleiben zunächst noch weiter bestehen. Es schließt sich das vierte Stadium der funktionellen Wiederherstellung an mit Abklingen der Azotämie. Eine völlige Heilung der Nieren selbst wird jedoch nur ausnahmsweise beobachtet; vielmehr bleibt meist eine eingeschränkte Leistungsbreite (Konzentrationsinsuffizienz) zurück.

Diagnose: Vorbericht und klinische Untersuchung lenken die Aufmerksamkeit – auch – auf die Nierenfunktion. Man achte auf die Urinmenge. Eine postrenale Ursache ist besonders bei Unfällen (Rupturen) auszuschließen (Kontrastdarstellung, Sonographie). Rasch ansteigende Kreatinin- und Harnstoffwerte bei Oligurie deuten auf eine akute Niereninsuffizienz hin.

Therapie: Sie umfaßt folgende Maßnahmen:

- Volumenersatz: Bereits im Initialstadium ist für ausreichenden Volumenersatz zu sorgen, um die Nierenfunktion aufrecht zu erhalten. Dabei sind die „drei Komponenten der Volumensubstitution" (s. Kap. 2 „Allgemeines") zu beachten:
  - Substitution des täglichen Flüssigkeitsbedarfs (Erhaltungsdosis)
  - Ausgleich der Dehydratation
  - Ersatz des zusätzlichen Flüssigkeitsverlusts (durch Erbrechen, Durchfall, Polyurie)
- Diureseanregung: Sie wird erst nach erfolgter Rehydratation durchgeführt
  - Mannitol, 1,5 g Mannitol/kg KM (0,5 g/kg innerhalb der ersten 15 Minuten gegeben, Rest in den folgenden 45 Minuten). Wenn keine Diurese eintritt, keine weiteren Versuche durchführen
  - Furosemid, 1 mg/kg KM, oder
  - Xipamid, 0,1–0,5 mg/kg KM intravenös
- Vasodilatatoren: Dopamin, 2–5 µg/kg und Minute in der Dauertropfinfusion
- bei Hyperkaliämie: Glukose-Lösung, 2 g/kg KM in 5%iger Lösung, plus Insulin, 1 E Alt-Insulin/2–3 g Glukose in der Dauertropfinfusion
- Dialyse als Peritonealdialyse: 2,5 g Glukose und 0,45 g Natriumchlorid pro 100 ml Aq. dest., 20 ml/kg KM infundiert, 30 min in der Bauchhöhle belassen, danach absaugen, mehrfach durchführen
- Antibiose je nach Ursache einer infektiösen Erkrankung der Niere, am besten nach Einleitung eines Antibiogramms (Harnuntersuchung)

Nierentumoren

Sie kommen insgesamt recht selten vor, bei der Katze jedoch deutlich häufiger als beim Hund.

Unter den primären Nierenmalignomen werden Karzinome und Sarkome, bei der Katze jedoch besonders Nierenlymphome (Lymphosarkome) beobachtet.

Klinisches Bild: Sofern nur eine Niere erkrankt ist, bleibt die Krankheit lange Zeit unentdeckt. Bei beidseitigem Befall entstehen die Symptome der chronischen Niereninsuffizienz mit Urämie. Besonders wird über Abmagerung, Blässe und aregenerative Anämie, Azotämie und besonders Proteinurie (Albuminurie) berichtet. In seltenen Fällen wird eine echte Polyzythämie infolge vermehrter Sekretion von Erythropoetin beobachtet.

Diagnose: Die klinische Untersuchung, unterstützt durch Sonographie und Röntgen, ergibt die Vergrößerung einer oder beider Nieren, knotige oder generalisierte verminderte oder aber vermehrte Echogenität, oft mit subkapsulärem Erguß. Azotämie, Anämie und Urinbefunde deuten auf die fortgeschrittene Insuffizienz der Nieren. Eine definitive Diagnose wird durch die Nierenbiopsie (Zytologie, Histologie) gestellt. Etwa die Hälfte der Katzen mit Nierenlymphomen sind FeLV-Antigen-positiv.

Therapie: Ist nur eine Niere betroffen, kommt die einseitige Nephrektomie in Frage. Im übrigen wird die Chemotherapie empfohlen, die besonders im Falle von Nierenlymphomen angewandt wird (s. Kapitel „Tumoren").

Entzündliche Krankheiten der Harnwege

Die entzündlichen Krankheiten der Harnblase haben beim Hund zwar schon in der Mitte des Lebens ein Maximum, der größte Teil kommt jedoch im höheren Alter zur Beobachtung. Gleiches gilt für die Katze, wobei die Spitze der Erkrankungen zwei Jahre später erfolgt als beim Hund. Im Gegensatz zum Menschen, bei dem die Frau öfter als der Mann an entzündlichen Erkrankungen der Harnwege leidet, überwiegt bei der Katze knapp das männliche Geschlecht mit 1,12:1 (Trimborn, 1990). Umgekehrt ist beim Hund der Rüde seltener betroffen, nämlich 1:1,3.

Ursachen von Entzündungen der Harnwege sind insbesondere bakterieller Natur.

Folgende Erreger werden am häufigsten angetroffen: Staphylokokken, Streptokokken, Escherichia coli, Pasteurellen, Pseudomonas, Proteus, Enterobacter, Klebsiellen. Um die Diskussion einer viralen Ursache ist es still geworden. Dagegen kann Immunsuppression (iatrogen durch Kortikosteroide oder Zytostatika, oder durch FeLV- oder FIV-Infektionen) einer Infektion der Harnwege Vorschub leisten ebenso wie Diabetes mellitus oder Hyperadrenokortizismus. Die seltenen Candida-Infektionen werden durch langdauernde Antibiotikagabe begünstigt. Auch Harnsteine sind nicht selten Wegbereiter für Infektionen; umgekehrt können sie jedoch auch als Folgen von Infektionen entstehen. Iatrogen können Zystitiden durch Katheterisierung hervorgerufen werden. Schwere Blutungen in die Harnblase können durch Cyclophosphamid ausgelöst werden.

Klinisches Bild: Typische Bilder einer Entzündung der Harnwege sind:
- Pollakisurie
- Strangurie
- Hämaturie der Endportion: Zystitis
- Hämaturie der Anfangsportion: Urethritis, Prostatitis oder Blutungen in die Scheide
- Hämaturie Gesamtharn: Niere, Nierenbecken, Ureteren
- Veränderung der Urinfarbe und -durchsichtigkeit

Diagnose:
- Palpation der Harnblase ist bisweilen schmerzhaft
- Urinuntersuchung: oft trüb, z.T. rötlich oder mißfarben, bisweilen stechender Geruch, alkalische Reaktion, Leukozyten und Erythrozyten vermehrt, Tripelphosphat (Magnesium-Ammonium-Phosphat), Protein; keine Harnzylinder (außer bei gleichzeitiger Nephropathie)
- Blut: bisweilen Leukozytose (Neutrophilie), selten beschleunigte BSR, nur in schweren Fällen postrenale Azotämie

- Sonographie: Verdickung der Harnwand (Ödem; Infiltration), zahlreiche Echos im Blasenlumen
- bakteriologische Untersuchung des Harns (mit Antibiogramm)
- evtl. Biopsie (Urozystoskopie)

Therapie:
- Feststellung und Beseitigung einer Primärursache
- bakteriologische Untersuchung, Antibiogramm
- in schweren Fällen sofortiger Einsatz von Breitspektrumantibiotika, evtl. Antibiotikumwechsel nach Erhalt des Ergebnisses des Antibiogramms, mindestens drei, besser sechs Wochen lang
- Ggf. Ansäuern des Harns: Ammoniumchlorid, 50–100 mg/kg KM, oder Vitamin C, 100–500 mg/kg
- therapiebegleitende Harnkontrollen

Harnblasentumoren

Sie kommen selten vor, beim Hund jedoch wesentlich häufiger als bei der Katze, können gut- oder bösartig sein. Das häufigere Auftreten beim Hund wird dem unterschiedlichen Tryptophanmetabolismus zugeschrieben. In jedem Falle sind Harnblasentumoren Krankheiten alter Tiere.

Klinisches Bild: Es entspricht weitgehend dem einer chronischen Zystitis: Pollakisurie, Strangurie, terminale, später generalisierte Hämaturie mit stärkerer Blutbeimengung in der Endportion, Pyurie. Sofern der Tumor am Blasenhals lokalisiert ist, kann Incontinentia urinae bestehen. Als Folgen der Blutungen können chronische Blutungsanämien festgestellt werden, in fortgeschrittenen Stadien mit Metastasierungen auch allgemeine Kachexie.

Diagnose: Die Urinuntersuchung zeigt die Erkrankung der Harnblase. Durch Ultraschalluntersuchung können die tumorösen Infiltrationen sichtbar gemacht werden. Zur Diagnose mittels Röntgenuntersuchung ist die Ausscheidungs- oder retrograde Kontrastmitteldarstellung (Doppelkontrast) erforderlich. Klarheit über die Art des Tumors bringt die Biopsie über Laparotomie, transabdominale (Rüde, Katze) oder transurethrale (Hündin) Zystoskopie.

Therapie: Partielle Zystektomie. Ggf. kann die totale Zystektomie mit Verbindung der Ureteren in den Darm erforderlich werden.

Harnkonkremente, Harnröhrenobstruktion

Harnkonkremente bestehen entweder aus rein anorganischem Material (Kristalle, Harnsteine) oder aus organischem Material (Zelldetritus), dem anorganisches Material in unterschiedlicher Menge beigemengt sein kann. Konkremente können im Nierenbecken liegen, von dort disloziert werden und im Ureter steckenbleiben oder in die Harnblase wandern, oder sie können in der Harnblase entstehen und von dort aus in die Urethra wandern und ggf. steckenbleiben. Die Obstruktion der Harnröhre bei der Katze, früher als felines urologisches Syndrom (FUS) bezeichnet, weit überwiegend beim Kater, kommt in der Hauptsache durch organisches Material zustande, dem kristallines, meistens Struvit (Magnesium-Ammonium-Phosphat), beigemischt ist.

Insgesamt gehören Harnkonkremente nicht zu den häufigsten Krankheiten des Harnsystems, kommen bei beiden Tierarten allerdings auch nicht gerade selten vor. Die Abbildung 10.3 zeigt, bezogen auf die Altersgruppen, die relative Häufigkeit. Daraus ist zu entnehmen, daß die Harnkonkremente und Harnröhrenobstruktionen eindeutig Alterskrankheiten darstellen.

Klinisches Bild: Im Nierenbecken bleiben „Nierensteine" oft lange Zeit unerkannt. Bei

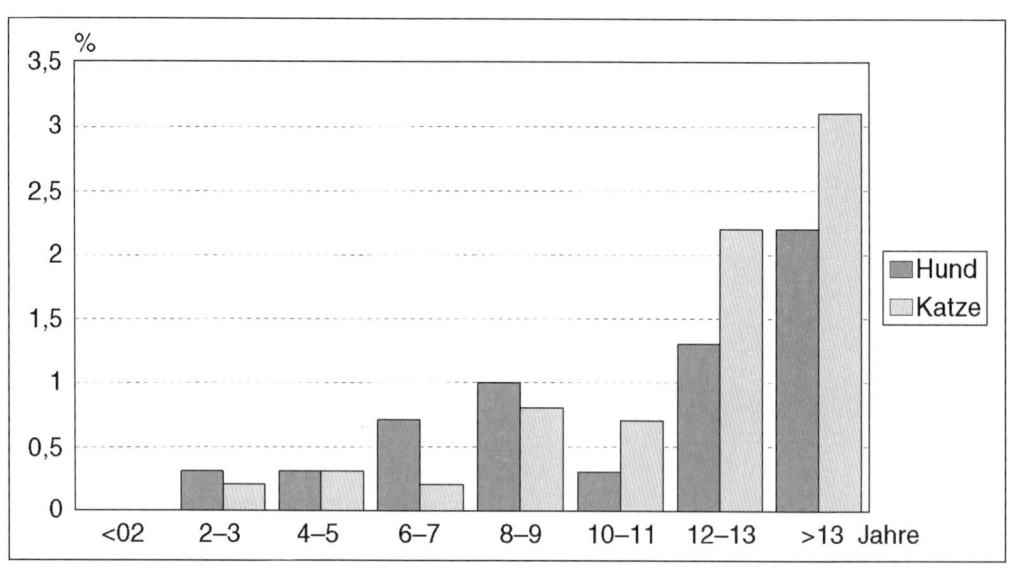

Abbildung 10.3 Harnkonkremente und Harnröhrenobstruktion

der Urinuntersuchung fällt eine gleichmäßige Hämaturie (alle Portionen gleichmäßig betroffen) auf. Sofern ein Ureter verlegt wird, entsteht eine Hydronephrose, die bei Einseitigkeit – im Gegensatz zum Menschen – kaum Symptome hervorbringt.

Bei Blasensteinen besteht das Bild einer Zystitis: Pollakisurie, Strangurie, terminale Hämaturie. Bisweilen werden Schmerzäußerungen vernommen. Sofern die Konkremente zur Obstruktion der Harnröhre führen, versiegt der Harnabsatz schlagartig. Danach versucht der Patient wiederholt erfolglos, Urin abzusetzen. Gleiches gilt für die Obstruktion bei Harnröhrenpfröpfen der Katze.

Diagnose: Harnblasensteine können bisweilen palpiert werden. Sofern eine Ureterenobstruktion längere Zeit besteht, kann die betroffene Niere sehr groß werden (Hydronephrose) und als vergrößert palpiert werden. Bei Harnröhrenobstruktionen kann man beim Kater im Penis häufig den Pfropf palpieren und die Krepitation fühlen. Die Urinuntersuchung ergibt ähnliche Befunde wie bei Zystitis; allerdings ist der Harn – außer bei komplizierender oder vorausgegangener bakterieller Zystitis und bei Struvitsteinen – sauer. Man sollte jedoch in jedem Falle eine bakteriologische Untersuchung durchführen, da häufig bakterielle Infektionen bestehen. Im Urinsediment müssen die Kristalle identifiziert werden.

Therapie: Große Steine – außer Struvitsteine – müssen chirurgisch entfernt werden. Dies ist insbesondere dann erforderlich, wenn sie zu anderweitig nicht behebbaren Obstruktionen oder gar schon zu postrenaler Urämie geführt haben. Ansonsten geht man folgendermaßen vor:

- bei Urolithiasis durch Struvitsteine:
  - Ansäuerung des Urins (pH-Wert < 6,0): Ammoniumchlorid 100 mg/kg KM, auf einmal oder besser dreimal täglich verteilt oder
  Methionin 1 g/Katze und Tag
  Vitamin C 100–500 mg/Katze
  Die Dosen können erhöht werden, wenn der Harn-pH nicht tief genug absinkt (Vorsicht vor Demineralisierung der Knochen; Serum-Kalium kontrollieren)

größere Dosen von Methionin wirken toxisch
- evtl. Behandlung mit Schleifendiuretika: Furosemid 1 mg/kg KM (es steigert jedoch die Kalziumausscheidung und sollte daher bei Kalziumsteinen nicht verwandt werden)
- zur Diätetik stehen Fertigfuttermittel zur Verfügung (z. B. s/d Hills), s. „Diätetik"
- Harnröhrenobstruktion durch organisches Material (früher „FUS"):
  - Spasmolyse: Butylscopolamin 0,5 mg/kg i. v. (Vorsicht bei Kreislaufschock)
  - vorsichtige Penismassage
  - Spülung der Harnröhre mit warmer 0,9%iger Kochsalzlösung unter Zugabe eines Lokalanästhetikums
  - Bei Beimengung von Struvit Spülung mit warmer Walpoles-Lösung (z. B. Urofree®)
  - Aufrechterhaltung eines sauren Harn-pH: Ammoniumchlorid 50–100 mg/kg KM oder Methionin 500–1000 mg/Katze
  - evtl. Anregung der Diurese: Furosemid 1 mg/kg oder Hydrochlorothiazid 0,5 (1–2) mg/kg
  - bei bakterieller Infektion: Antibiotika nach Antibiogramm

Endokrinologie

WILFRIED KRAFT

Störungen des Endokrinums gehören zu den häufigeren Krankheiten im Alter sowohl des Hundes als auch der Katze. Während bei der Katze zumindest in Deutschland der Diabetes mellitus ganz im Vordergrund steht, werden beim Hund außerdem besonders der Hyperkortisolismus und – in einigem Abstand – die Hypothyreose gesehen. Die übrigen Endokrinopathien (mit Ausnahme vielleicht der Krankheiten der Fortpflanzungsorgane) stehen im Hintergrund. Bei der Katze ist ein stetiger relativer Anstieg mit zunehmendem Alter zu erkennen. Dagegen wird beim Hund ein Höhepunkt zwischen acht und elf Jahren beobachtet; danach ist ein deutlicher Abfall zu bemerken (Abb. 11.1).

Diabetes mellitus

Man unterscheidet drei Formen: den Typ I oder insulinabhängigen Diabetes mellitus (Blutinsulin zu niedrig), den Typ II oder insulinunabhängigen D. m. (Insulin steigt im Blut an oder ist zumindest nicht erniedrigt) und den sekundären oder Typ-III-Diabetes, der durch eine andere Grundkrankheit ausgelöst worden ist (Wachstumshormon, auch

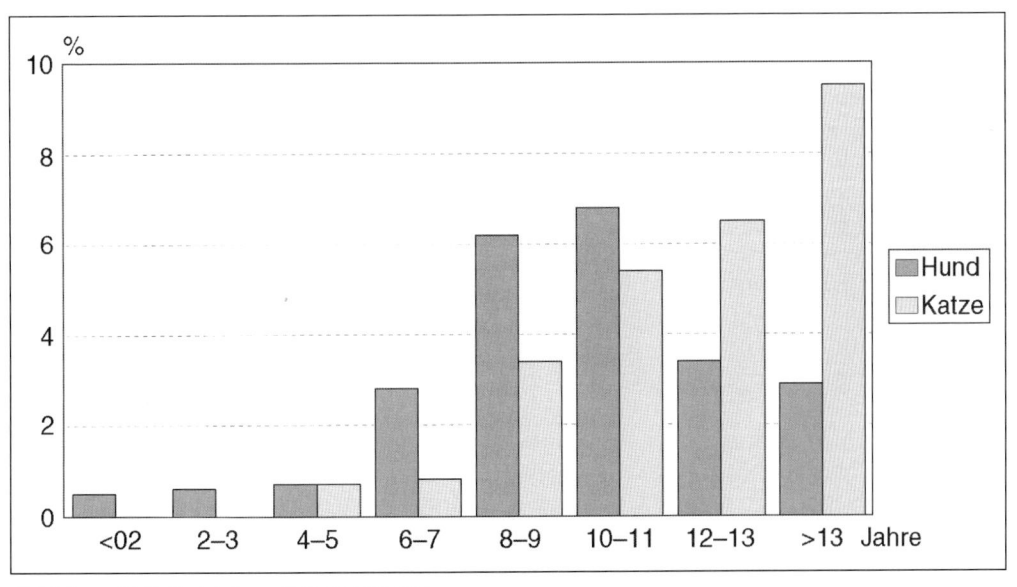

Abbildung 11.1 Endokrinopathien insgesamt

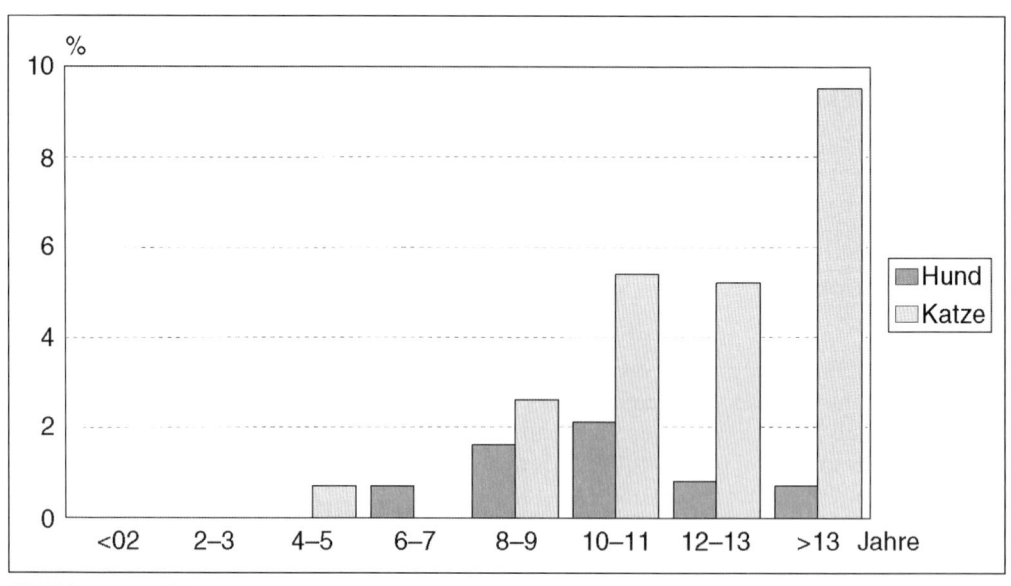

Abbildung 11.2 Diabetes mellitus

durch Progesteron induziert, Glukagon, Hyperkortisolismus, iatrogen oder durch Cushing-Komplex).

Klinisches Bild: Der Diabetes mellitus ist bei Hund und Katze überwiegend eine Alterskrankheit (Abb. 11.2), wenn auch hin und wieder Fälle im Jugendalter beobachtet werden. Überwiegend sind Tiere jenseits des siebten Lebensjahres betroffen (Reusch, 1996). Typisch ist die im Vorbericht häufig schon erwähnte Polydipsie. Die Futteraufnahme ist im allgemeinen nicht gestört, bisweilen sogar erhöht, erst im Stadium der Ketoazidose vermindert oder gänzlich aufgehoben. Oft erkranken adipöse Patienten; im Laufe der Krankheit können die Tiere allerdings stark abmagern. Der canine Diabetes mellitus geht häufig mit Retinopathien und Katarakta einher; letztere, nicht jedoch die Retinopathien, kommen bei der Katze praktisch nicht vor. Nicht selten werden diabetogene Nephropathien mit Urämie gesehen. Selten dagegen sind diabetogene Neuropathien, die besonders mit Bewegungsstörungen (Durchtrittigkeit in der Nachhand) einhergehen. Beim Hund wird die Krankheit sehr häufig im Anschluß in die Läufigkeit und mit der Scheinschwangerschaft manifest.

Diagnose: Die Untersuchung beginnt mit der Erhebung des Status praesens (klinische Untersuchung). Dabei achtet man neben dem Ernährungszustand auf den Hydratationsgrad, auf Schleimhauterkrankungen (Entzündungen, übler, stechender Mundgeruch), Beeinträchtigung der Magen-Darm-Funktion, diabetische Nephropathie und Zystitis. Beim Hund werden häufig Augenveränderungen (Linse, Retina) und als Ursache des Diabetes mellitus Anzeichen des Cushing-Syndroms gesehen (s. u.). Die Diagnose wird bekanntlich durch die Bestimmung der Blutglukose gestellt. Bei der Katze werden besonders bei Aufregung häufig hohe Blutglukosewerte gefunden, ohne daß ein Diabetes mellitus vorliegen muß. In Zweifelsfällen sollte dann eine Bestimmung von Fruktosamin angeschlossen werden. Werte über 340 µmol/l bei der Katze und über 370 µmol/l sprechen für einen Diabetes mellitus, insbesondere wenn er schon längere Zeit besteht (Reusch, 1992). Weitere Untersuchungen erstrecken sich auf:

- Harnglukose
- Harnketonkörper (Hinweise auf Ketoazidose)
- spezifisches Gewicht (bei Diabetes mellitus hoch)
- Reaktion (pH-Wert; bei Ketoazidose sauer, allerdings bei „normaler" Ernährung des Fleischfressers ebenfalls)
- Harnprotein (Hinweise auf Nephropathie oder Harnwegsinfektion)
- Blut, Blutfarbstoff (Hinweise auf Entzündung)
- Sediment
- ggf. bakteriologische Harnuntersuchung und Antibiogramm
- Blutgasanalyse (besonders bei Ketonurie zur Ermittlung einer Ketoazidose)
- Serum- (Plasma-) Elektrolyte (häufig Hypochlorämie, Hyponatriämie)
- bei Verdacht Serum-Harnstoff und -Kreatinin, ebenso
- Leberenzyme (ALT, evtl. AST, GLDH, AP)
- beim Hund Diagnostik des Hyperadrenokortizismus

Eine neurologische Untersuchung, evtl. in Verbindung mit der Untersuchung von Hautbioptaten, gibt Hinweise auf die zwar seltene, dann aber um so beeindruckendere diabetische Neuropathie. Besonders beim Hund sollten die Augen untersucht werden (diabetische Katarakt), bei beiden Tierarten der Augenhintergrund. Auch sollte, wenn möglich, eine Blutdruckmessung erfolgen.

Therapie: Oralantidiabetika können bei der Katze versucht werden; beim Hund sind sie nicht erfolgreich. Bei Leberkrankheiten, auch durch den Diabetes ausgelösten, sollten sie keinesfalls angewandt werden. Man kann einem Diabetes mellitus bei der Katze vorher nicht ansehen, ob die als Antidiabetika eingesetzten Sulfonylharnstoffe wirksam sind, weshalb ein Versuch gemacht werden kann, insbesondere wenn die Besitzer die Injektion des Insulins ablehnen (Reusch). Gegeben werden Glipizid, 0,25– 0,5 mg/kg KM, zweimal täglich, oder Glibenclamid, 0,2 mg/kg KM, einmal täglich. Die meisten zunächst erfolgreich mit Oralantidiabetika zu behandelnden Katzen werden jedoch nach einiger Zeit „insulinpflichtig".

Insulin: Man geht in der Regel folgendermaßen vor:

- Intermediär- oder Langzeitinsulin, Hund 0,5, Katze 0,25 E/kg KM i. m., vorher und alle zwei bis drei Stunden Bestimmung der Blutglukose (Tageszuckerprofil). Erhöhung je nach Wirksamkeit. Befriedigend ist die Einstellung, wenn innerhalb der 24-Stunden-Kurve die Glukose nicht über 200, höchstens jedoch 240 mg/dl ansteigt. Dabei ist zu erproben, ob mit Intermediär- oder mit Langzeitinsulin die gleichmäßigsten Kurven erzielt werden. Der niedrigste Blutglukosewert soll 80 mg/dl nicht unterschreiten. Anderfalls kann eine Aktivierung von Streßhormonen mit nachfolgender verstärkter Hyperglykämie auftreten („Somogyi-Overswing"). Diabetiker sollten zweimal am Tag gefüttert werden, und zwar jeweils vor der Insulingabe. Falls Futter verweigert wird, halbiert man die Insulindosis.

Ketoazidose:

- Kurzzeit- (Alt-)Insulin, Hund 0,2, Katze 0,1 E/kg KM, mit dem Dauertropf (physiologische Kochsalzlösung) i. v.
- Natriumbikarbonat ist nur bei sehr starker Azidose erforderlich (BE deutlich unter -10 mmol/l). Dosis: -BE × 0,1 × kg KM
- Kalium wird substituiert, wenn eine erhebliche Hypokaliämie besteht, die sich nach Insulingabe nicht normalisiert. Die Dosis ist abhängig vom Hypokaliämiegrad.

Hyperadrenokortizismus (Cushing-Syndrom, Morbus Cushing)

Vorkommen: Bei älteren Hunden vorwiegend – aber nicht ausschließlich – kleiner Rassen gehäuft vorkommend. Besonders betroffen sind Pudel (vorwiegend Apricot) und Yorkshire Terrier. Bei der Katze sehr selten.

Klinisches Bild: Leitsymptome sind Polydipsie, Polyurie, Polyphagie, symmetrische Alopezie am Rumpf, restliche Haare lang, dünn, hell bis nahezu weiß werdend, Hautatrophie (dünn, kleinfaltig, trocken, Blutgefäße durchscheinend), z. T. Calcinosis cutis, Stammfettsucht, Muskelatrophie, Hepatomegalie. Der Hyperadrenokortizismus ist eine Krankheit älterer Hunde mit einem Maximum bei den Acht- bis Elfjährigen; danach ist eine Abnahme zu erkennen (Abb. 11.3).

Diagnose: Cortisolbestimmung (0-Wert), ACTH-Injektion i. m. (0,25 mg/Hund), 1-Stunden-Wert (steigt beim gesunden Hund bis höchstens 16 µg/dl, bei Hyperadrenokortizismus > 20 µg/dl; 16–20 µg/dl: in vier bis acht Wochen wiederholen). LDDS: s. S. 133.

Oft schon eindeutige Hinweise gibt die klinische Untersuchung in Verbindung mit dem Vorbericht: Polydipsie, Polyurie, meist Polyphagie, atrophische Hautveränderungen mit symmetrischem Haarverlust besonders am Rumpf und hellerem, seidigem und langem Haarkleid an Kopf und Gliedmaßen, durchscheinenden Blutgefäßen besonders am Bauch, Dermatitiden, bisweilen Einlagerung von Kalk, ferner Stammfettsucht, atrophische Muskulatur. Die Hunde treten oft stark in den Gliedmaßengelenken durch. Es besteht eine erhöhte Infektionsbereitschaft, weshalb eine vollständige Untersuchung durchgeführt werden soll. Zur Diagnose werden unterschiedliche Methoden herangezogen. In der eigenen Klinik wird folgendermaßen vorgegangen:

- Blutentnahme (morgens um acht Uhr) zur Serum-Cortisol-Bestimmung

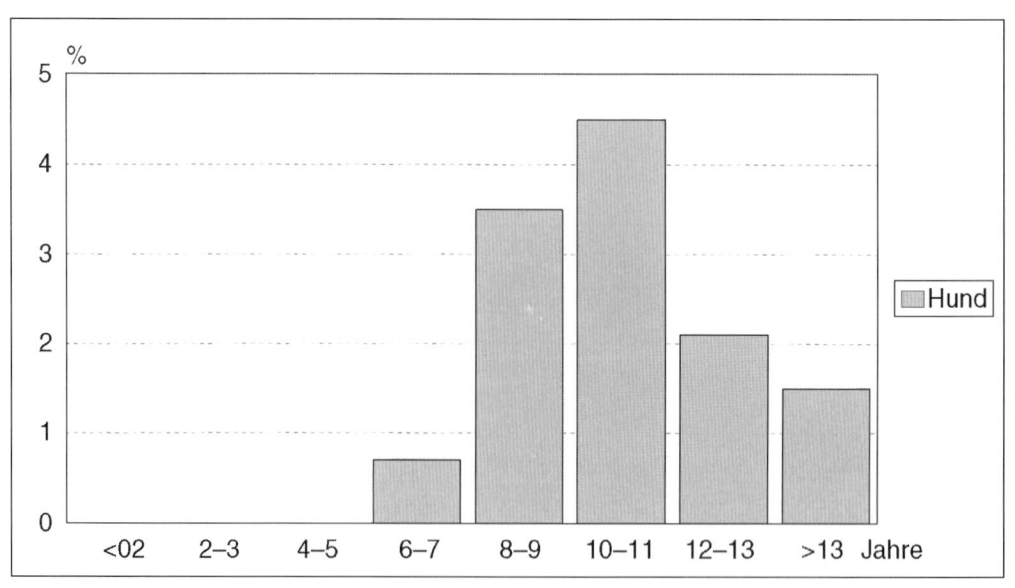

Abbildung 11.3 Hyperkortisolismus

- ACTH-Injektion intramuskulär
- nach einer Stunde erneute Blutentnahme zur Cortisolbestimmung

Am nächsten Tag bei unklarem Befund:
- Dexamethason-Suppressionstest (LDDS)

Nach Breznock und McQueen (1970) soll die Nebenniere des alten Hundes weniger intensiv auf die ACTH-Stimulation reagieren als bei Jungtieren.

Die Bestimmung des Plasma-ACTH-Spiegels bei hohem Serum-Cortisol kann Aufschluß geben über die Lokalisation des Hyperadrenokortizismus: hohes ACTH spricht für eine hypophysäre Ursache (Hypophysenadenom, Cushing-Syndrom), während niedriges ACTH ($\ll 20\,\text{pg/ml}$) bei hohem Cortisol für eine adrenerge Ursache spricht (Nebennierentumor, Cushing-Syndrom). Der Dexamethason-Suppressionstest mit niedriger Dexamethasondosis (0,01 mg/kg KM, low dose dexamethason suppression test, LDDS) führt bei intaktem Hypophysen-Nebennierenrinden-System zu einem Abfall des Cortisols innerhalb von acht Stunden nach Dexamethasongabe unter 1,0 µg/dl. Bei Nebennierenrindenadenom dagegen bleibt der Wert hoch.

Die Untersuchung der Nebennierenfunktion wird vervollständigt durch die Ultraschalluntersuchung der Nebennieren (Hörauf, 1997).

Therapie:
- Nebennierentumor: wenn möglich, Exstirpation.
- Hypophysärer Hyperadrenokortizismus und nichtoperabler adrenerger Hyperadrenokortizismus: drei Tage Mitodane (z.B. Lysodren®), 50 mg/kg KM, danach erneuter ACTH-Stimulationstest. Der Ein-Stunden-Wert des Cortisols nach ACTH sollte unter 5 µg/dl betragen; bei höheren Werten sollte zunächst noch zwei Tage weiter Mitodane gegeben und ein erneuter Test durchgeführt werden usw. Wenn keine Reaktion nach ACTH erfolgt und der Ausgangswert unter 1 µg/dl liegt, sollte dem Besitzer Prednisolon mitgegeben werden, um bei einer drohenden Addison-Krise sofort eingreifen zu können. Nach zufriedenstellender Einstellung wird Mitodane je nach Wirkung alle acht bis vierzehn Tage gegeben, einmal 50 µg/kg KM, evtl. auf zweimal wöchentlich verteilt.

Morbus Addison (Hypoadrenokortizismus)

Der Morbus Addison (Hypoadrenokortizismus) als Unterfunktion der Nebennierenrinde kommt selten beim Hund, ausnahmsweise auch bei der Katze vor. Betroffen sind hierbei vorwiegend jüngere Tiere, bisweilen aber auch ältere, wobei Hündinnen offensichtlich öfter betroffen sind. Das **klinische Bild** ist wenig typisch und geht einher mit Apathie, Muskelschwäche bis Festliegen, Zittern, Anorexie, Erbrechen und Durchfall, Polydipsie und Polyurie. Oft sind die Tiere dehydriert. In schweren Fällen tritt Kreislaufschock ein.

Diagnose: Folgende Untersuchungen sollten durchgeführt werden:

- Blutbild (häufig normozytäre, normochrome, aregenerative Anämie
- Serum-Harnstoff und -Kreatinin (oft erhöht infolge prärenaler Urämie; Cave Verwechslung mit renaler Urämie)
- Serum-Natrium und -Chloride (Hyponatriämie und Hypochlorämie als typische Zeichen)
- Serum-Kalium und -Kalzium (häufig Hyperkaliämie, seltener geringgradige Hyperkalzämie)
- Serum-Cortisol und ACTH-Test (s.o., kein Anstieg des niedrigen Cortisol-Ausgangswertes [< 1,0 µg/dl])

Therapie:
- Addison-Krise:
  - Infusion von physiologischer Kochsalzlösung, ein Teil, +5%ige Glukose-Lösung, ein Teil, als Dauertropfinfusion, Dosis nach den Richtlinien Erhaltungsbedarf, Dehydratationsausgleich, Ersatz zusätzlicher Verluste
  - Fludrokortison, 0,02–0,05 mg/kg KM, einmal täglich
  - Prednisolon, 0,1 mg/kg KM, zweimal täglich

Hypothyreose

Schilddrüsenfunktionsstörungen sind Krankheiten vorwiegend älterer bis alter Tiere (Abb. 11.4). Die Krankheit wird häufig mit Thyreoglobulinantikörpervermehrung im Blut beobachtet (Thyreoiditis und Hypothyreose vom Hashimoto-Typ mit lymphoplasmazytärer Infiltration). In anderen Fällen werden allerdings bei Erstuntersuchung keine Antikörper (mehr?) festgestellt. In eigenen Fällen (Deeg u. M., unveröffentlicht) konnten bei Verlaufsuntersuchungen nach Manifestwerden der Hypothyreose zunehmend Verringerungen der Antikörpertiter festgestellt werden.

Klinisches Bild: Bei der Hypothyreose der Erwachsenen, einer Krankheit, die fast ausschließlich bei Hunden vorkommt, während die angeborene Hypothyreose als Kretinismus heute in Mitteleuropa zu den Raritäten zählt, werden folgende Symptome beobachtet: Müdigkeit, Leistungsschwäche, symmetrischer Haarverlust bei verdickter Haut (trotz Epidermisatrophie), Hyperpigmentation, Schuppenbildung, Kühle bis leichte Untertemperatur.

Die **Diagnose** wird durch Bestimmung der Schilddrüsenhormone vor und nach TSH- oder TRH-Injektion gestellt. Der seit kurzer Zeit zur Verfügung stehende cTSH-Test (Bestimmung des caninen Thyreostimulins) scheint einen Großteil der Stimulationstests mit TRH oder TSH überflüssig zu machen. Der TRH-Test ist zudem durch zahlreiche extrathyreoidale Einflüsse beeinflußbar und daher oft unsicher in der Beurteilung.

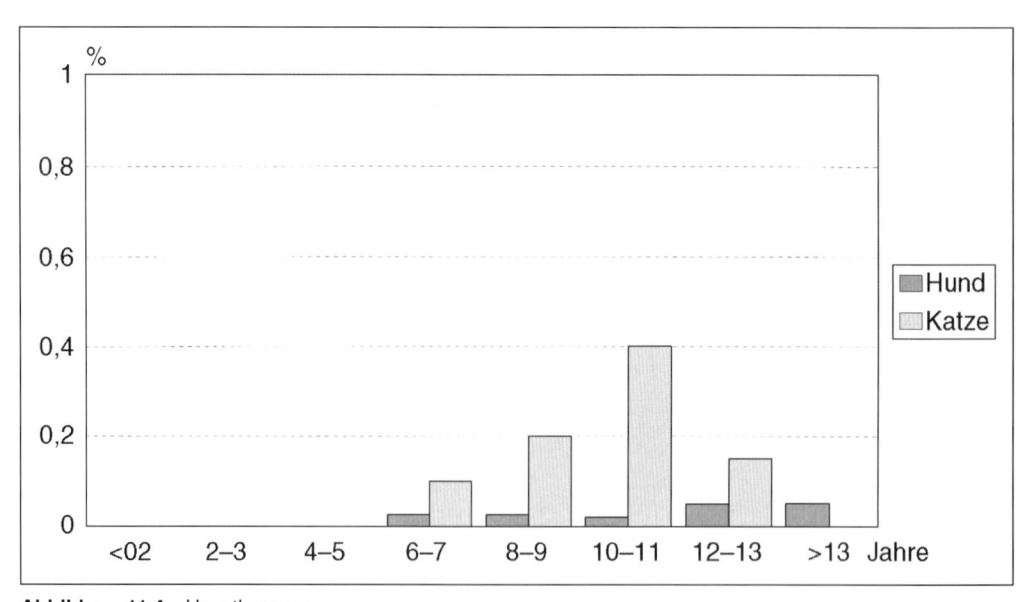

Abbildung 11.4 Hypothyreose

Eine Abhängigkeit der Serum-Konzentration von T4 (und T3) vom Alter ist immer wieder behauptet worden. Tatsächlich ist eine Verminderung des Schilddrüsengewichts gegenüber dem Körpergewicht bei älteren Hunden festzustellen (Michaelsen, 1970). Ob dies jedoch zu einer niedrigeren T4- und T3-Konzentration im Blutserum führt, ist fraglich; eigene Untersuchungsreihen (Kraft, 1976; Pauling, 1990; Kraft u. M., 1990) sprechen dagegen. Jedenfalls besteht klinisch und diagnostisch keine Relevanz. Allerdings soll die Ansprechbarkeit der Körperperipherie auf die Schilddrüsenhormone durch Abnahme der Rezeptoren im Alter abnehmen.

Man geht folgendermaßen vor:

- TSH-Stimulationstest:
  – Blutentnahme zur Bestimmung von Serum-Thyroxin (T4), evtl. auch von freiem Thyroxin (fT4)
  – intramuskuläre Applikation von 0,5 E TSH (höchstens 5 E/Hund)
  – Stunden nach TSH-Gabe erneute Blutentnahme zur T4- (fT4-) Bestimmung

Der Acht-Stunden-Wert des T4 muß mindestens auf 2,0 µg/dl, der fT4-Wert auf mindestens 1,0 ng/dl angestiegen sein (meistens steigen sie in hyperthyreote Bereiche an); dann besteht Euthyreose. Bei Werten unter 1,5 µg/dl bzw. unter 0,6 ng/dl besteht Hypothyreose.

- TRH-Stimulationstest:
  – Blutentnahme zur Bestimmung von T4 (und fT4)
  – intravenöse Injektion von 200 µg TRH/Hund
  – nach 2 und 4 Stunden Blutentnahme zur Bestimmung von T4 (und fT4)

Die Zwei- und Vier-Stunden-Werte des T4 müssen mindestens um 0,5 µg/dl, auf jeden Fall in euthyreote Werte angestiegen sein.

- Untersuchung mit Bestimmung von cTSH:
  – einmalige Blutentnahme zur Bestimmung von T4 (und fT4) und cTSH

Euthyreose liegt vor, wenn:
- T4 ≥ 1,5 µg/dl (fT4 ≥ 0,6 ng/dl) und cTSH ≤ 0,6 ng/ml

Hypothyreose liegt vor, wenn:
- T4 < 1,5 µg/dl (fT4 < 0,6 [besonders wenn < 0,4] ng/dl) und cTSH > 0,6 (Hypothyreose wahrscheinlich), wenn cTSH > 1,2 ng/ml ist Hypothyreose sicher

Therapie: L-Thyroxin, acht bis 14 Tage 5 µg/kg KM, zweimal täglich, danach 7,5–10 µg/kg KM, ebenfalls zweimal täglich. Bisweilen muß die Dosis beträchtlich höher sein (in einem eigenen Fall 80 µg/kg KM und Tag). Man richtet sich am besten nach dem klinischen Bild und dem Serum-Thyroxin, das zwischen acht und zwölf Stunden nach der letzten Thyroxin-Applikation im „Normalbereich" (1,5–4,5 µg/dl) liegen soll.

Hyperthyreose

Die Hyperthyreose kommt beim Hund selten und bei der Katze in Mitteleuropa ebenfalls nicht gerade häufig vor (in drei Untersuchungsreihen des Autors seit 1974 unter 0,3 % aller internistisch kranken Katzen, Abb. 11.5).

Klinisches Bild: Die klinischen Symptome sind richtungsweisend: Unruhe bis Hektik, dabei Leistungsinsuffizienz mit rascher Erschöpfung, Abmagerung bis zur Kachexie, Tendenz zur Atemnot mit Mundatmung, Polyphagie. Da eine ganze Reihe von anderen Ursachen für diese Symptome in Frage kommen (insbesondere Herzkrankheiten und Krankheiten des Respirationstrakts und des Digestionssystems), andererseits Hyperthyreosen aber auch weitere Krankheitsbilder sekundär hervorbringen können, ist eine vollständige Untersuchung erforderlich, die sich inbesondere auf die Untersuchung des Herzens (hypertrophe Kardiomyopathie),

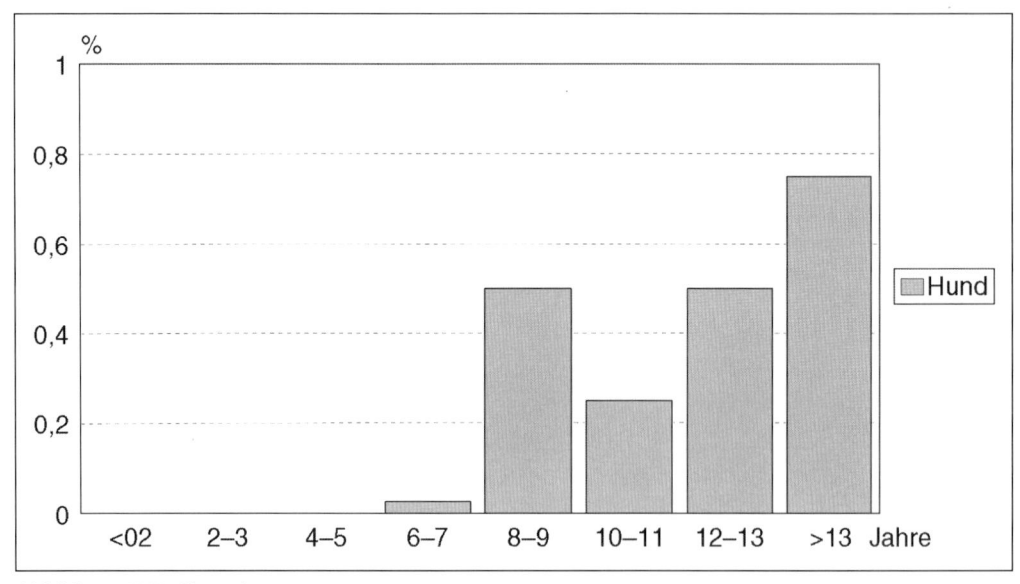

Abbildung 11.5 Hyperthyreose

des Respirationstrakts (felines Asthma), des Digestionstrakts (häufig Lebersymptome) erstrecken muß.

Diagnose: Die Halsgegend vom Kehlkopf bis zum Brusteingang (!) ist sorgfältig auf Umfangsvermehrungen zu palpieren, die Lunge zu röntgen (Metastasen bei Schilddrüsenkarzinomen, evtl. Feststellung ektopischen Schilddrüsengewebes). Die Diagnose wird durch Bestimmung von T4 (fT4 und T3) gestellt. (Bei zweifelhaftem Befund in 4 Wochen wiederholen oder T3-Suppressionstest anschließen.) Zur Erkennung weiterer Auswirkungen einer Hyperthyreose sollten mindestens die „Leberenzyme" ALT (und AST, GLDH und AP, beim Hund evtl. auch γ-GT) bestimmt werden.

Therapie: Es werden insbesondere drei Behandlungsmethoden angewandt:

- Radiojodresektion
- chirurgische Exstirpation
- Thyreostatika

Die Radiojodresektion ist zur Zeit in Deutschland nicht durchführbar.

Chirurgische Exstirpation: Sie ist dann einfach durchzuführen, wenn nur die normotope Schilddrüse betroffen ist. Man sollte die Schilddrüse aus der Kapsel herausschälen, um möglichst die Parathyreoidea zu schonen. Allerdings besteht dann die Möglichkeit des Rezidivs. Man geht folgendermaßen vor:

- Vorbehandlung mit β-Sympathikolytika besonders bei hypertrophischer Myokardiopathie und Tachykardie: Propranolol (z. B. Dociton®), 0,5–1,0 mg/kg per os, bei intravenöser Applikation 0,05–0,1 mg/kg KM, mindestens acht Tage vor der Operation beginnen
- Vorbehandlung mit Thyreostatika: Propylthiouracil, 50 mg/Katze, auf dreimal täglich verteilt. Besser verträglich ist Thiamazol (Methimazol) (z. B. Favistan®). Die Dosis beträgt 5 mg/Katze, auf dreimal täglich verteilt, notfalls auch auf einmal
- Elektrolyt-Wasser-Substitution bei Dehydratation infolge dauernden Erbrechens oder Durchfalls

Geschlechtsdrüsen

Bei alten Hunden müssen die Hoden durchtastet und am besten mit Ultraschall untersucht werden. Die Rate der tumorösen Entartung ist bei alten Rüden sehr hoch. In Zweifelsfällen hilft eine Feinnadelbiopsie mit anschließender zytologischer Untersuchung weiter. Andererseits können Hoden einzeln oder beidseitig atrophieren. Der erkrankte Hoden fühlt sich dann weicher an und ist kleiner als der der kontralateralen Seite.

Hündinnen werden bis ins höhere Alter läufig und bleiben fortpflanzungsfähig. Mit zwölf bis dreizehn Jahren atrophieren jedoch die Ovarien, so daß dann die Läufigkeit ausbleibt. Bei fehlender Läufigkeit sollte man jedoch auch an eine Endometritis oder Pyometra denken und hierauf untersuchen (Palpation, Röntgen, Sonographie, Blutuntersuchungen).

Außerordentlich häufig kommen bei der Hündin im Alter Mammatumoren vor. Etwa die Hälfte ist maligne; gutartige Tumoren können maligne entarten. Bei jeder älteren Hündin (über sieben Jahre, in jedem Falle aber bei den über elfjährigen) ist die Milchleiste routinemäßig besonders sorgfältig zu untersuchen. Die zytologische Untersuchung von Feinnadelbioptaten führt häufig nicht zur Entdeckung der Malignität. Aus diesem Grunde sollte der Tumor totalexzidiert und histologisch untersucht werden. Da Mammatumoren oft in die Lunge metastasieren, ist der Thorax zu röntgen. Dies gilt in noch höherem Maße für die Kätzin mit Mammatumoren, da diese zwar insgesamt wesentlich seltener vorkommen als bei der Hündin, dann aber wesentlich häufiger maligne sind. In jedem Falle von Mammatumoren sollen auch die regionalen Lymphknoten (Inguinallymphknoten) palpiert und insbesondere bei Vergrößerung bioptiert und zytologisch untersucht werden.

Nervensystem

ANDREA TIPOLD

Einleitung

Altersabhängige degenerative Veränderungen des Zentralnervensystems (ZNS) waren und sind noch immer von großem Interesse in der Humanmedizin und der damit in Zusammenhang stehenden Forschung. Vor allem Alzheimer-Krankheit und senile Demenz werden häufig untersucht. Beim Hund und vor allem bei der Katze sind nur wenige klinische Arbeiten und histopathologische Studien vorhanden, die altersabhängige Veränderungen des Gehirns beschreiben. Nachdem sich das Durchschnittsalter der Kleintiere infolge der Entwicklung der Veterinärmedizin und der Haltungsbedingungen erhöht hat, werden auch mehr Haustiere dem Tierarzt wegen „altersbedingter" neurologischer Veränderungen vorgestellt. Dem Besitzer fallen verminderte Lebhaftigkeit auf, der Schlafbedarf ist erhöht; Verhaltensänderungen sind im Zusammenleben störend. Dem Tierarzt obliegt es dann, zu entscheiden, ob die Veränderungen dem normalen Alter entsprechen oder ein organischer, eventuell behandelbarer Schaden die Ursache für die Störungen ist. Die speziellen Untersuchungsmethoden müssen daher aufgrund der schon beschriebenen „Multimorbidität" viel umfangreicher sein, um dem Besitzer diese Frage beantworten zu können. Dies steht im Gegensatz zu jüngeren Tieren, wo neurologische Störungen meist auf ein einzelnes Leiden zurückgeführt werden können und wo es möglich ist, die speziellen Untersuchungsmethoden viel gezielter einzusetzen.

In der Statistik der I. Medizinischen Tierklinik in München fällt auf, daß Hunde mit einem Alter von 12 Jahren und mehr häufiger neurologische Symptome aufweisen. Dies ist bei Katzen nicht der Fall. In München sind die adulten Katzen (3–7 Jahre) am häufigsten in der Neurologie vertreten. Am Institut für Tierneurologie der Universität Bern besteht eine gleichmäßige Altersverteilung der überwiesenen Hundepatienten. Da dieses Institut nur überwiesene Fälle erhält, ist es möglich, daß in der Allgemeinpraxis, ähnlich wie in München, die älteren Hunde die überwiegende Mehrheit an neurologischen Patienten darstellen. Hunde mit einem Alter von über 10 Jahren sind mit ca. 12 % in Bern vertreten. Bei Katzen können wir eine andere Altersverteilung beobachten: Bei dieser Tierart bilden die jungen Tiere die größte Gruppe mit neurologischen Erkrankungen (ca. 36 %). Katzen, die älter als 10 Jahre sind, sind jedoch noch immer mit ca. 15 % der neurologischen Patienten vertreten.

Aus der Abbildung 12.1 geht hervor, daß ein beträchtlicher Anteil der Kleintiere mit neurologischen Erkrankungen zu der „älteren Generation" zählt. Nicht nur bei jüngeren Tieren, sondern auch in dieser Altersgruppe ist es angezeigt, eine Diagnose der neurologischen Störung exakt zu stellen oder zumindest die Differentialdiagnose möglichst einzuengen. Nur so kann dem Besitzer eine Prognose mitgeteilt und eine

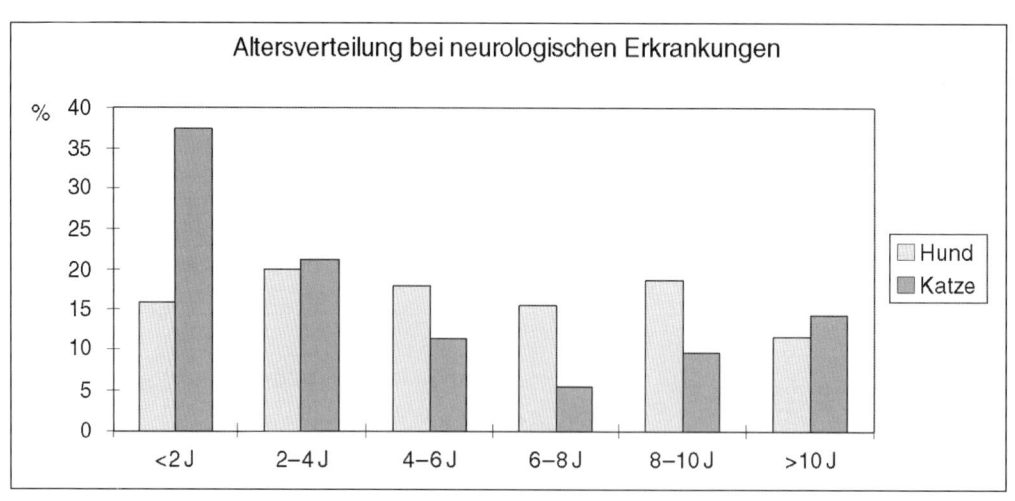

Abbildung 12.1 Altersverteilung bei neurologischen Erkrankungen bei Hund und Katze, Institut für Tierneurologie der Universität Bern, Angabe in Jahren (J)

Therapie eingeleitet werden, die in vielen Fällen erfolgreich ist. Auch für das alte Kleintier sollte gelten: 1. Diagnose, 2. Prognose und Besprechung des weiteren Vorgehens mit dem Besitzer, 3. Therapie. Ein altes Tier mit neurologischen Störungen sollte nicht sofort euthanasiert werden. Neben einigen unheilbaren Veränderungen sind genügend Erkrankungen bekannt, die auf eine Therapie gut ansprechen oder sogar selbstlimitierend sind (z. B. geriatrisches Vestibularsyndrom).

Altersabhängige Veränderungen des ZNS bei Kleintieren

Die Veterinärpathologie versucht, altersabhängige ZNS-Veränderungen mit denen des Menschen zu vergleichen. Es gibt jedoch zuwenig Reihenuntersuchungen des normalen Alterungsprozesses des Gehirns. So ist z. B. eine geriatrische zerebrale Atrophie beim Menschen gut bekannt, beim Kleintier ist dies fraglich. Sollte diese Regression im Alter auftreten, so ist sie bei Hund und Katze wahrscheinlich mild. Die Katze wird häufig in neurophysiologischen Studien verwendet. Aus diesen Untersuchungen ist bekannt, daß im Bereich des Nucleus caudatus eine verminderte Erregbarkeit auftritt. Dies beginnt jedoch schon mit einem Alter von 3 Jahren und ist mit einer Abnahme der Synapsendichte verbunden. Bei alten Hunden wurden Neuronenverluste im Neocortex gefunden. Im Bereich des Spiralganglions wurde ebenfalls eine Neuronenabnahme beschrieben, die am deutlichsten mit 15–17 Jahren ist und mit einer Schwerhörigkeit assoziiert wird. Die akustisch evozierten Hirnstammpotentiale sind verändert (flache Kurve oder herabgesetzte Amplitude und erhöhte Latenz der ersten Kurve). Beim Hund fällt weiterhin eine altersbedingte Astrogliose im Bereich der grauen und weißen Substanz auf (Corona radiata, Corpus callosum, Capsula interna, Hirnstamm und Kleinhirnkerne). Bei Hunden, die älter als 12 Jahre sind, wird histopathologisch eine degenerative Veränderung der weißen Substanz beobachtet, die vor allem stark myelinisierte Trakte betrifft. Ubiquitin- und Galactocerebrosid-immunreaktive Granula werden in diesen Bereichen gefunden. Geschwollene Axone, eine Reaktion auf verschiedenste Insulte, werden vor allem in der Medulla oblongata und im Lumbalbereich des Rückenmarkes bei älteren Tieren gehäuft gesehen. Polyglucosan-Einschlußkörperchen können zufällig bei Hund und Katze gesehen werden. Das „Alterspigment" Lipofuszin scheint sich in Neuronen ohne schädigende Wirkung ablagern zu können. Im Gegensatz dazu ist das Substrat, das sich bei Ceroid-Lipofuscinose ansammelt, zytotoxisch und mit neuronaler Nekrose verbunden.

Auch die Meningen sind häufig altersbedingt verändert und verdickt. Eine knöcherne Metaplasie der Dura mater des Rückenmarkes wird oft bei alten Hunden großer Rassen gefunden und ist meist ohne klinische Bedeutung. Sie ist bereits im Röntgen deutlich sichtbar und verleitet daher häufig zu Fehlschlüssen. Die Gehirngefäße, die so häufig beim Menschen Anlaß zu massiven neurologischen Störungen geben, sind bei Hund und Katze seltener durch Altersveränderungen betroffen. Arteriosklerose kann z. B. bei Hunden mit Hypothyreose im Bereich der zerebrospinalen Gefäße auftreten, die klinische Relevanz ist fraglich. Ähnliches gilt für zerebrovaskuläre Amyloidose und Arteriosklerose mit Plaquebildung des alten Hundes. In einigen Arbeiten wurde versucht herauszufinden, ob sich der alte Hund als Tiermodell für die Alzheimer-Krankheit eignet. Diese Krankheit ist vor allem durch Neuronenverlust, Plaques im Bereich des limbischen Systems und des Hippocampus und Amyloidablagerung gekennzeichnet. Amyloiddeposits in meningealen und zerebralen Arterien können auch beim alten Hund gefunden werden. Die senilen Plaques sind jedoch unterschiedlich zu denen von Alzheimer-Patienten und nicht unbedingt strikt altersabhängig. Die Plaquebildung nimmt aber mit dem Alter zu. Neuronenverlust infolge Apoptose wurde ebenfalls in einer Studie beschrieben. Dieser konnte mit einem „Demenz-Index" der alten Hunde in Korrelation gebracht werden, jedoch nicht mit der Anzahl an senilen Plaques. Der Hund kann daher nicht direkt als Alzheimer-Modell fungieren und wird nur als ein sogenanntes „simplifiziertes Modell" angesehen.

Neurologische Untersuchung

Bei der neurologischen Untersuchung wird kein Unterschied zwischen jungen und adulten Tieren gemacht. Es sollte jedoch bedacht werden, daß alte Tiere häufig eine gewisse Muskelschwäche haben oder zusätzlich zu einem neurologischen Problem orthopädische Schäden aufweisen können. Bestimmte Tests im Rahmen der Haltungs- und Stellreaktionen können von diesen Tieren häufig nur verzögert oder überhaupt nicht durchgeführt werden. Bei Untersuchung der Kopfnerven und dabei auffallender Blindheit muß zunächst abgeklärt werden, ob nicht eine Augenerkrankung die Ursache der Sehstörung ist. Eine Beurteilung, ob nun eine Krankheit des Nervensystems vorliegt und wo diese anhand der Befunde der neurologischen Untersuchung zu lokalisieren ist, ist manchmal beim alten Tier schwierig. Der Untersucher muß immer eine Kombination von verschiedenen Störungen und Befunden zu beurteilen versuchen. Dies gilt zwar für jede Altersstufe, ist jedoch für das alte Kleintier und die sogenannte „Multimorbidität" essentiell.

Die neurologische Untersuchung wird nach Erheben des Signalements und der Anamnese im Anschluß an die allgemeine Untersuchung durchgeführt und dient der Feststellung, ob ein neurologisches Problem überhaupt vorhanden ist. Sollte dies der Fall sein, kann mit dieser Technik eine anatomische Lokalisation der Läsion festgehalten werden, die dann mit verschiedenen Spezialuntersuchungen auf deren Ursache abgeklärt werden muß. Um in der Praxis möglichst rasch alle Tests auswerten zu können, werden meist schon im Rahmen der Allgemeinuntersuchung einige Punkte, wie z. B. Verhalten und Bewußtsein, beurteilt. Gerade beim alten Tier, das mehrere

Organschäden haben kann, muß auf eine exakte allgemeine Untersuchung vor der neurologischen Untersuchung verwiesen werden. Herz-Kreislauf-Probleme etc. werden schon zu Beginn der Untersuchung erkannt oder ausgeschlossen. Mit Hilfe der Allgemeinuntersuchung wird vor allem festgestellt, ob das Nervensystem sekundär zu einer Störung anderer Organsysteme oder primär erkrankt ist. Auch müssen sicherlich häufiger als bei jungen Tieren weitere Spezialuntersuchungsgänge vor der neurologischen Untersuchung oder im Anschluß daran durchgeführt werden (z. B. orthopädische Untersuchung, Untersuchung der Augen), um zu einer exakten Diagnose zu kommen.

Die neurologische Untersuchung beginnt mit der Erhebung des **Signalements**. Dies ist bei der Erstellung einer Differentialdiagnose von Bedeutung und neben dem Alter wird auch die Rasse in Betracht gezogen. Einige Krankheiten treten auch bei alten Tieren vermehrt bei speziellen Rassen auf (z. B. Diskusprolaps beim Dackel, degenerative Myelopathie beim Deutschen Schäferhund). Der **Vorbericht** muß besonders gründlich erhoben werden und wird neben Fragen nach dem Verlauf der Erkrankung (akut, chronisch, progressiv, rezidivierend) vor allem andere vorhergegangene Störungen und zusätzliche Symptome eruieren. Die Untersuchung sollte systematisch und immer in der gleichen Reihenfolge durchgeführt werden. Bei der Überprüfung des **Bewußtseins** wird gleichzeitig die Fähigkeit des Tieres überprüft, mit der Umwelt in Kontakt zu treten. Im groben Sinne wird damit eine Funktion des Hirnstammes getestet, vor allem die Formatio reticularis. Als Abweichungen gelten Apathie, Stupor und Koma. Ältere Tiere sind allgemein ruhiger und können schlechter mit gewissen Stimuli zu Reaktionen verleitet werden. Angeblich ist die Schmerzempfindung im Alter reduziert, was sicherlich bei unseren Haustierspezies schwer zu beweisen ist.

Das **Verhalten** muß lange beobachtet werden, der Vorbericht gibt hier die wichtigsten Aufschlüsse, um zu erfahren, wie sich das Tier in gewohnter Umgebung benimmt. Für das Verhalten sind das limbische System, kortikale und subkortikale Zentren und ein Teil der Formatio reticularis verantwortlich. Bei Erkrankung dieser Strukturen kann es zu Verhaltensstörungen kommen, also vor allem bei Veränderungen im Großhirnbereich. Bei alten Tieren ist eine Veränderung des Verhaltens im Vergleich zu seiner Jugendzeit häufig normal und nicht einer Krankheit gleichzusetzen. Um aber eine Großhirnläsion ausschließen zu können, müssen die entsprechenden Spezialuntersuchungsmethoden angewandt werden. Der nächste Untersuchungspunkt ist die **Haltung**. Diese ist als physiologisch zu bezeichnen, wenn sich das Tier mit allen vier Gliedmaßen gegenüber der Schwerkraft mit normalem Muskeltonus aufrechthalten kann. Beispiele einer unphysiologischen Haltung sind Kopfschiefhaltung, Torticollis, Tiefstellung von Kopf und Hals, Kyphose, Lordose, Skoliose, breitbeiniger Stand bei herabgesetztem Muskeltonus etc. Die Regulierung der Haltung ist eine komplexe Funktion des Nervensystems. Die wichtigste komplexe Funktion, die wir bei unseren Patienten beurteilen können, ist jedoch der **Gang**. Abnormitäten sind unkoordinierte Bewegung (Ataxie), Propriozeptionsstörungen (spontanes Überköten), Lähmungen, Zwangsbewegungen und Dysmetrien (zu kurze oder zu weit ausgeführte Schritte). Gangerschwernis, wie z. B. Treppensteigen, erleichtert oft die Beurteilung von leichtgradigen Störungen. Bei Untersuchung des Ganges muß vor allem beim alten Patienten viel Geduld aufgewendet werden, eine Lahmheit ist von den oben beschriebenen Störungen abzugrenzen. Die **Kopfnerven** entstammen mit Ausnahme der beiden ersten (N. olfactorius, N. opticus) aus dem Hirnstamm und werden mit Hilfe einfacher Funktionen überprüft. Die genaue Beschreibung der einzelnen Überprüfungsmethoden würden den Rahmen dieses Kapitels sprengen. **Haltungs- und Stellreaktionen** helfen oft, eine Gangstörung zu verdeutlichen oder näher zu charakterisieren. Es sind dabei alle Niveaus des Nervensystems einschließlich Motorik und Sensibilität beteiligt. Die Reaktionen sind dabei immer beidseitig auszuführen und vergleichend zu beurteilen. Aufgrund der Komplexität dieser Untersuchungsmethoden können diese Reaktionen nicht allein dazu dienen, eine Läsion im Nervensystem zu lokalisieren, sondern nur in Kombination mit den anderen Untersuchungsmethoden. Alte Tiere führen diese Tests (z. B. Korrekturreaktion, Schubkarren-Fahren, Hüpfreaktion, Unterstützungsreaktion) häufig leicht verzögert und steif aus, sollten aber fähig sein, bei „normalem" Zustand des Nervensystems die Tests auszuführen. Die **spinalen Reflexe** sind von der Intaktheit der motorischen und sensiblen Nerven, der Muskeln und der grauen Substanz des entsprechenden Rückenmarksabschnittes abhängig. Sollten sie herabgesetzt oder gar abwesend sein (Hypo-, Areflexie), spricht dies für eine Läsion in einer dieser Strukturen (Läsion vom unteren motorischen Neurontyp). Im Gegensatz dazu spricht Hyperreflexie für eine Läsion in einem Bereich, der kranial des Reflexbogens liegt (Läsion vom oberen motorischen Neurontyp). Es wurde beschrieben, daß die Reflexe beim alten Tier herabgesetzt sind. Die Autorin kann diese Beobachtung jedoch nicht teilen. Eine Ausnahme stellt der Flexorreflex dar, wo individuell stark stimuliert werden muß. Dies trifft jedoch nicht nur für alte Hunde zu, einige Rassen sind auch in der Jugend stoisch (z. B. Labrador) und der Stimulus muß kräftiger ausgeführt werden, um eine normale Reflexantwort zu erhalten. Die in der Tierneurologie verwertbare Komponente der Oberflächensensibilität ist die **Schmerzempfindung**. Dabei wird überprüft, ob Schmerz vorhanden und wo er lokalisiert ist und ob die Schmerzempfindung bewußt wahrgenommen werden kann. Letzterer Punkt ist wichtig für Erstellung einer Prognose bei z. B. einer Rückenmarksläsion. Ob alte Tiere wirklich eine verminderte Schmerzempfindung haben, ist, wie erwähnt, ungewiß. Verzögerte Reaktionen sind auch durch das allgemein ruhigere Benehmen und die langjährige Gewöhnung an die Manipulation durch den Menschen möglich.

Lokalisation der Läsion im Nervensystem

Jede Region im Nervensystem hat bis zu einem gewissen Grad ihre spezifischen Krankheitsprobleme. Es ist daher wichtig, die bei der neurologischen Untersuchung gefundenen abnormalen Befunde zusammenzufassen und die Läsion im Nervensystem zu lokalisieren. Erst dann können Spezialuntersuchungsmethoden zur Erfassung der Ursache der Läsion gezielt eingesetzt werden. Im folgenden sollen kurz die wichtigsten Symptome, die bei Erkrankung einzelner Regionen des Nervensystems beobachtet werden können, erwähnt werden.

Symptome bei Großhirnerkrankungen

Verhaltensänderungen: z. B. Vergessen von erlernten Verhaltensregeln, Aggression, Übererregbarkeit; Bewußtseinsstörungen (nur bei diffusen und sehr massiven Großhirnerkrankungen). Der Gang ist normal oder es treten subtile Störungen auf; Paßgang, Drangwandern können beobachtet werden. Bei der Beurteilung der Kopfnerven kann ein veränderter Gesichtssinn entdeckt werden (z. B. Laufen in Hindernisse, kontralateraler Ausfall des Drohreflexes, normaler Pupillarreflex). Die Haltungs- und Stellreaktionen sind auf der kontralateralen Seite der Läsion verändert. Ein Anfallsleiden ist häufig.

Symptome bei Erkrankung des Hypothalamus

Neben den erwähnten Symptomen bei Veränderungen im Großhirn ist der Gesichtssinn häufig bilateral gestört, bei Mitbetroffenheit des Chiasma opticum fallen erweiterte Pupillen und ein herabgesetzter Pupillarreflex auf. Die Temperaturregulation ist verändert (Hyperthermie, Hypothermie, Poikilothermie), der Appetit kann abnorm sein (Hyperphagie/Obesitas, Anorexie/Kachexie, Allotriophagie). Zusätzlich werden endokrine Störungen beobachtet (Diabetes insipidus, Diabetes mellitus, Hyperadrenokortizismus, Akromegalie/Wachstumshormon).

Symptome bei Hirnstammerkrankungen

Das Bewußtsein ist beeinträchtigt (Apathie – Stupor – Koma), bei Beurteilung der Haltung können Kopfschiefhaltung, Tetraplegie, Hemiparese, Hemiplegie etc. beobachtet werden. Ebenfalls sind bei der Untersuchung des Ganges starke Störungen zu sehen (Ataxie, vestibuläre Ataxie, Tetraparese, Tetraplegie). Abnorme Kopfnervenfunktionen sind charakteristisch (multiple Kopfnervenausfälle). Die Haltungs- und Stellreaktionen sind an allen vier Extremitäten beeinträchtigt, eine Seitenbetonung ist häufig. Zusätzlich können unregelmäßige Atmung und kardiale Dysfunktion auftreten.

Symptome bei Erkrankungen des Vestibularapparates

Die Symptome bei Erkrankungen des Vestibularapparates werden in der Tabelle 12.1 beschrieben. Hier muß unterschieden werden, ob die Läsion im peripheren Anteil, also im Innenohr oder dem VIII. Gehirnnerven, liegt oder im ZNS.

Symptome bei Kleinhirnerkrankungen

Verhalten und Bewußtsein sind bei dieser Läsion normal, die Haltung ist durch breitbeinigen Stand, evtl. grobe Schwankungen gekennzeichnet. Generalisierte Ataxie, Hypermetrie, verzögertes Stoppen und Laufen in Hindernisse sind typische Gangstörun-

Tabelle 12.1 Symptome bei Erkrankungen des Vestibularapparates

Ausfälle	zentral-vestibulär	peripher-vestibulär
Bewußtsein:		
Apathie – Stupor	ja	nein
Haltung:		
Kopfschiefhaltung, Umfallen	ja	ja
Gang:		
vestibuläre Ataxie	ja	ja
Kopfnerven:		
VII	möglich	möglich
V, VI	möglich	nein
Hornersyndrom	nein	möglich
Strabismus (ventrolateral)	ja	ja
Nystagmus	ja	ja
horizontal	ja	ja
rotatorisch	ja	ja
vertikal	ja	nein
positionell	ja	nein
Haltungs- und Stellreaktionen:		
Korrekturreaktion	ja	nein
abnormale Aufrichtung	ja	ja

gen. Bei Untersuchung der Kopfnerven fällt fehlender Drohreflex (ipsilateral) bei normaler Sehfähigkeit auf. Die Haltungs- und Stellreaktionen werden häufig spastisch ausgeführt, eine hypermetrische Reaktion ist möglich. Intentionstremor und vestibuläre Symptome können beobachtet werden.

Symptome bei Rückenmarkserkrankungen

Die Befunde bei Rückenmarkserkrankungen hängen von der Lokalisation der Läsion im Rückenmark ab. Bei Halsmarkläsionen ist eine Gangstörung in allen vier Extremitäten (generalisierte Ataxie, Tetraparese, Tetraplegie, Hemiparese, Hemiplegie) zu sehen. Die Haltungs- und Stellreaktionen sind an allen vier Extremitäten verändert, eine eventuelle Seitenbetonung ist ipsilateral zur Läsion. Die spinalen Reflexe im Bereich der Vordergliedmaßen sind bei Läsionen im oberen Halsmark normal oder gesteigert, bei Läsion in der Zervikalschwellung liegt Hyporeflexie vor. Eine Hyperästhesie kann zervikal beobachtet werden, eine eventuelle Hypalgesie liegt kaudal der Läsion. Bei Läsionen kaudal der Zervikalschwellung ist die Gangstörung auf die Hinterbeine beschränkt (Ataxie, Paraparese, Paraplegie). Die Haltungs- und Stellreaktionen sind ebenfalls nur im Bereich der Hinterextremitäten verzögert oder abwesend, eine Seitenbetonung der abnormen Reaktion befindet sich ipsilateral zur Läsion. Bei Erkrankung des Thorakolumbalmarkes sind die spinalen Reflexe im Bereich der Hinterextremitäten normal oder gesteigert, bei Läsion im Bereich der Lumbalschwellung abgeschwächt oder abwesend. Hyperästhesie im Bereich der Läsion und Hypalgesie kaudal der Läsion können bemerkt werden. Bei Erkrankung der Lumbalschwellung fallen zusätzlich ein herabgesetzter Muskeltonus und Muskelatrophie der Hinterbeine, evtl. ein herabgesetzter Bulbocavernosus-Reflex und Analreflex, sowie Inkontinenz auf.

Symptome bei Erkrankung peripherer Nerven

Motorische Nerven: schlaffe Parese oder Paralyse der innervierten Strukturen (Bein, Gesichtsmuskeln, Oesophagus); neurogene

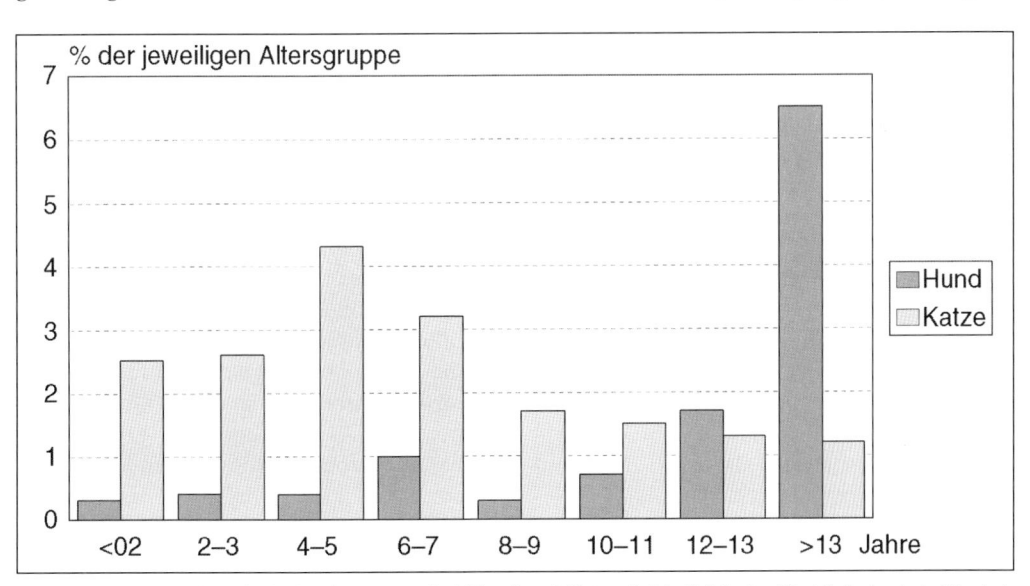

Abbildung 12.2 Neurologische Symptome bei Hund und Katze (I. Medizinische Tierklinik, Ludwig-Maximilians-Universität München, Altersverteilung)

Muskelatrophie, herabgesetzte oder abwesende spinale Reflexe, herabgesetzter Muskeltonus.

Sensorische Nerven: eine isolierte Erkrankung ist selten, die meisten Nerven sind gemischte Nerven. Hypalgesie, Parästhesie, Ausfälle bei den Haltungs- und Stellreaktionen, Automutilation, herabgesetzte spinale Reflexe ohne rasche Muskelatrophie.

Autonome Nerven: Anisokorie oder dilatierte Pupillen, herabgesetzte Tränensekretion, herabgesetzter Speichelfluß, Bradykardie.

Spezialuntersuchungen

Nach Lokalisation der Läsion im Nervensystem wird eine Liste der möglichen **Differentialdiagnosen** erstellt. Der Katalog der Erkrankungen wird folgendermaßen eingeteilt: **v**askuläre Erkrankungen, **e**ntzündliche Veränderungen, **T**rauma, **A**nomalien, **m**etabolisch/toxische Erkrankungen, **i**diopathische Störungen, **N**eoplasien und **d**egenerative Erkrankungen (Merkwort: **Vetamin D**).

Je nach vermuteter Krankheitskategorie muß die Liste der Spezialuntersuchungen aufgestellt werden. Bei vaskulären Erkrankungen, wie z. B. septischer Infarkt, sind zunächst Blutuntersuchung, bildgebende Verfahren der extraneuralen Organe zum Auffinden eines Primärherdes, Liquoruntersuchung, evtl. Computertomographie (CT) und Kernspintomographie (MRI) zur Abklärung notwendig. Bei entzündlichen Erkrankungen stehen Blutbild und Liquoruntersuchung sowie ein entsprechender Antigennachweis im Vordergrund. Zur Abklärung eines Traumas ist neben der klinischen Untersuchung sicherlich die Röntgendiagnostik wesentlich. Anomalien werden bei geriatrischen Patienten äußerst selten gefunden. Bei metabolisch/toxischen Erkrankungen sind eine sorgfältige Blut- und Harnanalyse, evtl. Biopsien zur Abklärung nötig. Als idiopathisch wird eine Krankheit bezeichnet, wenn die Ursache unbekannt ist und auch keine histopathologische Veränderung gefunden werden kann. Das heißt für die Klinik, daß die Diagnose nur im Ausschlußverfahren gestellt werden kann. Zur Diagnostik von Neoplasien bedient man sich vor allem der bildgebenden Verfahren: 1. Thoraxröntgen zur Feststellung von Metastasen, 2. Wirbelsäulen- oder Schädelröntgen, Myelographie, anschließend evtl. CT bzw. MRI. Degenerative Erkrankungen haben unterschiedlichen Charakter und es müssen daher unterschiedliche Untersuchungsmethoden zur Abklärung herangezogen werden. Degenerative Erkrankungen der Bandscheiben und ein daraus resultierender Bandscheibenvorfall werden mit Hilfe der Myelographie diagnostiziert; degenerative Myelopathie z. B. im Ausschlußverfahren, evtl. sind Biopsien nötig und die endgültige Diagnose kann nur histopathologisch gestellt werden.

Die wichtigsten neurologischen Krankheiten des alten Hundes und der alten Katze

In den Abbildungen 12.3 und 12.4 sind die häufigsten neurologischen Erkrankungen von Hunden und Katzen mit einem Alter von mehr als 10 Jahren angegeben. Diese Daten stammen aus dem Institut für Tierneurologie der Universität Bern.

In der Abbildung 12.3 fällt auf, daß auch bei alten Hunden der Bandscheibenvorfall die häufigste neurologische Erkrankung ist. Natürlich waren auch in dieser Gruppe eine Reihe alter Dackel, aber auch große Hunderassen betroffen. Trotz seiner Häufigkeit ist ein Bandscheibenvorfall allerdings keine altersabhängige Erkrankung. Bereits an 2. Stelle stehen die Neoplasien. Hier muß vermerkt werden, daß in anderen neurologischen Kliniken, vor allem in den USA,

Neurologische Krankheiten beim alten Hund

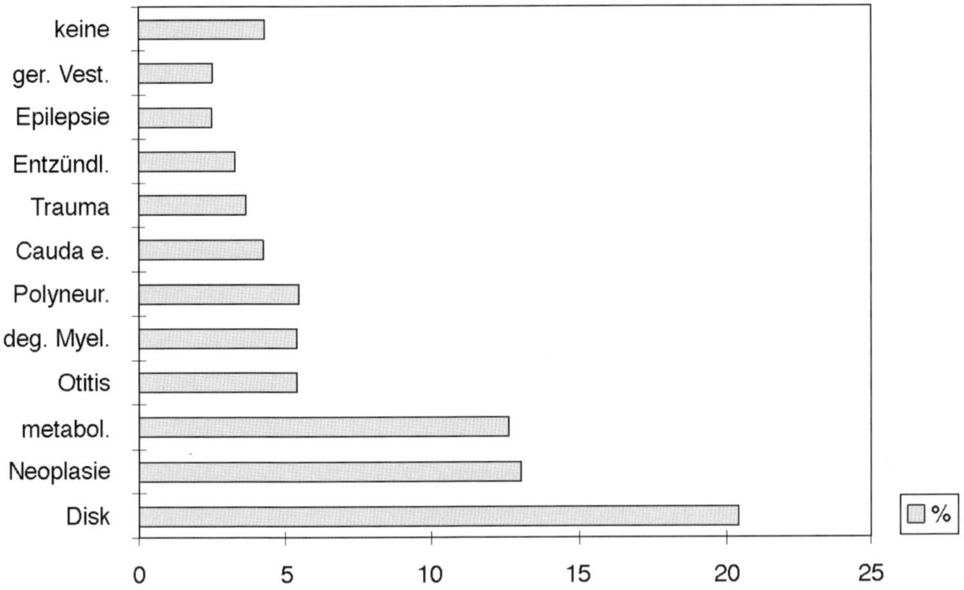

Disk = Diskusprolaps; **metabol.** = sekundäre ZNS-Erkrankung aufgrund einer primären Stoffwechselstörung im Organismus; **Otitis** = Otitis media/interna; **deg. Myel.** = degenerative Myelopathie; **Polyneur.** = Polyneuropathie; **Cauda e.** = Cauda-equina-Syndrom; **Entzündl.** = Enzephalomyelitis; **Epilepsie** = Anfallsleiden, die Ursache konnte intra vitam nicht eruiert werden; **ger.Vest.** = geriatrisches Vestibularsyndrom; **keine** = die Ursache der neurologischen Störung konnte intra vitam nicht herausgefunden werden

Abbildung 12.3 Häufigste Erkrankungen beim alten Hund

Tumorerkrankungen des ZNS häufiger gesehen werden als in der Schweiz. Bei den metabolischen Erkrankungen, die das ZNS sekundär beeinflussen, wurden Nephropathien, Hepatopathien, Cushing-Syndrom, Insulinom, Hypothyreose und Intoxikationen diagnostiziert. In der Abbildung nicht aufgeführt sind Erkrankungen des Herzens oder orthopädische Störungen, die den Privattierarzt veranlaßt haben, den Hund zur neurologischen Abklärung zu überweisen. Dieser Punkt zeigt nochmals, wie wichtig eine sorgfältige allgemeine oder orthopädische Untersuchung auch im Rahmen der Neurologie ist. Diese beiden Krankheitskategorien machen zusammen immerhin ca. 13,5 % der alten Hunde aus, die wegen vermuteter neurologischer Probleme an unser Institut überwiesen wurden. Mit Ausnahme der degenerativen Myelopathie und dem geriatrischen Vestibularsyndrom sind sonst keine spezifisch altersabhängigen Erkrankungen vertreten. Bei Durchmusterung der Rassen konnte keine Abweichung von der normalen „Rassenpopulation", die am Tierspital Bern gesehen wird, nachgewiesen werden.

Aus der Abbildung 12.4 geht hervor, daß Neoplasien bei alten Katzen die Hauptursache für neurologische Störungen sind. Neben Meningiomen konnten wir vor allem Tumoren der verschiedenen Gliazellen nachweisen. Traumata sind auch bei alten Katzen häufig, sie scheinen doch noch „unternehmungslustig" zu sein. Bei den metabolischen Erkrankungen, die das ZNS se-

Neurologische Krankheiten bei der alten Katze

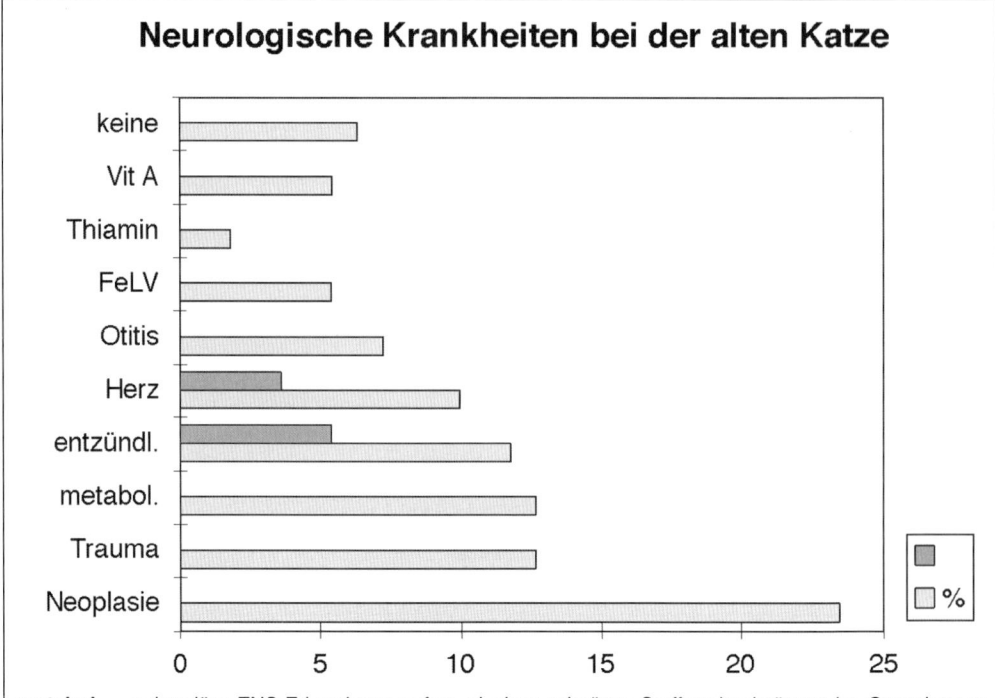

[Balkendiagramm mit folgenden Kategorien (x-Achse: 0–25 %):
keine, Vit A, Thiamin, FeLV, Otitis, Herz, entzündl., metabol., Trauma, Neoplasie]

metabol. = sekundäre ZNS-Erkrankung aufgrund einer primären Stoffwechselstörung im Organismus; **entzündl.** = Enzephalomyelitis, der zweite kleinere Balken gibt den Prozentsatz an Katzen mit der neurologischen Form der felinen infektiösen Peritonitis (FIP) an; **Herz** = Kardiomyopathie, der zweite kleinere Balken gibt den Prozentsatz an Katzen mit Kardiomyopathie und Lähmungserscheinungen der Hinterextremitäten infolge Aortenthrombus an; **Otitis** = Otitis media/interna; **Thiamin** = Thiaminmangel; **Vit A** = Hypervitaminose A; **keine** = die Ursache der neurologischen Störung konnte intra vitam nicht herausgefunden werden

Abbildung 12.4 Häufigste Erkrankungen bei der alten Katze

kundär beeinflussen, wurden vor allem Nephropathien diagnostiziert, aber auch Hyperthyreose und Diabetes mellitus. Die beiden letzteren kommen jedoch nur selten vor. Entzündliche Erkrankungen sind auch bei der alten Katze relativ häufig, wobei den Hauptanteil die feline infektiöse Peritonitis (FIP) ausmacht. Herzerkrankungen mit sekundärer Schwäche veranlaßten den Privattierarzt in knapp 7 % der Fälle, eine neurologische Abklärung durchzuführen. Die Hälfte dieser Tiere hatte Lähmungserscheinungen (Paraparese, Paraplegie) infolge eines Aortenthrombus. Die anderen aufgelisteten Erkrankungen sind nicht altersspezifisch.

Im folgenden werden die bedeutendsten altersabhängigen Krankheiten einzeln beschrieben. Die Krankheiten, die bei jeder Krankheitsgruppe vorkommen können, sollen nicht extra erwähnt werden.

Vaskuläre Veränderungen

Gefäßbedingte Veränderungen scheinen bei Kleintieren deutlich geringere Bedeutung zu haben, als dies beim Menschen bekannt ist. Trotzdem werden immer wieder Geriatrika angeboten, die die Durchblutung des Gehirns fördern sollen, um das Allgemeinbefinden des alten Tieres zu verbessern. Die häufigste vaskuläre Störung im ZNS beim alten Tier sind septische Thromboemboli (s. „Bakterielle Infektionen des ZNS"). Dort können sie bei Verstopfung größerer Gefäße zu Malazien und bei chronischen Prozessen sogar zu Zystenbildung führen. Bei generellen Kreislaufstörungen werden Infarkte im Bereich der Endstrombahn gefunden. Eine typische Lokalisation ist die Capsula interna. Diese Infarkte müssen nicht immer klinische Bedeutung haben und können bei der histopathologischen Untersuchung beim alten Tier als Zufallsbefund auftreten. Richtige Gefäßpathologie ist selten (z. B. Arteriosklerose bei Hypothyreose; s. „Altersabhängige Veränderungen des ZNS bei Kleintieren").

Geriatrika

Neben allgemein angewendeten Geriatrika zur Linderung von „Altersbeschwerden", wie antioxidative Geriatrika, Multivitaminpräparate und Hormonpräparate, deren Wirkung sehr umstritten ist, werden auch Wirkstoffe beim Kleintier eingesetzt, die die zerebrale Durchblutung fördern sollten. Hier werden z. B. Xanthinderivate eingesetzt. Das bekannteste für den Hund im Einsatz stehende ist Karsivan®. Diese Derivate konnten jedoch bisher in kontrollierten klinischen Studien in der Humanmedizin und beim Hund keine direkt meßbare Besserung der Altersbeschwerden hervorrufen. Die Studien beim Hund beruhen vor allem auf subjektiven Verhaltensbeobachtungen. Die Bedeutung dieser Durchblutungsförderung kann weiterhin angezweifelt werden, da arteriosklerotische Veränderungen der Hirngefäße für das Auftreten einer senilen Demenz kaum ätiologische Bedeutung haben. Eine meßbare Steigerung der Hirndurchblutung wird auch nur nach sehr hohen Dosierungen erreicht. Wahrscheinlich besteht ein gewisser therapeutischer Effekt dieser Medikamentengruppe bei vaskulär bedingten Hörstörungen. Ähnliches muß auch für eine neuere Medikamentengruppe, die Nootropika („Verstand aktivierende Arzneimittel"), gesagt werden. Hier wird vor allem Nicergolin in einer Dosierung von 0,25–0,5 mg/kg täglich beim Hund empfohlen. Nach dem derzeitigen Erkenntnisstand ist diese Arzneimittelapplikation aufgrund der komplexen Symptomatik des Alterungsprozesses schwer von einer Placebowirkung zu unterscheiden.

Aortenthrombus

Bei der Katze, seltener beim Hund kann im Rahmen einer Kardiomyopathie ein Thrombus die Aorta oder abzweigende große Gefäße verstopfen. Dies führt zu einer Minderdurchblutung der Hinterextremitäten, die sich klinisch in einer Nachhandschwäche oder gar Paraplegie äußert (Polyneuromyopathie). Zu Beginn der Erkrankung sind die Muskeln äußerst schmerzhaft, oft geschwollen und die Extremitäten kalt. Der Femoralispuls ist abgeschwächt oder nicht fühlbar.

Diagnose: Die Diagnose dieser Störung wird mit Hilfe der Röntgenuntersuchung (Angiographie) oder des Ultraschalls gestellt (Nachweis des Thrombus). Die ischämische Polyneuromyopathie kann mit Hilfe einer elektromyographischen Untersuchung (EMG) bewiesen werden. Bei dieser Untersuchung sieht man sehr niedrige oder abwesende Insertionspotentiale. Die Herzerkrankung muß dementsprechend abgeklärt werden. Bei der blutchemischen Untersuchung ist im Anfangsstadium die Kreatinkinase stark erhöht.

Prognose und Therapie: Die Prognose ist je nach Ausmaß der Läsion und der Herzerkrankung zu stellen. Therapie s. „Herzerkrankungen". Bei guter Prognose der Kardiomyopathie und erhaltener Schmerzempfindung im Bereich der Extremitäten kann der Thrombus chirurgisch entfernt werden.

Entzündliche Erkrankungen des ZNS

Old-dog-Enzephalitis

Der Begriff „Old-dog-Enzephalitis" ist sehr einprägsam und wird daher immer mit einem Krankheitsbild in Zusammenhang gebracht, das nur bei alten Tieren vorkommt. Dies ist nicht unbedingt der Fall. Die erste Beschreibung dieser Erkrankung faßt 13 Fälle zusammen, die zwischen 2 und 7 Jahre alt waren. Die Erkrankung kommt daher eher im „adulten Zustand" vor. Die Läsionen sind ähnlich einer subakuten sklerosierenden Panenzephalitis des Menschen. Sie wird teilweise der chronischen Form der „richtigen" Hundestaupe gleichgestellt, da Hundestaupe-Virusantigen in wenigen Fällen gefunden wurde. Virusisolationsversuche waren immer negativ. Diese Krankheit ist sehr selten, verläuft in der Klinik chronisch und progressiv über Wochen oder gar Monate. Die Tiere sind vor allem abgestumpft und dement. Eine klinische Diagnostik ist nicht bekannt.

Chronische Form der Hundestaupe

Die Hundestaupe ist eine seit Jahrhunderten bekannte infektiöse Erkrankung, tritt weltweit auf und bereitet trotz der Anwendung von Impfstoffen immer wieder Probleme in der Kleintierpraxis. Staupe wird durch ein Morbillivirus verursacht. Dieses Virus wird vor allem durch aerosole Infektion übertragen und verursacht neben Krankheitssymptomen im Bereich des gesamten Organismus auch neurologische Ausfallserscheinungen. Staupe wird bei jeder Altersgruppe gefunden, auch bei geriatrischen Tieren und sollte deswegen in diesem Buchkapitel erwähnt werden. Bei alten Tieren wurde allerdings in unserem Patientenmaterial nur die chronische Form der Staupe festgestellt.

Klinisches Bild: Bei der allgemeinen Untersuchung werden bei ca. zwei Drittel der Hunde extraneurale Symptome gefunden. Die neurologischen Symptome sind von Tier zu Tier sehr unterschiedlich und können auch ohne systemische Erkrankung auftreten. In ca. der Hälfte der Fälle wird eine multifokale Läsion klinisch diagnostiziert, der Rest zeigt mehr fokale Symptomatik. Bei der chronischen Form überwiegt spinale Symptomatik mit Parese und Ataxie. Neurologische Symptome können ferner dem Großhirn, dem Hirnstamm (zentral vestibulär) und dem Kleinhirn zugeordnet werden. Schwer therapeutisch beeinflußbare epileptische Krampfanfälle werden relativ häufig beobachtet. Myoklonus kann in ca. 40 % der Fälle mit Staupe gefunden werden. Diese Muskelkontraktionen können jedoch bei jeder anderen entzündlichen Erkrankung des Gehirns auftreten.

Diagnose: Bei der Beurteilung des Blutbildes fällt am häufigsten eine Lymphopenie auf. Diese kann mit einer Leukopenie, aber auch mit Leukozytose und Linksverschiebung (chronische Form) kombiniert sein. Bei wenigen Patienten wird eine Monozytose, Anämie oder Thrombozytopenie diagnostiziert. Die Liquoruntersuchung liefert vor allem bei der chronischen Form der Hundestaupe die wichtigste Information zur Diagnosenstellung in der Klinik: Pleozytose oder erhöhter Proteingehalt können getrennt oder in Kombination festgestellt werden. Das Differentialzellbild ergibt ein mononukleäres Zellbild – Lymphozyten, Plasmazellen, Monozyten und Makrophagen. Die Zellzahl variiert zwischen 4 und 800 Zellen/µl, der Proteingehalt ist meist gering- bis mittelgradig erhöht. Die Diagnose „Staupe" muß durch den Virusnachweis gesichert werden. Dies ist zur Zeit mit Hilfe der indirekten Immunfluoreszenz möglich. Zytospinpräparate des Liquors werden mit einem Antikörper auf das Staupevirus untersucht. Diese Technik kann nur erfolgreich sein, wenn genügend Zellen auf einem Objektträger gesammelt werden können. Die Unterstützung der Diagnose mit Hilfe von Staupe-spezifischen Antikörpern im Liquor hat seine Grenzen. Bei entzündlichen Prozessen im ZNS wandern Lymphozyten unspezifisch in den Liquorraum ein, um eine rasche Immunantwort bewerkstelligen zu können. Falsch-positive Befunde sind das Resultat. Bei starker Immunsuppression werden zuwenig Antikörper produziert, in diesem Fall sind falsch-negative Resultate zu erwarten.

Prognose und Therapie: Die Prognose bei einer Staupeenzephalitis ist generell als vorsichtig bis schlecht zu bewerten, vor allem in Fällen mit starker Immunsuppression und rasch progressiven neurologischen Ausfallserscheinungen. Anfälle, ausgelöst durch die Hundestaupe, sind prognostisch als ungünstig zu bezeichnen, da sie schwer therapeutisch beeinflußbar sind. Sollte die Diagnose „Staupe" einmal gesichert gestellt sein, müssen die Hunde jedoch nicht sofort euthanasiert werden. Hunde, die sich in einer frühen Phase der Erkrankung befinden und die eine Immunantwort entwickeln, können sich erholen. In diesen Fällen ist eine symptomatische Behandlung anzuraten, der Verlauf der Erkrankung sollte für 1–2 Wochen beobachtet werden, ob eine Erholung eintritt. Ätiologische Therapie ist bei einer Staupevirusinfektion zum derzeitigen Standpunkt des Wissens nicht möglich.

Bakteriell bedingte Entzündungen im ZNS

Bakterielle Infektionen im ZNS sind bei Kleintieren selten. Die bakterielle Infektion entsteht am häufigsten entweder durch direkte Infektion nach Schädeltrauma (Bißverletzungen bei kleinen Hunderassen) oder metastatisch über den Blutweg nach entzündlichen Erkrankungen z. B. der Herzklappen oder des Urogenitaltraktes. Dabei verlegen septische Thromben Gehirngefäße und verursachen neben der Entzündung auch ischämische Läsionen oder Blutungen. Fokale Abszeßbildung ist ebenfalls möglich. Eine weitere Ursache besteht in einer Ausbreitung einer bakteriellen Entzündung im Schädelbereich und einer sekundären Mitbeteiligung des Gehirns. Dies kann bei Otitis interna, Zahnwurzelabszessen, retrobulbären Abszessen oder Infektion der Nebenhöhlen vorkommen. Folgende Bakterien konnten bei Hund und Katze isoliert werden: Staphylococcus, Streptococcus, Pasteurella, Actinomyces und Nocardia species und einige anaerobe Bakterien, wie Bacteroides, Fusobacterium, Peptostreptococcus und Eubacterium. Bakterielle Infektionen des ZNS werden häufig beim erwachsenen und auch beim geriatrischen Kleintier gefunden.

Klinisches Bild: Die Hunde haben zum Teil erhöhte innere Körpertemperatur, Konjunktivitis, Durchfall und Symptome, die dem Primärherd zuzuschreiben sind, häufig verbunden mit schlechtem Allgemeinzustand. Die neurologischen Symptome variieren stark, treten akut auf, zeigen progressive Verschlechterung und sind oft seitenbetont. Neben multifokalen Läsionen können auch Ausfälle im Sinne einer Großhirnläsion (Anfallsleiden, Verhaltensstörungen, Hyperästhesie) gesehen werden. Weiterhin zeigen Hunde und Katzen aber auch neurologische Symptome im Sinne einer Hirnstammläsion und zentral vestibuläre Ausfallserscheinungen.

Diagnose: Die wichtigste Hilfe bei der Erstellung einer Diagnose ist der Allgemeinbefund und der extraneurale Infektionsherd. Dieser wird mit unterschiedlichsten Hilfsuntersuchungen gesucht, wie Röntgen, Ultraschall etc. Bei der Blutuntersuchung wird in vielen Fällen (nicht in allen!) eine Leukozytose mit Neutrophilie, Linksverschiebung und beschleunigter Senkung bemerkt. Die Blutchemie gibt eventuell einen Hinweis auf den extraneuralen Infektionsherd; eine Harnuntersuchung ist immer indiziert und kann in Fällen mit Pyelonephritis weiterhelfen. Die endgültige Diagnose liefert in vielen Fällen die Liquoruntersuchung, wobei in nicht vorbehandelten Fällen hohe Proteinwerte und eine starke Pleozytose (30 bis >300 Zellen/µl) gefunden werden. Neutrophile Granulozyten sind die vorherrschende Zellpopulation. Die Liquoruntersuchung ergibt in protrahierten, vorbehandelten Fällen nicht mehr so deutliche Veränderungen, aber noch immer abnormale Werte. Die neutrophilen Granulozyten sind sehr kurzlebig und werden durch Medikamente, z. B. Glukokortikosteroide, in ihrer Penetrationsfähigkeit behindert. Es sollte weiterhin versucht werden, die die Krankheit verursachenden Bakterien zu erkennen. Dafür gibt es mehrere Möglichkeiten: z. B. Gram-Färbung des Zytospinpräparates und Erkennung von intrazellulären Bakterien. Diese Untersuchungstechnik setzt aber voraus, daß absolut steril gearbeitet wird. Die Liquorzellen können nämlich noch nach der Entnahme Bakterien fressen, die im Röhrchen oder auf dem Objektträger sitzen. So entstehen falsch-positive Resultate. Auf jeden Fall sollte eine Liquor- und Blutkultur einschließlich Antibiogramm angesetzt werden. Eine Kultivierung von Bakterien aus dem Liquor ist häufig negativ. In dieser Flüssigkeit sind selten genügend Bakterien vorhanden, um positive Resultate liefern zu können. Ist diese Untersuchung allerdings positiv, dann ist sie beweisend für eine bakterielle Infektion.

Prognose und Therapie: Die Prognose muß als vorsichtig bezeichnet werden. Wird die Ursache der klinischen Symptome früh erkannt und wird sofort mit einer aggressiven Therapie begonnen, bestehen Heilungsaussichten. Im Idealfall besteht die Therapie in hochdosierter Antibiotikagabe nach Antibiogramm. Es kann jedoch nicht abgewartet werden, bis ein Ergebnis eintritt, sondern es muß eine sofortige „unspezifisch-spezifische" Behandlung mit einem Breitspektrumantibiotikum eingeleitet werden. Bei metastatischer Erkrankung muß auch der Primärherd saniert werden. Folgende Antibiotika sind empfehlenswert: eine Kombination von Ampicillin (200 mg/kg/Tag i. v. auf 4 Einzeldosen aufgeteilt) und Chloramphenicol (100 mg/kg/Tag). Die Behandlung muß mindestens 14 Tage lang durchgeführt werden, besser 3–6 Wochen (individuelle Einschätzung). Weitere Medikamente, die die Blut-Hirn-Schranke gut passieren können, sind: Trimethoprim-Sulfadiazin (30 mg/kg/Tag), Metronidazol (25–65 mg/kg/Tag) und Enrofloxacin (Baytril; 5 mg/kg 2x täglich). Eigene Erfahrungen zeigten, daß der Einsatz der neuesten Cephalosporine (20–40 mg/kg 2–3x täglich) in einigen Fällen erfolgreich war. Eine zusätzliche entzündungshemmende Therapie ist umstritten. Einige Berichte gehen davon aus, daß das Gehirnödem und einige Substanzen (Zytokine, Sauerstoffradikale etc.), die im Zuge der Entzündung gebildet werden und zusätzlichen Schaden im Gehirn anrichten, bekämpft werden müssen. Andere Autoren meinen, daß z. B. nach Glukokortikoidgabe rezidivierende Infektionen entstehen können und die Todesrate ansteigt. Bei Hund und Katze liegen nicht genügend Fälle vor, die überlebten und bei denen verschiedene Therapieschemata angewendet wurden, um wirklich sinnvolle statistische Daten erheben zu können. Sollten entzündungshemmende Medikamente (steroid, nichtsteroid, zur Bekämpfung des Gehirnödems Mannitol) eingesetzt werden, dann in hoher Dosierung und nur zu Beginn. Glukokortikoidgaben ohne strenge Indikation sind zu vermeiden.

Granulomatöse Meningoenzephalomyelitis (GME)

GME wird weltweit beim Hund beobachtet und ist durch disseminierte entzündliche

Veränderungen im ZNS mit perivaskulärer Granulombildung mit Beteiligung von Makrophagen charakterisiert. Die Ätiologie ist unbekannt. Es besteht aber ein starker Verdacht, daß ein infektiöses Agens die Ursache ist. Diese Krankheit wird in unseren Breiten verhältnismäßig häufig erfaßt und ist eine der entzündlichen Erkrankungen, die beim erwachsenen und alten Hund auftreten können.

Klinisches Bild: Die eine Hälfte der Patienten zeigt einen mehr akuten und rasch progressiven Krankheitsverlauf, die andere einen chronischen, langsam progredienten Verlauf. Mit Ausnahme einer erhöhten inneren Körpertemperatur sind keine extraneuralen Symptome feststellbar. Bei der ophthalmoskopischen Untersuchung wird häufig ein abnormaler Fundus entdeckt (gerötete und geschwollene Sehnervenpapille, Retinitis mit Hyperreflexie und Blutungen). Die Tiere mit genannten Veränderungen sind ein- oder beidseitig blind. Die neurologischen Symptome variieren, abhängig davon, ob die Läsion mehr disseminiert oder fokal auftritt. Symptome im Sinne einer Hirnstammläsion werden am häufigsten gesehen und betreffen entweder den gesamten Hirnstamm oder ziehen zentral vestibuläre Ausfallserscheinungen nach sich. Neben dieser Hirnstammsymptomatik können multifokale neurologische Symptome auftreten, seltener sind Ausfälle im Sinne einer Großhirnläsion. Bei fokaler GME ist auch reine fokale Rückenmarkssymptomatik (vom oberen oder unteren motorischen Neurontyp) möglich. Dies ist wichtig bezüglich der Differentialdiagnose fokaler Rückenmarksläsionen.

Diagnose: Die Diagnose wird aufgrund einer Reihe von Faktoren gestellt und kann in der Klinik nur als Wahrscheinlichkeitsdiagnose bezeichnet werden. Es gibt jedoch einige recht gute Anhaltspunkte, die in typischen Fällen hilfreich sind. Das sind Alter (erwachsene und ältere Hunde), Verlauf, Symptome, Liquoruntersuchung und das Ansprechen (Besserung, aber kein Ausheilen) auf Glukokortikosteroide. Die Blutuntersuchung ist in den meisten Fällen normal; wenige Hunde haben eine Leukozytose, mit oder ohne Linksverschiebung, in einem Teil der Fälle kann eine Lymphopenie und eine Monozytose festgestellt werden. Der Liquor ist verändert: mittelgradige Proteinerhöhung und Pleozytose. Die Zellzahl kann sehr hohe Werte, vor allem bei nicht vorbehandelten Tieren erreichen (80 – >400 Zellen/µl). Die Beurteilung des Differentialzellbildes schwankt jedoch deutlich. Ein Teil der Fälle (ca. 40%) hat ein mononukleäres Zellbild mit Lymphozyten, Monozyten und Makrophagen. Bei den restlichen 60% wird eine gemischtzellige Pleozytose vorgefunden (+neutrophile oder eosinophile Granulozyten). Bildgebende Verfahren, Computertomographie und Kernspintomographie, können weiteren Aufschluß bieten, vor allem bei der fokalen Form. Es ist also zu bedenken, daß bei fokalen Läsionen im CT oder MRI auch eine Entzündung als Diagnose in Frage kommt. Eine Biopsie würde bei günstiger Lokalisation (z. B. Großhirn oder Rückenmark) eine endgültige klinische Diagnose liefern.

Prognose und Therapie: Die Prognose ist unterschiedlich. Beim akuten, rasch progressiven Verlauf mit Hirnstammsymptomatik oder multifokaler neurologischer Ausfallserscheinungen wird sie als schlecht zu bezeichnen sein. Bei fokaler Symptomatik, vor allem im Rückenmarksbereich, gilt sie als vorsichtig, aber nicht extrem ungünstig. In unserem Patientengut konnten einige Hunde bis zu 2 Jahre bei gutem Allgemeinbefinden überleben, was für Hund und Besitzer, vor allem bei älteren Tieren, als Erfolg gelten kann. Da Ursache und Pathogenese nicht bekannt sind, gibt es auch keine gezielte Therapie. Die Erfahrung hat gezeigt, daß die Krankheit gut, oft aber nur vorübergehend auf Glukokortikosteroide anspricht. Die Dosierung muß individuell gewählt werden. Es werden soviel Glukokortikoide verabreicht, wie nötig sind, um die Symptome zu beherrschen. Ein Beispiel: 2 mg/kg Prednisolon p. o. für 2 Tage, danach kontinuierliches Vermindern der Dosierung alle 2 Wochen. In einigen Fällen kann die Therapie sogar ausgesetzt werden, bis wiederum Symptome auftreten, andere Tiere benötigen eine Dauertherapie. Dabei ist Magenschutz erforderlich. Die Hunde, vor allem alte Tiere, sollten regelmäßig vom Tierarzt kontrolliert werden. Ein komplettes Ausheilen der Erkrankung ist nicht bekannt, vielleicht aufgrund der nicht immer exakt zu stellenden klinischen Diagnose.

Feline infektiöse Peritonitis (FIP)

Die FIP ist eine der häufigsten Ursachen für neurologische Störungen bei der Katze und tritt auch noch bei geriatrischen Tieren auf. Bei der neurologischen Form dieser Erkrankung prädominiert die sogenannte trockene Form. Diese ist durch eine verminderte zellvermittelte Immunität in Kombination mit einer starken humoralen Immunantwort bedingt. Immunkomplexe werden dabei an Gefäßen oder im Plexus chorioideus abgelagert und resultieren in einer Vaskulitis. Es entsteht eine sogenannte pyogranulomatöse Entzündung im ZNS. Diese Läsionen prädominieren an den Ventrikelufern (Ependymitis), in den Plexus chorioidei und den Meningen und sind mit nekrotisierenden Veränderungen im anliegenden Parenchym kombiniert. Die Granulombildung kann zu Liquorabflußstörungen führen, was einen Hydrozephalus zur Folge haben kann. Diese trockene Form führt auch zu granulomatös-eitrigen Veränderungen in anderen Organen. Die klinische Diagnose ist wie bei fast jeder entzündlich-infektiösen Krankheit des ZNS nicht immer einfach, da die Symptome variieren, je nachdem welche Organsysteme betroffen sind, welcher Virusstamm vorliegt und wie die Immunantwort des betroffenen Individuums ausfällt.

Klinisches Bild: Die Symptome scheinen einen schleichenden Beginn zu haben, nur selten treten sie akut in Erscheinung. Die Katzen werden wegen der neurologischen Probleme beim Tierarzt vorgestellt. In über der Hälfte der Fälle können extraneurale Symptome diagnostiziert werden, wie Kachexie, Muskelatrophie, Dehydratation, Anämie, erhöhte innere Körpertemperatur, Augenveränderungen. Seltener sind klinische Symptome von seiten des Gastrointestinaltraktes und der Leber und des Respirationstraktes. Der Rest der Tiere hat nur Probleme von seiten des ZNS. Die neurologischen Symptome sind vielfältig, multifokale Läsionen sind am häufigsten. Es können aber auch fokale Ausfallserscheinungen im Sinne einer Rückenmarks- oder Hirnstammläsion auftreten. In einigen Fällen ist die FIP auslösende Ursache für ein Anfallsleiden oder eine Harninkontinenz.

Diagnose: Die klinische Diagnose muß durch eine Kombination von klinischer Symptomatik und Labordiagnostik gestellt werden. Die Blutuntersuchung kann eine Hilfestellung bieten, ist aber nicht unbedingt charakteristisch. Ein Teil der Katzen hat eine Leukozytose mit Neutrophilie. Je nach Organsystem, das mitbetroffen ist, können Leberenzyme erhöht sein, aber auch Harnstoff, Kreatinin und der Eiweißgehalt des Harns. Die Mehrheit der Katzen hat eine Hyperproteinämie, Hypergammaglobulinämie und ein erniedrigtes Albumin/Globulin-Verhältnis. Die Messung von Serumantikörpern gegen das FIP-Virus verläuft sehr unterschiedlich und hat für die Diagnostik nur äußerst begrenzten Wert. Die wichtigste diagnostische Hilfsuntersuchung ist die Liquoruntersuchung, die immer eine deutliche Proteinerhöhung ergibt. Die Zellzahl ist ebenfalls deutlich erhöht (100–1000 Zellen/µl), wobei die neutrophilen Granulozyten mit einem Prozentsatz von 50–90 % mitbeteiligt sind. Vorsicht bei mit Glukokortikoiden vorbehandelten Katzen! Hier sinkt der Anteil an neutrophilen Granulozyten dramatisch ab. In sehr seltenen Fällen ist es schwierig, Liquor zu gewinnen, was möglicherweise durch eine Akkumulation entzündlicher Zellen bedingt sein kann. Dies sind allerdings nur Ausnahmefälle!

Prognose und Therapie: Die Prognose ist ungünstig. Eine wirksame Therapie ist nicht bekannt. Einige Fälle zeigen Besserung mit Hilfe einer immunsuppressiven Behandlung. Die meisten Fälle entwickeln jedoch eine progressive Verschlechterung der Symptomatik, und eine Therapie bedeutet meist nur einen mehr oder weniger langen Aufschub der Euthanasie, was für viele Tierbesitzer bereits wünschenswert ist. Dies sollte im beratenden Gespräch immer bedacht werden.

Metabolisch bedingte ZNS-Erkrankungen

Extraneurale metabolische Störungen können das Nervensystem schädigen und sekundär zu neurologischen Ausfallserscheinungen führen. Dies wird bei alten Hunden in unserem Institut vor allem bei Leber- und Nierenerkrankungen, Hypothyreose, Cushing-Syndrom, Insulinom, bei alten Katzen in Zusammenhang mit Nierenerkrankungen, Intoxikationen, Hyperthyreose und Diabetes mellitus gesehen. Das Gehirn ist dabei diffus betroffen, neurologische Symptome im Sinne einer Großhirnläsion einschließlich epileptischer Krampfanfälle überwiegen. Zur Diagnosestellung sind eine sorgfältige allgemeine und neurologische Untersuchung und ausgedehnte Laboruntersuchungen (Blut, Harn) notwendig, evtl. bildgebende Verfahren zur Charakterisierung der extraneuralen Störung.

Folgende Ursachen einer sekundären metabolischen Störung des Nervensystems sind bei alten Tieren möglich: fortgeschrittene Hepatopathie, Hypoglykämie (Insulinom, schwere Lebererkrankung, Sepsis), Hyperglykämie (Diabetes mellitus, Cushing-Syndrom, evtl. Hyperthyreose bei der Katze), Hyperkaliämie, Hypokaliämie, Hyperkalziämie (Tumorsuche), Hypokalziämie, Hyponatriämie, Cushing-Syndrom, Hypothyreose. Die Abklärung und Therapie dieser Erkrankungen sind in den jeweiligen Kapiteln beschrieben.

Hypokaliämie

Diese Stoffwechselstörung verursacht eine Polyneuropathie bei alten Katzen. Klinisch wird eine Ventroflexion des Halses beobachtet, aber auch generalisierte Muskelschwäche und anstrengungsabhängige Schwäche. Einige Katzen haben dolente Muskeln, speicheln vermehrt und schreien. Kaliumverlust kann bei Nierenerkrankungen, Magen-Darm-Problemen oder Mangelernährung auftreten. Die Prognose hängt von der Schwere der Grundkrankheit ab und variiert zwischen günstig und infaust. Zur Behandlung eignen sich orale Kaliumgaben (8–10 mmol Kalium/Tag p. o. oder 2–5 g Kaliumchlorid als Salz ins Futter gemischt).

Paraneoplastische Polyneuropathie

In Zusammenhang mit verschiedenen Tumoren können paraneoplastische Polyneuropathien auftreten. Beim Hund verlaufen diese meist subklinisch. Der genaue Prozentsatz einer klinisch manifesten Polyneuropathie ist nicht bekannt. Sie wird beim Hund vor allem bei Bronchuskarzinomen, Mammatumoren (Adenokarzinom), malignem Melanom, Insulinom, Osteosarkom und bei Mastzelltumoren gesehen. Es wird vermutet, daß die Polyneuropathie durch Antikörper-vermittelte Zellschädigung ausgelöst wird: Tumoren exprimieren Antigene, deren Strukturen auch im peripheren Nervensystem vorkommen. Eine Immunantwort, die gegen den Tumor gerichtet ist, schädigt dann auch periphere Nerven (molecular mimicry). In serologischen Studien konnten zirkulierende Antikörper gegen Myelin, Neurone, Ganglioside und Phospholipide festgestellt werden. Nach Übertragung auf gesunde Tiere oder Zellkultursysteme konnte die Krankheit bzw. die Zellschädigung übertragen werden. Am bekanntesten ist beim alten Hund eine Polyneuropathie, die in Zusammenhang mit Insulinomen auftritt. Neben dem paraneoplastischen Phänomen wird angenommen, daß die Nerven durch die Hypoglykämie und die Hyperinsulinämie zusätzlich geschädigt und in ihrem Stoffwechsel beeinträchtigt werden.

Klinisches Bild: Die Hunde haben mehr oder weniger starke Tetraparesen bis Tetraplegien mit abgeschwächten Reflexen. Häufig ist diese Polyneuropathie mit einem Anfallsleiden kombiniert.

Zu **Diagnose, Prognose und Therapie:** s. die speziellen Kapitel.

Hypervitaminose A

Bei Katzen kann nach zu reichlicher Vitamin-A-Gabe (Leberverfütterung) eine hypertrophe Skelettveränderung an Gliedmaßen und Wirbelsäule entstehen mit sekundärer Einengung der Zwischenwirbellöcher und kompressiven Schädigungen der Spinalnerven. Die Beweglichkeit ist häufig auch mechanisch eingeschränkt (Ankylose). Die Diagnose wird mit Hilfe der Röntgenuntersuchung gestellt. Die Prognose bei starken Knochenveränderungen ist ungünstig.

Thiaminmangel-Enzephalopathie

Bei Katzen häufiger als beim Hund tritt eine Störung in Zusammenhang mit Thiaminase enthaltendem Futter (viele Fischarten) auf. Bei alten Katzen kann dies auch auftreten, wenn sie aufgrund eines extraneuralen Leidens (Multimorbidität!) schlecht oder nicht fressen. Thiaminmangel ist deshalb in die Liste der Differentialdiagnosen bei alten Katzen aufzunehmen. Durch Thiaminmangel kommt es zu degenerativen Erscheinungen in Kerngebieten des Hirnstammes.

Klinisches Bild: Die neurologischen Symptome treten meist perakut oder akut auf, zentral-vestibuläre Symptome dominieren. Die Katzen sind apathisch-komatös, gelegentlich werden auch Krampfanfälle beobachtet. Starke Mydriase und Ventralflexion von Kopf und Hals sind weitere typische Befunde.

Diagnose: Anamnese, allgemeine und neurologische Untersuchung, niedriger Pyruvat- und Laktatspiegel im Blut, niedrige Transketolaseaktivität der Erythrozyten, rasches Ansprechen auf die Therapie mit Thiamin.

Prognose und Therapie: Die Prognose ist bei frühzeitiger Therapie gut, bei lang andauernden Mangelerscheinungen und Koma ungünstig. Als Therapie wird Thiamin verabreicht (10–100 mg/kg/Tag).

Speicherkrankheiten

Bei dieser Krankheitsgruppe liegen Defekte in katabolen Enzymsystemen vor. Das bestimmte Substrat kann nicht abgebaut werden und sammelt sich in Zellen an, was zu deren Absterben führen kann. Meist sind junge Hunde von dieser Krankheitskategorie betroffen. Eine erwähnenswerte Ausnahme ist das Auftreten von **Ceroidlipofuszinose** bei älteren Dackeln und Cocker Spaniels (Auftreten der Symptome mit einem Alter von 1–9 Jahren). Es kommt zu einer Akkumulation von Lipofuszin und Ceroid in vielen Organen, aber auch in

Neuronen und Gliazellen. Die neurologischen Symptome variieren stark, Großhirnsymptomatik ist jedoch meist vorherrschend. Blut-, Harn- und Liquoruntersuchung sowie Studien mit Hilfe von bildgebenden Verfahren sind normal. Eine Intra-vitam-Diagnose ist möglich mit Hilfe von Hautbiopsien, da viele Zelltypen dieses Lipopigment speichern können. Die Prognose ist vorsichtig bis schlecht, eine Therapie nicht bekannt. Versuche mit Leber- und Knochenmarkstransplantationen verliefen erfolglos. Eine weitere Speicherkrankheit, die beim alten Basset und Beagle auftreten kann, ist die sogenannte **Lafora-Krankheit**. In der Klinik wird eine sogenannte Myoklonus-Epilepsie gesehen.

Idiopathische Erkrankungen des ZNS

Geriatrisches Vestibularsyndrom

Diese Erkrankung heißt auch idiopathisches Vestibularsyndrom, da keine morphologische Veränderung, weder intra vitam noch histopathologisch, als Ursache der Störung gefunden werden kann. Ein Mißverhältnis in Produktion und Resorption von Endolymphe wurde vermutet. Die Krankheit tritt bei Katzen jeden Alters und bei alten Hunden auf.

Klinisches Bild: Die Tiere haben akut einsetzende Symptome eines peripheren Vestibularsyndroms (s. „Symptome bei Erkrankung des Vestibularapparates"). Zu Beginn sind die Tiere schwer beeinträchtigt, stabilisieren sich jedoch in wenigen Tagen. Fazialisparese oder Hornersyndrom werden im Gegensatz zur Otitis media/interna nicht beobachtet. Die Krankheit ist selbstlimitierend innerhalb von mehreren Tagen bis Wochen. Eine leichte Kopfschiefhaltung kann bestehen bleiben. In seltenen Fällen wurde ein Rezidiv beobachtet.

Diagnose: Die Diagnosestellung in der Klinik erfolgt im Ausschlußverfahren anderer Ursachen eines peripheren Vestibularsyndroms. Vor allem eine Otitis media/interna, die ja auch relativ häufig bei alten Hunden und Katzen festgestellt wird, sollte ausgeschlossen werden. Die wichtigsten Untersuchungsmethoden hierfür sind die Otoskopie und das Röntgen. Bei Trübung des Trommelfells, die oft bei alten Hunden gesehen wird, sollte auch eine Myringotomie durchgeführt werden. Diese Punktionsstelle heilt gefahrlos wieder ab. Der Liquor cerebrospinalis ist normal. Häufig wird diese Erkrankung aufgrund des perakuten Auftretens mit einem Infarkt im Hirnstamm verwechselt. Diese Unterscheidung muß mit Hilfe der neurologischen Untersuchung getroffen werden. Bei geriatrischem Vestibularsyndrom entspricht die Läsion einem peripheren Vestibularsyndrom, die Untersuchung der Kopfnerven ist normal (Ausnahme: vestibulärer Strabismus und Nystagmus). Die Haltungs- und Stellreaktionen sind zu Beginn der Erkrankung manchmal schwierig zu überprüfen, nach 1–2 Tagen jedoch ohne besonderen Befund.

Prognose und Therapie: Die Prognose ist gut, Spontanheilung erfolgt in einigen Tagen oder 2–3 Wochen. Eine Reihe von Therapiemöglichkeiten wurde versucht, ohne den Krankheitsverlauf wesentlich zu beeinflussen. Günstig ist es, zu Beginn der Erkrankung, wenn die Tiere meist sehr aufgeregt sind und vermutlich starkes „Schwindelgefühl" haben, Valium zu verabreichen. Auch Medikamente zur Behandlung einer Reisekrankheit sind empfehlenswert, wobei die effektive Wirkung nicht bewiesen ist.

Epilepsien

Akut einsetzende epileptische Krampfanfälle beim alten Kleintier sind nur äußerst selten „idiopathisch" oder „primär". Das heißt, daß weder klinisch, noch morphologisch eine die Anfälle erklärende Läsion gefunden werden kann. Vielmehr muß bei diesen Tieren eine zerebral-organisch faßbare Läsion oder eine Stoffwechselstörung gesucht werden.

Diagnose: Die Abklärung der Krampfanfälle beim alten Tier sollte nach folgendem Schema durchgeführt werden:

1. Allgemeine und neurologische Untersuchung
2. Blut- und Harnuntersuchung. Hier wird vor allem auf Blutglukose, Elektrolyte, Leberenzyme, Gallensäure und Ammoniak geachtet. Je nach Befund wird versucht, mit weiteren diagnostischen Hilfsmitteln, wie bildgebende Verfahren, die extraneurale Ursache des Anfallsleidens näher abzuklären (z. B. Insulinom, Hepatopathie etc.).
3. Liquoruntersuchung
4. bildgebende Verfahren im Bereich des Schädels (Röntgen, CT, MRI)
5. EEG. Diese Untersuchung ist Spezialkliniken vorbehalten und kann bei entsprechender Erfahrung der auswertenden Person sehr wertvolle Hinweise geben.

Therapie: Jede organische Läsion oder sekundäre metabolische Beeinflussung des Gehirns kann Krampfanfälle auslösen. Um zu einer ätiologischen Therapie zu kommen, muß also die auslösende Ursache bekämpft werden (z. B. Antibiotika bei bakterieller Enzephalitis, operative Entfernung eines Insulinoms etc.). Symptomatische Therapie von Epilepsien bedeutet eine medikamentöse Langzeittherapie und ist sinnlos, wenn nicht versucht wird, vor Beginn einer Behandlung die Ursache des Anfallsleidens ausfindig zu machen. Das Antiepileptikum der Wahl ist Phenobarbital (Hund: 1,5–6,0 mg/kg; Katze: bis 8 mg/kg). Das Medikament wird in der angegebenen Dosierung 2x täglich verabreicht, bis ein Serumspiegel beim Hund zwischen 20 und 40 µg/ml, bei der Katze zwischen 10 und 30 µg/ml erreicht wird. Sollte der Serumspiegel mit angegebener Dosierung nicht erreicht werden, kann sogar höher dosiert werden. Beim alten Tier sind sorgfältige Kontrolluntersuchungen notwendig, um

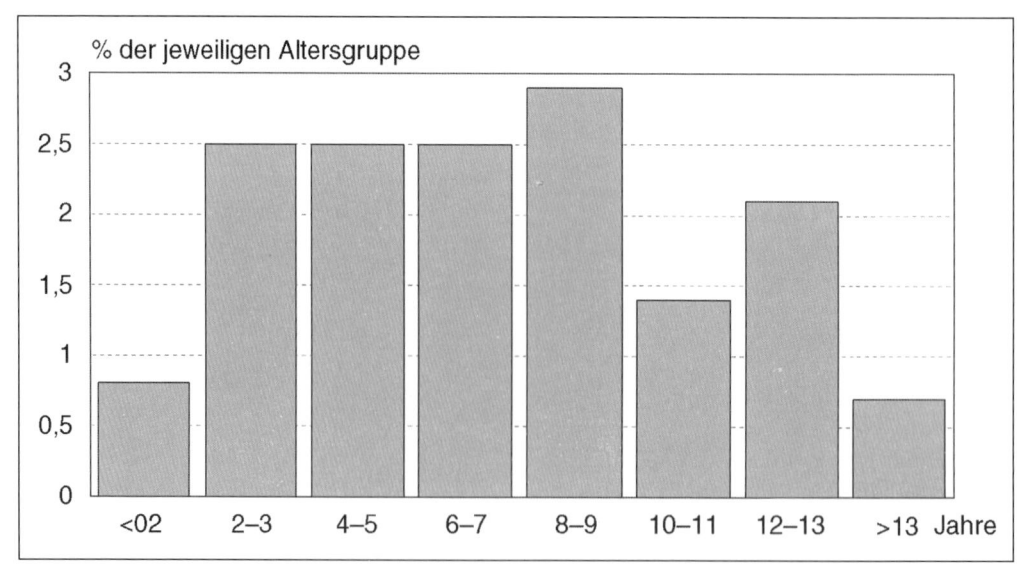

Abbildung 12.5 Epilepsie beim Hund (I. Medizinische Tierklinik, Ludwig-Maximilians-Universität München)

eine gestörte Leberfunktion bereits vor und auch während der Therapie feststellen zu können. Bei der Behandlung sollte auch bedacht werden, daß alte Tiere häufig aufgrund der Multimorbidität mehrere Medikamente bekommen (z. B. Antirheumatika). Phenobarbital kann mit vielen Arzneimitteln eine unerwünschte Interaktion bilden.

Neoplasien im ZNS

Primäre Tumoren des ZNS bei Hunden und Katzen kommen häufiger im Gehirn als im Rückenmark oder in den peripheren Nerven vor. Obwohl Neoplasien in jeder Altersstufe gefunden werden können, steigt die Anzahl der Tumorerkrankungen mit zunehmendem Alter deutlich an. Bei Katzen ist sie die häufigste ZNS-Erkrankung bei über zehnjährigen Tieren. Bei Hunden scheinen genetische Faktoren zusätzlich zum Alter eine Rolle zu spielen. Gliome kommen häufiger bei brachyzephalen Hunderassen vor, z. B. Boxer und Boston Terrier. Bei Katzen ist keine Rassenprädisposition bekannt. Im Gehirn kommen Metastasen, neuroektodermale und mesenchymale Tumoren in vergleichbarer Frequenz vor, im Rückenmark überwiegen Tumoren der umgebenden Gewebe (primäre und metastatische Knochentumoren, Meningiome und Nervenwurzeltumoren). Gliome sind hier seltener. Bei alten Katzen sind Meningiome häufig.

Gehirntumoren

Klinisches Bild: Der Beginn der klinischen Symptome kann chronisch progressiv oder akut sein. Die Befunde entsprechen je nach Lokalisation entweder einer Großhirn-, Kleinhirn- oder Hirnstammläsion, oder es sind einzelne Kopfnerven befallen.

Diagnose: Zur Diagnose werden vor allem bildgebende Verfahren herangezogen. Dabei sollte immer zuerst ein Thoraxröntgen angefertigt werden (Metastasensuche).

Schädelröntgen kann bei Meningiomen (Verkalkungen) bereits eine Diagnose liefern. Ansonsten sind CT oder MRI die Methoden der Wahl. Ein Kontrastmittel wird intravenös verabreicht. Je nach Anreicherungsmuster kann dann oft bereits auf den Tumortyp geschlossen werden. Eine exakte Charakterisierung liefert allerdings erst die histopathologische Diagnose nach Biopsie. Blut- und Harnuntersuchung sind meist normal, die Liquoruntersuchung ergibt nur selten Aufschlüsse. Der Liquor cerebrospinalis kann entweder normal sein, die sekundäre Entzündungsreaktion widerspiegeln (bei Meningiomen häufig Beteiligung von neutrophilen Granulozyten) oder zur Diagnose beitragen. Es sollte daher bei Tumorverdacht immer ein Zytospinpräparat angefertigt werden. Bei lymphoiden Tumoren hilft die zytologische Beurteilung in vielen Fällen. Bei anderen Tumortypen findet man nur äußerst selten Tumorzellen im Liquor.

Prognose und Therapie: Die Prognose ist generell ungünstig, obwohl in den letzten Jahren starke Bestrebungen stattgefunden haben, die Überlebensrate der Tiere mit kombinierten Therapieverfahren zu steigern. Unterstützende und lebensverlängernde Maßnahmen sind die Gabe von Glukokortikosteroiden (Verminderung des Gehirnödems und des intrakraniellen Druckes) und Behandlung von Krampfanfällen. Mit dieser Therapie überleben die Tiere im Mittel ca. 6–56 Tage. Direkte Therapieformen beinhalten die chirurgische Entfernung des Tumors, Bestrahlungen und Chemotherapie. Mit chirurgischer Therapie überleben Hunde im Mittel zwischen 40 und 143 Tagen, wobei Meningiome die höchste Überlebensrate garantieren. Deutlich höher ist die Überlebenszeit bei Katzen mit Meningiomen (bis zu einem Jahr, in Einzelfällen auch länger). Bestrahlung verbessert den Therapieerfolg (Überleben von 150–360 Tagen). Möglicherweise ist eine kombinierte

Therapie am erfolgreichsten. Es sind derzeit Bestrebungen im Gange, international die Gehirntumortherapie bei Kleintieren zu erfassen und so die prognostische Aussage für verschiedene Tumortypen und verschiedene Therapieformen zu verbessern. Nur mit dem Wissen über eine große Anzahl von Patienten kann bestimmt werden, wie in Zukunft die Gehirntumortherapie am besten gestaltet werden kann. Chemotherapeutika wurden ebenfalls zur Behandlung von Gliomen und Meningiomen eingesetzt (Carmustine und Lomustine). Diese Arzneimittel sind fettlöslich und können die Blut-Hirn-Schranke überwinden. Hier sind zu wenig Fälle publiziert, um eine statistische Aussage treffen zu können. Anstrengungen sind im Gange, neuere und bessere Methoden ausfindig zu machen, nicht nur im Dienste der Tiermedizin, sondern auch der vergleichenden Medizin.

Rückenmarkstumoren

Die Mehrzahl der Tumoren entsteht in der Wirbelsäule als primäre Knochentumoren oder Metastasen. Die Tumoren verursachen Störungen durch Rückenmarkskompression, einzelne können infiltrativ in das Rückenmark einwachsen. Primäre Tumoren sind invasiv, komprimieren aber zusätzlich das noch nicht betroffene Gewebe. Bei Katzen sind Lymphosarkome die am häufigsten vorkommenden Tumorformen im Bereich des Rückenmarkes oder des Spinalkanals.

Klinisches Bild: Die neurologischen Ausfallserscheinungen können langsam oder akut einsetzen, sind meist progressiv. Die weiteren Symptome sind von der Lokalisation abhängig und entsprechen einer fokalen Läsion (s. „Symptome bei Rückenmarkserkrankungen").

Diagnose: Röntgenuntersuchung: Knochentumoren sind meist direkt sichtbar, Weichteiltumoren sind oft mit Hilfe der Myelographie darstellbar. Das myelographische Bild hängt von der Tumorart ab (extradural, intradural-extramedullär, intramedullär). Bei intramedullären Tumoren z. B. ist die Kontrastmittelsäule in allen Projektionsebenen an die Peripherie des Wirbelkanals infolge spindelförmiger Erweiterung des Rückenmarkes gedrängt. Bei einigen Tumorformen ist der Liquor cerebrospinalis verändert (Erhöhung des Protein- und Zellgehaltes, vor allem bei sekundärer entzündlicher Reaktion). Bei fraglichem oder negativem Myelographiebefund muß auch bei Tumorverdacht im Spinalkanal auf eine Computertomographie oder ein MRI zurückgegriffen werden.

Prognose und Therapie: Die Prognose ist je nach Therapiemöglichkeit und Art des tumorösen Prozesses (gut abgrenzbar oder infiltrativ) von vorsichtig bis ungünstig zu stellen. Ungünstig ist sie vor allem bei intramedullären Prozessen. Die Therapie erfolgt je nach Tumorart chirurgisch, mit Bestrahlung, oder medikamentös bei lymphoiden Tumoren. Einige extradurale Tumoren, die nicht die knöchernen Umgebungsstrukturen betreffen, und einige intradurale-extramedulläre Tumorarten können erfolgreich chirurgisch entfernt werden.

Degenerative Erkrankungen

Geriatrische Taubheit

Diese Form der erworbenen Taubheit wird auch „Presbycusis" genannt und geht mit einer fortschreitenden Abnahme der Hörfunktion mit zunehmendem Alter einher. Die pathologischen Veränderungen bei den meisten Hunden und Katzen sind sensorineural. Das heißt, es kommt zu Neuronenatrophie und -verlust im Spiralganglion und zu Verlust von Haarzellen und unterstützenden Zellen im Cortischen Organ. Zusätzlich wird die Schwerhörigkeit oder

Taubheit durch verminderte Flexibilität des Trommelfells und der Gehörknöchelchen verstärkt (konduktive Taubheit). Obwohl dies eine chronisch-progressive Veränderung ist, fällt den meisten Besitzern die Taubheit ihres Tieres plötzlich auf. Vermutlich können die meisten Haustiere ihre Schwerhörigkeit lange kompensieren. Geriatrische Taubheit ist eine häufige Störung beim alten Hund, exakte statistische Daten über die Häufigkeit sind aber nicht bekannt. Eine exakte Diagnose wird mit Hilfe akustisch evozierter Hirnstammpotentiale gestellt. Eine Therapie ist nicht bekannt, in den USA werden Hörhilfen versucht. Diese werden allerdings nur selten von den Hunden toleriert.

Degenerative Myelopathie der großen Hunderassen

Dies ist eine häufige Erkrankung bei älteren Tieren großer Hunderassen. Am häufigsten sind Deutsche Schäferhunde betroffen, es können jedoch fast alle große Hunderassen erkranken. Am Institut für Tierneurologie werden am häufigsten Deutsche Schäferhunde gesehen, die an degenerativer Myelopathie leiden. Die zweite Hunderasse, die sehr häufig an dieser Krankheit leidet, ist die der Collies. Der größte Teil der Hunde, die wegen degenerativer Myelopathie an die Klinik kommen, sind über 10 Jahre alt. Es erkranken jedoch auch schon Hunde ab einem Alter von 5–6 Jahren. Die Ursache ist unbekannt, ein genetischer Einfluß wird vermutet. Eine abnorme Immunantwort bei Deutschen Schäferhunden mit degenerativer Myelopathie wurde beschrieben. Nach Mitogenstimulation zeigten T-Zellen aus dem peripheren Blut verminderte Proliferation, die Zellen aus Lymphknoten oder Milz verhielten sich gleich mit der Kontrollgruppe. Ebenfalls wurde eine autoimmune Genese vermutet, wobei das Autoantigen nicht näher definiert wurde.

Klinisches Bild: Die Lokalisation ist meist im Thorakalmark gelegen. Den Besitzern fällt zuerst Nachhandschwäche und Zehenschleifen auf. Der Verlauf ist chronisch-progressiv. Von Beginn der ersten Symptome bis zur Euthanasie vergehen meist zwischen 6 und 12 Monate. Die Tiere haben keine Druckdolenz. Bei der Beurteilung des Ganges fallen Paraparese und Ataxie der Hinterextremitäten auf, die spinalen Reflexe sind mit Ausnahme des Patellarreflexes normal oder gesteigert (Läsion in der weißen Substanz = lange auf- und absteigende Bahnen). Die Propriozeption ist an den Hinterbeinen verzögert oder aufgehoben.

Diagnose: Die Diagnose stützt sich auf die Befunde der neurologischen Untersuchung, den chronischen Verlauf und ein Myelogramm, das keine kompressiven Läsionen erkennen läßt. Der Liquor kann eine Eiweißvermehrung aufweisen. Im Prinzip kann in der Klinik im Ausschlußverfahren nur eine Verdachtsdiagnose gestellt werden. Die endgültige Diagnose erbringt die Histopathologie.

Prognose und Therapie: Die Prognose ist auf lange Zeit als ungünstig anzusehen. Eine ätiologische Therapie ist nicht bekannt. Verschiedene Therapieversuche mit Glukokortikoiden, Immunstimulanzien, DMSO, Vitamin-E- und -B-Komplex haben zu keinem durchschlagenden Erfolg geführt. In der Literatur wurde ein positiver Einfluß nach Verabreichung von Aminokapronsäure (500 mg alle 8 Stunden) beschrieben. Dies bleibt jedoch umstritten. Eigene Erfahrungen mit diesem Präparat haben zwar hohe Kosten für den Besitzer erzeugt, objektiv aber keine Besserung erbracht.

Ankylosierende Spondylose

Bei adulten oder älteren Tieren großer Hunderassen werden radiologisch häufig massive Exostosen mit Bildung von Knochenbrücken zwischen den Wirbelkörpern gefunden. Diese Brücken verursachen keine Einengung des Spinalkanals und damit keine direkte Schädigung des Rückenmarkes und sind daher auch keine Ursache einer Rückenmarkserkrankung! In seltenen Fällen können bei lateraler Brückenbildung die Foramina intervertebralia eingeengt werden und durch Wurzelkompression Schmerzen verursachen, oder es kommt zu mechanischer Beeinträchtigung der Wirbelsäule. Auch radiologisch entdeckte metaplastische Verknöcherungen der Dura mater spinalis bewirken keine Rückenmarkserkrankung und sind nur ein radiologischer Nebenbefund.

Krankheiten der Augen

ANDREA MEYER-LINDENBERG

Das Altern ist ein biologisches Faktum, welches sich besonders gut am Auge verfolgen läßt. Hier sind mit optischen Methoden spezifische Altersvorgänge gewissermaßen in vivo zu beobachten. Mit den übrigen Geweben des Organismus haben jene des Auges ein gemeinsames Schicksal: Sie verarmen zunehmend an Wasser und unterliegen aus diesem Grunde einem Verdichtungsprozeß. Dadurch ist der Stoffaustausch erschwert und die Einlagerung von Schlackenstoffen begünstigt.

Das Altern ist aber nicht allein durch die Anzahl von Lebensjahren bestimmt, sondern stellt eine Funktion der Keimanlagen dar. Hierin liegt die Ursache bestimmt, daß Organe von manchen Individuen im Alter eine krankhafte Umwandlung erfahren, z. B. eine klare Linse zur Katarakt wird, und andere davon verschont bleiben. In diesem Kapitel sollen nun die am häufigsten auftretenden Augenveränderungen bei alternden Hunden und Katzen beschrieben werden.

Veränderungen der Lider

Altersbedingte Veränderungen der Lider können bei Hund und Katze sowohl primär als auch sekundär vorkommen.

Zu den primären Erkrankungen zählen in erster Linie die Lidtumoren. Beim Hund sind ca. 75 % der Neubildungen des Lidrandes gutartig und nur selten kommen bösartige Tumoren vor, die jedoch nur ausnahmsweise (Mastzelltumor) metastasieren. Am häufigsten sind Adenome (Abb. 13.1, siehe Farbtafel nach S. 170) und Adenokarzinome, die von den Talgdrüsen ausgehen, Melanome und Papillome. Auch Plattenepithelkarzinome, Fibrome und Basalzellkarzinome können vorkommen. Mastzelltumoren sind eher selten.

Bei der Katze sind Zubildungen am Lidrand seltener, wenn sie jedoch auftreten, sind sie oft bösartig. Das Plattenepithelkarzinom (Abb. 13.2, siehe Farbtafel nach S. 170) steht an erster Stelle und tritt meist in der Nähe des medialen Augenwinkels am Unterlidrand auf. Zu anderen Tumorarten zählen beispielsweise Fibrosarkome, Basalzelltumoren, Adenome, Adenokarzinome, Papillome oder Neurofibrome. Auch die Lidrandtumoren der Katze metastasieren erst sehr spät.

Die Therapie richtet sich nach Art und Ausdehnung des Tumors und dem Allgemeinzustand des Patienten. In der Regel ist jedoch eine chirurgische Entfernung des Tumors anzuraten, insbesondere dann, wenn Irritationen durch den Tumor vorliegen oder zu erwarten sind. Grundsätzlich sollte jede chirurgisch entfernte Neubildung histologisch untersucht werden.

Außer den tumorösen Veränderungen der Lider kann es bei einigen Hunderassen mit zunehmendem Alter zur Erschlaffung der Angesichtsmuskulatur kommen, was insbesondere beim Cocker Spaniel und beim Bloodhound zu einer Ptosis und einem Ektropium des Unterlides führt (Abb. 13.3, siehe Farbtafel nach S. 170).

Bedingt durch die langen, wimpernartigen Haare bei diesen Rassen kommt es beim Lidschluß zur Verschmutzung der Haare des Oberlides durch das Sekret im Bindehautsack des ektropionierten Unterlides. Durch Reibung dieser verklebten Haare auf der Hornhaut kann eine chronische Keratitis resultieren. Die Therapie dieser Veränderung erfolgt vorzugsweise durch eine Korrektur des Oberlides nach Stades, die dem Herabhängen entgegenwirkt.

Zu den sekundären altersbedingten Erkrankungen der Augenlider zählt beim Hund und bei der Katze das Entropium. Durch Atrophie von peri- und retroorbitalem Gewebe tritt der Augapfel zurück, und es kommt zu einem Enophthalmus. Bei der Katze ist die häufigste Komplikation des Enophthalmus das Entropium, welches meistens bilateral vorliegt. Grundsätzlich ist immer das Unterlid betroffen und es kann durch die irritierenden Haare des eingerollten Unterlides zu Hornhautläsionen kommen. In diesen Fällen ist eine chirurgische Korrektur des Entropiums angezeigt.

Beim älteren Hund kann dagegen die Ursache für ein Entropium ein geschrumpfter Augapfel sein. Ursache für diese Phthisis bulbi kann eine chronische Uveitis sein, die beispielsweise durch eine hypermature Katarakt hervorgerufen bzw. unterhalten werden kann. Gleichzeitig können Trübungen der Kornea vorliegen mit oberflächlicher und interstitieller Keratitis und Neovaskularisation. Häufig ist auch eine hintere Synechie zu beobachten. Der intraokulare Druck ist durch die anhaltende Uveitis stark erniedrigt. Bei einer hypermaturen Katarakt wird die Uveitis durch das Linsenprotein induziert, welches durch die intakte Linsenkapsel nach außen in die Augenkammer tritt (phakogene Uveitis). Das Linsenprotein wird vom Immunsystem als Fremdprotein angesehen und induziert eine autoimmune Uveitis, die solange anhält, wie das als Antigen wirkende Linsenprotein existiert. Durch diesen stetig niedrigen Augeninnendruck kann eine Atrophie der intraokulären Gewebestrukturen und Schrumpfung des Augapfels, eine Phthisis bulbi resultieren. Durch diese Verkleinerung des Augapfels kann es in manchen Fällen zum Entropium kommen. Die Therapie ist abhängig vom Grad der vorliegenden Veränderungen. Liegen zusätzlich chronische Schmerzzustände vor, kann eine Bulbusenukleation indiziert sein.

Erkrankungen des Tränenapparates

Die häufigste Erkrankung des Tränenapparates bei älteren Hunden ist die Keratokonjunktivitis sicca (KCS). Nur bei prädisponierten Hunderassen tritt sie bereits in jungen Jahren auf. Katzen sind davon sehr viel seltener betroffen. Durch den Mangel an Tränenflüssigkeit, insbesondere eine verringerte wäßrige Phase, kommt es zu einer fortschreitenden Entzündung von Kornea und Konjunktiva. Es werden eine Vielzahl von Ursachen für diese Erkrankung diskutiert, wobei jedoch oft eine autoimmunvermittelte Adenitis zugrunde zu liegen scheint. Auch vorausgegangene Entzündungsprozesse (latent, chronisch) können die Erkrankungsentstehung unterstützen oder verursachen.

Die KCS tritt häufig beidseitig auf und betroffen sind vorwiegend kleine Hunderassen, wie beispielsweise West Highland White Terrier, Yorkshire Terrier oder Langhaardackel. Bei immunvermittelter Ursache erkranken weibliche Tiere (West Highland White Terrier) vermehrt. Klinisch erscheint die Kornea glanzlos und die Konjunktiven sind gerötet und verdickt. Häufig liegt ein zähes, mukopurulentes Exsudat im Bereich des Fornix vor, welches zur Verklebung der Augenlider führen kann. Bei fortschreitendem Krankheitsverlauf kommt es durch die Austrocknung der Kornea zur Ödematisierung, Vaskularisation und Pigmentierung (Abb. 13.4, siehe Farbtafel nach S. 170). Die endgültige Diagnose wird mit dem Schirmer-Tränen-Test gestellt. Die Therapie der immunvermittelten KCS erfolgt medikamentös in erster Linie durch topische Applikation von 2%igen Ciclosporin A-Augentropfen 2x täglich. Alternativ kann eine kommerziell erhältliche Ciclosporinaugensalbe angewendet werden. In den ersten Wochen werden zusätzlich Breitspektrumantibiotika verabreicht (z. B. Chloramphenicol-AS). Unterstützend können in der Anfangsphase Tränenersatzflüssigkeiten gegeben werden. Ist die medikamentöse Therapie erfolglos, so kann als letzte Möglichkeit der Ductus parotideus in den Bindehautsack transponiert werden.

Veränderungen an der Kornea

Die Transparenz der Kornea wird im wesentlichen durch Dehydrierung der Hornhaut mit Hilfe der Na/K-ATPase abhängigen Pumpe der Endothelzellen gewährleistet. Durch den Augeninnendruck wird kontinuierlich Flüssigkeit in die Kornea gepreßt, die dann mit Hilfe dieser Endothelzellpumpe gegen einen Druckgradienten von 15–25 mmHg wieder entfernt werden muß. Im Gegensatz zu den Epithelzellen haben die Endothelzellen nur eine minimale Regenerationsfähigkeit. Normalerweise besitzt der Hund ca. 2500 und die Katze ca. 2700 Endothelzellen pro mm^2. Kommt es beispielsweise durch Entzündungen zum Verlust von Endothelzellen auf 1800 bzw. 2000 pro mm^2, entsteht eine diffuse, milchige Trübung der Hornhaut besonders in ihrem Zentrum. Auch mit fortschreitendem Alter nimmt die Zahl der Endothelzellen ab, sie reichen jedoch in der Regel zur Aufrechterhaltung der Transparenz aus.

Zu den altersbedingten Veränderungen der Kornea gehört die endotheliale Dystrophie, die auch als senile Endoteldegeneration bezeichnet wird. Durch eine meist beidseitige endotheliale Dysfunktion kommt es zu vermehrtem Wassereintritt in das Hornhautstroma, wodurch ein tiefes dichtes Hornhautödem entsteht. Das Hornhautepithel ist in Regel intakt. Es können jedoch auch Blasen oder Ulzerationen durch Ablösung von oberhalb des Endothels liegenden Schichten entstehen.

Eine Prädisposition für diese Erkrankung wird für den Boston Terrier beschrieben. Sie kommt aber auch bei anderen, meist brachyzephalen Hunderassen vor, wie z. B. dem Chihuahua oder Boxer vor. Auch beim älteren Basset, Pudel oder Fox Terrier wird über das Vorkommen dieser Erkrankungen berichtet. Die Therapie dieser Erkrankung ist palliativ. Mit Hilfe von hypertonen Augensalben (3–5%ige NaCl-AS) kann versucht werden das Ödem zu behandeln, was jedoch nur vorübergehend hilfreich ist und auch nicht zur völligen Transparenz der Kornea führt. Die topische Verabreichung von Kortikosteroiden ist ebenfalls nicht erfolgreich. Eventuell kann mit einer Hornhauttransplantation der Visus wiederhergestellt werden.

Eine weitere Erkrankung der Kornea, die im Alter auftritt, ist die geriatrische, oberflächliche Korneadystrophie des Hundes. Sie ist gekennzeichnet durch subepitheliale Ablagerungen von kristallin-ähnlichen Material, welche als Kalzium identifiziert wurden (kalkbildende Keratopathie). Das Alter der Patienten, die dieses Krankheitsbild aufweisen liegt zwischen 13 und 18 Jahren und tritt gehäuft in Kombination mit einer senilen Demenz auf. Eine Erhöhung des Kalziumspiegels im Blut konnte bei erkrankten Patienten nicht regelmäßig nachgewiesen werden.

Die ersten Symptome dieser Erkrankung sind vermehrter Tränenfluß und eine auffällig übermäßige Photophobie. Der Beginn der Erkrankung kann einseitig sein, meist tritt sie jedoch bilateral auf. Das Hornhautepithel ist in der Anfangsphase meist noch intakt. Die Kalzifizierung der Kornea verläuft meist progressiv, so daß es im weiteren Verlauf zu einer zunehmenden Trübung der Hornhaut kommt und die Gefahr einer Ulzeration zunimmt. Ist ein Ulkus entstanden, so ist dieses häufig schwer zur Abheilung zu bringen.

Die Therapie dieser Erkrankung ist schwierig und das Fortschreiten der Dystrophie meist nicht zu verhindern. Beim Vorliegen eines Ulkus muß dieses entsprechend medikamentös behandelt werden. Kann medikamentös keine Abheilung erzielt werden, so kann eventuell eine Keratektomie mit Nickhautschürze oder temporärer Tarsorrhaphie zum Erfolg führen.

Veränderungen der Iris

Bei älteren Hunden kommen zwei Formen der senilen Irisatrophie vor. Bei der einen Form handelt es sich um die ein- oder beidseitige Atrophie der Iris besonders im pupillaren Bereich mit häufig parallel verlaufender Degeneration der Irissphinktermuskulatur. Diese Form betrifft besonders den Miniaturpudel. Der Pupillenrand ist unregelmäßig, weist depigmentierte Areale auf und durch das Vorhandensein von fadenähnlichen Irisgewebsresten entlang der Pupille kann eine Pseudopolykorie vorliegen. Der direkte Pupillarreflex ist nicht mehr vorhanden oder zumindest deutlich verlangsamt und unvollständig, so daß eine Mydriasis oder Anisokorie vorliegt.

Die zweite Form der Irisatrophie kommt ebenfalls nahezu ausschließlich bei kleinen Hunderassen vor. Hier ist das Irisstroma durch eine vaskuläre Insuffizienz atrophisch geworden, wodurch ausgedehnte Lücken im Irisstroma sichtbar sind. Klinisch zeigen die Tiere mit einer Atrophie der Iris je nach Ausprägung eine mehr oder weniger starke Photophobie. Eine Therapie ist nicht möglich.

Erkrankungen der Linse

Die Trübung der Linse ist eines der häufigsten Veränderungen des älteren Tieres. Grundsätzlich muß zwischen der Nukleosklerose und der senilen Katarakt unterschieden werden.

Die Nukleosklerose ist ein physiologischer Komprimierungsprozeß des Linsenkerns während der Alterung. Die Linse wächst während des gesamten Lebens. Verantwortlich dafür ist das Linsenepithel, welches sich direkt unter der Linsenvorderkapsel befindet. Von der Äquatorialebene aus werden neue Linsenfaserschichten produziert, die sich zwiebelschalenartig den älteren Fasern auflegen und sie in Richtung Zentrum drängen. Da die alten Fasern nicht abgestoßen werden können, führt dieser Vorgang im Laufe der Zeit zu einer Vergrößerung und Verdichtung des Linsenkerns. Gleichzeitig findet im Zentrum des Kerns ein kontinuierlicher Schrumpfungsprozeß statt. Ältere Zellen verlieren ihren Kern und ihre Mitochondrien, die Zellmembranen lösen sich auf und unterliegen einer zunehmenden Dehydrierung und Kompression. Das hat eine Abnahme der Elastizität zur Folge, wodurch die Akkomodationsfähigkeit sinkt. Der refraktive Index der Linse nimmt mit der Zeit zu und durch die zunehmende Dichte der nukleären Fasern werden einige einfallenden Lichtstrahlen reflektiert, wodurch eine Katarakt vorgetäuscht wird. Durch den verringerten Wassergehalt der Linse kommt es zu Veränderungen der Elektrolytkonzentration. Die Kalium- und Natriumkonzentration steigt ebenso an wie der Kalziumgehalt. Gleichzeitig mit der Abnahme des Wassergehaltes steigt die Proteinkonzentration und das Verhältnis von wasserlöslichem Kristallin verschiebt sich zugunsten des unlöslichen Albuminoids. Ferner ist auch die Zunahme von hochmolekularen Eiweißaggregaten in der alternden Linse typisch. Die Aktivität der Enzyme sinkt im alternden Linsengewebe stetig und auch die Substrataffinität ist reduziert. Dies bedingt eine Abnahme des Energiestoffwechsels. Die Linse mit nukleärer Sklerose erscheint im gut abgegrenzten Zentrum wolkig und grünlichgrau-blau mit einem umgebenden, klaren Kortex. Der Beginn der Nukleosklerose liegt etwa zwischen dem 7. und 8. Lebensjahr und wird mit dem Alter immer offensichtlicher. Das Sehvermögen wird durch die Nukleosklerose nicht beeinträchtigt. Die Nukleosklerose ist jedoch nur im einfallenden Licht und nicht im durchfallenden erkennbar und der Fundus ist ungehindert einzusehen. Der Übergang von einer Nukleosklerose in eine Katarakt kann jedoch fließend sein.

Während die Nukleosklerose einen normalen Alterungsprozeß darstellt, ist die senile Katarakt immer ein pathologischer Prozeß. Senile Katarakte werden beim Hund im Vergleich zum Menschen seltener gesehen. Trotzdem gehört der Altersstar zu den häufigsten Ursachen der Erblindung beim Hund (Abb. 13.5, siehe Farbtafel nach S. 170). Das Alter der Tiere bei Erkrankungsbeginn kann zwischen dem 6. und 10. Lebensjahr liegen.

Verantwortlich für die Entstehung der senilen Katarakt sind Veränderungen im Stoffwechsel und im anatomischen Aufbau der Linse. Durch zunehmende Komprimierung der zentralen Fasern kann die als nicht pathologisch anzusehende Linsenkernsklerose fließend in eine echte Trübung übergehen. Hauptverantwortlich sind die Abnahme enzymatischer Umsetzungen, die Zunahme hochmolekularer Proteinaggregationen und vermehrte Oxidationsprozesse. Durch das Zusammenspiel und die Einwirkung über einen längeren Zeitraum von mehreren kataraktogenen Noxen, kann dies schließlich beim älteren Tier zu einer echten Trübung der Linse führen. Das Auftreten der senilen Katarakt ist meist bilateral, aber nicht unbedingt symmetrisch. Der Trübungsbeginn liegt im nukleären und perinukleären Bereich und schreitet unterschiedlich schnell voran, bis schlußendlich eine totale homogene Linsentrübung vorliegt.

Eine weitere Form der Katarakt beim älteren Tier aufgrund metabolischer Störungen ist eine Linsentrübung bei Diabetes mellitus. Die Trübung wird durch eine erhöhte Glukosekonzentration verursacht.

Zunächst kommt es durch die erhöhte Blutglukosekonzentration zu einer gesteigerten Konzentration im Kammerwasser und gelangt von da aus in die Linse. Die Metabolisierung erfolgt hier nicht nur durch anaerobe Glykolyse, wie es beim gesunden Tier der Hauptweg ist, sondern, da dieser Zyklus bei erhöhter Glukosekonzentration überlastet ist, auf dem Sorbitolweg. Hier wird die Glucose durch die Aldose-Reduktase in Sorbitol umgewandelt. Da nun die Linsenkapsel aber für Sorbitol nahezu undurchlässig ist, wird es teilweise weiter über die Sorbitoldehydrogenase abgebaut. Da dieser Abbau sehr viel langsamer fortschreitet als die Entstehung von Sorbitol in der Linse, kommt es hier zur Akkumulation des Zuckeralkohols. Durch diese erhöhte Konzentration von Sorbitol in der Linse steigt der Gradient und zur Erhaltung des osmotischen Gleichgewichts kommt es zum Wassereinstrom. Dies führt zur Schwellung und Vakuolisierung der Linsenfasern und dadurch zur Trübung. Klinisch treten bei diabetogener Katarakt meist bilateral symmetrisch subepitheliale und kortikale Vakuolen im Bereich des Äquators auf, die anfänglich nur bei weitgestellter Pupille auffallen. Diese Vakuolen breiten sich dann über die gesamte Linse aus und ergeben im Endstadium das Bild einer geschwollenen kataraktösen Linse, einer maturen Katarakt.

Der diabetogene Star schreitet meist schnell voran und entsteht innerhalb von einigen Tagen bis Wochen. Häufig werden die Tiere auch nicht wegen des systemischen Krankheitsbildes eines Diabetes mellitus vorgestellt, sondern wegen der Erblindung aufgrund einer diabetogenen Katarakt.

Beim älteren Tier kann grundsätzlich auch eine erbliche Form der Katarakt auftreten, obwohl die meisten erblichen Katarakte kongenital oder juvenil sind. So wird beispielsweise beim Boston Terrier eine äquatorial beginnende Form der senilen Katarakt beschrieben, die langsam progressiv voranschreitet.

Bei der Katze kommt die senile Katarakt oder Nukleosklerose insgesamt später und seltener vor als beim Hund. Das spätere Auftreten erscheint deshalb logisch, da die Lebensdauer der Katze insgesamt höher ist als beim Hund. Außerdem scheinen sie die Erblindung besser als der Hund zu kompensieren, so daß der Besitzer es oft erst spät bemerkt. Die meisten älteren Katzen mit Katarakt haben Anzeichen einer vorausgegangenen Uveitis. In manchen Fällen ist die Linse subluxiert bzw. luxiert oder es liegt ein Diabetes mellitus vor. Insgesamt sind die Fälle mit Katarakt ohne Begleiterkrankung bei der alten Katze sehr selten.

Die Therapie einer Katarakt ist abhängig von der Lokalisation und Ausweitung der Katarakt. Liegen keine ausgeprägten Sehbehinderungen vor, kann solange sich der Hund zurechtfindet, von einer Operation abgesehen werden. Liegt eine zentrale Katarakt vor, die zur Sehbeeinträchtigung führt, kann mit Hilfe einer medikamentösen Behandlung in Form von topischer Applikation von Atropin-Augentropfen (2–3x wöchentlich) eine Mydriasis hervorgerufen werden. Durch die weitgestellten Pupillen kann das Licht durch den nichtgetrübten Anteil der Linse hindurch und ermöglicht so zumindest eine teilweise Erhaltung der Sehfähigkeit.

Liegt dagegen eine mature Katarakt vor, kann eine Visusverbesserung nur durch eine Linsenextraktion erreicht werden. Vorher sollte jedoch durch Anfertigung eines Elektroretinogramms (ERG) sichergestellt sein, daß keine Netzhautveränderungen z. B. im Sinne einer PRA (progressive Netzhautatrophie) vorliegen. Zusätzlich sollte der durch die getrübte Linse nicht mehr einsehbare Augenhintergrund mit Hilfe einer Ultraschalluntersuchung dargestellt werden, um eine Netzhautablösung auszuschließen. Bei beiden Erkrankungen würde sich ein operativer Eingriff verbieten.

Eine weitere Erkrankung der Linse ist die Linsenluxation, die durch Zerreißung der Zonulafasern zustande kommt (Abb. 13.6, siehe Farbtafel nach S. 170). Die Linse kann entweder vollständig in die vordere oder hintere Augenkammer verlagert oder auch nur teilweise aus ihrer Verankerung gelöst sein. Die Luxatio/Subluxatio lentis kann Ursache für ein Glaukom sein, da es durch die Linse, die Iris oder Anteile des Glaskörpers zur Verlegung des Kammerwinkels und damit zur Abflußbehinderung des Kammerwassers kommt. Der Glaskörpervorfall wird bedingt durch die Linsenverlagerung. Es kommt hierdurch zur Ruptur der vorderen Glaskörpermembran, und der Glaskörperinhalt kann nun ungehindert durch den Pupillarspalt in die vordere Augenkammer gelangen und den iridokornealen Winkel verlegen.

Oftmals ist es bei Vorliegen eines Glaukoms schwierig zu evaluieren, ob es sich um ein Primär- oder Sekundärglaukom handelt. Hierfür ist es hilfreich eine Gonioskopie durchzuführen. Ist dies am erkrankten Auge nicht möglich, sollte das gesunde Partnerauge zur Untersuchung herangezogen. Auch kann die Unterscheidung eines primären oder sekundären Glaukoms anhand der Rassen (Disposition) hilfreich sein.

Sekundär kann die Linsenluxation auch als Folge eines primären Glaukoms entstehen, da der Anstieg des Augeninnendruckes zur Vergrößerung des Bulbus führt und es damit zur starken Dehnung der Zonulafasern kommt, was zur Ruptur derselben führen kann (Abb. 13.7, siehe Farbtafel nach S. 170). Die primäre Luxation/Subluxation der Linse ist meist erblich bedingt, wobei hier verschiedene Terrierrassen, Beagle, Basset, Cocker Spaniel (die letzten drei Rassen auch für ein primäres Glaukom prädisponiert), Chihuahua, Deutscher Schäferhund, Welsh Corgi und der Border Collie zu nennen sind. Das Durchschnittsalter bei Auftreten der Symptome liegt etwa bei 5 Jahren. Aber auch andere Rassen können betroffen sein, wobei hier die Frage einer möglichen Vererbung noch nicht geklärt wurde. Insbesondere bei ältere Tieren, die mit einem akuten Glaukom vorgestellt werden, liegt die Ursache oft in einer Linsenluxation. Ob hier ebenfalls eine hereditäre Ursache zugrunde liegt ist unbekannt.

Bei der Katze ist noch keine Rassedisposition für die Linsenluxation nachgewiesen worden, jedoch ist sie beim älteren Tier die häufigste Ursache für ein Glaukom. Allerdings muß bei der Katze mit einer Linsenluxation nicht in jedem Fall ein Glaukom resultieren. In der Regel ist diese Komplikation bei der Katze weniger ausgeprägt als beim Hund.

Bei alten Hunden kleiner Rassen kommen oft Linsenluxationen/-subluxationen nach vorausgegangener Uveitis vor. Häufig besteht in diesen Fällen eine mature oder hypermature Katarakt, die die Uveitis verursacht haben kann (phakogene Uveitis). Durch diese Uveitis kann eine hyperpigmentierte Iris, Pigmentablagerungen auf der Linsenvorderkapsel und eine hintere Synechie entstanden sein (Hinweis auf eine vorausgegangene Uveitis). Möglicherweise können die Zonulafasern im Verlauf dieser Uveitis durch proteolytische Enzyme der weißen Blutkörperchen, die während der Entzündung in das Kammerwasser gelangt waren, zerstört worden sein. Eine andere mögliche Ursache für die Linsenluxation ist das Vorliegen einer Katarakt. Pathogenetisch wird dabei die Luxation/Subluxation hauptsächlich von der hypermaturen oder der seltener vorkommenden Morgagni-Katarakt verursacht. Hier kommt es zu einer degenerativen Schwellung der Linsenfasern mit Kolliquationsnekrose. Diese Degeneration führt zu einer Instabilität der Zonulafaserinsertion in der Linsenkapsel und kann zu einer Ruptur der Fasern an dieser Stelle führen. Bei der Katze ist die häufigste Ursache eine chronisch rezidivierende Uveitis.

Sofern noch Sehfähigkeit vorhanden ist besteht die Therapie der Linsenluxation in der frühzeitigen, beim Hund möglichst innerhalb der ersten drei Tage stattfindenden intrakapsuläre Linsenextraktion. Da bei der Katze die Glaukomgefahr nicht so hoch ist, ist hier nicht solche Eile geboten.

Beim Vorliegen eines Glaukoms sollte vorab Diclofenamid (5–10 mg/kg) oder Mannitol (1–2 ml/kg/Tg einer 10–25%igen Lösung) gegeben werden, um einen Glaskörpervorfall bei Eröffnen der vorderen Augenkammer durch den starken Druck zu vermeiden. Eine Luxatio lentis anterior stellt einen akuten Notfall dar, der sofort behandelt werden sollte, um irreversible Schäden am Endothel durch die luxierte Linse oder Verklebungen der Linse mit dem Endothel und ein sekundäres Glaukom zu verhindern.

Veränderungen im Glaskörper

Im Gegensatz zum Menschen ist beim alten Hund eine Verflüssigung des Glaskörpers (Syneresis) selten, kann jedoch vorkommen. Als Ursachen werden Entzündungen, Blutungen oder altersbedingte degenerative Prozesse beobachtet. Die Verflüssigung kann im Spaltlicht als dunkle Hohlräume im Glaskörper und als Kondensation von Glaskörperfibrillen erkannt werden. Die Bedeutung ist bei isoliertem Befund gering.

Weitaus häufiger als eine Syneresis kommt die asteroide Hyalose (Abb. 13.8, siehe Farbtafel nach S. 170) beim alten Hund vor. Sie ist gekennzeichnet durch multiple, in den Glaskörper suspendierte kleine asteroide Körnchen, die aus Kalzium-Lipid-Komplexen unbekannter Herkunft bestehen. Sie bewegen sich bei Bewegung des Auges leicht mit, schwingen nach und haben keine Tendenz zu Sedimentation. Die Asteroide Hyalose kann ein- oder beidseitig vorkommen und hat in der Regel keine Visuseinschränkung zur Folge. Eine Therapie ist nicht erforderlich.

Veränderungen der Netzhaut

Altersbedingte Prozesse im Bereich der Netzhaut sind ophthalmoskopisch kaum erfaßbar. In manchen Fällen ist eine nur sehr geringgradige Verdünnung der Netzhautgefäße zu erkennen. Im ERG sind jedoch Veränderungen gegenüber dem jungen Hund zu erkennen: es kommt hier zu einer deutlichen Reduktion der a- und b-Wellenamplitude, wobei auch die Gipfelzeiten etwas verlängert sind. Ein Einschränkung des Sehvermögens läßt sich klinisch jedoch dadurch nicht erkennen. In manchen Fällen werden periphere zystische Degenerationen bei alten Hunden gesehen und als senile Retinadegeneration bezeichnet. Diese Veränderungen werden nur mit Hilfe der indirekten Ophthalmoskopie bei maximal dilatierter Pupille im Bereich der Ora ciliaris retinae erkannt. Die durchscheinenden Zysten können aneinandergereiht auftreten und von unterschiedlicher Größe sein. Die Herkunft und Bedeutung dieser zystischen Gebilde sind noch unklar. Sie haben jedoch keinen progressiven Verlauf und führen nicht zu starken Sehstörungen, wie es bei der Retinoschisis des Menschen der Fall ist.

Eine weitere, in manchen Fällen erst im Alter zum Tragen kommende Erkrankung ist die progressive Retinaatrophie (PRA, Abb. 13.9, siehe Farbtafel nach S. 170). Sie gehört zu den vererbten Netzhautdegenerationen, die ein rassespezifisches Erscheinungsbild haben. In der Regel führt diese Erkrankung zur Nachtblindheit und darauffolgend zur völligen Erblindung. Das Alter des Auftretens dieser Erkrankung ist rassespezifisch unterschiedlich und kann auch innerhalb einer Rasse variieren. Einige Rassen erblinden aufgrund dieser Erkrankung erst im fortgeschrittenen Alter, wozu der Pudel, der Labrador Retriever und der Entlebucher Sennenhund gehören. Bei diesen Rassen wird die erbliche Grundlage der Erkrankung oft nicht erkannt.

Eine senile Netzhautdegeneration mit klinisch manifesten Sehstörungen ist bisher beim Hund noch nicht beschrieben worden.

Okuläre Manifestationen von systemischen Erkrankungen beim alten Hund

Die häufigste Erkrankung mit okulärer Manifestation ist sowohl beim älteren Hund als auch bei der Katze die systemische Hypertension. Hierdurch kommt es am Fundus zu einer stärkeren Schlängelung und Dilatation der retinalen Gefäße und es kann eine Perivaskulitis und ein Papillenödem vorliegen. Es kann zu spontanen intraokularen Blutungen und partieller oder totaler transsudativer Netzhautablösung kommen. Insbesondere bei beidseitiger Erkrankung, wie es meistens der Fall ist, steht eine plötzlich einsetzende Erblindung im Vordergrund. Ursache der Hypertension ist häufig eine chronische Nierenerkrankungen, Hypo-, Hyperthyreose oder Hyperparathyreoidismus. Auch eine Erhöhung des arteriellen und venösen Gefäßwiderstandes, der mit zunehmendem Alter ansteigt, kann zu einer Hypertension führen, was beim Tier allerdings im Vergleich zum Menschen nur selten vorkommt. Die Diagnose und Therapie dieser Erkrankungen sind in den entsprechenden Kapiteln dieses Buches nachzulesen.

Eine weitere Erkrankung mit okulärer Manifestation im Alter ist der Diabetes mellitus. Die Veränderungen sind hauptsächlich auf Veränderungen in der Linse in Form einer diabetogenen Katarakt beschränkt und wurde dort bereits besprochen. Die diabetogene Retinopathie, wie sie beim Menschen mit Diabetes mellitus häufig gesehen wird, ist beim Hund und bei der Katze eher selten anzutreffen. An den retinalen Gefäßen können in manchen Fällen Mikroaneurysmen beobachtet werden, die allerdings erst nach längerer Erkrankungsdauer auftreten. Der Fundus kann jedoch häufig durch die diabetogene Katarakt nicht eingesehen werden. Experimentell konnte eine proliferative diabetische Retinopathie mit Hämorrhagien, Gliaproliferation und Netzhautablösung nicht erzeugt werden.

Farbtafel I

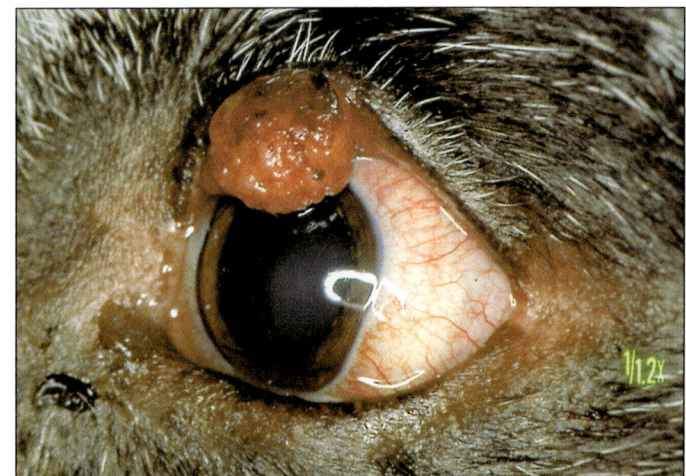

Abbildung 13.1 Von den Talgdrüsen ausgehendes Adenom am Oberlid eines 10jährigen Deutsch-Drahthaar-Rüden

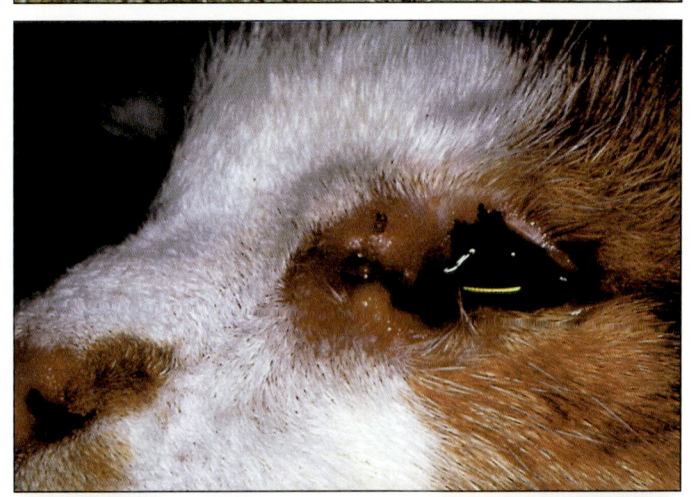

Abbildung 13.2 Plattenepithelkarzinom am medialen Augenwinkel bei einer 8jährigen Europäisch-Kurzhaar-Katze

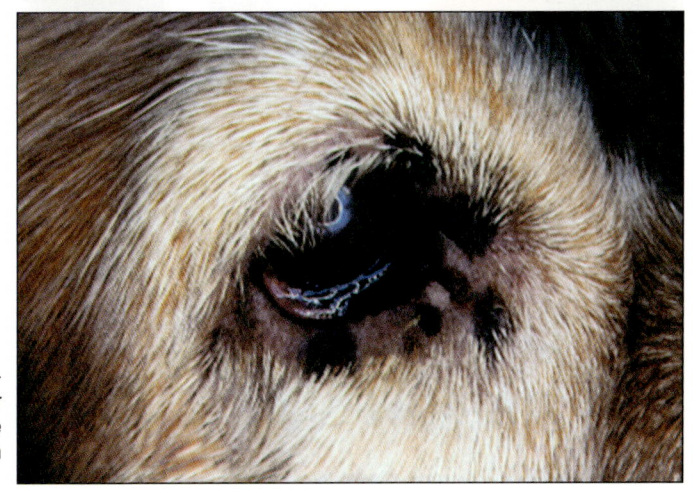

Abbildung 13.3 Ptosis und Ektropium bei einem 11jährigen Cocker Spaniel. Die daraus resultierende Trichiasis hat zu einer chronischen Keratitis geführt.

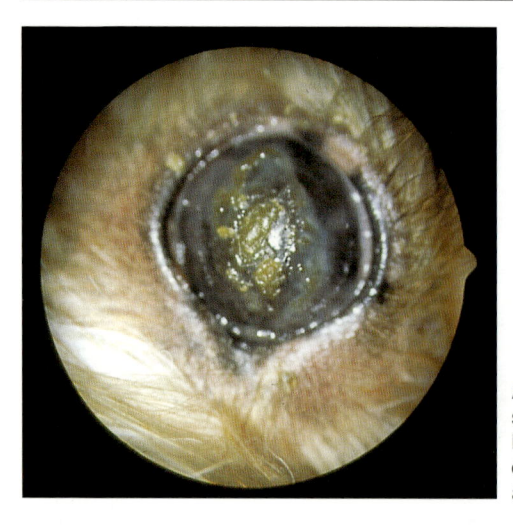

Abbildung 13.4 Höchstgradige Keratokonjunktivitis sicca bei einem 9 Jahre alten Yorkshire Terrier. Die Hornhaut ist trüb und zum Teil dunkel pigmentiert und der zu Krusten eingetrocknete mukopurulente Augenausfluß haftet auf der Kornea.

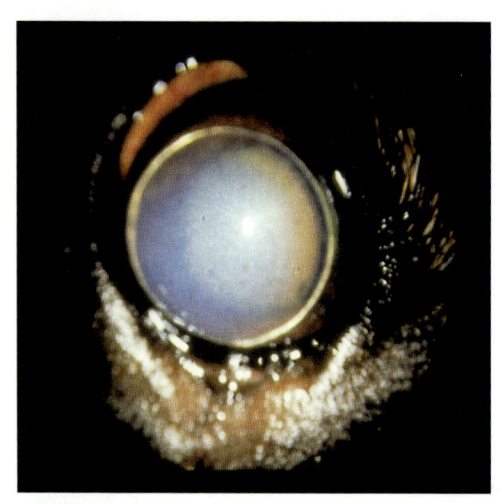

Abbildung 13.6 Linsenluxation in die vordere Augenkammer bei einem Deutschen Jagdterrier. Der Äquator der Linse leuchtet hell auf und liegt vor der Iris. Zusätzlich besteht im Kontaktbereich mit der Kornea eine scheibenförmige Trübung der Hornhaut.

Abbildung 13.7 Primärglaukom bei einem 7jährigen Kurzhaardackel mit Subluxation der Linse nach temporal. Im nasalen Bereich der Pupille sind die Zonulafasern mit den elongierten Ziliarfortsätzen zu erkennen.

Abbildung 13.5 Hypermature Katarakt bei einem 13jährigen Zwergschnauzer. Durch die massive Trübung der Linse ist das Auge erblindet.

Abbildung 13.8 Hgr. asteroide Hyalose bei einem Mischlingsrüden. Es befinden sich zahlreiche kleine, kugelförmige, glitzernde Körnchen im Glaskörper.

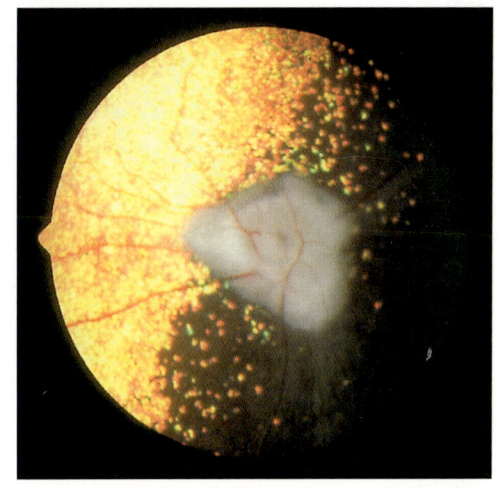

Abbildung 13.9 Progressive Retinaatrophie (PRA) bei einem männlichen Zwergpudel. Das Tapetum lucidum ist hyperreflexiv (unterbelichtet), die Papille demyelinisiert und die Gefäße sind stark verdünnt.

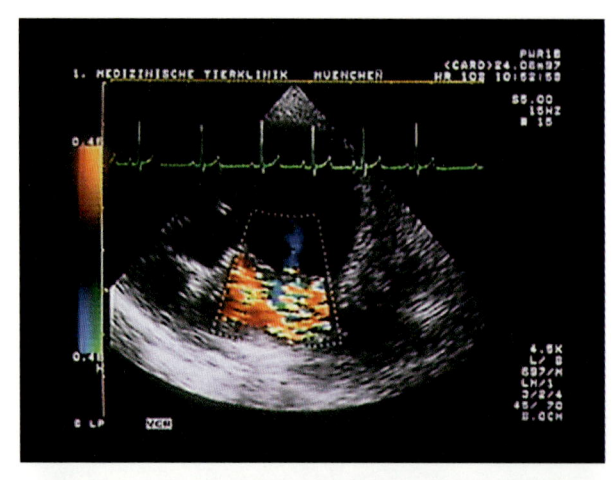

Abbildung 5.2 Farbdoppler-Aufnahme einer Mitralisinsuffizienz als häufiges Symptom bei alten Hunden (Photo: M. Deinert, Medizinische Tierklinik München)

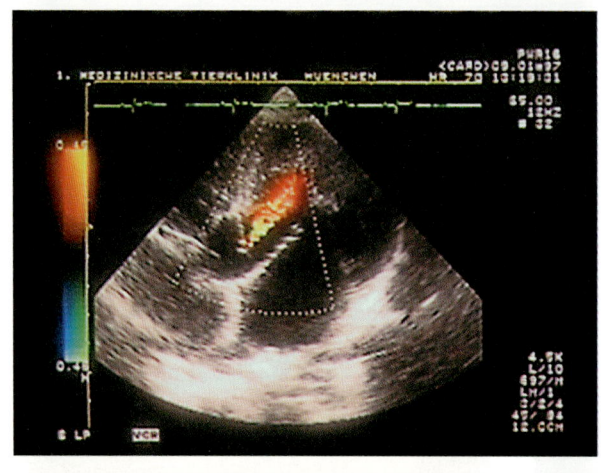

Abbildung 5.3 Farbdoppler-Aufnahme einer Aorteninsuffizienz (Photo: M. Deinert, Medizinische Tierklinik München)

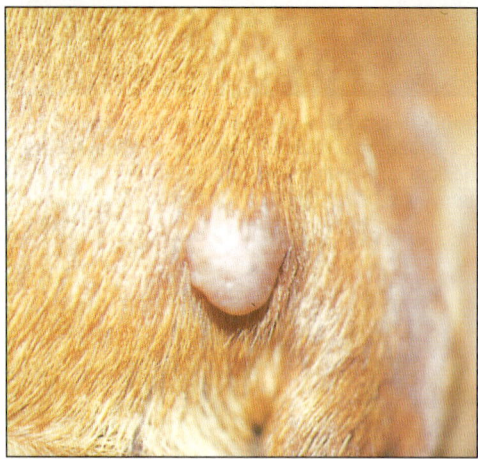

Abbildung 15.3 Kutaner Mastzelltumor eines Zwergpinschers

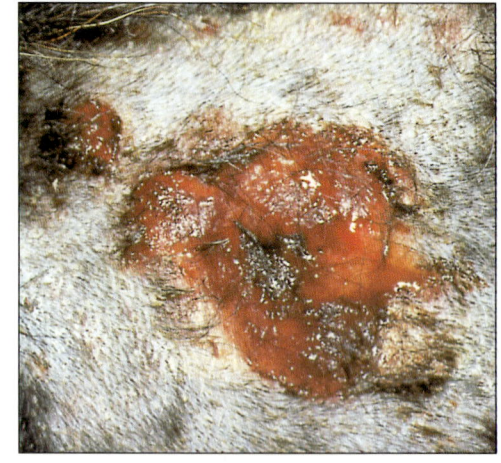

Abbildung 15.4 Mycosis fungoides eines Airedaleterriers im fortgeschrittenen Stadium

Blut, Laboruntersuchungen

14

WILFRIED KRAFT

Zu Routineuntersuchungen beim alten Tier sollte ein vollständiges Blutbild (Erythrozytenzahl, Hämatokrit, Hämoglobin, Leukozytenzahl, Differentialblutbild) gehören, bei Anämie unbedingt auch Retikulozytenzählung (zur Ermittlung der Regenerationsfähigkeit). Da vom Laborpersonal (auch in kommerziellen Labors) erfahrungsgemäß nur von sehr engagierten Mitarbeiterinnen und Mitarbeitern auf die Zellmorphologie und -färbung geachtet wird, sollte in jedem Verdachtsfall einer Abweichung auch vom tierärztlichen Personal ein Blick durch das Mikroskop gewagt werden.

In Fällen aregenerativer Anämien, deren Ursache unklar ist, sollte, wenn dies möglich ist, auch eine Untersuchung auf Erythropoetin durchgeführt werden. Wo die Ursache auf der Hand liegt, wie etwa bei chronischer Niereninsuffizienz, ist diese kostspielige Untersuchung natürlich nicht erforderlich.

Gleichzeitig wird Blut zur Serum- oder Plasmagewinnung gewonnen. Folgende Untersuchungen sollten beim geriatrischen Tier während der Routineuntersuchung durchgeführt werden:

- ALT (GPT), zusätzlich GLDH, beim Hund AP als Suchenzyme
- sofern die alkalische Phosphatase erhöht ist, der Grund ihrer Aktivitätssteigerung jedoch unklar, sollte das Serum auf 60 °C erwärmt werden. Hepatogene AP ist dann nicht mehr nachweisbar; die dann noch nachweisbare AP ist auf extrahepatische Ursachen zurückzuführen (Hyperadrenokortizismus, iatrogene Kortikosteroidapplikation)
- Serum-Gallensäuren
- bei Ikterus Bilirubin
- Blutzucker, bei der Katze mit Erhöhung und fraglicher Ursache auch Fruktosamin
- bei Störungen des ZNS Ammoniak, in fraglichen Fällen Ammoniumchloridtoleranztest
- Serum-Kreatinin, evtl. Serum-Harnstoff
- Serum-, besser Plasma-Protein, in Verdachtsfällen auch Albumin
- beim Hund ggf. α-Amylase und Lipase (bei Verdacht auf Pankreatitis)
- bei der Katze FeLV-Antigen und FIV-Antikörper

Die Untersuchung des Urins erfolgt am besten am spontan gewonnenen Urin; er gibt Auskunft über die Gesamtheit der harnbereitenden Organe und -abführenden Wege. Zystozentese-Urin, der durch die Punktion häufig einige Erythrozyten enthält, ist dann besser geeignet, wenn es das Ziel ist, Blasenurin zu erhalten, ohne daß Beimengungen der Harnröhre, des Präputiums oder der Scheide hinzukommen. Dies ist besonders zu bakteriologischen Untersuchungen erwünscht. Folgende Untersuchungen sollten durchgeführt werden:

- Reaktion (pH-Wert)
- spezifisches Gewicht (Dichte)
- Protein
- Hämoglobin (Myoglobin, Blut)
- Bilirubin

- Urobilinogen
- Glukose
- Ketonkörper
- Harnsediment

Die Untersuchung auf Leukozyten muß bei Hund und Katze im Sediment erfolgen; die Teststreifenmethoden sind bei diesen Spezies nicht anwendbar.

Weitere Untersuchungsverfahren werden durchgeführt, wenn der Vorbericht, die klinische Untersuchung und die genannten Laboruntersuchungen Anhaltspunkte für das Vorliegen weiterer Krankheiten ergeben haben.

Schwendenwein (1996) empfiehlt folgendes labordiagnostisches Untersuchungsprogramm:

- **Minimalstatus:** Harnstatus / Hkt, Leukozytenzahl / Glc, Harnstoff, Creatinin, AP, ALT, Gesamtprotein
- **erweitertes Profil:** Harnstatus / Blutstatus (incl. Differentialblutbild) / Glc, Harnstoff, Creatinin, AP, ALT, Gesamtprotein, Albumin, Cholesterin, Ca, P
- **komplettes Screening:** Harnstatus / Blutstatus / Glc, Harnstoff, Creatinin, AP, ALT, AST, GLDH, Gesamtprotein, Albumin, Cholesterin, Ca, P, Na, Cl, K

Eine Reihe von Labormeßgrößen zeigt eine erhebliche Altersabhängigkeit, die bei der Interpretation berücksichtigt werden muß; sie betrifft jedoch in den meisten Fällen lediglich das Welpenalter, während geriatrische Hunde und Katzen zwar teilweise statistische Unterschiede gegenüber Tieren mittleren Alters aufweisen, diese jedoch unter Routineverhältnissen vernachlässigbar sind (Kraft, Hartmann und Dereser, 1995, 1996a und b). Auch Strasser u. M. (1997) finden bei zahlreichen Laborparametern Unterschiede bei über sieben (bis neun) Jahre alten Beagles, wobei die Unterschiede jedoch ebenfalls in den meisten Fällen so gering sind, daß sie klinisch und diagno-

Tabelle 14.1 Altersabhängigkeit von Labormeßgrößen

Meßgrößen	Hund	wichtig?	Katze	wichtig?
ALT	ja	(ja)	ja	nein
AST	nein	./.	ja	nein
GLDH	ja	nein	nein	./.
GGT	ja	(nein)	nein	./.
LDH	nein	./.	ja	(ja)
HBDH	nein	./.	nein	./.
AP	ja	ja	ja	ja
CK	ja	ja	ja	ja
Amylase	nein	./.	ja	(ja)
Lipase	nein	./.	ja	(ja)
Natrium	ja	nein	nein	./.
Kalium	ja	ja	ja	ja
Kalzium	ja	nein	nein	./.
Chlorid	ja	nein	ja	nein
anorg. Phosphat	ja	ja	ja	ja
Magnesium	nein	./.	nein	./.
Kreatinin	ja	ja	ja	ja
Bilirubin	ja	nein	nein	./.
Protein	ja	ja	ja	ja
Eisen	nein	./.	nein	./.
Eisenbindung	nein	./.	nein	./.

ja = erhebliche Unterschiede zwischen jungen und alten Tieren, die eigene Referenzbereiche erfordern
ja = geringergradige Unterschiede

stisch bedeutungslos sind. Ruschig (1997) fand bei Welpen und Junghunden einen geringen, wenn auch signifikant niedrigeren TSH-Spiegel als bei mittelalten und alten Hunden. Die Tabelle 14.1 gibt über wichtige Unterschiede Auskunft (Kraft u. M., 1995, 1996 a und b).

Die Abbildungen 14.1 a–d geben diejenigen Labormeßgrößen wieder, bei denen erhebliche Altersunterschiede bestehen. Dies sind ALT beim Hund, AP, CK, Kalium, Kalzium beim Hund, anorganisches Phosphat, Kreatinin und Protein. Wie die Abbildungen verdeutlichen, sind die Altersentwicklungen jedoch bei den meisten „Parametern" mit Ende des zweiten Lebensjahres abgeschlossen, so daß auch beim alten Individuum weitgehend die Erwachsenendaten – zumindest für die Routinediagnostik – Geltung besitzen. Von gewisser, wenn auch minimaler Bedeutung ist das stetige Abnehmen des Kalziumspiegels beim Hund, das sich bis in hohe Alter fortsetzt. Erhebliche Altersabhängigkeiten bestehen für anorganisches Phosphat. Es ist bei Jungtieren sehr hoch, nimmt während der Wachstumsphase ab und erreicht mit etwa zwei Jahren den Erwachsenenspiegel. Beim Kreatinin des Hundes kommt die Altersabhängigkeit dadurch zustande, daß alte Tiere weniger stark bemuskelt sind als jüngere; hierauf beruht die leichte Abnahme in den höchsten Altersstufen. Diese Abnahme ist bei der Katze nicht zu beobachten. Dagegen steigt Protein beim Hund ständig an und erreicht die höchsten Werte bei über zehn Jahre alten Tieren. Dieser Proteinanstieg ist bei der Katze jenseits des zehnten Lebensjahres lediglich angedeutet, wobei allerdings der von vornherein höhere Serum-(Plasma-)Proteingehalt bei dieser Tierart zu berücksichtigen ist.

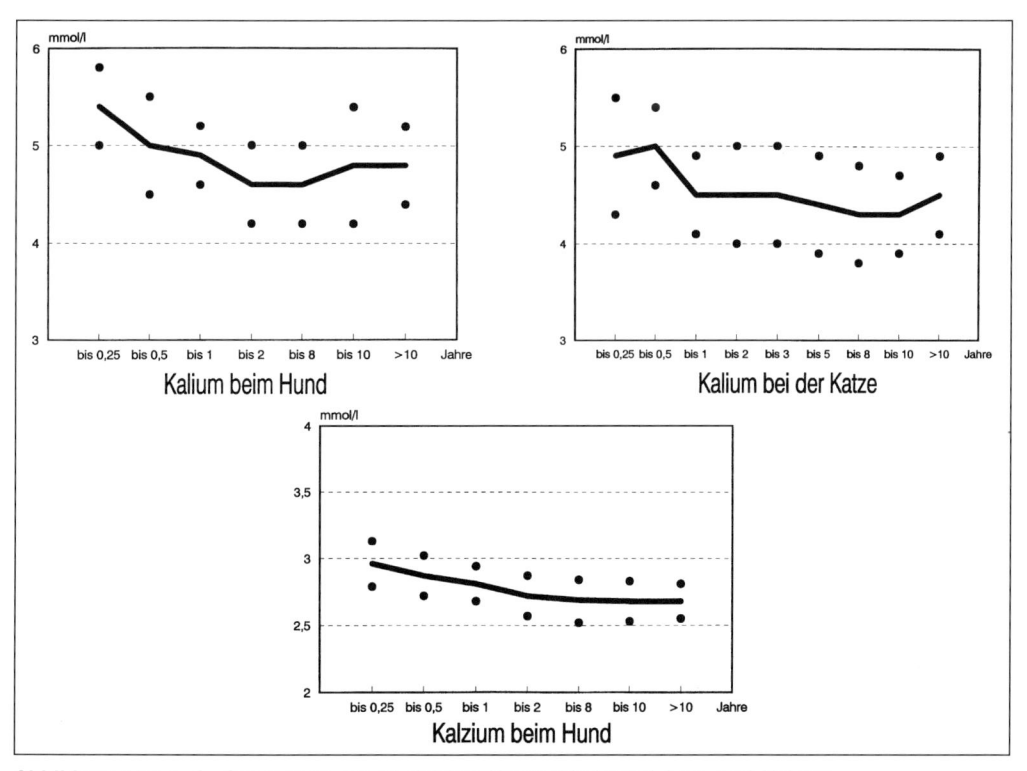

Abbildung 14.1 a–d Serumwerte mit erheblichen Unterschieden bei Jung- und Alttieren

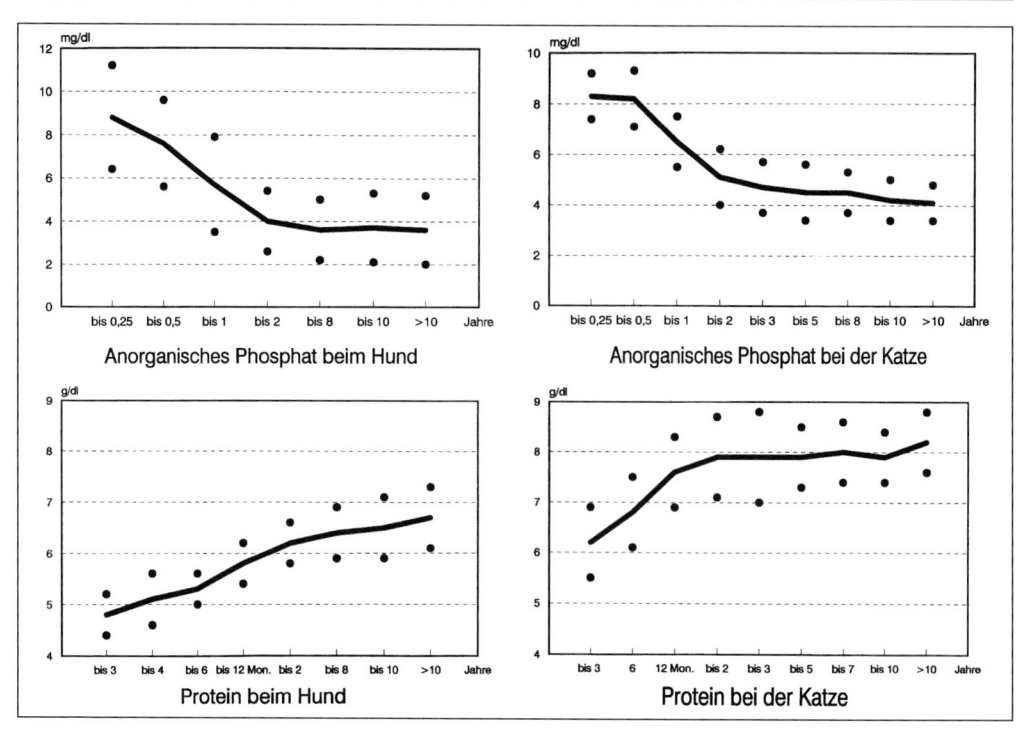

Abbildung 14.1 b

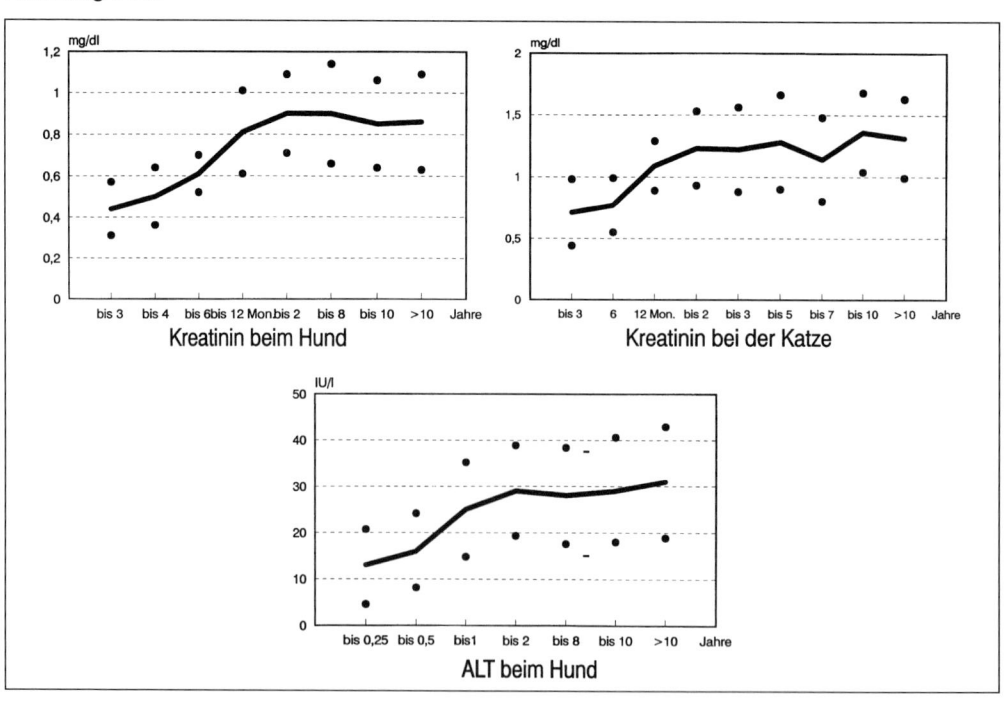

Abbildung 14.1 c

Blut, Laboruntersuchungen

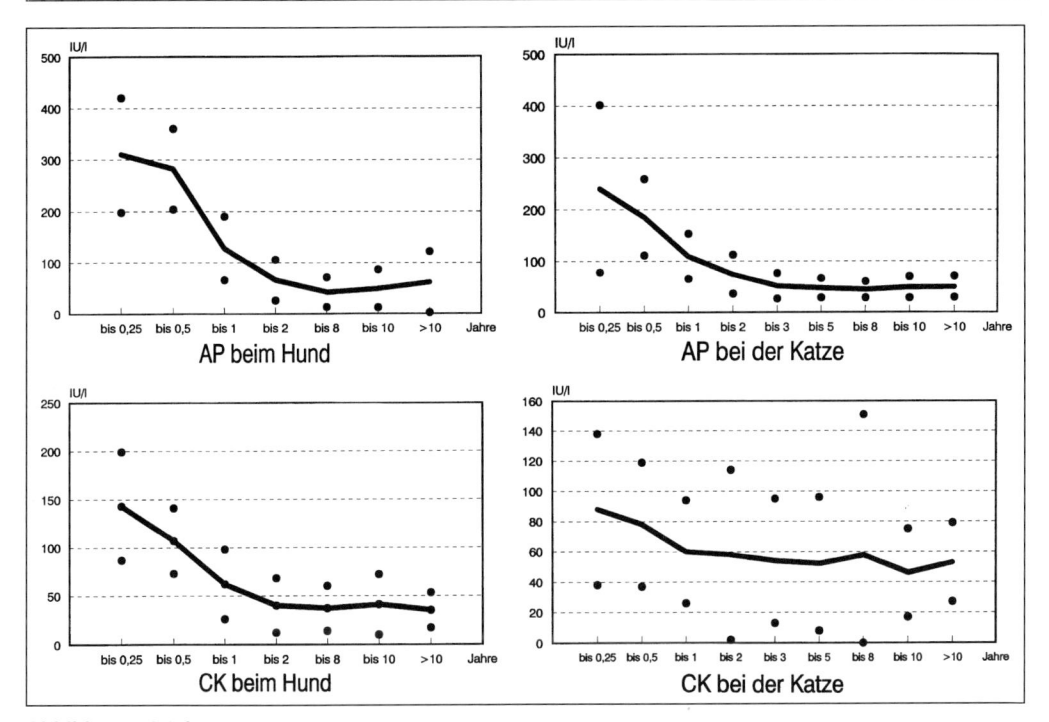

[Diagramme: AP beim Hund, AP bei der Katze, CK beim Hund, CK bei der Katze]

Abbildung 14.1 d

Blutkrankheiten

Sie kommen in jedem Alter vor. In vielen Fällen sind sie Begleitsymptom anderer Krankheiten (beispielsweise Nephropathien) oder gehören zu den Tumorosen und werden dort besprochen.

Die **Diagnose** von Blutkrankheiten erfolgt nach der klinischen Untersuchung (vor allem auf Schleimhautfarbe, Lymphknoten, Milz, Leber achten) insbesondere durch die Methoden der Hämatologie (Gesamtzellzahlen, Differentialblutbild mit Bestimmung der relativen und absoluten Zellzahlen der einzelnen Zellarten einschließlich der Zellcharakteristika, Anzeichen von Regenerationen [Spezialfärbungen]), ferner der Knochenmarksuntersuchung und einiger spezieller Laboruntersuchungen bei besonderen Fragestellungen (s. Spezialbücher der Labordiagnostik). Die Vermehrung der Erythrozyten wird als Polyglobulie, ihre Verminderung oder verminderte Beladung mit Hämoglobin als Anämie bezeichnet. Die Differenzierung erfolgt nach dem Flußdiagramm in Abbildung 14.2.

Anämien

Die Verminderung des biologisch aktiven, d. h. in den intakten Erythrozyten enthaltenen Hämoglobins kommt aus zahlreichen Gründen vor. Im Alter treten vorwiegend Anämien auf, die sich nach dem Vorbericht und der klinischen sowie den Laboruntersuchungen differenzieren lassen (s. Abb. 14.3).

Die Blutuntersuchungen führen in Verbindung mit dem Vorbericht zur Diagnose und ermöglichen eine gezielte Therapie (Abb. 14.4).

Therapie: Bei den sekundären oder symptomatischen Anämien steht die Behandlung der Grundkrankheit im Vordergrund (Infektionskrankheiten wie Hämobartonellose, Ehrlichiose, FeLV-Infektion, chronische

```
                          ┌─────────────────┐
                          │ Blutuntersuchung│
                          └─────────────────┘
                    ┌──────────┴──────────┐
         ┌──────────────────┐   ┌──────────────────┐
         │Erythrozyten      │   │Erythrozyten erhöht│
         │vermindert        │   │                  │
         └──────────────────┘   └──────────────────┘
                    │                     │
              ┌──────────┐          ┌──────────┐
              │ Anämie   │          │Polyglobulie│
              └──────────┘          └──────────┘
           ┌──────┴──────┐       ┌──────┴──────┐
   ┌────────────┐ ┌────────────┐ ┌────────────┐ ┌────────────────┐
   │Retikulozyten│ │Retikulozyten│ │echte      │ │Pseudopolyglobulie│
   │vermehrt     │ │vermindert   │ │Polyglobulie│ │                │
   └────────────┘ └────────────┘ └────────────┘ └────────────────┘
         │              │
   ┌──────────┐  ┌──────────┐
   │regenerativ│  │aregenerativ│
   └──────────┘  └──────────┘
```

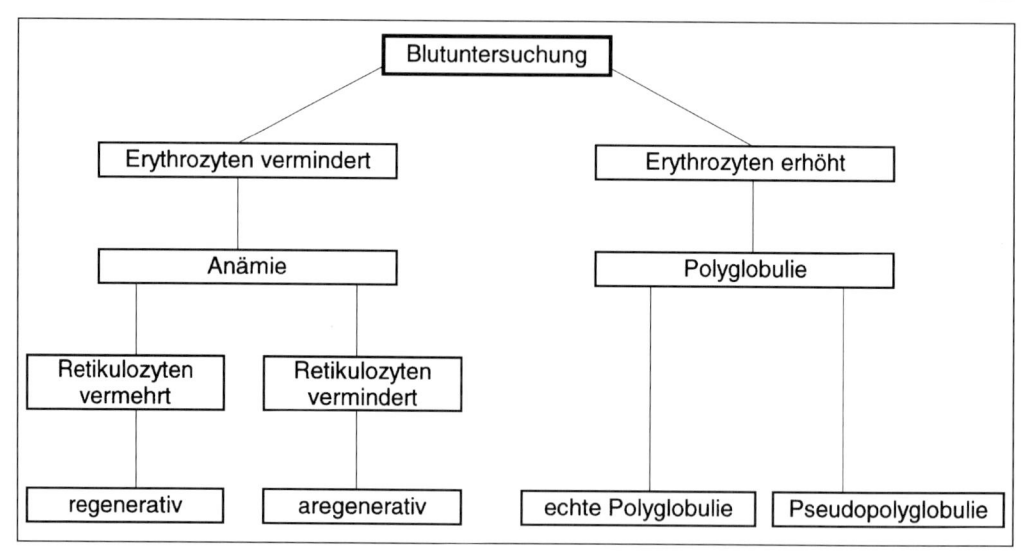

Abbildung 14.2 Untersuchung des roten Blutbildes

```
                    ┌──────────────┐
                    │   klinische  │
                    │ Untersuchung:│
                    │   A n ä m i e│
                    └──────────────┘
           ┌──────────────┼──────────────┐
      ┌──────────┐  ┌──────────┐  ┌──────────┐
      │Blutungs- │  │aplastische│  │hämolytische│
      │Anämien   │  │Anämien   │  │Anämien    │
      └──────────┘  └──────────┘  └──────────┘
        ┌────┴────┐
     ┌──────┐ ┌────────┐
     │ akut │ │chronisch│
     └──────┘ └────────┘
```

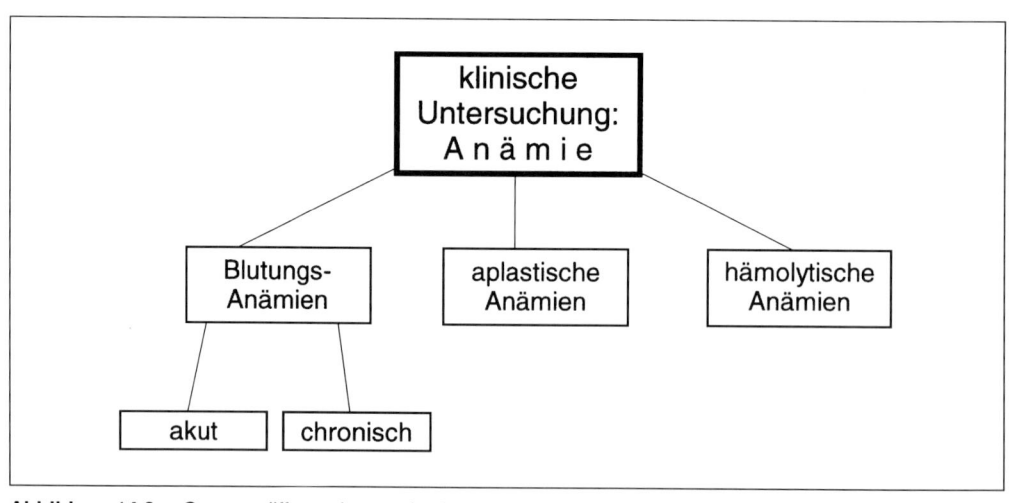

Abbildung 14.3 Gruppendifferenzierung der Anämien

bakterielle Infektionskrankheiten; Tumorosen; Vergiftungen, auch iatrogene: Östrogen, [Hund], Chloramphenicol [Katze], Phenazetin, Phenylbutazon, Azetaminophen, Sulfonamide, Trimethoprim, Methylenblau; die hämolytische Anämie durch Dirofilarien kommt durch die mechanische Zerstörung der Erythrozyten zustande, wie auch bei Thrombosen).

Autoimmunhämolytische Anämien:

- Kortikosteroide: Prednisolon 2 (bis 5) mg/kg KM, zweimal täglich, als Anfangsdosis; nach Eintritt des Erfolgs reduzieren
- Azathioprin, 0,5–2 mg/kg KM, auf einmal täglich; oder
- Chlorambucil, 0,1–0,2 mg/kg KM, einmal täglich; oder

Blut, Laboruntersuchungen

```
                                    Anämie
                    ┌──────────────────┴──────────────────┐
               regenerativ                          aregenerativ
          ┌─────────┴─────────┐              ┌──────────┴──────────┐
    Plasmaprotein      Plasmaprotein     nur Erythrozyten      Panzytopenie
     unverändert         vermindert        vermindert
    ┌────┴────┐              │            ┌────┴────┐           │
Sphärozyten  Schistozyten  Makrozyten  Mikrozyten  normozytär  Knochenmark
Ery.-Klumpung Acanthozyten Hypochromasie Hypochromasie normo- bis  "leer"
Serum-Fe↑                                            hypochrom
Coombs +
    │         │              │            │           │            │
hämolytische, Thrombose   Hämorrhagie,  Eisenmangel  Urämie      Fibrose
immunhämo-    DIC         einige Tage   chron.       schwere chron. Tumorose
lytische      Splenopathie zurückliegend Hämorrhagie Organ- oder Infektionskrh.
Anämie        Vergiftungen                           Inf.-Krankh. Immunopathie
                                                     Tumorose
                                                     Hepatopathie
                                                     Hypothyreose
                                                     Hypadreno-
                                                     kortizismus
```

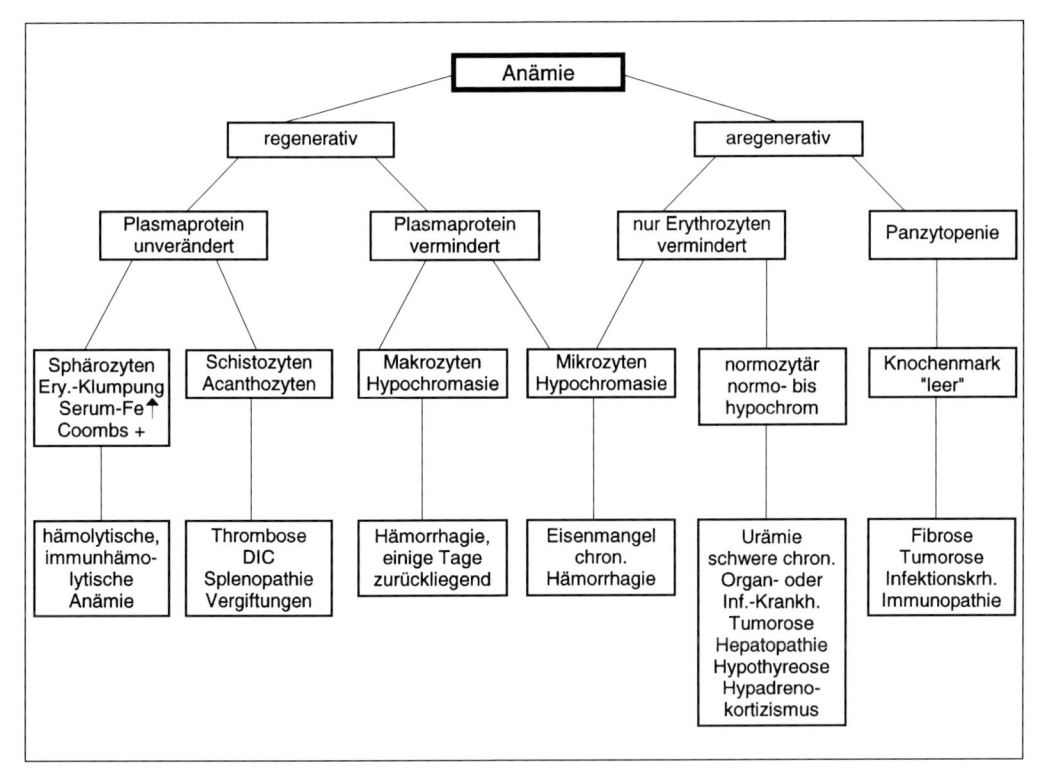

Abbildung 14.4 Differentialdiagnose der Anämien

- Cyclophosphamid, 1 mg/kg KM, einmal täglich, 4 Tage/Woche; Leukozytenkontrolle!
- Kombinationen von Prednisolon + Zytostatika, dabei jeweils halbe Dosierung möglich
- Bluttransfusion nur bei lebensbedrohlichen Anämien (Hämatokrit < 10 %)

Infektiöse Anämien:

Babesiose:
- Diminazen (z. B. Berenil®), 3,5 mg/kg KM, auf drei Tage verteilen; oder
- Imidocarb (z. B. Imizol®), 6 mg/kg KM

Hämobartonellose:
- Tetrazykline, 25 mg/kg KM, dreimal täglich, drei Wochen lang
- Thiazetarsamid (Katze), 0,2 mg/kg KM, an zwei Tagen

Leishmaniose:
- Stiboglukonate (z. B. Pentostam®), Dosis 3–4 mg/kg KM, einmal täglich zehn Tage lang, nach 14 Tagen wiederholen
Allopurinol, 7–10 mg/kg

Ehrlichiose:
- Tetrazykline, 25 mg/kg KM, dreimal täglich, zwei Wochen; oder
- Doxyzyklin, 10 mg/kg KM, zweimal täglich, zwei Wochen

Chronische bakterielle Infektionen:
- Antibiose nach (Blut-)bakteriologischer Untersuchung und Antibiogramm

Aregenerative Anämien:

Chronische Nephropathie (renale Anämie):
- Erythropoetin, 1. Woche 50 E/kg KM, zweimal wöchentlich, 2. Woche 75 E/kg

KM, zweimal wöchentlich, 3. Woche 100 E/kg KM, zweimal wöchentlich (in etwa 25% der Fälle keine Wirkung wegen Antikörperbildung, früh erkennbar an fehlender Retikulozytenvermehrung; dann absetzen)
- Testosteron 1–2 mg/kg KM; oder
- Oximetholon 1–2 mg/kg KM; oder
- Nandrolon 5 mg/kg KM einmal wöchentlich i. m.

andere aregenerative Anämien:
- gleiche Behandlung wie bei renaler Anämie

Blutungsanämien:

akute:
- Bluttransfusion nach Kreuzprobe

chronische (Eisenmangelanämie):
- oral Eisen, 50 mg/kg KM; Folat, 1–2 mg/kg KM; Vitamin B_{12} (Cyanocobolamin), 1,5–3 µg/kg

Toxische Anämie:
- Beendigung der Toxinaufnahme (Arzneimittelschatz durchforsten)
- hochgradige Anämien (Hämatokrit < 15, insbesondere < 10 %): Bluttransfusion
- bei Hypoxie Sauerstoffinsufflation
- Methämoglobinämie: Acetylcystein, 100 mg/kg KM i. v. Dauertropfinfusion, fünfmal wiederholen
- Versuch mit Vitamin C, 100–500 mg/kg KM

Tumorkrankheiten

JOHANNES HIRSCHBERGER

Die Versorgung der in häuslicher Gemeinschaft gehaltenen Haustiere wird in bezug auf Pflege und medizinische Betreuung immer mehr verbessert. Eine in der letzten Generation gewandelte Einstellung zum Tier verlangt auch beim alten Haustier nach einer der medizinischen Versorgung des Menschen nahekommenden Fürsorge. So erreichen unsere „Gesellschaftstiere" ein Alter, in dem Tumorkrankheiten eine hervorgehobene Rolle spielen. Beim Menschen wird die Hälfte aller Tumoren erst nach dem 65. Lebensjahr festgestellt. Diese Altersgruppe stellt aber nur ein Achtel der Bevölkerung dar (Wagenknecht, 1990). So nimmt auch beim Kleintier die Tumorhäufigkeit mit dem Alter zu und erreicht im 11. Lebensjahr ihr Maximum (Kitchell, 1995).

Tumorentstehung

Grundlage einer Tumorbildung sind genetische Veränderungen, die sich teilweise auch als Chromosomenaberrationen darstellen. Tumoren entwickeln sich meist klonal aus einer transformierten Zelle. Die Transformation der Zellen geht über mehrere Schritte. Verschiedene äußere Einflüsse in Form von chemischen Belastungen und Strahlung können am Prozeß der Transformation beteiligt sein. Je größer die Proliferationsfähigkeit eines Gewebes, um so größer ist auch die Wahrscheinlichkeit der Ausbildung von malignen Neoplasien. Beim älteren Individuum nehmen DNA-Reparaturmechanismen und die Leistungsfähigkeit des Immunsystems ab, so daß Schäden am Genom eher Auswirkungen nach sich ziehen können und neoplastische Zellen nicht beseitigt werden.

Tumorwachstum

Tumoren entwickeln sich in ihrer Anfangsphase relativ langsam (Abb. 15.1). Erst mit der Entwicklung zu einer bestimmten Größe und der Ausbildung einer eigenen Blutgefäßarchitektur beschleunigt sich ihr Wachstum und gelangt in die Phase einer exponentiellen Zellvermehrung. Mit der Zeit verlangsamt sich ihr Wachstum wieder. Ursachen dafür sind Hypoxie und Nährstoffmangel. Die früheste klinische Erkennbarkeit besteht bei einer Tumorgröße von ungefähr 10^9 Zellen. Das entspricht einem Tumorgewicht von einem Gramm. Bis zu diesem Stadium haben die Tumorzellen 30 Verdopplungen durchgeführt. Nach zehn weiteren Verdopplungen liegen theoretisch 10^{12} Zellen und ein Tumorgewicht von einem Kilogramm vor. In dieser Phase der Tumorbelastung des Organismus tritt meist der Tod ein. Zum Zeitpunkt der klinischen Manifestation des Tumors (10^9 Zellen) hat dieser die größte Zahl seiner Zellverdopplungen und die schnellste Phase seines Wachstums bereits abgeschlossen.

Die größte Effektivität einer zytostatischen Chemotherapie liegt in der Phase der exponentiellen Zellvermehrung. In diesem Entwicklungsstadium sind die Tumorknoten noch relativ klein und gut vaskulari-

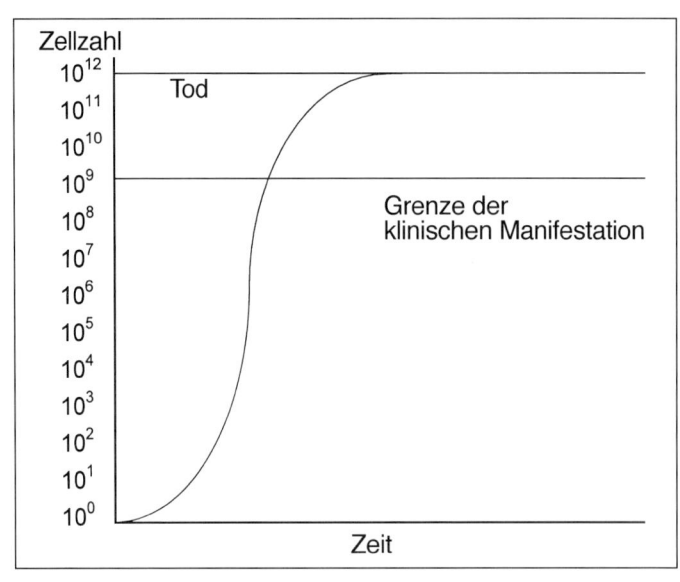

Abbildung 15.1
Gompertzsche Wachstumskurve. Die Zellproliferation ähnelt einer sigmoiden Kurve. Nach einer anfänglich langsamen Wachstumsphase erfolgt eine exponentielle Zellvermehrung. In dieser schnellen Wachstumsphase ist der Tumor noch nicht klinisch manifest.

siert, so daß die Wirkstoffe die Tumorzellen auch über das Gefäßsystem erreichen können. In größeren Tumoren müssen die Chemotherapeutika mehr durch Diffusion an ihren Zielort gelangen. Der Wirkstoffspiegel bleibt entsprechend niedriger. Die Chemotherapie verzeichnet ihre größte Wirksamkeit demzufolge in einem frühen Tumorstadium, in dem der Tumor selbst noch nicht klinisch festzustellen ist. Das gleiche gilt für Tumormetastasen. Mit der Ausnahme von bestimmten Hämoblastomen, insbesondere malignen Lymphomen, muß eine chirurgische Resektion des Tumors mit dem Ziel der Zellreduktion vorgenommen werden. Diese Zellreduktion bedeutet einen Rückschritt auf der Gompertzschen Wachstumskurve. Die verbliebenen Zellen befinden sich in kleineren Knoten und weisen ggf. ein exponentielles Wachstum auf. In dieser schnellen Phase der Proliferation sind sie einer zytostatischen Chemotherapie besser zugänglich.

Zellwachstum

Zytostatische Chemotherapeutika greifen jeweils in bestimmte Phasen der Zellentwicklung ein. Manche Wirkstoffe aber sind phasenunabhängig. Der Entwicklungszyklus der Zellen durchläuft folgende Stadien:
- G1-Phase: präsynthetische, postmitotische Phase, diploide Zelle, kontinuierliche Erhöhung der RNA- und Proteinsynthese, potentieller Übergang in G0-Phase
- G0-Phase: Ruhephase, Stimulation zur Fortsetzung des Zyklus möglich, z.T. erst nach Jahren (Rezidiv)
- S-Phase: Synthesephase, DNA-Synthese, tetraploide Zelle
- G2-Phase: postsynthetische, prämitotische Phase, Enzym- und Proteinsynthese für Mitose
- M-Phase: Mitose-Phase, zwei diploide Tochterzellen

Die Generationszeit, die Zykluslänge von Mitose zu Mitose, ist bei malignen Zellen meist kürzer als bei normalen Zellen.

Altersverteilung

Die Abbildung 15.2 veranschaulicht das Ansteigen der Tumorinzidenz mit dem Lebensalter. Die Altersgruppe der zehnjährigen und älteren Hunde und Katzen reprä-

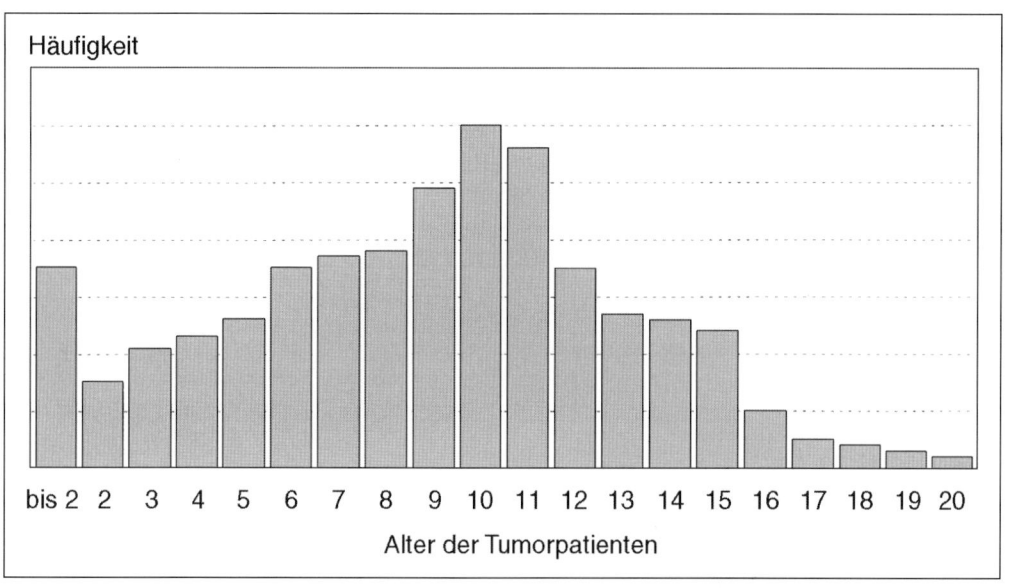

Abbildung 15.2 Die Tumorhäufigkeit steigt bei Kleintieren (Hund und Katze) bis zum 10. Lebensjahr stetig an (Kitchell, 1995).

sentiert ungefähr die Hälfte aller tumorkranken (Kitchell, 1995). Die Spitze der Tumorerkrankungen liegt bei Hunden im Alter von 11 Jahren (Pauling, 1990) und bei Katzen im Alter von 12 Jahren (Trimborn, 1990). In beiden Studien betrug der Anteil weiblicher Tiere ca. 60 %. Die Gesamtzahl aller tumorkranken, hospitalisierten Hunde ist in einem Zeitraum von sieben Jahren (1989–1995) um 50 % gestiegen (Danckert, 1997).

Tumordiagnose

Die Anzeichen einer Tumorerkrankung beim Haustier sind oftmals sehr unspezifisch.

Anzeichen eines Tumors beim Haustier (Kitchell, 1989):

- abnormale Schwellung, die nicht zurückgeht oder wächst
- nicht heilende Wunden und Entzündungen
- Gewichtsverlust
- Inappetenz
- Blutung oder ungewöhnliche Sekretion aus Körperöffnungen
- unangenehmer Geruch
- Kau- und Schluckstörung
- Apathie
- Leistungsschwäche
- anhaltende Lahmheit
- Atmungs-, Harnabsatz- oder Kotabsatzstörung

Äußere Tumoren, Tumoren in der Haut und Unterhaut oder Tumoren, die die Haut vorwölben, werden vom Tierhalter selbst bemerkt (Abb. 15.3 und 15.4, s. Farbtafel IV, nach S. 170). Innere Geschwülste verursachen Störungen und Dysfunktionen hauptsächlich der direkt betroffenen Organe – Husten und Dyspnoe bei Lungentumoren, Diarrhoe und Ileus bei Darmtumoren usw. Die Diagnose „Tumor" kann jedoch immer nur durch den direkten Tumornachweis erfolgen, der oftmals nicht allein klinisch möglich ist. Neben der Röntgenuntersuchung kommt heute der Sonographie eine hervorgehobene Bedeutung zu (Abb. 15.5–15.7). Computertomographische Untersu-

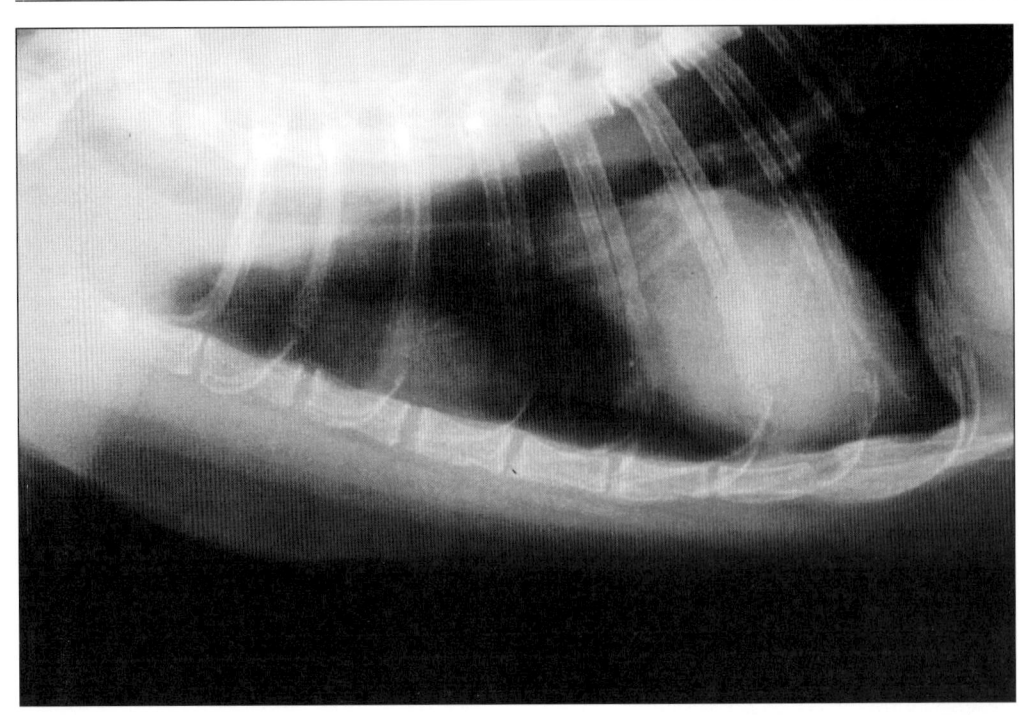

Abbildung 15.5 Röntgenologische Darstellung eines mediastinalen malignen Lymphoms bei einer Katze

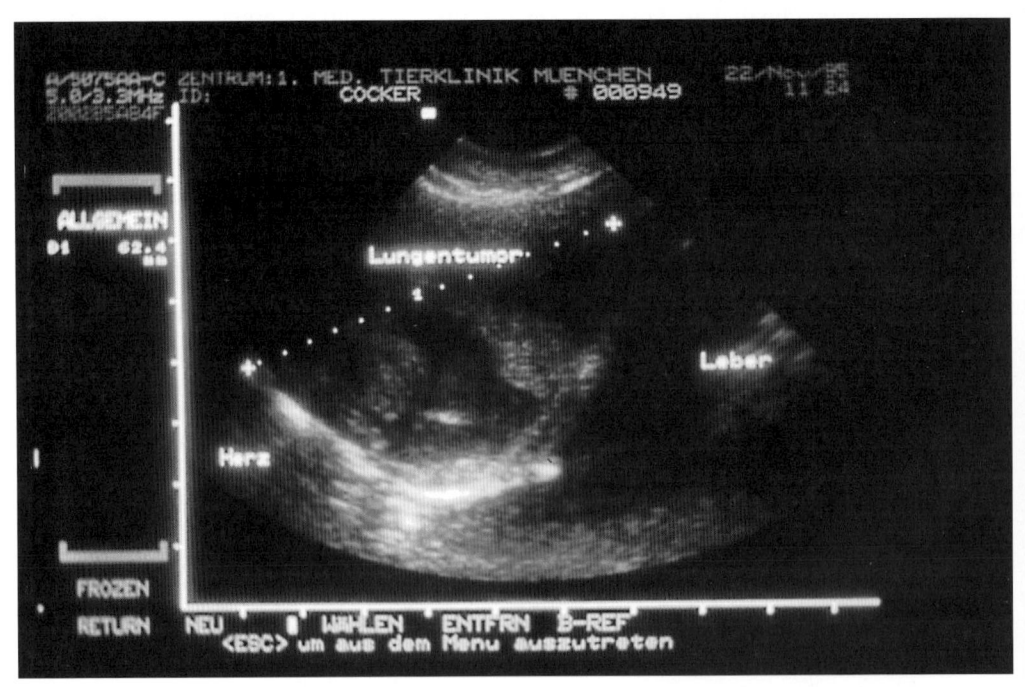

Abbildung 15.6 Intrapulmonaler Tumor eines Cocker Spaniels im Ultraschallbild; lediglich Lungentumoren mit Pleurakontakt können sonographisch dargestellt werden. Die Kontaktstelle dient als Schallfenster.

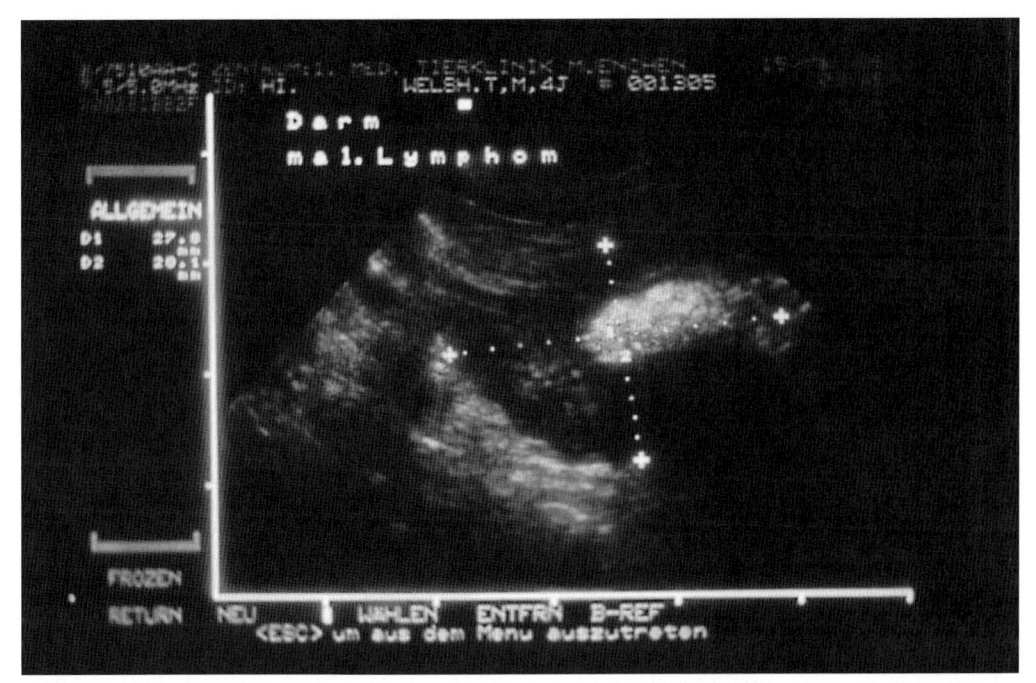

Abbildung 15.7 Ultraschallbild eines zirkulär wachsenden malignen Lymphoms in der Darmwand eines Welsh Terriers

chungsmöglichkeiten sind, wo vorhanden, unentbehrlich, bedauerlicherweise aber Spezialkliniken vorbehalten. Die visuelle Darstellung einer Umfangsvermehrung sagt jedoch in vielen Fällen nichts über seine Zusammensetzung – Neoplasie oder Inflammation – aus. Auch ist weder die Dignität noch die Histogenese zu ersehen und nur in Einzelfällen mit klinischer Erfahrung abzuschätzen. Zur Tumordiagnose gehört daher zwangsläufig immer die Biopsie. Sie kann als chirurgische Biopsie zur histopathologischen Untersuchung gelangen oder als Feinnadelaspiration von einem speziell ausgebildeten Kliniker direkt untersucht oder an Spezialisten weitergeleitet werden.

Eine Tumortherapie bedarf immer einer histologischen oder zytologischen Untersuchung einer Tumorbiopsie und einer genauen Diagnosestellung. Des weiteren sollte jeder exstirpierte Knoten unbedingt histologisch untersucht werden.

Tumortherapie

Grundlagen der Chemotherapie

Der Einsatz einer Chemotherapie kann verschiedene Ziele verfolgen. Chemotherapien werden nach ihrer Intention in adjuvante, kurative und palliative eingeteilt. Adjuvante (adiuvare = unterstützen, helfen) zytostatische Chemotherapien setzen nach einer chirurgischen Behandlung zur längerfristigen Sicherung des Therapieerfolgs ein. Neoadjuvante Chemotherapien gehen der chirurgischen Intervention voraus. Sie bezwecken eine lokale Tumorreduktion vor einer radikalen Tumorexstirpation. Sie richtet sich zudem gegen eine bestehende Mikrometastasierung.

Die kurative (curare = heilen) zytostatische Chemotherapie setzt sich die Heilung oder eine lang anhaltende komplette Tumorrückbildung zum Ziel. In der Erwartung einer Heilung ist eine hohe Toxizität der applizierten Medikamente zumutbar.

Die palliative (palliare = mit einem Mantel bedecken) zytostatische Chemotherapie versucht, die Lebensqualität durch Linderung von Schmerzen, Atemnot und anderen tumorbedingten Symptomen zu verbessern. Die Toxizität der eingesetzten Medikamente muß in einem kalkulierten Verhältnis zu ihrer Wirksamkeit stehen. Chemotherapieinduzierte Beschwerden sollen tolerabel sein und in ihrer Intensität weit hinter den tumorbedingten Beschwerden, die sie zu lindern suchen, zurücktreten.

Bei einer großen Zahl onkologischer Patienten besteht eine direkte Indikation zu einer zytostatischen Chemotherapie. Dies sind in erster Linie alle malignen Tumoren, die zum Zeitpunkt ihrer klinischen Manifestation eine systemische Ausbreitung aufweisen. In diese Kategorie fallen hämolymphatische Neoplasien (malignes Lymphom, Leukämie, Myelom). Eine zytostatische Chemotherapie ist auch bei allen Tumoren vorzunehmen, die schon Metastasen gebildet haben oder bei denen erfahrungsgemäß eine frühzeitige Metastasierung vorliegt (Hämangioendotheliom).

Eine weitere Indikation zur chemotherapeutischen Intervention sind nicht resezierbare Tumoren (nasales Karzinom) und das Auftreten eines paraneoplastischen Syndroms (Hyperkalzämie) bei nicht resezierbaren Tumoren.

Eine Chemotherapie kann im Gegensatz zu einer chirurgischen Behandlung nur proliferierende Zellen erfassen. Die Beseitigung aller Tumorzellen mit einer einzelnen Behandlung ist nicht möglich. Die Behandlung muß so lange erfolgen, bis alle Zellen den Zellteilungszyklus einmal durchlaufen haben. Daher sind die Therapieintervalle optimal einzuhalten.

Alkylierende Chemotherapeutika töten dosisabhängig einen Anteil der Tumorzellen ab. Es wird keine feste Anzahl Tumorzellen, sondern immer nur ein bestimmter Anteil der Tumorzellen vernichtet. Je größer die Dosis, um so größer dieser Anteil. Das Ausmaß der Nebenwirkungen begrenzt die mögliche Größe der Dosis. Die Medikamentenbelastung des Organismus und der Tumorzellen setzt sich aus zwei Faktoren zusammen. Der erste Faktor ist die absolute Dosis des Chemotherapeutikums und der zweite Faktor das Applikationsintervall. Abbildung 15.8 veranschaulicht, welchen Effekt eine ideal dosierte Chemotherapie, eine unterdosierte und eine Therapie mit zu langen Intervallen auf die Tumorzellzahl hat. Nur die konsequente Einhaltung der idealen therapeutischen Dosis und idealer Therapieintervalle ermöglicht einen Therapieerfolg. Kleine Dosisänderungen um ca. 20 % bewirken eine hochgradige Veränderung der Zellüberlebensrate.

Ein Therapieprotokoll darf nicht ohne vernünftigen Grund verändert werden. Ein zwischenzeitlicher Therapiestop hat schwere Folgen und kann ein frühzeitiges Tumorrezidiv verursachen. Das Ansprechen von Tumorrezidiven auf eine Chemotherapie ist im Vergleich zur Initialtherapie eingeschränkt. Die Folgen einer Therapiepause müssen dem Tierhalter rechtzeitig erklärt werden.

Eine Chemotherapie kann als Mono- oder als Polychemotherapie durchgeführt werden. Der Einsatz von mehreren Wirkstoffen in einer Polychemotherapie soll im Vergleich mit einer Monotherapie einen höheren Zellabtötungserfolg bei tolerabler, möglichst nicht überschneidender Toxizität erzielen. Gegen das eine oder andere Chemotherapeutikum primär resistente Zellklone werden eher abgetötet. Die Entwicklung sekundär resistenter Zellklone wird verhindert oder verzögert. Jedes einzelne in einer Polychemotherapie eingesetzte Medikament soll auch als Einzeltherapeutikum sicher wirksam sein. Die kombinierten Wirkstoffe sollen an verschiedenen Punkten des Zellzyklus ansetzen und eine unterschiedliche Wirkungsweise besitzen. Damit werden Zellen, die sich zum Zeitpunkt der Medika-

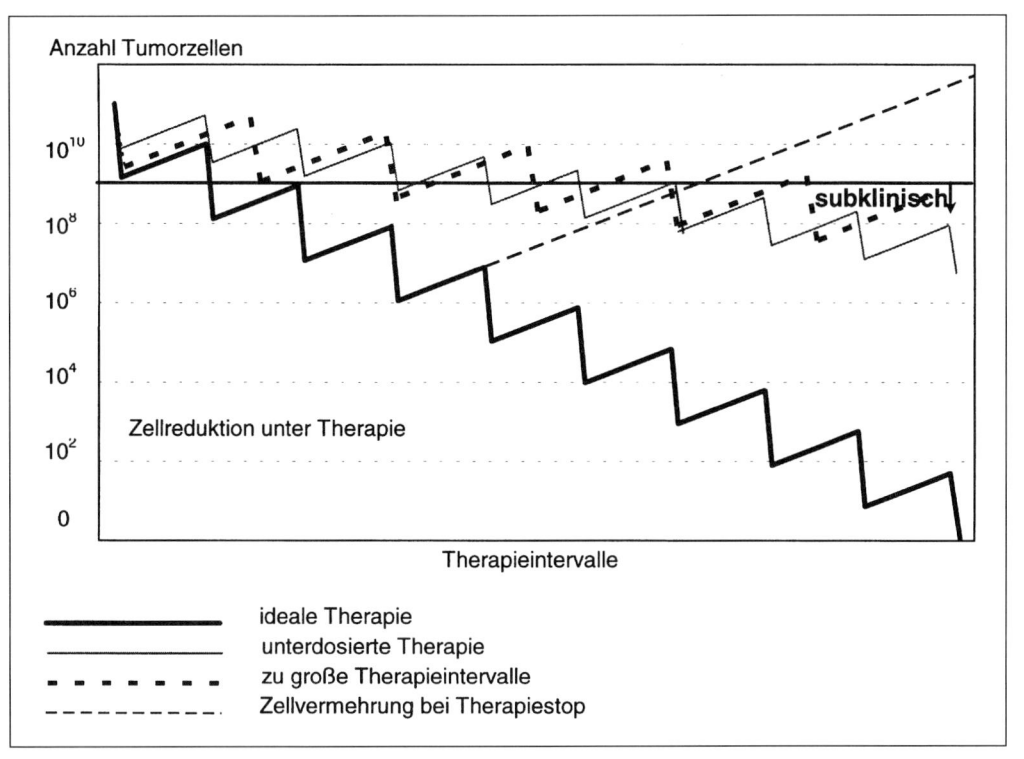

Abbildung 15.8 Auswirkung verschiedener Dosierungen und Therapieintervalle auf die Tumorzellzahl. Die schwarze Linie zeichnet die Tumorzellreduktion nach Applikation eines Chemotherapeutikums mit anschließender Erholung der Tumorzellen und Tumorzellreproduktion nach. Im Idealfall geht die Tumorzellzahl stufenförmig abwärts. Zu große Therapieintervalle oder eine unterdosierte Therapie erzielen nicht das gewünschte Maß der Tumorreduktion. Ein Therapiestop zieht eine ungehemmte Tumorzellvermehrung nach sich.

mentengabe in verschiedenen Phasen des Zellzyklus befanden, erreicht. Um den Synergismus der Kombination nicht durch einen additiven Effekt der Toxizität zu gefährden, ist auf ein differentes Nebenwirkungsprofil zu achten.

Chemotherapeutika greifen in verschiedenen Zellzyklusphasen an unterschiedlichen Punkten ein:

- Alkylanzien und Antibiotika beeinflussen die DNA in allen Zyklusphasen, phasenunspezifisch.
- Vinkaalkaloide verhindern in oder kurz vor der Mitose die Ausbildung des Spindelapparates, M-Phasen-spezifisch.
- Antimetaboliten hemmen spezifisch in der Synthesephase Schlüsselenzyme der DNA-Synthese.

Schnell wachsende Tumoren sind prinzipiell besser chemotherapeutisch zu erreichen als langsam wachsende. Tumoren mit einer großen Wachstumsfraktion, einer hohen Wachstumsgeschwindigkeit und einer wenig ausgeprägten Zelldifferenzierung sprechen besser auf eine Chemotherapie an als andere Tumoren. Gerade in diesen Fällen kann eine Chemotherapie indiziert sein. Sie reduziert die Tumormasse und beseitigt tumorbedingte Störungen. Maligne Zellen mit einer sehr langsamen Vermehrung reagieren kaum oder gar nicht auf eine Chemotherapie. Bei chronischen lymphatischen

Leukämien z. B. kann die Überlebenszeit nicht medikamentös beeinflußt werden. Bei sehr „bösartigen" Tumoren, die wegen ihres schnellen Wachstums nach kurzer Zeit zum Tod führen würden, kann daher eher ein positiver therapeutischer Effekt erzielt werden, als bei langsam wachsenden Tumoren, die im Extremfall auch ohne Therapie eine lange Überlebenszeit erlauben.

Dosierung

Die Dosis der meisten Chemotherapeutika richtet sich mehr nach der Stoffwechselaktivität des Organismus als nach seiner Körpermasse. Die Stoffwechselaktivität korreliert mit der Körperoberfläche, welche über folgende Formel aus der Körpermasse errechnet wird:

$$\text{Körperoberfläche [m}^2\text{]} = \frac{10{,}0 \times (\text{Körpermasse [g]})^{2/3}}{10^4}$$

Der Faktor 10,0 gilt für die Katze und wird beim Hund durch den Faktor 10,1 ersetzt. Für praktische Belange wird die Körperoberfläche einer Tabelle (Tab. 15.1) entnommen. Die Dosisunterschiede bei der Kalkulation nach Körperoberfläche oder Körpermasse sind gravierend. Ein Zwerghund mit einer Körpermasse von 4 kg hat eine Körperoberfläche von 0,25 m². Ein annähernd dreimal so schwerer Rauhhaardackel von 11 kg Körpermasse besitzt eine lediglich doppelt so große Körperoberfläche von 0,50 m². Ein wiederum dreimal so gewichtiger Setter von 31 kg weist eine nur doppelt so umfangreiche Körperoberfläche von 1,0 m² auf. Eine annähernde Verdreifachung der Körpermasse entspricht nur einer Verdopplung der Körperoberfläche. Die Berechnung der Dosis über die Körpermasse kann demnach bei großen Tieren zu einer toxischen Überdosierung führen. Bei kleinen Tieren sind bei bestimmten Wirkstoffen jedoch auch spezielle Dosierungen zu beachten, weil trotz der Berechnung nach der Körperoberfläche Intoxikationen auftreten.

Tabelle 15.1 Umrechnungstabellen zur Konvertierung der Körpermasse [kg] in die Körperoberfläche [m²] (nach Plumb, 1995)

Hund	kg	m²	kg	m²
	0,5	0,06	33	1,03
	1	0,10	34	1,05
	2	0,15	35	1,07
	3	0,20	36	1,09
	4	0,25	37	1,11
	5	0,29	38	1,13
	6	0,33	39	1,15
	7	0,36	40	1,17
	8	0,40	41	1,19
	9	0,43	42	1,21
	10	0,46	43	1,23
	11	0,49	44	1,25
	12	0,52	45	1,26
	13	0,55	46	1,28
	14	0,58	47	1,30
	15	0,60	48	1,32
	16	0,63	49	1,34
	17	0,66	50	1,36
	18	0,69	52	1,41
	19	0,71	54	1,44
	20	0,74	56	1,48
	21	0,76	58	1,51
	22	0,78	60	1,55
	23	0,81	62	1,58
	24	0,83	64	1,62
	25	0,85	66	1,65
	26	0,88	68	1,68
	27	0,90	70	1,72
	28	0,92	72	1,75
	29	0,94	74	1,78
	30	0,96	76	1,81
	31	0,99	78	1,84
	32	1,01	80	1,88
Katze	kg	m²	kg	m²
	2,0	0,159	6,5	0,348
	2,5	0,184	7,0	0,366
	3,0	0,208	7,5	0,383
	3,5	0,231	8,0	0,400
	4,0	0,252	8,5	0,416
	4,5	0,273	9,0	0,432
	5,0	0,292	9,5	0,449
	5,5	0,311	10,0	0,464
	6,0	0,330		

So wird Doxorubicin bei Tieren unter 10 kg Körpermasse nicht mit der gebräuchlichen Dosis von 30 mg/m², sondern mit 1 mg/kg Körpermasse eingesetzt.

Organdysfunktionen und Dosierung

Chemotherapeutika müssen in Leber und Niere eliminiert oder auch metabolisiert werden. Organdysfunktionen, die gerade beim geriatrischen Patienten nicht selten schon aus anderen als tumorassoziierten Gründen bestehen, geben Anlaß, die Dosierung mancher Chemotherapeutika zu überdenken. Folgende Wirkstoffe sind in besonderem Maße hepato- oder nephrotoxisch:

Leber: Doxorubicin, Cyclophosphamid, Vincristin, Vinblastin

Niere: Cisplatin, Methotrexat, Cyclophosphamid, Carboplatin

Eine Leberdysfunktion wird anhand der Serum-Bilirubinkonzentration abgeschätzt. Eine Hyperbilirubinämie von 1,5 mg/dl sollte zu einer Dosisreduktion hepatotoxischer Wirkstoffe um 50 % führen. Die Dosis nephrotoxischer Medikamente sollte proportional zur Kreatinin-Clearance reduziert werden.

Chemotherapeutika

Die in der Veterinäronkologie gebräuchlichen zytostatischen Chemotherapeutika sind in Tabelle 15.2 nach Stoffklassen sortiert aufgeführt. Die Dosierungen sind für Hund und Katze mit speziellen Applikationshinweisen angegeben. Die Wirkungsmechanismen und die zu befürchtenden Toxizitätsprobleme sollten jedem Anwender bekannt sein.

Therapieprotokolle

Chemotherapeutika werden meist in bestimmten Dosen, Intervallen und Kombinationen eingesetzt. Die Kombinationen sind abhängig vom zu behandelnden Tumor. Die Dosis richtet sich nach der beobachteten Toxizität. Die therapeutische Breite wird nach oben möglichst weit ausgeschöpft. Die Behandlungsintervalle richten sich nach der notwendigen Erholungszeit geschädigter Gewebe (Knochenmark, Magen-Darm-,

Tabelle 15.2 Zytostatische Chemotherapeutika bei Hund und Katze: Wirkmechanismus, Dosierung, Indikation und Toxizität

Wirkstoff	Dosierung	Indikation	Toxizität
Vinca-Alkaloide hemmen Spindelapparat in Mitose, M-Phasenspezifisch			
Vincristin	0,50–0,75 mg/m² wöchentlich, streng i.v. (Hund + Katze)	malignes Lymphom, Mastzelltumoren, Karzinome, Sarkome, Sticker-Sarkom (Transmissible Venereal Tumor, TVT)	Gewebetoxizität, periphere Neurotoxizität, selten und milde Myelosuppression, Hepatopathie, inadäquate ADH-Sekretion, Kieferschmerzen, Alopezie, Stomatitis, Krämpfe
Vinblastin	2 mg/m² alle 1–2 Wochen, streng i.v. (Hund + Katze)	malignes Lymphom, Mastzelltumoren, Karzinome	Myelosuppression, Gastroenteritis, Gewebetoxizität, periphere Neurotoxizität (weniger als Vincristin)

Fortsetzung Seite 188

Fortsetzung der Tabelle 15.2

Wirkstoff	Dosierung	Indikation	Toxizität
Alkylanzien hemmen Zellteilung durch Verknüpfung der DNA-Stränge, phasenunspezifisch			
Cyclophosphamid	200 mg/m² alle 3 Wochen, i. v.; 250 mg/m² alle 3 Wochen, p. o.; 50 mg/m² jeden 2. Tag oder an 4 aufeinanderfolgenden Tagen, p. o. (Hund + Katze)	Lymphome, Mastzelltumoren, Sarkome, Mammakarzinom	Myelosuppression, gastrointestinale Toxizität, Alopezie, sterile hämorrhagische Zystitis
Chlorambucil	2–6 mg/m² täglich oder jeden 2. Tag, p. o. (Hund); 2 mg/m² jeden 2. Tag, p. o.; 20 mg/m² jede 2.–3. Woche, p. o. (Katze)	chronische lymphatische Leukämie, Ersatz für Cyclophosphamid bei steriler hämorrhagischer Zystitis, multiples Myelom, Polycythämia vera	wenig myelosuppressiv, Alopezie, weniger toxisch als Cyclophosphamid
Melphalan	2–4 mg/m² alle 2 Tage, p. o.; 0,1 mg/kg täglich für 10 Tage, p.o. (Hund); 0,1 mg/kg täglich für 10 Tage, dann 0,05 mg/kg; 2 mg/m² jeden 2. Tag, p.o. (Katze)	multiples Myelom, chronische lymphatische Leukämie	Myelosuppression, gastrointestinale Toxizität, Alopezie
Busulfan	3–4 mg/m² täglich bis Leukozytenzahl 15000/µl erreicht, p.o. (Hund + Katze)	chronische myeloische Leukämie, Polyzythämie	Myelosuppression
Antibiotika Interkalation, phasenunspezifisch			
Doxorubicin	30 mg/m² alle 3 Wochen über 30 min streng i. v. (Hund); 1 mg/kg alle 3 Wochen, über 30 min streng i. v. (Hund < 10 kg KM); 1 mg/kg alle 3 Wochen, über 30 min streng i. v. (Katze); zur Schockprophylaxe 2 mg/kg Prednisolon 15 min vor Infusion i. v.	malignes Lymphom, lymphatische Leukämie, Mamma-, Schilddrüsenkarzinom u. a. Karzinome, Osteosarkom u. a. Sarkome, Myelome	Myelosuppression, akute und kumulative Kardiotoxizität (kumulative Dosis 240 mg/m²) Alopezie, Gastroenteritis, Stomatitis, Hypersensitivität vom Soforttyp durch direkte Auslösung einer Mastzellgranulation, Nephrotoxizität, Gewebetoxizität

Fortsetzung Seite 189

Tumorkrankheiten

Fortsetzung der Tabelle 15.2

Wirkstoff	Dosierung	Indikation	Toxizität
Idarubicin	0,20 mg/kg an Tagen 1, 2 und 3 alle 3 Wochen, i.v., p.o. (Hund + Katze); 2 mg/Katze, i.v., p.o. (Katze)	malignes Lymphom	Myelosuppression, Gastroenteritis, Verlust der Schnurrhaare
Actinomycin D	0,7 mg/m^2 alle 7 Tage; 0,5–0,9 mg/m^2 alle 3 Wochen, i.v. über 20 min (Hund + Katze)	maligne Lymphome, einzelne Karzinome und Sarkome	Myelosuppression, ulzerative Gastroenteritis, Stomatitis, Hepatotoxizität, Gewebetoxizität
Mitoxantron	5–6 mg/m^2 alle 2–3 Wochen, i.v. über 3 min (Hund); 6–6,5 mg/m^2 alle 3–4 Wochen, i.v. über 3 min, 4–6 Behandlungen (Katze)	mittelgradige Effektivität bei malignen Lymphomen, Plattenepithelkarzinomen, Harnblasenkarzinomen, Mammakarzinomen, Weichteilsarkomen	Myelosuppression (Nadir 10 Tage), Alopezie, Gastroenteritis
Bleomycin	10 U/m^2 täglich 3–4 Tage, dann 1mal wöchentlich, maximale kumulative Dosis 200 U/m^2, i.v., s.c. (Hund + Katze); 0,3–0,5 U/kg wöchentlich, i.v., s.c. (Katze)	Plattenepithelkarzinom	Lungenfibrose bei Mensch und Hund (kumulative Dosis 125–200 U/m^2)
Antimetaboliten hemmen Enzyme der DNA-Synthese, S-Phasen-spezifisch			
Methotrexat	2,5–5 mg/m^2 2–3mal wöchentlich, p.o. (malignes Lymphom); 10–15 mg/m^2 alle 1–3 Wochen (Karzinome und Sarkome), p.o.; 0,3–0,8 mg/m^2 alle 7 Tage, i.v.; 0,8 mg/kg i.v.; am Tag 14 eines Lymphomprotokolls (Hund + Katze)	malignes Lymphom, lymphatische Leukämie, Karzinome, Sarkome (Osteosarkom), Sticker-Sarkom (Transmissible Venereal Tumor, TVT), Sertolizelltumor	Gastrointestinale Toxizität, Myelosuppression, Hepatopathie, Nierentubulusnekrose, Alopezie, Lungenfibrose
Cytarabin	100 mg/m^2 täglich 4 Tage (Hund); 100 mg/m^2 täglich 2 Tage; 10 mg/m^2 täglich über 2 Wochen (Katze)	malignes Lymphom, ZNS-Lymphom	Myelosuppression, gastrointestinale Toxizität
5-Fluorouracil	150 mg/m^2 alle 7 Tage i.v., intrakavitär (Hund); *kontraindiziert bei Katzen*	Mamma-, Magendarm-, Lungenkarzinom	Zerebelläre Ataxie (Hund); extreme Neurotoxizität bei der Katze

Fortsetzung Seite 190

Fortsetzung der Tabelle 15.2

Wirkstoff	Dosierung	Indikation	Toxizität
Hormone			
Prednisolon	30 mg/m² täglich über 4 Wochen, dann 15 mg/m² täglich über 3 Wochen, dann alle 2 Tage; 1 mg/kg täglich über 4 Wochen, dann jeden 2. Tag, p. o. (Hund + Katze)	malignes Lymphom, lymphatische Leukäme, Mastzelltumoren, Hirntumoren	iatrogenes Cushing-Syndrom
Enzyme			
L-Asparaginase	400 IU/kg wöchentlich 10 000 IU/m² alle 1–3 Wochen, s. c. (Hund + Katze)	malignes Lymphom, lymphoblastische Leukämie	Hypersensitivität besonders nach Sensibilisierung und i. v.-Gabe, hämorrhagische Pankreatitis, gastrointestinale Störungen, Hepatotoxizität, Koagulopathien, milde Myelosuppression
Verschiedenes			
Cisplatin	60–70 mg/m², über 20 min i. v., ausgiebige NaCl-0,9-%-Infusion 4 Std. vor und 2 Std. nach Cisplatingabe, cave Urin Cisplatin-belastet! *Kontraindiziert bei Katzen*	Osteosarkom, Plattenepithel-, Harnblasen-, Schilddrüsenkarzinom	Übelkeit, Vomitus, Diarrhoe, Nephrotoxizität, Myelosuppression, Ototoxizität, Krämpfe, periphere Neuropathie (Hund); hochgradige Lungentoxizität bei der Katze
Carboplatin	300 mg/m² über 15–60 min i. v. (Hund); 150 mg/m² alle 3 Wochen, versuchsweise (Katze)	Karzinome, Osteosarkom u. a. Sarkome (kaum Erfahrungen)	Myelosuppression, weniger nephro- und neurotoxisch als Cisplatin
Hydroxyurea	50 mg/kg 3mal wöchentlich, p. o. (Hund); 25 mg/kg 3mal wöchentlich (Katze); nur Polyzythämie: 30 mg/kg täglich über eine Woche, dann 15 mg/kg täglich bis zur Remission, dann entsprechend Hämatokritkontrolle (Hund + Katze)	Polyzythämie, chronische granulozytäre Leukämie	Myelosuppression, gastrointestinale Toxizität, Stomatitis, Krallenverlust, Alopezie, Dysurie

Harnblasenepithel). Bei der Umstellung von Chemotherapieprotokollen muß sich der Therapeut der Nebenwirkungen und der erforderlichen Erholungszeiten bewußt sein. Änderungen eines Therapieprotokolls sind manchmal aus medizinischen Gründen – besondere Unverträglichkeiten – und gelegentlich aus rein praktischen Gründen

– Reisen des Besitzers – unumgänglich. Die Tabellen 15.3–15.6 beinhalten einzelne Chemotherapieprotokolle für verschiedene Tumorosen (Keller et al., 1993; Couto und Hammer, 1995; Vail, 1995; MacEwen, 1996).

Toxizität

Die Kenntnis der möglichen toxischen Erscheinungen eines jeden zytostatischen Chemotherapeutikums ist für den Therapeuten dringend notwendig (Tabelle 15.2 und 15.7). Auch der Tierhalter ist vor der Applikation eines Medikamentes zu informieren, mit welchen Nebenwirkungen gerechnet werden muß. Die Anwendung eines Chemotherapeutikums steht nach der Aufklärung durch den Tierarzt mit in seiner Entscheidung.

Von besonderer Bedeutung ist die **lokale Toxizität** von Doxorubicin, Vincristin, Vin-

Tabelle 15.3 Die malignen Lymphome von Hund und Katze sind das häufigste Anwendungsgebiet für eine zytostatische Chemotherapie. Sieben Chemotherapeutika werden kombiniert. Die Behandlungszeitpunkte sind in einem Wochenplan markiert. Die drei rechten Spalten der Dosierungstabelle geben eine Orientierung für die Dosis bei einer bestimmten Körpergröße. Diese Richtwerte sollen vor groben Rechenfehlern bei der Dosisberechnung schützen.

Woche	Datum	Vincristin	L-Asparaginase	Cyclophosphamid	Cytarabin	Doxorubicin	Methotrexat	Prednisolon
		nur 1×	nur 1×	nur 1×	2 Tage (Ktz.) 4 Tage (Hd.) täglich	nur 1×	nur 1×	7 Tage täglich (Hd.) oder Depotinjekton (Ktz.)
1		×	×					×
2				×				×
3		×			×			×
4						×		×
5								
6		×						
7				×				
8		×						
9							×	
10								
11		×						
12								
13				×[1]				
14								
15		×						
16								
17						×[2]	×[2]	

- Von Woche 17 an Woche 10–17 wiederholen
- Ab Woche 25 von 2-Wochen- auf 3-Wochen-Rhythmus gehen.

Jedes Medikament wird zum markierten Zeitpunkt lediglich einmal appliziert. Dies gilt nicht für Cytarabin und Prednisolon, die vier bzw. sieben Tage lang einmal täglich gegeben werden. Die tägliche orale Prednisolongabe kann bei Katzen aus Gründen der Akzeptanz durch Depotinjektionen ersetzt werden.

[1] Bei vollständiger Remission Cyclophosphamid durch Chlorambucil ersetzen.
[2] Bei vollständiger Remission Doxorubicin und Methotrexat alternierend, bis kumulative Dosis des Doxorubicins von 180 mg/m² erreicht, dann ausschließlich Methotrexat.

Fortsetzung der Tabelle 15.3

Medikament	Dosierung	Anmerkung	Dosis für 4 kg = $1/4$ m² (Ktz.)	Dosis für 11 kg = $1/2$ m² (Hd.)	Dosis für 31 kg = 1 m² (Hd.)
Vincristin (Vincristin-biosyn®) 1 Flasche zu 10 ml enthält 1 mg Vincristinsulfat 1 Fl. DM 49,64	0,5–0,7 mg/m² i. v.	*streng i. v.*	0,125 mg = $1/8$ Inj. Flasche = 1,25 ml	0,35 mg = 3,5 ml	0,7 mg = 7 ml
L-Asparaginase (Asparaginase –5 000, –10 000 medac®) 5000-Fl. DM 63,63 gelöst nicht haltbar (Plumb, 1995: 14 Tage)	400 IU/kg s. c.	Inj. in s.c.-NaCl-0,9-%-Depot wg. Schmerzhaftigkeit 2 mg/kg Prednisolon i. v. 15 Minuten vor Injektion möglichst 12 Stunden Abstand zu Vincristin-Gabe	1600 IU = $1/3$ Fl. 5000	4400 IU = $9/10$ Fl. 5000	12400 IU = $2 1/2$ Fl. 5000
Cyclophosphamid (Endoxan®) 1 Dragee enthält 50 mg Cyclophosphamid 10 Dr. DM 10,39	250 mg/m² p. o.		60 mg = $1 1/4$ Dragee	125 mg = $2 1/2$ Tabl.	250 mg = 5 Tabl.
Cytarabin (Alexan®) 1 Flasche zu 2 ml bzw. 5 ml enthält 40 mg bzw. 100 mg Cytarbin 2-ml-Fl. DM 9,21 5-ml-Fl. DM 16,57	100 mg/m² KOF/Tag s.c. (oder i. v.) für 2 (Ktz.) bzw. 4 (Hd.) Tage		25 mg = 1,25 ml einer 2 ml Inj. Flasche-40-mg	50 mg = $2 1/2$ ml einer 5-ml-Inj.-Flasche-100-mg	100 mg = 5 ml einer 5-ml-Inj.-Flasche-100-mg
Doxorubicin (Adriblastina®, Farmitalia Import) 1 Flasche zu 5 ml enthält 10 mg 10-mg-Flasche DM 44,33 Lösung 18 Mon. haltbar (2–8° C)!	30 mg/m² i. v. (< 10 kg LM: 1 mg/kg LM) (Hd.); 1 mg/kg LM (25 mg/m²) i. v. (Ktz.)	*streng i. v. in 30 min* Cave Kardiomyopathie 2 mg/kg Prednisolon i. v. 15 Minuten vor Infusion	4 mg = 2 ml einer 5-ml-Fl. Adriblastin-10-mg	ca. 13 mg = 6,5 ml = $1 1/3$ Fl. Adriblastin-10-mg	30 mg = 3 Fl. Adriblastin-10-mg
Methotrexat (Methotrexat®) 2,5 mg 10 Tabl. DM 11,68 Methotrexat R. P. Lösung (Rhone-P.) 5-mg-Fl. DM 6,52 50-mg-Fl. DM 37,63	0,8 mg/kg i. v., (p. o.)	+ Metoclopramid 0,2–0,5 mg/kg i. v., p. o.	3,2 mg = $2/3$ 5-mg-Fl. i. v. (3,2 mg = $1 1/3$ Tabl. p. o.)	9 mg = 2 5-mg-Fl. i. v. (9 mg = $3 1/2$ Tabl. p. o.)	25 mg = $1/2$ 50-mg-Fl. i. v. (25 mg = 10 Tabl. p. o.)
Prednisolon (Prednisolon-ratiopharm®) 5 mg 10 Tabl. DM 1,45 50 mg 10 Tabl. DM 12,56	2,0 mg/kg p. o. 1. Wo. 1,5 mg/kg p. o. 2. Wo. 1,0 mg/kg p. o. 3. Wo. 0,5 mg/kg p. o. 4. Wo.	ggf. Depotinjektion		4 Prednisolon-5-mg-Tabl. Initial p. o.	$1 1/4$ Prednisolon-50-mg-Tabl. initial p. o.
Chlorambucil (Leukeran®) 2 mg 10 Tabl. DM 17,08 5 mg 10 Tabl. DM 26,10	1,4 mg/kg p. o.		5,6 mg = 1 × 5-mg-Tabl.	15,4 mg = 3 × 5-mg-Tabl.	43,4 mg = 9 × 5-mg-Tabl.

blastin und Actinomycin D. Eine paravenöse Injektion zieht umfangreiche Gewebsentzündungen und Nekrosen nach sich. Die intravenöse Injektion sollte mit äußerster Sorgfalt vorgenommen werden. Das Anlegen einer Infusion hat sich bewährt. Die Braunüle muß beim ersten Einstich gut liegen (kein zweiter Versuch an derselben Vene). Der korrekte Sitz der Braunüle ist durch Rückstau des Blutes zu kontrollieren. Medikamente mit lokaler Toxizität sollten nur einer laufenden Infusion zugemischt werden (Abb. 15.9). Falls dennoch Injektionsmaterial paravenös fließt, sollte aus der Injektionsstelle durch die Braunüle soviel wie möglich reaspiriert werden. Natriumbikarbonat-8,4 % (5 ml) zur

Tabelle 15.4 Ohio-State-University-Chemotherapieprotokoll feliner maligner Lymphome. Dem Induktionsprotokoll folgt ein Erhaltungsprotokoll. Rezidive zwingen zum erneuten Beginn des Behandlungsschemas mit dem Induktionsprotokoll (Couto und Hammer, 1995).

Induktionsprotokoll *CHOP*

Woche	Doxorubicin	Vincristin	Cyclophosphamid	Prednisolon
1	×			×
2		×		×
3		×	×	×
4	×			×
5		×		×
6		×	×	×
7	×			×
8		×		×
9		×	×	×

Doxorubicin: 25 mg/m^2 i. v.
Vincristin: 0,5 mg/m^2 i. v.
Cyclophosphamid: 100–200 mg/m^2 oral, Dosis am darauffolgenden Tag wiederholt geben
Prednison: 40 mg/m^2 oral, 1 Woche täglich, dann 20 mg/m^2 oral jeden 2. Tag

Induktionsprotokoll *COAP*

Woche	Vincristin	Cyclophosphamid	Cytarabin	Prednisolon
1	×	×	×	×
2	×	×		×
3	×	×		×
4	×	×		×
5	×	×		×
6	×	×		×

Vincristin: 0,5 mg/m^2 i. v.
Cyclophosphamid: 50 mg/m^2 oral, jeden 2. Tag oder 4 Tage in der Woche
Cytarabin: 100 mg/m^2 s. c. an Tag 1 und 2 der Therapie
Prednison: 40 mg/m^2 oral, 1 Woche täglich, dann 20 mg/m^2 oral jeden 2. Tag

Erhaltungsprotokoll *LMP*
Chlorambucil: 2 mg/m^2 oral jeden 2. Tag, oder 20 mg/m^2 oral jede 2. Woche
Methotrexat: 2,5 mg/m^2 oral, 2–3mal wöchentlich
Prednison: 20 mg/m^2 oral jeden 2. Tag

Erhaltungsprotokoll zu *COAP*
6 Behandlungswochen mit jeweils einer Woche Pause
6 Behandlungswochen mit jeweils zwei Wochen Pause
weitere Behandlungswochen mit jeweils drei Wochen Pause

Tabelle 15.5 Kombination von **V**incristin, Doxorubicin (**A**driblastin®) und **C**yclophosphamid im V.A.C.-Protokoll (Ogilvie und Moore, 1995)

Tag	Datum	Doxorubicin	Cyclophosphamid	Vincristin	Leukozytenkontrolle
1		×			×
3			×		
4			×		
5			×		
6			×		
7				×	×
14				×	
21		×			×
24			×		
25			×		
26			×		
27			×		
28				×	×
35				×	
42		×			×

Dieses Protokoll mit einem Dreiwochen-Rhythmus wird durchgeführt, bis Doxorubicin sechs- bis achtmal gegeben wurde. Die Doxorubicindosis sollte um 25% reduziert werden, wenn am Tag 7 eines Zyklus weniger als 1500 Neutrophile/µl gezählt werden. Bei weniger als 3000 Neutrophilen/µl am Tag der protokollmäßigen Applikation sollte kein Doxorubicin verabreicht werden.

Doxorubicin wird in einer Dosierung von 30 mg/m² bei Hunden und 25 mg/m² bei Katzen eingesetzt und streng intravenös über 15 min verabreicht (Prämedikation mit 2 mg/kg Prednisolon). Cyclophosphamid wird mit 50 mg/m² und Vincristin mit 0,75 mg/m² dosiert und oral bzw. streng intravenös appliziert.

Tabelle 15.6 Kombination von Cisplatin und Doxorubicin; nur Hund (Ogilvie und Moore, 1995)

Tag	Datum	Doxorubicin	Cisplatin
1		×	
21			×
41		×	
61			×

Doxorubicingabe: 30 mg/m² streng intravenös über 15 min (Prämedikation mit 2 mg/kg Prednisolon)

Maßnahmen zur Cisplatinbehandlung:
1. Vorinfusion mit NaCl-0,9-%, 18 ml/kg/Std. KM 4 Stunden lang
2. Cisplatingabe 60–70 mg/m² streng i.v. über 20 min (6 ml Infusionslösung/kg in 20 min)
3. Antiemetische Behandlung mit Metoclopramid 0,5 mg/kg i.v.
4. Nachinfusion mit NaCl-0,9-%, 18 ml/kg/Std. KM 2 Stunden lang
5. Cave Urin Cisplatin-haltig!

chemischen Präzipitation und Hyaluronidase (150 µg) zur Steigerung der Absorption sind lokal zu applizieren. Gegebenenfalls ist nekrotisches Material operativ zu entfernen. Die vermeidbaren Komplikationen einer paravenösen Injektion werden berechtigte Vorwürfe des Tierhalters und eine Diskussion über den Sinn der Behandlung nach sich ziehen. Es sollte daher alles Mögliche zur Vermeidung dieser Komplikation getan werden. Das Auftreten anderer Nebenwirkungen liegt nicht primär in der Hand des behandelnden Tierarztes.

Einzelne Nebenwirkungen kommen direkt durch die zytostatische Wirkung und Schädigung schnell proliferierender Gewebe zustande. In erster Linie werden hiervon **Knochenmarkzellen** und Magen-Darm-Epithelien betroffen (Tabelle 15.7). Kurzlebige Blutzellen – neutrophile Granulozyten und

Tumorkrankheiten

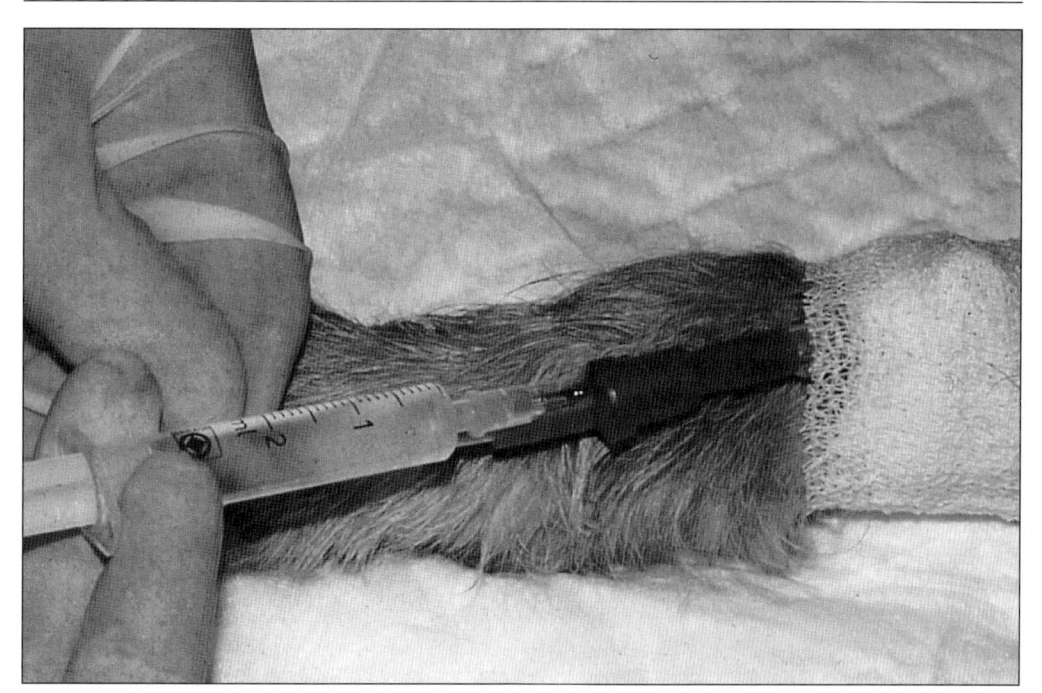

Abbildung 15.9 Einer einwandfrei laufenden Infusion wird das Chemotherapeutikum zugemischt. Das Medikament wird in das Gummistück des Infusionsschlauchs injiziert. Der richtige Sitz der Braunüle ist durch Rückfluß von Blut zu kontrollieren. Die Braunüle muß ohne Korrektur beim ersten Einstich gut liegen.

Thrombozyten – werden hauptsächlich in Mitleidenschaft gezogen. Anämien entwickeln sich weniger infolge einer Knochenmarkhypoplasie als durch hämolytische Prozesse. Die myelosuppressiven Eigenschaften der wichtigsten Chemotherapeutika sind wie folgt einzustufen:

- hochgradig:
  Doxorubicin
  Cyclophosphamid
  Vinblastin
  Carboplatin
  Cisplatin

- mittelgradig:
  Chlorambucil
  Melphalan
  Methotrexat

- geringgradig:
  Vincristin
  L-Asparaginase
  Kortikosteroide

Die Kombination von Vincristin und L–Asparaginase wirkt jedoch ebenfalls ausgeprägt myelosuppressiv. Zwischen den Applikationen beider Medikamente sollten 12 Stunden liegen. Eine drohende Sepsis ist durch eine geeignete Breitbandantibiose und die Gabe von rekombinantem humanem Granulozyten-stimulierendem Faktor (rh-G-CSF) abzuwenden. Die neutrophilen Granulozyten erholen sich innerhalb weniger Tage. Thrombozytopenien treten Tage nach einer Neutropenie auf. Die Thrombozytenzahlen normalisieren sich nach Tagen wieder. Thrombozytopenien von weniger als 30 000 Thrombozyten/µl und bestehender Blutungsneigung sind mit der Übertragung von Vollblut oder thrombozytenreichem Plasma zu behandeln. Die Applikation von Kortikosteroiden oder Vincristin soll Thrombozyten aus dem Knochenmark mobilisieren.

Die **gastrointestinale Toxizität** kann sich akut (Methotrexat, Cisplatin) äußern – der

Tabelle 15.7 Checkliste wichtiger, toxischer Erscheinungen und deren Therapie

Lokale Toxizität von Vincristin und Doxorubicin
Gewebeentzündung und Nekrosen
Maßnahmen bei Extravasation:
Vincristin:
- Natriumbikarbonat-8,4% (5 ml) in Extravasationsstelle (chem. Präzipitation)
- Hyaluronidase 150 µg in Extravasationsstelle (erhöhte Absorption)
- warme Kompressen

Doxorubicin:
- dito, jedoch kalte Kompressen für mehrere Stunden

Hämatologische Toxizität
Myelosuppression zumeist nach 6–10 Tagen.
Erholung der neutrophilen Granulozyten nach 2–3 Tagen
Maßnahmen:
- Absetzen der Therapie (Langzeit-Kortisongabe nicht absetzen), Verlängern der Therapieintervalle, Dosisreduktion
- Antibiose
  < 2000 neutroph. Granuloz./µl Antibiose erforderlich (Trimethoprim-Sulfonamid, Baytril®)
  < 500 neutroph. Granuloz./µl Sepsisgefahr (Ampicillin + Gentamicin, Cephalosporin + Gentamicin) und Filgrastim (Neupogen®) 5 µg/kg s.c. 3 Tage

Gastrointestinale Toxizität
Vomitus, Diarrhoe, Inappetenz
Maßnahmen:
symptomatische Therapie

Kardiotoxizität
Doxorubicin (Adriblastin®) akut Arrhythmien, chronische kumulative Toxizität ab ca. 180 mg/m^2
Maßnahmen:
symptomatische Therapie, Doxorubicin absetzen

Nephrologische Toxizität
Cyclophosphamid (Endoxan®) sterile hämorrhagische Zystitis
Maßnahmen:
- Absetzen der Cyclophosphamid-Therapie, Diurese (lokale Toxizität)
- Cyclophosphamid durch Chlorambucil ersetzen

Vomitus wird unmittelbar durch die Medikamente ausgelöst – oder verzögert infolge einer Proliferationsschädigung des Magen-Darm-Epithels. Der akuten Toxizität versucht man durch die zeitgleiche Gabe von Antiemetika (Metoclopramid) zu begegnen. Vomitus und Diarrhoe aufgrund einer Magen-Darm-Schleimhautschädigung können allein symptomatisch behandelt werden.

Die Proliferationshemmung macht sich auch an der Maulschleimhaut und an Haaren in der Wachstumsphase bemerkbar. Hunde mit einem permanent wachsenden Fell – Pudel, Bobtail etc. – entwickeln mitunter eine **Alopezie**. Andere Rassen erfahren keine auffälligen Fellveränderungen. Dies ist für manche Hundehalter von nicht zu unterschätzender Bedeutung. Katzen können die Schnurrhaare ausfallen, das Fell bleibt intakt.

Doxorubicin besitzt eine **akute** und eine **chronisch-kumulative Kardiotoxizität**. Unmittelbar in Zusammenhang mit der Injektion kann Doxorubicin Arrhythmien auslösen. Eine langsame Infusion des Doxorubicins über 30 min macht akute kardiale Nebenwirkungen unwahrscheinlich. Der chronisch-kumulative Effekt der Doxorubicingaben wird mit jeder Applikation wahrscheinlicher. Bei herzkranken Tieren (dilatative Kardiomyopathie) oder einer Rasseprädisposition sollte die Gabe von

Doxorubicin überdacht werden. Nach Erreichen einer kumulativen Dosis von 180 mg/m² – sechs Applikationen – wird das Auftreten einer dilatativen Kardiomyopathie recht häufig festgestellt. Die maximale Gesamtdosis sollte 240 mg/m² nicht überschreiten. Die Therapie der dilatativen Kardiomyopathie kann allein symptomatisch, unabhängig von der toxischen Genese, erfolgen.

Anaphylaktische Reaktionen können unmittelbar oder nach einer Sensibilisierung auftreten. Doxorubicin kann eine Mastzelldegranulation direkt auslösen. Seiner Applikation sollte daher eine Prednisolongabe (2 mg/kg KM) 15 min vorausgehen. Mit den Vorsichtsmaßnahmen langsame Infusion und Prednisolonvorbehandlung sind anaphylaktische Reaktionen nach eigener Erfahrung fast auszuschließen. L-Asparaginase, ein bakterielles Enzym, sensibilisiert den Organismus bei der Erstapplikation und kann bei wiederholter Gabe allergische Reaktionen hervorrufen. Die Vorbehandlung mit Prednisolon (2 mg/kg KM) und einem Antihistaminikum, Diphenhydramin (Benadryl®, 5 mg/kg KM), kann bei einer notwendigen zweiten L-Asparaginasegabe erfolgreich einem allergischen Geschehen vorbeugen.

Cyclophosphamid bewirkt nach längerer Anwendung nicht selten eine **sterile hämorrhagische Zystitis**. Das klinische Bild kann schwerwiegend sein. Der Patient leidet an einem hochgradigen Tenesmus vesicae und einer Hämaturie. Die Cyclophosphamidgabe ist einige Zeit auszusetzen und später reduziert weiterzuführen oder durch die Verabreichung von Chlorambucil zu ersetzen. Der sterilen hämorrhagischen Zystitis kann durch Gabe von MESNA vorgebeugt werden.

Pankreatitiden stellen eine seltene Komplikation dar. Sie werden durch L-Asparaginase-, Doxorubicin-, Cisplatin- oder hochdosierte längere Kortisongaben hervorgerufen. Verborgen hinter dem häufigen Symptomkomplex Vomitus und Diarrhoe treten Pankreatitiden eventuell öfter als diagnostiziert auf.

Neurotoxische Erscheinungen können sich am zentralen Nervensystem durch Krämpfe (5-Fluorouracil, Vincristin) und am peripheren Nervensystem durch Parästhesien, propriozeptive Ausfälle und spinale Hyporeflexie (Vincristin) darstellen. 5-Fluorouracil darf wegen letaler neurotoxischer Nebenwirkungen bei der Katze nicht angewandt werden. Cisplatin kann zur Taubheit führen.

Cisplatin ist bei Katzen hochgradig **lungentoxisch** und ruft eine akute pulmonale Vaskulitis mit letalem Ausgang hervor. Cisplatin darf bei Katzen nicht eingesetzt werden.

Chemotherapeutika können ihrerseits wieder **kanzerogen** wirken. Cyclophosphamid kann sowohl Harnblasenkarzinome als auch maligne Lymphome hervorrufen.

Zytostatikatherapie beim geriatrischen Patienten

Unabhängig von bestimmten Organkrankheiten sind mögliche pharmakokinetische Veränderungen bei älteren Patienten zu berücksichtigen, um unerwartet hohen toxischen Nebenwirkungen der zytostatischen Chemotherapeutika zu begegnen. Tabelle 15.8 gibt einen Überblick darüber, welchen Einfluß pharmakokinetische Veränderungen auf die Chemotherapie im Alter haben können (Kitchell, 1993). Studien über besondere Nebenwirkungen von Chemotherapieprotokollen beim alten Tier liegen nicht vor. Daher kann lediglich eine allgemeine Betrachtung des Problems erfolgen. Absorptionsstörungen dürften, wenn überhaupt, nur eine untergeordnete Rolle spielen. Von Bedeutung ist der unterschiedliche Verteilungsraum im alten Organismus, der gelegentlich und dies auch bei unseren Haustieren durch Fettleibigkeit gekennzeichnet ist. Fettlösliche Medikamente, z. B. Nitrosoharnstoffe, werden länger zurückgehalten und können zu einer verstärkten Myelosuppression führen. Beim älteren Menschen werden größere Doxorubicin-Plasmakonzentrationen bei Infusionen gemessen. Diese können mit einer gesteigerten Kardiotoxizität verbunden sein (Begg und Carbone, 1986).

Melphalan und Cisplatin, die in hohem Maße proteingebunden im Plasma vorliegen, haben bei alten plasmaalbuminarmen Patienten eine größere freie Plasmakonzentration und eine andere Wirkung. Das Plasmaalbumin kann zudem auch infolge anderer Krankheiten vermindert sein (Phister et al., 1989; Kitchell, 1993). Im fortgeschrittenen Lebensalter sind Patienten oft multimorbide, so daß die Plasmaproteinbindung auch durch andere, in Kombination verabreichte Medikamente, die gegen weitere Krankheiten gerichtet sind, beeinflußt wird.

Die metabolische Aktivität der Leber ist auch im Alter meist unvermindert, so daß die in der Leber abgebauten Medikamente – Doxorubicin, Mitoxantron, Mitomycin C und Vinkaalkaloide – inaktiviert werden können. Eine Einschränkung der Leberfunktion durch andere Krankheiten kann zu einer verstärkten Toxizität der Wirkstoffe führen. Andere Medikamente – Cyclophosphamid, Ifosfamid, Nitrosoharnstoffe, Dacarbazin und Mitomycin C – werden erst in der Leber aktiviert. Ihre Metaboliten sind für die antineoplastische Wirkung verantwortlich. Eine eingeschränkte Leberfunktion kann Anlaß einer verminderten Effektivität dieser Wirkstoffe sein.

Eine der häufigsten Organdysfunktionen geriatrischer Patienten ist die eingeschränkte glomeruläre Filtrationsrate (GFR). Die Dosierung von Wirkstoffen mit hauptsächlich renaler Elimination muß darauf Rücksicht nehmen. Dies gilt für folgende Wirkstoffe: Methotrexat, Bleomycin, Cisplatin und die Metaboliten des Cyclophosphamids (Couto, 1990). In Zweifelsfällen sollte die Nierenfunktion überprüft und ggf. die Dosis reduziert werden. Doxorubicin seinerseits kann bei Katzen eine Niereninsuffizienz hervorrufen (Cotter et al., 1985).

Doxorubicin kann bei alten Patienten aufgrund seiner Kardiotoxizität nicht immer eingesetzt werden. Der primäre Grund ist nicht das fortgeschrittene Alter des Patienten, sondern eine im Alter nicht seltene Herzinsuffizienz. Doxorubicin sollte bei einer vorbestehenden klinisch manifesten Herzinsuffizienz nur nach strenger Indikationsstellung angewandt werden. Nach Möglichkeit sind andere Medikamente zu wählen. Doxorubicin ist jedoch bei vielen Tumoren, insbesondere bei malignen Lymphomen, einer der potentesten Wirkstoffe. Der Verzicht auf Doxorubicingaben kann ein frühzeitiges Rezidivieren des Tumors zur Folge haben. Gelegentlich ist es schwer

Tabelle 15.8 Einfluß pharmakokinetischer Veränderungen auf die Chemotherapie im Alter (Kitchel, 1993)

Parameter	Veränderung	involvierte Medikamente
Absorption	evtl. geringgradig vermindert	Orale Applikation; Cyclophosphamid, Methotrexat, Melphalan, Chlorambucil
Verteilungsvolumen	Abnahme für wasserlösliche, Zunahme für fettlösliche Medikamente; verminderter Plasmaproteingehalt	Nitrosoharnstoffe, Doxorubicin, Melphalan, Cisplatin
Hepatische Metabolisation	verminderte mikrosomale Aktivierung und Inaktivierung	Cyclophosphamid, Dacarbazin (verminderte Aktivierung), Doxorubicin, Vinkaalkaloide (vermehrte Toxizität)
Renale Exkretion	im Alter vermindert	Cisplatin, Methotrexat, Bleomycin, Melphalan, Cyclophosphamid

abzuschätzen, ob eine doxorubicinbedingte Herzinsuffizienz oder ein Tumorrezidiv für den Patienten lebensbegrenzend sein wird.

Bleomycin und in gewissem Maße auch Mitomycin C, Busulfan und Nitrosoharnstoff werden bei alten Menschen eine stärkere pulmonale Toxizität zugeschrieben. Als Ursache der stärkeren Toxizität wird eine geringere Hydrolaseaktivität angenommen (Joseph, 1988; Balducci et al., 1992).

Eine verstärkte neurotoxische Wirkung von Vincristin und Cisplatin im Alter ist nicht bewiesen. Möglicherweise können subklinische Neuropathien geriatrischer Patienten intensiviert werden (Joseph, 1988).

Ältere Menschen wiesen nach einer chemotherapieinduzierten Myelosuppression eine verlängerte Erholungsphase auf. Theoretische Ursachen können ein Mangel an pluripotenten Stammzellen im Knochenmark, ein nicht hinreichend schnelles Ansteigen der Produktion hämatopoetischer Wachstumsfaktoren und eine Dysfunktion der Hämatopoese sein (Balducci et al., 1992).

Tendenziell versucht der Therapeut, bei jungen Patienten eine Heilung oder einen möglichst langen symptomfreien Zeitraum zu erreichen. Zu diesem Zweck wird er sich oftmals zu einer intensiven Polychemotherapie entschließen. Bei alten Patienten wird er sich mit einer mehr oder weniger langen Beschwerdefreiheit zufrieden geben und eine in ihrem Risiko besser kalkulierbare Monochemotherapie wählen.

Um Therapierisiken soweit wie möglich zu meiden, auch wenn keine Organfunktionsstörungen bekannt oder feststellbar sind, kann der erste Therapiezyklus auf ca. 70% der kalkulierten Dosis gemindert werden. Parameter, die Nebenwirkungen des Medikamentes anzeigen, Leukozyten und Thrombozyten, sind zwei- bis dreimal wöchentlich und nicht erst am erwarteten Nadir nach etwa einer ganzen Woche zu kontrollieren. Im zweiten Therapiezyklus wird die Dosis dann an den Nadir angepaßt (Wilmanns, 1994). Der evtl. geschmälerte Therapieerfolg wird für ein größeres Maß an Therapiesicherheit in Kauf genommen. Bei jungen Patienten würde auf eine optimal intensive Therapie geachtet auch auf die Gefahr hin, die Folgen von Nebenwirkungen beherrschen zu müssen. Der ebenfalls in der Tiermedizin praktizierte Einsatz von hämatopoetischen Wachstumsfaktoren (Filgrastim, rekombinanter humaner Granulozyten-stimulierender Faktor, rh-G-CSF) hat gefürchteten Neutropenien etwas die Schärfe genommen.

Trotz aller notwendigen Betrachtungen über das Risiko einer zytostatischen Chemotherapie im hohen Lebensalter ist zu bedenken, daß nicht in erster Linie das Alter, sondern die sich mit zunehmendem Alter häufenden Krankheiten, die Multimorbidität, für Einschränkungen bei der Chemotherapie verantwortlich sind. Der Allgemeinzustand des Patienten ist von größerer Bedeutung als sein Alter (Wilmanns, 1994).

Spezielle Tumoren

Einzelne spezielle Tumoren von Hund und Katze sind in Tabelle 15.9 aufgeführt und werden kurz mit Bezug auf Vorkommen und Therapie charakterisiert.

Tabelle 15.9 Spezielle Tumoren von Hund und Katze

Lokalisation	Tumor	Therapie
Nase	Adenokarzinom, Karzinom	Radiotherapie, Cisplatin (nicht Ktz.)
	Malignes Lymphom (Ktz.)	Polychemotherapie
Lunge	Adenokarzinom	Lobektomie, Cisplatin (nicht Ktz.)
Mundhöhle	Malignes Melanom, Plattenepithelkarzinom, Fibrosarkom	Resektion, Radiotherapie
Speicheldrüse	Adenokarzinom	Resektion, Radiotherapie
Magen	Adenokarzinom, Leiomyosarkom	Resektion
	Malignes Lymphom	Polychemotherapie, Resektion bei Ileus
Darm	Adenokarzinom, Leiomyosarkom	Resektion
	Malignes Lymphom	Polychemotherapie, Resektion bei Ileus
Analbeutel	Adenokarzinom	Resektion (+ Cisplatin)
Leber	Hepatom	Resektion, oft solitär und groß
	Hepatozelluläres Karzinom, Gallengangskarzinom (Ktz.)	Resektion falls nicht disseminiert, sondern solitär
	Malignes Lymphom	Polychemotherapie
		(Viele Lebertumoren sind benigne und mit guter Prognose zu resezieren.)
Pankreas, exokrin	Karzinom	keine, meist metastasiert
Milz	Malignes Lymphom	Polychemotherapie
	Hämangiosarkom (meist Deutscher Schäferhund)	Resektion (+ Doxorubicin/Vincristin/Cyclophosphamid)
	Leiomyo-, Osteo-, Fibrosarkom	Resektion
Herz	Hämangiosarkom (meist Deutscher Schäferhund)	Resektion + Doxorubicin/Vincristin/Cyclophosphamid
Haut	Plattenepithelkarzinom	Resektion, lokal 5-Fluorouracil (nicht Ktz.), Radiotherapie, Cisplatin bei Metastasen (Hd.); Radiotherapie (Ktz.)
	Basalzelltumor	Resektion
	Melanom	Resektion
	Mycosis fungoides	keine effektiv
	Mastzelltumor	Resektion, Radiotherapie, Vincristin, Cyclophosphamid, Prednisolon
	Histiozytom (junger Hd.)	Resektion oder exspektative Therapie
	Hämangioperizytom (Hd.)	Resektion
	Hämangiosarkom	Resektion
	Papillom, Warze (Hd.)	Resektion falls notwendig

Fortsetzung der Tabelle 15.9

Lokalisation	Tumor	Therapie
	Talgdrüsenadenom (Hd.)	Resektion falls notwendig
	Talgdrüsenadenokarzinom (Hd.)	Resektion
	Karatoakanthom (Hd.)	Resektion falls notwendig
	Trichoepitheliom	Resektion falls notwendig
	Epidermale Inklusionszyste	Resektion falls notwendig
	Weichteilsarkom (Fibrom,- sarkom; Myxom, -sarkom; Hämangioperizytom; Neurofibrom, -sarkom; Schwannom, Neurolemmom, perineurales Fibroblastom; Leiomyom, -sarkom; Liposarkom; Riesenzellsarkom)	Resektion weiträumig, + Radiotherapie falls nicht resezierbar + Doxorubicin, Cisplatin, Vincristin, Cyclophosphamid als Einzel- oder Polychemotherapie bei Metastasierung
	Fibrosarkom (Ktz.)	Resektion
	Lipom (Hd.)	Resektion falls notwendig
Niere	Karzinom, Adenokarzinome	keine, meist metastasiert, frühzeitige Resektion
	Cystadenokarzinom + Dermatofibrosis (DSH)	keine
	Malignes Lymphom (Ktz.)	Polychemotherapie
Harnblase	Karzinom	nur palliativ: Resektion, Radiotherapie, Cisplatin, Doxorubicin, Cyclophosphamid
	Malignes Lymphom (Ktz.)	Polychemotherapie
Ovar	Adenom (Hd.)	Resektion
	Adenokarzinom (Hd.)	Resektion, Cisplatin
	Granulosazelltumor (Ktz.)	keine, meist metastasiert, frühzeitige Resektion
Vagina	Leiomyom, Fibrom	Resektion, meist benigne
Vagina, Vulva, Penis	Sticker-Sarkom (Transmissible venereal tumor, TVT) (Hd.)	Vincristin
Uterus	Leiomyom, Fibrom	Resektion, meist benigne
Hoden	Sertolizelltumor, Seminom, Leydigzelltumor	Kastration
Prostata	Adenokarzinom	keine (weder Resektion, noch Chemotherapie, noch hormonelle Therapie)
Mamma	benigne Mischtumoren, Fibroadenom, Adenom (Hd.)	Resektion
	Karzinom, Adenokarzinom (Hd.)	Resektion, Doxorubicin, Cyclophosphamid, Mitoxantron
	Fibroadenom (Ktz.)	Ovariohysterektomie oder exspektative Therapie
	Adenokarzinom (Ktz.)	Resektion, Doxorubicin, Cyclophosphamid
Körperhöhle	Mesotheliom	keine, versuchsweise Cisplatin intrakavitär (nur Hd.)

Fortsetzung der Tabelle 15.9

Lokalisation	Tumor	Therapie
	Thymom	Resektion, Prednisolon
Knochen	Osteoblastisches Osteosarkom	Amputation + Doxorubicin/Cisplatin (nicht Ktz.) einzeln oder kombiniert
	Osteochondrosarkom (Hd.)	Resektion + Cisplatin + Radiotherapie
	Chondro-, Fibro-, Hämangiosarkom (Hd.)	Resektion + Radiotherapie (+ Cisplatin, Doxorubicin, Cyclophosphamid)
	Synoviazellsarkom (Hd.)	Amputation
Hämatopoese	Malignes Lymphom	Polychemotherapie
	akute lymphoblastische Leukämie	Polychemotherapie
	chronische lymphatische Leukämie	Chlorambucil, Prednisolon oder exspektative Therapie
	akute myeloische Leukämie	keine Therapie
	chronische myeloische Leukämie	Busulfan, Hydroxyurea oder exspektative Therapie
	Polycythämia vera	Aderlaß + Hydroxyurea
	Mastzelltumor	Resektion, Radiotherapie, Vincristin, Cyclophosphamid, Prednisolon, H_2-Blocker symptomatisch
	Multiples Myelom	Melphalan, Prednisolon
	kutane und extramedulläre Plasmozytome	Resektion, Radiotherapie, Melphalan, Prednisolon, Doxorubicin
Nervensystem	Meningeom	Resektion, Radiotherapie
	Gliom	Radiotherapie
	Malignes Lymphom (bes. Ktz.)	Polychemotherapie
	Neurofibrosarkom (peripher)	Resektion, Radiotherapie
	Hypophysentumor (Adenom)	Radiotherapie (siehe Endokrinium)
Auge/Orbita	Melanom	Enukleation (bei Ktz. frühe Metastasierung)
	Ziliarkörperadenom, -adenokarzinom	Enukleation
	Sarkom	Enukleation (frühe Metastasierung)
	Osteo-, Fibrosarkom, Mastzelltumor, malignes Lymphom, Plattenepithelkarzinom (aus Mundhöhle, Ktz.)	Orbitektomie (falls primär), Radiotherapie, Polychemotherapie (nur malignes Lymphom)
Endokrinium	Hypophysentumor (Adenom)	Radiotherapie, Resektion, symptomatisch Mitotane, o. p´-DDD (Lysodren®) gg. Hyperkortisolismus
	Nebennierenrinde (Karzinom)	Resektion
	Insulinom (Karzinom)	Resektion oder symptomatisch gg. Hypoglykämie
	Schilddrüse (Karzinom beim Hd.)	Resektion + Radiotherapie + Cisplatin/Doxorubicin
	Schilddrüse (Adenom bei Ktz.)	Resektion (oft bilateral, postoperativ vorübergehend Hypoparathyreoidismus und Hypothyreose)

Anästhesie beim alten Patienten

MICHAELE ALEF UND GERHARD OECHTERING

Narkoserisiko und Alter

Ein altes Tier wird in der Regel als Patient mit hohem Narkoserisiko eingestuft. Daß diese „automatische" Eingliederung nicht unumstritten ist, zeigt die Einteilung nach ASA-Risikogruppen. Die American Society of Anesthesiologists berücksichtigt das Alter bei Beurteilung des Narkoserisikos nicht, sie legt allein die vorliegenden Erkrankungen und vorhandenen Funktionseinschränkungen für eine Zuordnung zugrunde (Tab. 16.1). Ein gesunder älterer Patient wird so in eine niedrige Risikogruppe eingestuft.

Statistisch gesichert ist jedoch, daß die anästhesiebedingte Mortalität bei alten Patienten deutlich höher ist als beim jüngeren Patienten. Altersbedingte Veränderungen erhöhen, wie verschiedene andere Faktoren (Tab. 16.2), jedoch die Gefahren der Narkose. Narkosekomplikationen werden von geriatrischen Patienten schlechter toleriert als von jüngeren. Die altersbedingten physiologischen Veränderungen schränken offensichtlich die Organreserven und damit die Reaktion auf Belastung durch Operation und Narkose ein. Die eingeschränkten Reserven und Funktionsverluste verschiedener Organsysteme machen den alten Patien-

Tabelle 16.1	Risikogruppen für Narkosen nach der American Society of Anesthesiologists (ASA)
1	Normaler gesunder Patient
2	Leichte Allgemeinerkrankung ohne Leistungseinschränkung
3	Schwere Allgemeinerkrankung mit Leistungseinschränkung
4	Schwere Allgemeinerkrankung, die das Leben des Patienten bedroht
5	Moribund, Tod innerhalb von 24 h mit und ohne Operation zu erwarten
6	Für nichtelektive Operationen: Akute Patienten der Gruppen 1 und 2
7	Für nichtelektive Operationen: Akute Patienten der Gruppen 3 bis 5

Tabelle 16.2   Das Narkoserisiko beeinflussende Faktoren

Patient	Operation	Arzt
Tierart *Hund < Katze < Pferd < Heimtier*	Dringlichkeit der Operation *elektiv < dringlich < Notfall*	Erfahrung des Operateurs
Alter	Art der Operation *Körperoberfläche < Extremitäten < Bauchhöhle < Brusthöhle < Zwei-Höhlen-Eingriff < Polytrauma*	Erfahrung des Anästhesisten
Ernährungszustand *normal < mager < adipös*		

ten aber auch anfälliger für Erkrankungen. Zu den altersbedingten physiologischen treten dann krankheitsbedingte pathophysiologische Veränderungen verstärkend hinzu.

Die klinische Bedeutung der physiologischen Alterungsvorgänge für die Anästhesie ist gegenwärtig nur unzureichend untersucht, so daß noch kein einheitliches Konzept für geriatrische Patienten besteht. Das jetzige Vorgehen gründet sich weitgehend auf theoretische Überlegungen, die sich aus den nur begrenzt zur Verfügung stehenden Daten über die physiologischen Veränderungen beim alten Patienten ableiten. Dazu kommt, daß ein großer Teil des Wissens um die Alterungsprozesse aus der Humangeriatrik stammt. Viele Veränderungen beim Tier gleichen wahrscheinlich denen beim Menschen, trotzdem muß die Übertragung der Verhältnisse vom Menschen auf das Tier kritisch geschehen. Welches Alter des Menschen entspricht welchem Alter und damit welchen Veränderungen beim Hund? Wie muß man eine alte Katze im Vergleich zum Menschen oder Hund beurteilen?

Für die Einschätzung des Narkoserisikos sollte nicht das chronologische, sondern das biologische Alter herangezogen werden. Die Beurteilung des biologischen Alters ist jedoch gerade beim Hund nicht einfach, weil die Lebenserwartung der verschiedenen Rassen und damit der Zeitablauf der Alterungsvorgänge sehr unterschiedlich sind. Zwerg- und Riesenrassen differieren beim Hund erheblich in ihrer Lebenserwartung. Nach Danckert und Kraft (1997) beträgt die mittlere Lebenserwartung von Hunden kleiner Rassen 11,2 Jahre. Während mittelgroße Hunde 10,2 Jahre alt werden, ist die durchschnittliche Lebenserwartung bei großen Hunden mit 7,0 Jahren deutlich niedriger. Nur 0,1 % der Riesenrassen erreichen ein Alter von 15 Jahren, immerhin aber 7 % der Zwergrassen. Die Zahlen machen deutlich, daß in der Anästhesie „Alter" sehr differenziert betrachtet werden muß. Ein 7 Jahre alter Kleiner Münsterländer ist ein Hund „im besten Alter", während eine Dogge desselben Alters ihre durchschnittliche Lebenserwartung schon überschritten hat und damit „steinalt" ist. Hinzu kommen individuelle Unterschiede im Alterungsprozeß. Die Erfahrung lehrt, daß Tiere, die älter aussehen, in ihren physiologischen Parametern tatsächlich älter einzuschätzen sind als Patienten, die jung geblieben wirken.

Physiologische Alterungsprozesse

Die physiologischen Alterungsprozesse betreffen eine Reihe von Organsystemen die mittel- oder unmittelbar Einfluß auf die Anästhesie nehmen. So scheint die Schmerzempfindlichkeit abzunehmen, als Ursache vermutet man eine Abnahme der Zahl von Opioidrezeptoren oder funktionelle Veränderungen an diesen. Die Folge ist eine erhöhte Opioidempfindlichkeit und damit ein reduzierter Anästhetikabedarf. Die Wirkdauer vieler Medikamente ist verlängert. Durch eine Reduktion der Leberfunktion nimmt die Metabolisierungsrate und die Plasmaclearance ab. Ältere Tiere neigen eher zu einer Hypothermie als jüngere, die niedrige Körpertemperatur bewirkt eine zusätzliche Abnahme der Stoffwechselaktivität und damit auch der Abbaufunktion der Leber. Die renale Elimination von Pharmaka kann ebenfalls verzögert sein. Das niedrigere Herzzeitvolumen beeinflußt die Verteilung der Anästhetika im Körper.

Bedacht werden sollte, daß nicht nur die physiologischen und pathophysiologischen Veränderungen Auswirkungen auf die Anästhesie haben, sondern daß auch umgekehrte Wechselwirkungen möglich sind und die Anästhesie bestehende Erkrankungen verschlimmern kann.

Die Leistungen des Lungenparenchyms, die Kraft und Schnelligkeit der Atemmuskulatur und die Elastizität der Thoraxwand werden mit zunehmendem Alter geringer. Die Compliance der Brustwand nimmt ab, die der Lunge zu. Die funktionelle Residualkapazität sinkt. Der pulmonale Gasaustausch wird mit steigendem Alter zunehmend beeinträchtigt. Während der alveoläre Sauerstoffpartialdruck gleich bleibt, sinkt der arterielle. Diese erhöhte alveoloarterielle Sauerstoffdifferenz wird vermutlich verursacht durch eine Verminderung der Alveolaroberfläche, eine Verdickung der Membranen, eine Abnahme ihrer Permeabilität und eine Verminderung der Lungendurchblutung. Die Bedeutung von Störungen des Ventilations-Perfusions-Verhältnisses wird von verschiedenen Autoren sehr unterschiedlich bewertet.

Während der arterielle Sauerstoffpartialdruck im Alter sinkt, bleibt der arterielle Kohlendioxidpartialdruck unverändert. Eine Erhöhung des arteriellen Kohlendioxidpartialdrucks während der Narkose ist beim alten Tier deswegen ähnlich einzustufen wie beim jungen. Die Atemantwort auf einen erhöhten Kohlendioxidpartialdruck und auf einen niedrigen Sauerstoffpartialdruck ist beim alten Patienten deutlich vermindert. Die Alterungsprozesse des Respirationssystems bewirken, daß eine anästhesiebedingte Atemdepression eher zu Störungen des Gaswechsels im Sinne einer Hypoxie und Hyperkapnie führen als beim jungen Tier. Die Aktivität laryngealer und pharyngealer Schutzreflexe ist beim alten Tier vermindert, die Gefahr einer Aspiration von erbrochenem oder regurgitiertem Material ist höher.

Die Kompensationsfähigkeit des Herz-Kreislauf-Systems ist eingeschränkt. Die Auswurfleistung des Herzens ist unter Ruhebedingungen nahezu unverändert, verringert sich jedoch unter Belastung. Das niedrigere Herzzeitvolumen verlängert die Kreislaufzeit für Anästhetika. Auch die Ruhefrequenz sinkt mit zunehmendem Alter nur gering. Die maximale Herzfrequenzsteigerung unter Belastung sinkt jedoch altersabhängig. Dadurch muß eine Steigerung des Herzzeitvolumens bei Belastung durch eine Dilatation des Herzens und eine Zunahme des Schlagvolumens erreicht werden. Wegen der verminderten Ansprechbarkeit der Barorezeptoren und der reduzierten Stimulierbarkeit von β-adrenergen Funktionen des Herzens ist die Reaktion auf Blutdruckveränderungen oder Volumenmangel während der Anästhesie eingeschränkt. Oft haben diese physiologischen Veränderungen keine wahrnehmbaren Folgen, erst bei Streß, z. B. durch Anästhesie und Operation, wird die mangelnde Kompensationsfähigkeit deutlich. Ein alter Patient ist dadurch sehr viel anfälliger für die von den meisten Anästhetika hervorgerufene Herz-Kreislauf-Depression.

Während beim Menschen zunehmend arteriosklerotische Veränderungen der Koronararterien entscheidend zu einer Erhöhung des Narkoserisikos beitragen, sind bei alten Hunden und Katzen Herzmuskel- und Klappenerkrankungen ausschlaggebend. Erkrankungen der Herzklappen können eine erhöhte Herzarbeit notwendig machen. Folge einer erhöhten Herzarbeit ist ein gesteigerter myokardialer Sauerstoffbedarf, der nur dann gedeckt werden kann, wenn die Diastole, in der die Perfusion der Koronararterien stattfindet, ausreichend lang ist. Aus diesem Grund sollte eine hohe Herzfrequenz beim alten Tier vermieden werden.

Die glomeruläre Filtrationsrate, die Nierendurchblutung, die Sekretions- und Rückresorptionsleistungen der Niere nehmen ab. Die Konzentrationsfähigkeit der Niere und die Wirkung von ADH sind vermindert. Auch die Fähigkeit, Wasser zu retinieren, geht verloren. Die beschriebenen Veränderungen sind Zeichen einer verminderten Reserve der Nierenfunktion beim alten Patienten. Auch hier kann die Belastung durch Anästhesie und Operation zu einer Erschöpfung der Kompensationsmechanismen führen. Ältere Hunde und Katzen sind deswegen in der perioperativen Phase besonders gefährdet für die Entwicklung eines Nierenversagens. Häufig dekompensiert eine vor der Narkose gerade noch kompensierte Niereninsuffizienz in der postanästhetischen Phase.

Die Ausscheidung von Medikamenten ist beeinträchtigt. Wegen der schlechten Konzentrationsfähigkeit der Niere kann die Ausscheidung von Pharmaka und harnpflichtigen Substanzen nur durch einen Anstieg des Urinvolumens gesichert werden.

Die schon angesprochene reduzierte Metabolisierungsrate der Leber führt in Zusammenhang mit einer Abnahme der Leberdurchblutung zu einem Abfall der Plasmaclearance.

Auch die Zusammensetzung des Körpers ändert sich bei alten Tieren. Die Muskelmasse nimmt ab, der Körperfettanteil nimmt zu. Dies hat Einfluß auf die Verteilung der Pharmaka in die einzelnen Kompartimente. Der Plasmaproteinspiegel und damit die Plasmabindung der Pharmaka sind reduziert. Hierdurch steht mehr freie, also aktive Wirksubstanz zur Verfügung. Therapeutische und toxische Wirkungen von stark proteingebundenen Pharmaka treten schon bei niedrigen Serumkonzentrationen auf und können länger anhalten.

Konsequenzen für die Narkoseführung

Problematisch bei der Anästhesie alter Patienten ist ihre eingeschränkte Kompensationsfähigkeit. Die daraus resultierenden Konsequenzen für die Narkoseführung ergeben sich durch die Beantwortung der Frage: Wann muß der Körper während der Narkose auf Kompensationsmechanismen zurückgreifen? Er muß dies stets dann, wenn vitale Organsysteme nicht ausreichend mit Sauerstoff versorgt werden. Voraussetzung für eine adäquate Sauerstoffversorgung der Gewebe ist eine ausreichende Sauerstoffaufnahme in der Lunge. Sie ist abhängig von der Ventilation der Alveolen, aber auch von der Perfusion der Lungenkapillaren. Der in der Lunge aufgenommene Sauerstoff muß aber auch in ausreichender Menge zu den Geweben transportiert werden. Um das zu gewährleisten, muß das Transportmedium Blut in ausreichender Menge zur Verfügung stehen. Aber auch die Blutgefäße als Röhrensystem müssen in ihrem Volumen und Durchmesser dem Blutvolumen entsprechen. Das Herz muß als „Umwälzpumpe" dafür sorgen können, daß eine ausreichende Blutmenge pro Zeiteinheit in die Peripherie transportiert wird.

Welche Möglichkeiten hat der Körper, um eine Sauerstoffminderversorgung zu kompensieren? Er kann die Menge des pro Zeiteinheit in das Gewebe transportierten Blutes erhöhen. Dies geschieht durch Steigerung des Herzzeitvolumens, in der Regel durch Erhöhung der Herzfrequenz. Reicht dieser Kompensationsmechanismus nicht aus, wird im Gewebe die Sauerstoffextraktionsrate gesteigert. Um ein ausreichendes Sauerstoffvolumen pro Zeiteinheit zu erhalten, entzieht das Gewebe der dorthin transportierten zu geringen Blutmenge mehr Sauerstoff pro Volumeneinheit Blut. Dies ist der letzte Kompensationsmechanismus, der dem Körper zur Verfügung steht. Wird er eingesetzt, zeigt dies, daß alle anderen Möglichkeiten ausgeschöpft sind.

Beim alten Tier sind die Möglichkeiten zur Steigerung der Herzfrequenz eingeschränkt, bei ihm muß der Körper sehr viel eher auf die Steigerung der Sauerstoffextraktionsrate zur Kompensation eines Sauerstoffmangels zurückgreifen. Der Patient ist sehr viel gefährdeter durch einen Sauerstoffmangel.

Die Philosophie der Narkose beim alten Patienten muß deswegen sein, die Kompensationsmechanismen nicht herauszufordern. Eine Sauerstoffschuld sollte vermieden werden, ein diesbezüglich „optimales" Narkoseregime ist anzustreben.

Praxis der Anästhesie beim alten Patienten

Bei Erhebung der Anamnese muß besonders auf versteckte Hinweise auf eine bestehenden Erkrankung geachtet werden. Gezielte Fragen helfen wichtige Informationen über Herz-Kreislauf- und Respirationssystem (Leistungsfähigkeit, Husten, bestehende Medikation), Nierenfunktion und endokrine Dysfunktionen (Wasseraufnahme, Häufigkeit und Menge des Harnabsatzes, Erbrechen, Futteraufnahme, Veränderung der Körpermasse) zu ermitteln. Erfragt werden sollten außerdem früher aufgetretene Erkrankungen. Falls das Tier schon einmal in Narkose lag, kann seine Reaktion auf diese Narkose abgeklärt werden. Eine bestehende Medikation kann den Verlauf der Narkose beeinflussen und sollte deswegen bekannt sein.

Die präanästhetische Untersuchung sollte sehr sorgfältig durchgeführt werden, um das Ausmaß physiologischer Alterungsprozesse einschätzen zu können und um Hinweise auf bestehende Erkrankungen nicht zu übersehen. Besonderer Augenmerk sollte auf die beiden vitalen Funktionen Herz-Kreislauf und Atmung gerichtet werden. Die Frage nach dem Ausmaß von weiterführenden Untersuchungen wie Labor- und Röntgenuntersuchungen kann nicht generell beantwortet werden. Art und Ausmaß weiterführender Untersuchungen müssen bei jedem Patienten individuell entschieden werden. So sollten bei Verdacht auf eine Herz-Kreislauf- oder Lungenerkrankung Röntgenaufnahmen des Thorax angefertigt werden. Veränderungen der Nierenfunktion sind im Routinelabor unter Umständen nicht zu ermitteln, durch die Funktionsreserven der Niere liegen Serumharnstoff- und Kreatininwerte noch in der Norm.

Ergebnis der präanästhetischen Untersuchung sollte eine Einschätzung des Narkoserisikos, eine Festlegung des Operationszeitpunktes und eventuell das Aufstellen eine präoperativen therapeutischen Planes sein. Wird bei der präanästhetischen Untersuchung eine Erkrankung entdeckt, muß überlegt werden, ob die Art der Erkrankung und die Dringlichkeit der Operation eine präanästhetische Therapie sinnvoll bzw. möglich machen. Störungen des Wasser-, Elektrolyt- oder Säure-Basen-Haushaltes sollten präoperativ ausgeglichen werden.

Das Ergebnis der präanästhetischen Untersuchung sollte auch die Wahl des Narkoseverfahrens und der Überwachungsmethoden beeinflussen. Bei alten Patienten stehen neben der Inhalationsanästhesie auch die Injektionsanästhesie oder Verfahren der Lokal- oder Regionalanästhesie zu Verfügung. Die Inhalationsanästhesie bietet den Vorteil der sehr guten Steuerbarkeit. Die Narkosetiefe kann der jeweiligen Situation schnell angepaßt werden, die Aufwachphase ist, abhängig von Prämedikation und Narkoseeinleitung, kurz. Die Verabreichung einer hohen inspiratorischen Sauerstoffkonzentration optimiert die Sauerstoffversorgung des Patienten. Das Narkosegerät ermöglicht zudem eine problemlose Beatmung.

Doch die früher recht offensichtlichen Vorteile der Inhalationsnarkose relativieren sich heute. Durch den Einsatz kurzwirkender Injektionsanästhetika kann auch eine Injektionsanästhesie sehr gut steuerbar sein. Sauerstoffzufuhr und Beatmung sind ebenso möglich, wie bei der Inhalationsanästhesie. Beim Menschen werden sehr häufig Techniken der Lokal- bzw. Regionalanästhesie für den geriatrischen Patienten empfohlen. Absolute Schmerzfreiheit im Operationsgebiet ohne Wirkung auf zerebrale Funktionen und dadurch mit nur geringen Kreislauf- und Atemwirkungen erscheint optimal für den alten Patienten mit erhöhtem Narkoserisiko. Doch im Gegensatz zum Menschen ist beim Tier eine Sedation nötig, nur so kann der Patient streßfrei gelagert und operiert werden. Die Sedation ist jedoch mit Wirkungen auf Atmung und

Herzkreislauf gekoppelt. Der entscheidende Vorteil der lokalen Techniken entfällt also durch die Kombination mit einer Sedation. Allerdings kann wegen der Schmerzfreiheit im Operationsgebiet die „Narkose" bzw. Sedation, im Vergleich zu einer ausschließlich durch eine Allgemeinanästhesie erzeugten Schmerzfreiheit, sehr viel oberflächlicher sein. Die Kombination mit einer Lokal- oder Regionalanästhesie kann also genutzt werden, um eine nebenwirkungsärmere Anästhesie zu erzeugen.

Welches Anästhesieverfahren gewählt wird, spielt für das Risiko eines geriatrischen Patienten keine große Rolle. Bei der Auswahl des Narkoseverfahrens sollte individuell je nach Ort, Ausmaß und Dauer der geplanten Operation sowie nach der Erfahrung des Anästhesisten entschieden werden.

Bei Prämedikation, Narkoseeinleitung und -erhaltung werden oft geringere Dosen als bei jüngeren Tieren benötigt. Eine parasympatholytische Prämedikation sollte nicht routinemäßig, sondern nur indikationsgebunden (Bradykardie) erfolgen, da Parasympatholytika zu einer Erhöhung der Herzfrequenz bis zur „Excess-Tachykardie" führen können. Problematisch ist der daraus resultierende hohe myokardiale Sauerstoffbedarf. Beschrieben wird außerdem eine altersabhängige Resistenz gegenüber der herzfrequenzsteigernden Wirkung des Parasympatholytikums. Entwickelt sich während der Anästhesie eine Indikation zum Einsatz eines Parasympatholytikums (Sinusbradykardie, z. B. durch die Wirkung eines Opioids), können Anticholinergika intravenös verabreicht werden. Eine Wirkung tritt ausreichend schnell ein.

Um die Sauerstoffversorgung der Organe nicht durch ein Versagen des „Sauerstofftransport- und -pumpmechanismus" zu gefährden, sollten kreislaufdepressive Medikamente nicht oder nur in niedrigen Dosen eingesetzt werden. Diese Forderung ist nicht einfach zu erfüllen, da fast alle Anästhetika kreislaufdepressive Nebenwirkungen haben.

Phenothiazine wie Acepromazin und Propionylpromazin blockieren die zur Blutdruckregulation notwendigen α-Rezeptoren an den Gefäßen. Die Kompensation eines Volumenverlustes oder Blutdruckabfalls durch eine periphere Vasokonstriktion ist bei diesen Patienten unmöglich. Beim gesunden Patienten tritt diese Wirkung klinisch in der Regel nicht in Erscheinung. Problematisch kann ein umfangreicher Volumenverlust intra operationem sein, da er nicht mehr kompensiert werden kann. Bei vorgeschädigten Patienten ist der Kompensationsmechanismus Vasokonstriktion oft aktiviert. Die Patienten erscheinen klinisch unauffällig, nach Gabe des α-Blockers versagen ihre Kompensationsmechanismen, die Patienten kollabieren. Aus diesem Grund sollten Acepromazin und andere Phenothiazine nicht bei Risikopatienten eingesetzt werden, außer, wenn ein Blutdruckabfall erwünscht ist. Die Blockade der Blutdruckregulation ist auch bei niedrigen Dosen ausgeprägt und hält einige Stunden an, ebenso wie die sedative Wirkung des Acepromazins. Die Thermoregulation ist unter Acepromazin stark eingeschränkt.

α_2-**Adrenozeptor-Agonisten** wie Xylazin, Medetomidin und Romifidin haben ausgeprägte Kreislaufwirkungen. Klinisch auffällig ist die entstehende Bradykardie und die durch eine initiale Vasokonstriktion bedingte Blässe der Schleimhäute. α_2-Adrenozeptor-Agonisten sind außerdem atemdepressiv. Hohe Dosen sollten aus diesen Gründen vermieden und die Indikation beim alten Patienten streng gestellt werden. α_2-Adrenozeptor-Agonisten sind antagonisierbar, das Ende der Anästhesie kann recht gut terminiert werden. Zu beachten ist jedoch die relativ kurze Halbwertzeit des Antagonisten. Die Wirkungen und Nebenwirkungen des α_2-Agonisten können nach ca. 1 Stunde wieder auftreten. Klinisch hat sich die Kombination eines niedrig dosierten α_2-Agonisten mit dem eher kreislaufstimulierenden Ketamin für Hund und Katze auch bei alten Tieren bewährt (Tab. 16.5, 16.6).

Benzodiazepine sind relativ nebenwirkungsarme Sedativa, die oft beim gesunden Hund keine ausreichende sedierende Wirkung zeigen, gerade beim vorgeschädigten Patienten jedoch zufriedenstellend wirken. Zur Prämedikation und Narkoseeinleitung werden die sedierend und muskelrelaxierend wirkenden Benzodiazepine oft in Kombination mit einem Opioid (Tab. 16.9), bei der Katze mit Ketamin (Tab. 16.7), verwendet.

Die Wirkdauer und -stärke der hypnotische wirkenden **Barbiturate** lassen sich beim alten Patienten schwer voraussagen. Aspekte wie die Änderung der Körperzusammensetzung, der geringe Plasmaproteingehalt und die eingeschränkte Metabolisierung beeinflussen Pharmakokinetik und -dynamik der Stoffgruppe. Darüber hinaus wirken Barbiturate kreislauf- und atemdepressiv.

Ultrakurzwirkende Barbiturate können zur Narkoseeinleitung und für kurze nichtschmerzhafte Eingriffe verwendet werden.

Propofol wirkt ebenso wie die Barbiturate nur hypnotisch, nicht analgetisch. Im Gegensatz zu diesen kumuliert es jedoch nicht und kann ohne Probleme häufiger nachdosiert werden. Von Nachteil sind beim alten Patienten die deutlichen atem- und kreislaufdepressiven Wirkungen des Propofols. Von Vorteil ist seine sehr kurze Wirkung, die fehlende Kumulation und das schnelle vollständige Erwachen des Patienten. Schon kurze Zeit nach der Anästhesie kann er dem üblichen Tagesablauf folgen. Dies kann beim alten Hund für die Erholung des Patienten entscheidend sein, so bei diabetischen Patienten oder wenn wiederholte Narkosen in kurzen Abständen (Strahlentherapie) nötig sind. Propofol ist zur Narkoseeinleitung, zur Anästhesie für kurze nichtschmerzhafte Eingriffe und zur Erhaltung einer Injektionsanästhesie geeignet (Tab. 16.3, 16.4).

Ketamin ist das einzige eher kreislaufstimulierend wirkende Anästhetikum. Es wird wegen dieses Effektes von einigen Autoren für alte Patienten abgelehnt. Nach unserer Erfahrung scheint es bei der Wahl eines geeigneten Kombinationspartners sehr

Tabelle 16.3 Propofol beim alten Hund

Einleitung
  4–7 mg/kg KM i.v. ohne Prämedikation
  2–4 mg/kg KM i.v. mit Prämedikation
Erhaltung
  2–4 mg/kg KM i.v.

Indikation
  kurze, nicht oder wenig schmerzhafte Eingriffe
  Einleitung einer Inhalationsnarkose

Tabelle 16.4 Propofol bei der alten Katze

Einleitung
  6–8 mg/kg KM i.v. ohne Prämedikation
  1–3 mg/kg KM i.v. mit Prämedikation
Erhaltung
  1–3 mg/kg KM i.v.

Indikation
  kurze, nicht oder wenig schmerzhafte Eingriffe
  Einleitung einer Inhalationsnarkose

Tabelle 16.5 Ketamin/Xylazin beim alten Hund

Prämedikation
  0,5–1,0 mg/kg KM Diazepam i.v.
  (maximal 20 mg/Tier)
  0,02–0,05 mg/kg KM Atropin i.v.
Einleitung und Erhaltung
  3,0 mg/kg KM Ketamin i.v. zusammen mit
  0,3 mg/kg KM Xylazin i.v.
  sofort nach der Prämedikation injizieren
  und nach Wirkung alle 10–20 Minuten
  wiederholen

Indikation
  kurze, auch schmerzhafte Eingriffe bis 30 min
  (60 min) Dauer

Tabelle 16.6 Ketamin/Xylazin bei der alten Katze
5,0–10,0 mg/kg KM Ketamin i.m., s.c. 0,5–1,0 mg/kg KM Xylazin i.m., s.c. (0,02–0,05 mg/kg KM Atropin i.m., s.c.)
Indikation kurze, bis mittellange auch schmerzhafte Eingriffe zur Einleitung einer Inhalationsnarkose

Tabelle 16.7 Ketamin/Diazepam bei der alten Katze
10,0 mg/kg KM Ketamin i.m., s.c. 0,5–1,0 mg/kg KM Diazepam i.m., s.c.
Indikation kurze, bis mittellange auch schmerzhafte Eingriffe zur Einleitung einer Inhalationsnarkose

Tabelle 16.8 Saffan® bei der alten Katze
Narkoseeinleitung 3–9 mg/kg KM Gesamtsubstanz i.v. *Wiederholungsdosis* 2–6 mg/kg KM Gesamtsubstanz i.v.
Indikation kurze, auch schmerzhafte Eingriffe Einleitung einer Inhalationsnarkose

wohl für alte Hunde und Katzen geeignet. Ketamin wirkt analgetisch. Wegen seiner schlechten sedativen Eigenschaften und wegen einer erhöhten Muskelspannung bis hin zu tonisch-klonischen Krämpfen sollte es mit sedierenden und muskelrelaxierenden Medikamenten (α_2-Adrenozeptor-Agonisten, Benzodiazepine) kombiniert werden (Tab. 16.5–16.7).

Bei Katzen kann das nebenwirkungsarme, analgetisch und hypnotisch wirkende Steroidgemisch **Saffan**® (Tab. 16.8) zur Einleitung oder Erhaltung einer Anästhesie verwendet werden.

Opioide haben einen geringen Einfluß auf die Myokardfunktion. Sie können aber eine parasympathisch vermittelte Bradykardie bewirken, die durch ein Parasympatholytikum wie Atropin verhindert werden kann. Aus diesem Grund ist l-Methadon in Deutschland nur in fester Kombination mit einem Anticholinergikum erhältlich. Wegen der Möglichkeit einer Excess-Tachykardie mit daraus folgender myokardialer Hypoxie wird dieses Präparat von einigen Autoren für herzkranke Patienten abgelehnt. Sie bevorzugen Monopräparate, die bei Bedarf mit einem Anticholinergikum kombiniert werden. So kann die individuell notwendige Dosis „titriert" und eine Überdosierung mit Tachykardie vermieden werden.

Inhalationsanästhetika wirken hypnotisch. Sie haben keine analgetische Wirkung und sind atem- und kreislaufdepressiv. Dabei ist der Grad der Kreislaufdepression von Halothan und Isofluran kaum unterschiedlich, sie unterscheiden sich in der Art der Wirkung. Während Halothan direkt am Myokard wirkt, ist Isofluran ein potenter Vasodilatator. Wegen der recht deutlichen kreislaufdepressiven Wirkungen sollte versucht werden, die verabreichte Anästhetikakonzentration so niedrig wie möglich zu halten. Dies kann durch eine sedativ-analgetische Prämedikation oder Narkoseeinleitung ebenso erreicht werden, wie durch die Verwendung des nebenwirkungsarmen, potenzierenden Lachgases.

Für längere Operationen scheint beim Hund die Kombination von Opioiden (Tab. 16.9) mit volatilen Anästhetika günstig zu sein. Durch die analgetische und potenzierende Wirkung der Opioide kann die Dosis der volatilen Anästhetika niedrig gehalten und so ihre kreislaufdepressive Wirkung verringert werden. Wenn möglich, kann eine zusätzliche Lokal- oder Regionalanästhesie diesen anästhetikasparenden Kombinationseffekt noch verstärken. Von Nachteil bei der Verwendung einer Opioidkombination zur Prämedikation oder Narkoseeinleitung ist die atemdepressive Wirkung der Opioide.

Tabelle 16.9	l-Methadon und Diazepam beim alten Hund

0,25–0,75 mg/kg KM l-Methadon i.v.
0,5–1,0 mg/kg KM Diazepam i.v.

Indikation
sedativ-analgetische Prämedikation,
  als Grundlage einer Injektionsanästhesie,
  auch in Kombination mit einer Regionalanästhesie
Einleitung einer Inhalationsnarkose

Auf Anzeichen einer Atemdepression muß sorgfältig geachtet werden. Sie ist in der Veterinärmedizin der häufigste Grund für tödliche Narkosezwischenfälle. Eine Atemdepression führt zu Hypoxie und Hyperkapnie, damit zu einer respiratorischen und metabolischen Azidose. Die Folge sind Atem- und Herzkreislaufstillstand. Gerade bei langen Operationen ist eine Beatmung des Patienten von Vorteil. Sie garantiert eine ausreichende Sauerstoffaufnahme und Kohlendioxidabgabe in der Lunge und schafft damit die Voraussetzungen für eine optimale Sauerstoffversorgung der vitalen Organe. Eine Beatmung kann mit einem selbstfüllenden Beatmungsbeutel (Ambu-Bag) ebenso manuell erfolgen wie mit dem Reservoirbeutel des Narkosegerätes oder maschinell mit einem Respirator. Tabelle 16.10 gibt einige Anhaltspunkte für die Beatmung von Hund und Katze. Beim alten Menschen sind wegen chronischer Lungenerkrankungen und der Rigidität des Brustkorbes oft höhere Beatmungsdrücke als beim jungen Menschen notwendig. Bei Hund und Katze spielen beide Aspekte klinisch eine untergeordnete Rolle. Chronische Atemwegs- und Lungenerkrankungen sind beim Tier sehr viel seltener als beim Menschen. Der Thorax ist auch im Alter noch relativ beweglich. Individuell und rassespezifisch (Bulldogge) kann jedoch ein höherer Beatmungsdruck nötig werden.

Steht keine Beatmungsmöglichkeit zur Verfügung, kann durch die Gabe von Sauerstoff eine Hypoxie verhindert bzw. therapiert werden. In der Regel besteht jedoch gleichzeitig eine Hyperkapnie, die nur durch Beatmung sinnvoll therapiert werden kann. Eine Beatmung mit Luft ist deswegen wirkungsvoller als eine Insufflation von Sauerstoff. Durch eine Beatmung mit erhöhter inspiratorischer Sauerstoffkonzentration kann die Sauerstoffversorgung weiter optimiert werden.

Wegen der beim alten Patienten reduzierten Schutzreflexe ist beim Hund eine prophylaktische Intubation sinnvoll. Bei Katzen erfordert eine Intubation in der Regel eine sehr tiefe Narkose, so daß hier abgewogen werden muß, was das geringere Risiko für den Patienten darstellt.

Eine perioperative Infusionstherapie hilft eine stabile Kreislauffunktion zu gewährleisten und dient der Prophylaxe von renalen Problemen. Die unter Umständen beim alten Patienten eingeschränkten Regulationsmechanismen des Wasser- und Elektrolythaushaltes sowie der Nieren und des

Tabelle 16.10 Beatmung beim alten Patienten		
	Hund	**Katze**
Frequenz	8–12 min^{-1}	10–14 min^{-1}
Beatmungsdruck	5–15 cmH$_2$O	5–10 cmH$_2$O
Atemzeitvolumen	150 ml/kg/min	150 ml/kg/min
endexspiratorische Kohlendioxidkonzentration (-partialdruck)	4,5–5,5 Vol.-% (35–45 mmHg, 4,5–5,5 kPa)	4,0–5,5 Vol.-% (30–45 mmHg, 4,0–5,5 kPa)
Sauerstoffkonzentration	21–100 Vol.-%	21–100 Vol.-%

Herz-Kreislauf-Systems müssen berücksichtigt werden. Menge und Zusammensetzung der verabreichten Flüssigkeit sind von größerer Bedeutung als beim jungen, gesunden Patienten. Als Richtlinie können aber auch hier 10 ml/kg KM/h einer Vollelektrolytlösung zur intra- und postoperativen Pro- und Metaphylaxe dienen. Art und Menge der Infusionslösung richten sich darüber hinaus nach bestehenden Erkrankungen (Niereninsuffizienz). Präoperativ festgestellte Defizite sollten möglichst präoperativ beseitigt werden.

Ähnlich wie beim pädiatrischen Patienten ist auch beim alten Patienten die Gefahr der Auskühlung sehr groß. Wassergefüllte Heizkissen garantieren eine gleichmäßige Wärmezufuhr ohne die Gefahr von Überhitzung oder Verbrennung. Gerade bei sehr kleinen Patienten sollten Infusionslösungen angewärmt werden. Die Verwendung eines halbgeschlossenen oder geschlossenen Kreissystems zur Inhalationsanästhesie garantiert die Zufuhr eines angewärmten und angefeuchteten Einatemgases. Im halboffenen oder offenen System ohne Rückatmung bewirkt das direkt aus der Gasflasche stammende Atemgas einen Wärmeverlust des Patienten sowohl durch die niedrige Temperatur als auch durch die Verdunstungskälte bei Kontakt des trockenen Gases mit den feuchten Schleimhäuten des Respirationssystems. Zufuhr von Wärme und regelmäßige Kontrolle der Körperinnentemperatur müssen auch postoperativ fortgesetzt werden. Eine Überhitzung des Patienten ist jedoch ebenfalls zu verhindern. Da die Thermoregulation durch die Narkose beeinträchtigt ist, kann auch eine übermäßige Wärmezufuhr schlecht kompensiert bzw. reguliert werden.

Patienten höherer Risikogruppen müssen besonders sorgfältig überwacht werden. Dies kann durch eine regelmäßige (alle 5–10 Minuten), sorgfältige klinische Untersuchung (Herz- und Pulsfrequenz, Pulsqualität, KFZ, Auskultation Herz und Lunge, Reflexe am Auge) gewährleistet werden. Optimal ist eine Überwachung durch Kapnographie, Pulsoximetrie und nichtinvasive Blutdruckmessung. Die Kapnographie ist eine wertvolle Hilfe zur Optimierung der Narkosetechnik. Mit ihrer Hilfe kann das Ausmaß einer Atemdepression genau bestimmt und deren Therapie überwacht werden. Daneben werden Fehler und Funktionsstörungen des Narkosesystems deutlich.

Entscheidend für den Erfolg von Anästhesie und Operation kann die postoperative Phase sein. Gerade im Hinblick auf die erhöhte Gefahr der Entstehung oder Dekompensation einer Niereninsuffizienz ist das Fortsetzen der Infusionstherapie wichtig. Die Überwachung sollte postoperativ fortgeführt werden. Eine regelmäßige klinische Untersuchung, je nach Erkrankung und Zustand des Patienten ergänzt durch apparative Verfahren wie Pulsoximetrie, -plethysmographie, Elektrokardiographie oder Kapnographie, hilft postoperative Krisen frühzeitig zu entdecken. Die Kapnographie ist mit Nasalsensoren auch am nichtintubierten Tier möglich. Ein weiches, ruhiges Lager, das Vermeiden einer vollen Blase und eine postoperative Analgesie (Opioide oder nichtsteroidale Analgetika) sind wichtige Maßnahmen zur Förderung des Wohlbefindens des alten Patienten.

Krankheitsprophylaxe   17

WILFRIED KRAFT

Sinnvoller als die Behandlung bereits manifester Krankheiten ist die Prophylaxe, wo immer dies möglich ist. Prophylaktische Maßnahmen umfassen:

Regelmäßige Kontrolluntersuchungen

Die regelmäßigen Kontrolluntersuchungen sollten beim Welpen spätestens zu jeder Impfung durchgeführt werden, später beim Halb- und Einjährigen und danach mindestens einmal jährlich. Sobald erste Symptome festgestellt werden, die den Eintritt ins „dritte Lebensalter" anzeigen, sind die regelmäßigen Kontrolluntersuchungen halbjährlich durchzuführen. Wie eingangs bemerkt, ist dieser Zeitpunkt abhängig von der Rasse, der Größe und dem Individuum selbst. Generell kann gesagt werden, daß Riesenrassen spätestens nach dem fünften Jahr, große Rassen nach dem sechsten und alle übrigen nach dem siebten Jahr halbjährlichen Kontrolluntersuchungen unterzogen werden sollten. Bei Katzen kann diese Verkürzung später erfolgen, wobei allerdings die möglicherweise anfälligeren Langhaarkatzen schon früher in die kürzeren Intervalle einbezogen werden sollten. Man geht dabei nach dem im Abschnitt „Diagnostik von Krankheiten im Alter" vorgestellten Schema vor (Kap. 1, Abb. 1.18).

Worauf ist im einzelnen zu achten?

- **Anamnese**

Sie folgt dem üblichen Schema zur Aufnahme des Vorberichts. Beim alten Tier ist besonders zu achten auf:

– Wesensänderung
– Ermüdung
– Atemstörungen, Frequenz
– Husten
– Fütterung, Art, Futteraufnahme, Menge
– Erbrechen
– Getränkeaufnahme, Menge
– Urinabsatz, Polyurie
– Kotabsatz, Art des Kots
– Bewegungsstörungen
– Impfstatus

- **Klinische Untersuchung**

Gesamtuntersuchung, insbesondere achten auf:

– Ernährungszustand
– Hydratationszustand
– gesamte Schleimhaut
– Lymphknoten
– Mundhöhle: Schleimhaut, Zähne (Zahnstein, Defekte)
– Ohren (Gehörgang)
– Krallen und Krallenbett
– Liegeschwielen
– Analregion einschließlich Analbeutel
– gesamte Haut mit Haarkleid
– Puls (Frequenz, Qualität)
– Herz, mindestens Auskultation, bei Verdacht EKG, Ultraschalluntersuchung, Röntgen

- Atmung (Frequenz, Typ), Lungenauskultation, ggf. Röntgen
- Digestionstrakt (Adspektion und Palpation der Bauchhöhle), Sonographie, ggf. Röntgen
- Rektale Untersuchung, einschließlich Prostata (Rüden), ggf. Sonographie
- Mammauntersuchung bei der Hündin (und der Kätzin)
- Untersuchung der Muskulatur und des Skeletts
- neurologische Untersuchung einschließlich Untersuchung der Augen

- **Laboruntersuchungen, Suchprogramm**

Großes Blutbild
Leberdiagnostik:
- Hund ALT, (GLDH,) AP
- Katze AST, ALT, (GLDH,) (AP)

Nierendiagnostik: S-Kreatinin, S-Harnstoff
- Harnuntersuchung (Spezifisches Gewicht, Reaktion [pH-Wert], Protein, weitere nichtrenale chemische Untersuchungen, Sediment)

Blut-Glukose
S-Protein
Katze: FeLV, FIV
Kotuntersuchung: Flotation
Weitere Untersuchungen bei Bedarf

Bewegung

Ältere Tiere haben, wie auch ältere Menschen, oft ein vermindertes Bewegungsbedürfnis. Das gilt besonders große und schwere Hunderassen (Bernhardiner, Neufundländer), die bereits als jüngere Tiere wenig Bewegungsaktivitäten entwickelt haben. Dieser bisweilen ausgeprägten Trägheit muß bereits beim Welpen vorgebeugt werden, indem regelmäßig Ausgang durchgeführt wird (was auch dem zugehörigen Menschen zum Vorteil gereicht). Für alle Rassen verbindliche Anweisungen können nicht gegeben werden. Die Abforderung von Bewegung und Leistung ist abhängig von der Leistungsfähigkeit des Individuums, von seiner Rasse und Körpergröße und wird beeinflußt von eventuell vorliegender Krankheit und deren Art. Wird erst im späteren Alter mit der Leistungsanforderung begonnen, so soll dies vorsichtig geschehen (keine anstrengenden Berg- oder Radtouren bei dafür nicht vorbereiteten Individuen). Man orientiert sich am besten am Verhalten des Hundes (bei Katzen hat man nur wenig Einfluß auf die Bewegungsintensität). Läßt das Tier spürbar mit der Leistung nach (Atemfrequenzsteigerung [außer Hecheln], Atmen mit abgestellten Ellbogen, es läßt sich nachziehen, es macht einen ermüdeten Eindruck), so soll die Leistungsanforderung sofort unterbrochen werden. Man gibt dem Besitzer auf zu beobachten, wie lang das Tier zur Beruhigung braucht. Die Leistung kann – immer Gesundheit vorausgesetzt – von Tag zu Tag um wenige Minuten gesteigert werden. Tage- oder wochenlange Unterbrechungen der Leistungsanforderungen sind möglichst zu vermeiden; andernfalls muß neu mit dem Training begonnen werden.

Impfungen

Impfungen gehören zu den wichtigsten und erfolgreichsten prophylaktischen Maßnahmen, die in der tierärztlichen Praxis durchgeführt werden. Eine weit verbreitete Meinung besagt, ältere Tiere brauchten nicht mehr geimpft zu werden. Dies ist ein Irrtum. Gerade ältere Tiere zeigen eine gewisse Infektionsbereitschaft, die auf die herabgesetzte Adaptationsfähigkeit zurückzuführen ist. Seit besonders aus Osteuropa vermehrt offensichtlich unzureichend geimpfte oder schon erkrankte Tiere eingeführt werden, hat auch die lange Zeit kaum noch zu sehende Staupe wieder rapid zugenommen. Wenn dann noch schwerere Krankheiten hinzukommen oder immunsuppressive Behandlungen durchgeführt werden, ist die Infektionsgefahr um so größer. Es sollte daher auch im Alter weiter systematisch geimpft werden. Sofern keine ausreichende Grundimmunisierung durchgeführt worden war, kann sie auch im Alter noch nachgeholt werden. Wenn eine Immunsuppression vorliegt, sollte auf Inaktivvakzinen zurückgegriffen werden.

Folgendes Impfprogramm ist durchzuführen:

Hund
- Staupe
- Hepatitis contagiosa canis
- Parvovirose
- Leptospirose
- Tollwut
- evtl. Zwingerhusten

Katze
- Parvovirose
- Tollwut
- Katzenschnupfen
- evtl. Chlamydiose
- Felines Leukämievirus
- (Coronavirusimpfung, umstritten)

Bei Exposition (Reisen ins südeuropäische oder außereuropäische Ausland):
- Leishmanioseprophylaxe
- Dirofilarioseprophylaxe

Vorsorge bei Krankheitszeichen

Worauf ist der Besitzer hinzuweisen, wann soll er Tierärztin oder Tierarzt aufsuchen?

1. Veränderung des Verhaltens (Störung des Allgemeinbefindens)
2. Haarverlust, Pigmentveränderungen
3. Gewichtsveränderungen (Zunahme, Abnahme)
4. Polydipsie, Polyurie
5. Dyspnoe, Tachypnoe, Hecheln
6. Foetor ex ore
7. Anorexie, Polyphagie
8. Erbrechen, Durchfall
9. örtliche Umfangsvermehrungen
10. Lahmheiten

Ad 1. Veränderung des Verhaltens (Störung des Allgemeinbefindens):

Ohne weitere wegweisende Befunde Gesamtuntersuchung erforderlich, ggf. Labordiagnostik, Röntgen, Ultraschall, weitere Untersuchungen

Ad 2. Haarverlust, Pigmentveränderungen:

- örtliche Hautkrankheit durch äußere Einflüsse einschl. Infektionen, Infestationen, Chemikalien etc.
- unspezifisches Symptom innerer Allgemeinerkrankungen, endokrine Störungen:
  - m. o. w. symmetrischer Haarverlust, Pigmentverlust (z. T. örtliche Hyperpigmentation), Hautatrophie, evtl. Calcinosis cutis, PD, Polyphagie bei Cushing-Syndrom
  - w. o., aber ohne PD, Polyphagie bei Cushing-like syndrome
  - m. o. w. symmetrischer Haarverlust, Hyperpigmentation, Hautverdickung, Apathie, Gewichtszunahme bei Hypothyreose

Ad 3. Gewichtsveränderungen

Zunahme:
- Adipositas: der Leistung unangemessene Ernährung, endokrine Störung (Hypogonadismus, Kastration, Hypothyreose, Hyperadrenokortizismus, Diabetes mellitus)
- Ödeme: Herz-Kreislauf-Insuffizienz, Nephropathie, Hypoproteinämie, Endokrinopathie

Gewichtsverlust, Kachexie:
- ungenügende Futteraufnahme, ungenügendes Futterangebot, minderwertiges Futter
- Malassimilationssyndrom
- Magen-Darm-Krankheiten
- Hepatopathien
- Pankreatopathien
- Verlust von Körperflüssigkeit und/oder Elektrolyten

- „konsumierende" Krankheiten
- chronische Infektionskrankheiten
- Tumorosen (TNF)
- Herzkrankheiten
- Nephropathien

Ad 4. Polydipsie, Polyurie:

- Nephropathie
- Hepatopathie
- Durchfall, Erbrechen
- Diabetes mellitus
- Diabetes insipidus
- Hyperadrenokortizismus
- Hyperthyreose
- Hyperkalzämie
- Hypokaliämie

Ad 5. Dyspnoe, Tachypnoe, Hecheln:

- Krankheiten des Respirationstrakts
- Krankheiten des Herz-Kreislauf-Systems
- Krankheiten des Mediastinums
- Ergüsse in die Brusthöhle
- Zwerchfellhochstand (Druckerhöhung im Abdomen)
- Anämie, Zyanose, Azidose
- Krankheiten des Zentralnervensystems (Atemzentrum)
- Psychische Belastung (Angst, Erregung, Schmerz)

Ad 6. Foetor ex ore:

Übler Mundgeruch kommt bei folgenden Krankheiten und physiologischen Zuständen vor:
- Krankheiten der Mundhöhle
  - Zahnstein
  - Stomatitis
  - Schleimhautnekrose
  - Knochennekrose
  - Ulzera
  - Tumoren
  - Fremdkörper
  - Karies
  - Fisteln
- Krankheiten des Respirationstrakts
  - Rhinitiden, bakteriell, mykotisch
  - Conchennekrosen
  - Tumoren
  - Fremdkörper
  - Sinusitis
  - Tracheobronchitis
  - Lungengangrän
- metabolische Ursachen
  - Magen-Darm-Krankheiten
  - Urämie
  - Diabetes mellitus
  - überwiegend Fleischfütterung, besonders minderer Qualität

Ad 7. Polyphagie:

- erhöhter Bedarf (Arbeit, Trächtigkeit, Säugen, Kälte)
- geringwertiges Futter
- Malassimilationssyndrom
  - Maldigestion, Malabsorption
  - Hepatopathie
  - exokrine Pankreopathie
- Energieverlust (Durchfall, exsudative Enteropathie)
- Diabetes mellitus
- Insulinom
- Hyperadrenokortizismus
- medikamentös
  - Kortikosteroide
  - Antiepileptika

Ad 8. Ursachen von Erbrechen und Durchfall:

Erkrankungen von:
- Rachen
- Ösophagus (Regurgitation)
- Magen
- Dünndarm (Duodenum)
- Colon
- Bauchfell
- Nierenbecken
- Prostata
- Uterus
- Leber (Gallengangsobstruktion)
- Gehirn

ferner:
- Allergie (Futter)
- Futterunverträglichkeit

- verdorbenes Futter
- Tumorose
- psychogen
- Diabetes mellitus
- Hypadrenokortizismus
- Hyperthyreose
- Hypokaliämie
- Hyperkaliämie
- Hypokalzämie
- Hyperkalzämie
- medikamentös
- Urämie
- Hitzschlag
- Blei
- Thallium
- Äthylenglykol

Ernährung alter Hunde und Katzen

ELLEN KIENZLE

Die Physiologie des Alterns weist bei Menschen, Katzen und Hunden viele grundsätzliche Ähnlichkeiten auf. Trotzdem können nicht immer im Analogieschluß Ernährungsempfehlungen für ältere Menschen auf Hunde und Katzen übertragen werden. Zum einen stehen beim Menschen andere altersbedingte Organerkrankungen im Vordergrund als bei Hund und Katze und es bestehen vor allem bei letzteren erhebliche ernährungsphysiologische Differenzen zum Menschen, zum anderen unterscheidet sich die Lebenssituation der Patienten. Während die weitgehend kostenlose medizinische Versorgung alter Menschen gesichert ist, ihr sonstiges Umfeld aber nicht selten von Armut, Einsamkeit und eventuell auch von altersbedingten psychischen Veränderungen geprägt ist, muß für die veterinärmedizinische Betreuung feliner und caniner Patienten vom Besitzer Geld aufgewendet werden. Alte Hunde und Katzen, die in der tierärztlichen Praxis zur Teilnahme an Geriatrieprogrammen vorgestellt werden, sind daher i.d.R. ihrem Besitzer lieb und teuer. Mehrfach aufgewärmtes Essen, überlagerte Lebensmittel und eventuell daraus resultierende marginale Vitaminversorgung stellen dementsprechend bei caninen und felinen Geriatriepatienten im Gegensatz zu alten Menschen (Adam, 1996) selten ein Problem dar. Auch Schwierigkeiten bei der Compliance sind, abgesehen von der Adipositas, anders gelagert als bei älteren Menschen, da die Fütterung der alten Tiere vom Besitzer im allgemeinen nachhaltiger beeinflußt werden kann als die Ernährungsgewohnheiten älterer Menschen von Ärzten, Ernährungsberatern oder Familienangehörigen.

Der Stoffwechsel des alternden Organismus ist neben eventuellen krankheitsbedingten auch physiologischen Alterserscheinungen unterworfen, die zu Änderungen im Energie- und Nährstoffbedarf führen können. So nimmt beim Hund ähnlich wie beim älteren Menschen, wie bereits ausgeführt, die Muskelmasse ab, dafür steigt aber der Fettgehalt des Körpers. Auch die Aktivität des alternden Hundes geht zurück. Die Folge ist u.a. ein reduzierter Energiebedarf. Die Katze nimmt hier eine Sonderstellung ein. Das Aktivitätsniveau bleibt bei adulten Katzen lebenslang etwa gleich, so daß Muskelmasse und Energiebedarf durch das Alter weniger beeinflußt werden (Taylor et. al., 1995). Besonders bei sehr alten Katzen ist sogar Untergewicht nicht selten. Adipositas tritt vor allem bei Katzen mittleren Alters auf. Dabei ist unklar, ob schlanke Katzen älter werden oder adipöse Katzen mit zunehmendem Alter wieder an Gewicht verlieren (Scarlett et al., 1994).

Stoffwechselorgane, wie Leber und Niere, können im Alter in ihrer Funktion reduziert sein. Auch eine eingeschränkte Leistung des Herzens und damit verringerte Durchblutung der Organe ist möglich. Besonders im Zusammenhang mit der häufig auftretenden Adipositas kann es zur Entwicklung eines Prädiabetes kommen. Bei Hunden gibt es allenfalls geringfügige Tendenzen zu einer reduzierten Verdauungsleistung im Alter. Bei alten Katzen gab es dagegen einen Trend zu verringerter Proteinverdaulichkeit und eine signifikante Reduktion der Fettverdaulichkeit (Taylor et al., 1995). Da die Energiebewertung (und entsprechend die Futterzuteilung) auf der Basis der verdaulichen oder der umsetzbaren Energie eine mittlere Verdaulichkeit des Fetts unterstellt, muß älteren Katzen u. U. mehr Futter gegeben werden.

Energie

Bei Labrador Retrievern nach dem 7. Lebensjahr beträgt der Energiebedarf nur noch Dreiviertel des Bedarfs jüngerer Hunde (Tab. 18.1). Bei Beagles blieb der Energiebedarf dagegen länger auf dem Niveau des mittleren Alters. Vermutlich ist der Zeitpunkt, zu welchem der Energiebedarf sinkt, rasseabhängig. Bei früh alternden Rassen ist wahrscheinlich schon eher mit einem reduzierten Bedarf zu rechnen als bei solchen, die länger vital bleiben. In Tabelle 18.1 werden für ältere Hunde die bei alten Labradors ermittelten Energiebedarfszahlen angegeben. Bei Katzen wurde der Erhaltungsbedarf für adulte Katzen eingesetzt. Dies berücksichtigt weder einen eventuellen Mehrbedarf aufgrund einer reduzierten Fettverdaulichkeit, noch die Möglichkeit, daß im Haus gehaltene Katzen gelegentlich weniger aktiv sind als Tiere aus Versuchstierhaltungen. Eine Kompensation dieser beiden auf den Energiebedarf einwirkenden Faktoren ist durchaus denkbar. Mit erheblichen individuellen Differenzen ist bei beiden Tierarten zu rechnen. Der Rat an den Besitzer älterer Tiere lautet daher, eine regelmäßige Gewichtskontrolle vorzunehmen und gegebenenfalls Futter zu reduzieren, denn auch bei Adipositas ist vorbeugen besser als heilen. Umgekehrt muß bei sehr alten Patienten einem Verlust an Körpermasse rechtzeitig entgegengewirkt werden, z. B. indem ein wenig energiedichtes Seniorprodukt durch ein schmackhaftes, energiereiches ersetzt wird.

Bei langfristig verringerter Energiezufuhr ist zu beachten, daß die Relation von Nährstoffen/Energie entsprechend weiter werden muß. Wenn nur noch etwa 75 % der Futtermenge zugeführt werden, so müssen diese 75 % die gesamte erforderliche Menge an Makro- und Mikronährstoffen enthalten (Tab. 18.1)! Bei einigen kommerziellen Produkten, die sehr genau auf den mittleren Energie- und Nährstoffbedarf adulter Hunde abgestimmt sind, kann es bei Tieren mit deutlich unterdurchschnittlichem Energiebedarf (und entsprechend geringer Futteraufnahme) zu einer knappen Nährstoffversorgung kommen (Tab. 18.2).

Auch wenn die Energiezufuhr älterer Hunde häufig reduziert werden muß, sollte das verbleibende Futter auf zwei, besser noch drei regelmäßige Mahlzeiten verteilt werden.

Protein

Der Proteinbedarf älterer Hunde ist recht umstritten. Es wird sowohl Reduktion als auch Erhöhung der Zufuhr empfohlen. Sinnvoll ist aus heutiger Sicht weder das eine noch das andere, wenn nicht Krankheitszustände vorliegen, welche eine modifizierte Proteinzufuhr erfordern. Es muß in diesem Zusammenhang darauf hingewiesen werden, daß die als Proteinbedarf für die Erhaltung angegebene Eiweißzufuhr von 5 g/kg metabolischer Körpermasse (KM; Tab. 18.1) erheblich über dem Minimalbedarf liegt, so daß auch für einen älteren Hund eine ausreichende Sicherheitsspanne einkalkuliert ist. Der relative Bedarf, also der Gehalt pro Energieeinheit im Futter, steigt allerdings, wie bereits erwähnt, mit sinkendem Energiebedarf des Tieres an.

Im folgenden soll nochmals auf die Argumente für eine Veränderung der Proteinzufuhr bei älteren Hunden eingegangen werden, da diese Diskussion bereits in das populärwissenschaftliche Schrifttum Ein-

Tabelle 18.1 Empfehlungen zur täglichen Energie- und Nährstoffversorgung alter Hunde und Katzen (nach Meyer und Heckötter, 1986; Gesellschaft für Ernährungsphysiologie, 1989; Meyer, 1990)

	Hund pro kg KM	pro kg KM^{0,75}	Katze pro kg KM
verdauliche Energie[1] (DE) MJ		0,41	0,3
verdauliches Rohprotein[2] g		5	4,8
Taurin mg[3]	–	–	25–50
Ca mg	100		80
P mg	75		70
Ca/P	1,0–2,0 :1		0,9–1,1:1
Mg mg	15		12
Na mg	50		80
K mg	55		80
Cl mg	75		120
Fe mg	1,4		1,5
Cu mg	0,1		0,1
Zn mg*	0,9		1,0
Mn mg	0,07		0,1
J mg	0,015		0,05
Se mg	0,0025		0,002
Vit. A IE*	75–100		500–700
Vit. D IE	10		5
Vit. E IE mg*	1		2[4]
Vit. B$_1$ µg*	20		100
Vit. B$_2$ µg	50		50
Vit. B$_6$ µg*	20		80
Vit B$_{12}$ µg*	0,5		0,4[5]
Pantothensäure µg	200		200
Nicotinsäure µg	200		800
Folsäure µg	4		20
Biotin µg	2		2–4

[1] Bei der Energiebewertung für Hund und Katze wird sowohl auf der Stufe der verdaulichen Energie (DE) als auch der umsetzbaren Energie (ME) bewertet. Eine allgemein verbindliche Methode zur Abschätzung des Energiegehaltes in Futtermitteln gibt es nicht, die vom NRC bzw. der AFFCO verwendeten Formeln sind mit so erheblichen Fehlern behaftet, daß sie für Fertigfutter futtermittelrechtlich nicht zugelassen wurden, lediglich für Diätfutter wurde aufgrund juristischer Sachzwänge ihre Anwendung erlaubt. Eine andere Schätzmethode (modifiziert nach Opitz 1996) ermöglicht eine genauere Berechnung für beide Energiestufen:
Zunächst wird die Bruttoenergie (GE) berechnet (oder besser noch im Bombenkalorimeter bestimmt): GE (kJ/100 g) = 24 × Protein + 38 × Fett + 17 × Faser + 17 × Kohlenhydrate (Nährstoffgehalte in %; Kohlenhydrate berechnet als NfE, s. Sondenkost).
Anschließend wird der Fasergehalt in % der Trockenmasse berechnet, da er die Verdaulichkeit der Energie maßgeblich beeinflußt: Faser in Trockenmasse = Faser / Trockenmasse × 100 (Trockenmasse = 100 – Feuchtigkeit in %).
Jetzt kann die Verdaulichkeit der Energie geschätzt werden: beim Hund: Verdaulichkeit = 91,2 – 1,43 × Rohfaser in % der Trockenmasse; bei der Katze: Verdaulichkeit = 87,9 – 0,88 × Rohfaser in % der Trockenmasse. Daraus ergibt sich die verdauliche Energie wie folgt: DE = GE × Verdaulichkeit / 100. Die umsetzbare Energie kann nun durch eine Proteinkorrektur errechnet werden:
Hund: ME kJ / 100 g = DE kJ / 100 g – 5,2 × 83,5 / 100 × Rohprotein
Katze: ME kJ / 100 g = DE kJ / 100 g – 3,6 × 86,0 / 100 × Rohprotein
Das Ergebnis in kJ muß noch auf MJ umgerechnet werden (Division durch Tausend). Im Mittel beträgt bei Alleinfuttern für beide Species die ME 93 % der DE.
[2] mittlere Verdaulichkeit des Rohproteins in Fertigfuttern beim Hund 83,5 %, bei der Katze 86 %
[3] errechnet nach den Empfehlungen von Morris und Rogers (1992): Trockenfutter 1200 mg/kg Trockenmasse und Feuchtfutter 2500 mg Taurin/kg Trockenmasse (Energiedichte 2MJ/100 g Trockenmasse)
[4] abweichend von bisherigen Angaben nach Morris und Earle (1995)
[5] berechnet nach NRC (1986)
* Zufuhr bis zum Doppelten des Bedarfs bei alternden Tieren sinnvoll

Tabelle 18.2 Bedarf an Energie und ausgewählten Nährstoffen eines älteren 15 kg schweren Hundes im Vergleich zur Aufnahme bei dem Energiebedarf entsprechender Zuteilung verschiedener kommerzieller Alleinfuttermittel für erwachsene, ältere und/oder übergewichtige Hunde

Futtermittel	Menge [g]	vRp[1] [g]	DE [MJ]	Ca [mg]	P [mg]	Mg [mg]	K [mg]	Na [mg]	Zn [mg]	Vit. A [IE]	Vit. D3 [IE]	Vit. E [mg]
Eukanuba Light TF	202	34,6	3,14	2020	1515	242	1454	687	49	1616	174	10
Eukanuba Senior TF	191	42,0	3,14	1986	1585	212	1127	478	41	6600	352	26
Happy dog – Leicht Croq (Senior-Hunde)	232	34,7	3,14	3712	2320	464	–	1160	19	2784	278	10
Hill's Canine Maintenance, FF	576	40,3	3,14	1210	922	173	979	461	17	1440	230	53
Hill's Canine Maintenance, TF	183	36,9	3,14	1190	1061	201	1061	458	18	3711	209	51
Hill's Canine Senior TF	200	28,8	3,14	1017	998	200	658	339	22	3072	231	38
Hill's Canine Senior, FF	628	28,9	3,14	1068	754	126	754	440	50	1570	251	48
Hill's formula/Canin Light, FF	775	27,5	3,14	1240	930	233	1163	698	40	1938	181	54
Hill's formula/Canin Light, TF	254	27,8	3,14	1448	1194	356	1930	559	30	4432	254	11
Pedigree Pal Advance Formula Light TF	210	33,0	3,14	3003	2625	168	1470	420	38	4032	260	32
Pro Plan Light, TF	217	27,0	3,14	3038	1736	193	1128	760	45	6076	477	13
Recipe Senior u. Pension, TF, „nierenschonend"	245	28,7	3,14	3912	2445	660	1418	1051	63	6465	905	69
Royal Canin LA 23, Geringe Aktivität TF	206	39,8	3,14	2472	1236	206	1236	721	27	1545	155	16
Royal Canin Sensible Choice Adult TF	194	43,0	3,14	3290	2322	387	1161	968	31	1935	194	19
Royal Canin Sensible Choice Senior TF	207	34,8	3,14	2691	2070	124	1346	828	29	1035	104	10
VeKo Geriatrische Vollkost für Hunde	210	30,6	3,14	1239	945	63	1071	189	8	987	99	20
Bedarf		41,9	3,14	1500	1125	180	825	750	14*	1500*	150	15*

Es wurden Nährstoffgehalte nach Herstellerangaben aus den Jahren 1995–1997 zugrundegelegt;
– keine Angabe; FF = Feuchtfutter; TF = Trockenfutter
[1] verdauliches Rohprotein
* Zufuhr im Bereich des Doppelten des Bedarfs sinnvoll

gang gefunden hat und daher von interessierten Besitzern eventuell hinterfragt wird.

Bovee et al. (1979) zeigten, daß die Niere bei erhöhter Proteinzufuhr vermehrt durchblutet wird. Einige Autoren postulieren positive (Grauer et al., 1994), andere eher negative Auswirkungen (Polzin et al., 1988) dieses Phänomens. Nach Finco et al. (1996) führt eine erhöhte Proteinzufuhr bei älteren Hunden nicht wie bei jüngeren Tieren zu einer verstärkten Nierendurchblutung. Daher ist aus dieser Sicht beim alten Hund keine Indikation für eine erhöhte Zufuhr gegeben, allerdings auch nicht für eine verringerte Aufnahme. Der Rückgang der Muskelmasse läßt sich durch eine über den

Bedarf hinausgehende Proteinzufuhr nicht aufhalten, sondern vor allem durch ausreichende Bewegung. Die Nachteile einer über den Optimalbedarf hinausgehenden Eiweißversorgung sind ein erhöhter Anfall von N- und S-haltigen Metaboliten, die von der Leber und/oder Niere verstoffwechselt bzw. ausgeschieden werden müssen. Eine Reduktion der Proteinzufuhr wurde früher als „nierenschonend" angesehen (Polzin et al., 1983). In der Studie dieser Autoren, deren Ergebnisse Grundlage dieser Hypothese sind, wurde im Zuge der Eiweißreduktion auch die P-Zufuhr verringert. Nach Finco et al. (1996) läßt sich durch P-Reduktion, nicht aber durch Eiweißreduktion, die Progression von Nierenerkrankungen verlangsamen. Daher liegt die Vermutung nahe, daß die von Polzin et al. (1983) beobachteten Effekte hauptsächlich durch die P- und nicht durch die Proteinreduktion bewirkt wurden. Heute wird eine Proteinreduktion nicht mehr als „nierenschonend" empfohlen, sondern lediglich bei klinisch manifesten Nierenerkrankungen zur Kontrolle der Urämie.

Für den älteren Hund heißt die Devise daher: bedarfsgerecht. Bei Katzen ist der Spielraum – zumindest nach unten – ohnehin viel geringer, da die Differenz zwischen Minimal- und Optimalbedarf hier viel kleiner ist als beim Hund. Katzen akzeptieren proteinarme Futtermittel langfristig meist sehr schlecht, so daß die Gefahr der Unterversorgung in der Praxis eher gering ist.

Für beide Spezies gilt aber, daß bei älteren Patienten die Proteinqualität hoch sein sollte. Es gibt allerdings keine konkreten Zahlen über den Aminosäurenbedarf älterer Fleischfresser, die als Kriterium zur Qualitätsbeurteilung herangezogen werden könnten. Dagegen ist bekannt, daß sowohl für die Verwertung des Nahrungsproteins als auch für die Belastung von Leber und Niere mit Stoffwechselprodukten die praecaecale Verdaulichkeit eine ausschlaggebende Rolle spielt. Protein, das bis zum Dünndarmende verdaut wird, wird überwiegend in Form von Aminosäuren oder Peptiden absorbiert. Aus dem Dickdarm werden dagegen vor allem bakterielle Metaboliten wie Ammoniak, Histamin, Mercaptan, Indol und Skatol sowie Schwefelwasserstoff absorbiert. Tabelle 18.3 zeigt die praecaecale Verdaulichkeit verschiedener Eiweiße.

Mengenelemente

Die Empfehlungen zur Mengenelementversorgung adulter Hunde (Gesellschaft für Ernährungsphysiologie, 1989; Meyer, 1990) und Katzen (Meyer und Heckötter, 1986) enthalten mit Ausnahme von Magnesium erhebliche Sicherheitsspannen. Sie liegen pro kg Körpermasse wesentlich höher als beim Menschen (DGE, 1991). So wird z. B. für Kalzium beim Hund eine tägliche Zufuhr von 100 mg/kg KM, bei der Katze von 80 mg/kg KM, beim Menschen jedoch nur von 10–20 mg/kg KM für notwendig erachtet.

Kalzium und Phosphor

Wegen der oben erwähnten hohen Sicherheitsspannen bei der Berechnung des Ca-Bedarfs, die eine mögliche suboptimale Verwertung bei älteren Tieren (ein Rückgang der Verwertung im Alter ist bei Hunden

Tabelle 18.3 Praecaecale scheinbare Verdaulichkeit verschiedener Eiweiße beim Hund

Herkunft des Proteins	praecaecale Verdaulichkeit (%)
Frischfleisch	96
rohe Lunge	93
frischer Pansen	88
rohe Leber	93
Fleischmehl	86
Grieben	78
Soja	80
Ackerbohnen	65

Tabelle 18.4 Hausgemachte Tagesration für eine 4 kg schwere, ältere Katze

a) mit korrekter Supplementation der Mengenelemente

Futtermittel	Menge [g]	vRp [g]	DE [MJ]	Ca [mg]	P [mg]	Mg [mg]	K [mg]	Na [mg]
Hühnchenbrust	60,0	13,2	0,35	9,0	90,0	18,0	162,0	36,0
Rinderfilet	60,0	12,0	0,32	6,0	96,0	18,0	210,0	42,0
Reis[1]	30,0	1,2	0,42	1,8	36,0	4,0	32,0	2,0
Milch[2]	35,0	1,8	0,11	40,3	33,3	4,0	51,0	14,0
Mineralfutter I[3]	3,0	0,0	0,0	288,0	66,0	0,0	0,0	291,0
Summe	188,0	28,2	1,20	345,1	321,3	43,0	454,0	385,0
Bedarf		18,0	1,20	320,0	280,0	32,0	320,0	320,0

b) mit fehlerhafter Supplementation der Mengenelemente

Futtermittel	Menge [g]	vRp [g]	DE [MJ]	Ca [mg]	P [mg]	Mg [mg]	K [mg]	Na [mg]
Hühnchenbrust	60,0	13,2	0,35	9,0	90,0	18,0	162,0	36,0
Rinderfilet	60,0	2,0	0,32	6,0	96,0	18,0	210,0	42,0
Reis[1]	30,0	1,2	0,42	1,8	36,0	4,0	32,0	2,0
Milch[2]	35,0	1,8	0,11	40,3	33,3	4,0	51,0	14,0
Mineralfutter II[3]	5,0	0,0	0,0	100,0	70,0	65,0	25,0	25,0
Summe	190,0	28,2	1,20	157,1	325,8	108,5	479,3	118,8
Bedarf		18,0	1,20	320,0	280,0	32,0	320,0	320,0

[1] trocken abgewogen, gekocht gefüttert
[2] Bei Milchmengen von unter 50 ml/kg KM wird die Lactosetoleranz von ca 2 g/kg KM noch nicht überschritten
[3] Zusammensetzung der Mineralfutter in %:

	Ca	P	Mg	K	Na
Mineralfutter I	9,6	2,2	0,0	0,0	9,7
Mineralfutter II	2,0	1,4	1,3	0,5	0,5

und Katzen bisher noch nicht eindeutig belegt) oder aus anderen Gründen bereits mit berücksichtigen, ist es nicht sinnvoll, bei älteren Hunden oder Katzen über den Bedarf hinaus Kalzium zuzulegen. Sofern Fertigalleinfutter verwendet wird, ist bei älteren Hunden und Katzen ohnehin eher mit Ca-Überversorgung als mit Ca-Mangel zu rechnen, es sei denn, es wird Futter für adulte Tiere, das sehr knapp kalkuliert ist, gefüttert (s. Tab. 18.2). Bei hausgemachten Rationen kann es dagegen zur Unterversorgung kommen, falls kein Mineralfutter zugefügt wird oder aber das Produkt nicht zur Ration paßt (Tab. 18.4). Längerfristig kann dadurch u. a. der Zahnverlust beschleunigt werden.

Beim Phosphor ist dagegen auch bei hausgemachten Rationen nicht mit einer drastischen Unterversorgung zu rechnen. Bei Vollnahrung für alle Leistungsstadien kommt es leicht zur Überversorgung. Da eine hohe P-Zufuhr die Progression von Nierenerkrankungen beschleunigen kann, sollte dies möglichst vermieden werden.

Magnesium

Hinsichtlich der Mg-Versorgung ist einerseits ein allzu großer Überschuß zu vermeiden, um das Risiko für die Bildung von Struvitsteinen nicht unnötig zu erhöhen. Kommerzielles Katzenfutter ist aus diesem

Grund häufig Mg-arm. Andererseits ist die Möglichkeit nicht auszuschließen, daß eine knappe Mg-Versorgung auch bei Hunden und Katzen das Risiko für Herz-Kreislauf-Erkrankungen steigern könnte. Besonders bei älteren Katzen, die bereits längere Zeit eine Diät zur Prophylaxe der Struvitorolithiasis erhalten, sollte die Mg-Versorgung überprüft (Rationsberechnung, Plasma-Mg) und gegebenenfalls modifiziert werden.

Eine Ergänzung sollte keinesfalls über Mg-Carbonat oder -Oxid vorgenommen werden, sondern mit Mg-Chlorid oder -Sulfat, sonst kann parallel zur steigenden Mg-Zufuhr der Harn-pH alkalisch werden. Bei disponierten Tieren führt dies mit hoher Wahrscheinlichkeit zur Ausbildung von Struvitsteinen.

Natrium

Seit einiger Zeit gibt es Berichte, daß zumindest bei vorliegenden Nierenerkrankungen auch bei Hunden und Katzen mit verstärkten Störungen der Blutdruckregulation als Folge überhöhter Na-Zufuhr zu rechnen ist. Daher scheint es empfehlenswert, die Kochsalzzufuhr im Bereich des Bedarfs einzustellen bzw. eine exzessive Aufnahme (gesalzene Tischabfälle, aber auch salzreiche kommerzielle Produkte, insbesondere Trockenfutter für Katzen, Geschmacksprobe!) zu vermeiden. Es gibt jedoch keinen Grund, bei Tieren, die nicht an klinisch manifesten Nieren- oder Herzerkrankungen leiden, Natrium unter den bedarfsdeckenden Bereich zu reduzieren, wie dies teilweise bei kommerziellen „Seniorfuttern" vorgenommen wird (Tab. 18.2).

Kalium

Die K-Zufuhr sollte reichlich bedarfsdeckend sein. Verschiedene Erkrankungen, die bei älteren Tieren auftreten können, führen bei knapper K-Versorgung besonders bei Katzen immer wieder zu klinisch manifester Hypokaliämie. Alleinfutter sind häufig eher K-arm. Bei hausgemachten Rationen kann eine hohe K-Zufuhr durch Verwendung von Kartoffeln erreicht werden. Kommerzielle Mineralfutter enthalten nicht immer Kalium, bei der Rationsergänzung muß deshalb ausdrücklich darauf geachtet werden.

Wasser

Bei alternden Menschen ist bekannt, daß das Durstgefühl und damit auch die Wasseraufnahme zurückgehen. Dies scheint auch bei alten Hunden und Katzen der Fall zu sein. Sofern bei einem Patienten der Verdacht besteht, daß er zu wenig trinkt, kann ebenso wie bei Harnsteinpatienten über einen hohen Wassergehalt im Futter Abhilfe geschaffen werden. Am besten eignen sich ballaststoff- und wasserreiche Futtermittel mit geringer Energiedichte. Die Tiere müssen dann überdurchschnittliche Futtermengen aufnehmen, um ihren Energiebedarf zu decken. Wenn das energiearme Futter gleichzeitig wasserreich ist, führt dies zwangsläufig zu einer höheren Wasseraufnahme. Gerade beim geriatrischen Patienten ist vermehrte Salzzufuhr zur Erzeugung eines Durstgefühls nicht zu empfehlen. Wohlschmeckende Getränke, wie z.B. Fleischbrühe, haben meist auch Kalorien, und sind daher nur sinnvoll, wenn das betreffende Tier nicht zur Adipositas neigt.

Spurenelemente

Auch bei den Spurenelementen sind die Empfehlungen zur Versorgung reichlich ausgelegt (Gesellschaft für Ernährungsphysiologie, 1989), so daß eine erhöhte Zufuhr als Ausgleich einer altersbedingten geringeren Verwertung nicht erforderlich ist. Spurenelemente haben allerdings u.U. ergotrope Effekte wie z.B. eine erhöhte Cu-Zufuhr beim Schwein oder eine sogenannte „Arsenkur" beim Pferd. Es muß sicherlich nicht weiter ausgeführt werden, daß eine derartige Verabreichung von Spurenelementen langfristig unerwünschte Nebenwirkungen haben kann.

Im Zusammenhang mit altersabhängigen Veränderungen werden vor allem Zink und Selen diskutiert. Zink ist in zahlreichen Enzymen, die an Reparaturvorgängen beteiligt sind, enthalten und es ist für die Immunabwehr erforderlich. Ein Mangel würde daher gerade beim alternden Tier besonders ungünstige Auswirkungen haben. Eine reichliche Versorgung (etwa das Doppelte des Bedarfs adulter Hunde) ist sicherlich sinnvoll. Selbstredend führt eine exzessive Zn-Versorgung nicht zur Verjüngung, sondern langfristig wegen der Interaktionen mit der Absorption von Kupfer zu Mangelerscheinungen an diesem Spurenelement. Selen als Bestandteil der Se-haltigen Glutathionperoxidase sollte im alternden Organismus ebenfalls ausreichend vorhanden sein, um den Oxidationsschutz der Zellmembranen sicherzustellen. Gerade beim Selen muß aber bedacht werden, daß eine Überversorgung sehr rasch zur Intoxikation führen kann.

Vitamine

Bei älteren Menschen wurde gelegentlich ein unzureichender Vitaminstatus beobachtet. Die Gründe liegen wohl eher in den Lebensumständen (häufig aufgewärmtes Essen, erschwertes Einkaufen von frischem Obst und Gemüse etc.) und einer entsprechend reduzierten Zufuhr als in einer generell verringerten Verwertung von Vitaminen. Diese Problematik wird beim älteren Begleittier nur in Ausnahmefällen zutreffen. Für Vitamin A ist bekannt, daß bei älteren Hunden die Speicherkapazität in der Leber abnimmt und eventuell renale Verluste zunehmen. Bei wasserlöslichen Vitaminen sind höhere renale Verluste ebenfalls nicht auszuschließen. Die Vitaminzufuhr sollte daher beim älteren Tier nicht marginal sein und möglichst nicht stoßweise, sondern regelmäßig erfolgen.

Bei Verwendung von Fertigfuttern ist die Vitaminzufuhr i.d.R. ausreichend. Bei zusätzlicher Vitamin-Supplementierung z.B. auf Wunsch des Besitzers sollte auch an mögliche unerwünschte Effekte einer übermäßigen Vitaminzufuhr gedacht werden. Während eine über den Bedarf hinausgehende Versorgung mit wasserlöslichen Vitaminen und Vitamin E im allgemeinen unbedenklich ist, sollte gerade beim älteren Tier nicht exzessiv Vitamin A und D zugeführt werden, da die Empfindlichkeit gegenüber diesen Vitaminen bei Leber- (Vit. A) und Nierenschäden (Vit. D) zunehmen kann.

Alleinfutter (sogenannte Hundevollnahrung) müssen schon aufgrund der Definition dieses Begriffs Vitamin A und D enthalten. Aufgrund der futtermittelrechtlichen Deklarationsvorschriften kommt es hier aber immer wieder zu Mißverständnissen bei Tierhaltern. Vitamin A und D müssen nur dann deklariert werden, wenn sie zugesetzt werden, nicht aber wenn sie aus den verwendeten Zutaten (z.B. Leber, Fischeingeweide, Lebertran) stammen. Das bedeutet, daß Produkte, bei welchen kein Zusatz von Vitamin A und D deklariert ist, diese Vitamine ebenfalls enthalten, manchmal wegen hoher Leber- oder Fischeingeweideanteile sogar in höheren Mengen als Produkte, bei denen ein Zusatz deklariert ist (schließlich wird ein sachkundiger Hersteller einen Zusatz schon aus wirtschaftlichen Gründen nur dann vornehmen, wenn er erforderlich ist).

Bei hausgemachten Rationen muß die Vitaminversorgung ebenfalls reichlich, aber nicht exzessiv gestaltet werden. Eine Zufuhr in der Höhe des Doppelten des Bedarfs adulter Hunde ist bei einigen Vitaminen sinnvoll (Tab. 18.1). Um dies zu erreichen und nicht gleichzeitig eine übermäßige Zufuhr an Mengenelementen zu bewirken, muß eine Rationsberechnung durchgeführt und das Mineralfutter sehr sorgfältig ausgewählt werden. Je nach Rationstyp kann eine entsprechende Versorgung u. U. nur durch Kombination verschiedener Ergänzungsfutter ermöglicht werden.

Ernährung bei speziellen Problemen und Krankheiten älterer Hunde und Katzen

Adipositas

Die Diätetik bei Adipositas stellt in der Praxis weniger ein ernährungsphysiologisches, als ein psychologisches Problem dar. Unter experimentellen Bedingungen verlieren übergewichtige Tiere regelmäßig an Gewicht, wenn die Energiezufuhr entsprechend reduziert wird. Grundsätzlich gibt es beim Hund drei und bei der Katze zwei Möglichkeiten, die Aufnahme an Energie zu verringern:

1. Es wird dasselbe Futter weiterhin gefüttert, allerdings in **geringerer Menge**. Besonders bei Katzen, die eine starke Nahrungsprägung aufweisen, kann dies die Methode der Wahl sein. Unvollständig gesättigte Tiere können dabei allerdings durch ständiges Betteln um Futter ihren Besitzern höchst lästig werden.

2. Es wird ein Futter mit geringerem Energiegehalt, eine sogenannte **Reduktionsdiät**, verwendet. Der Energiegehalt kann reduziert werden durch Zusatz von Wasser, Luft oder Ballaststoffen. Wasser und Luft führen mit Sicherheit nicht zu einem verstärkten mechanischen Sättigungsgefühl, sondern sie bewirken vor allem beim Besitzer Placeboeffekte, indem sie ihm eine große Futtermenge vortäuschen, so daß er glaubt, sein Tier müsse gesättigt sein, und sich entsprechend verhält. Faserzusätze als Ballaststoffe sind – abgesehen von den ebenfalls vorhandenen Placeboeffekten – hinsichtlich ihrer Wirkung als „Freßbremse" umstritten. Vor allem bei Hunden ist es äußerst fraglich, ob durch Faserzusatz eine mechanische Sättigung erreicht werden kann. Eine gewisse Beeinträchtigung der Schmackhaftigkeit ist besonders bei fettarmen Rationen zu erwarten. Auch die Verdaulichkeit des Futters nimmt i. d. R. ab. Aus dieser Sicht sind faserreiche Reduktionsdiäten sinnvoll, ein hoher Fasergehalt ist jedoch nicht zwingend für eine Adipositasdiät erforderlich.

Die Placeboeffekte von Wasser, Faser oder Luft auf den Besitzer dürften sich wohl nicht wesentlich unterscheiden. Während die Hersteller kommerzieller Adipositasdiäten die technologischen Voraussetzungen haben, um Luft oder Wasser ins Futter einzuarbeiten, ist dies bei hausgemachten Rationen schwieriger. Hier bieten sich faserreiche Futtermittel wie z. B. Futtercellulose (Fa. Phrikolat, 53707 Siegburg) als einfach zu handhabende Zusätze an. Faserreiche Zusätze zum gewohnten Futter (selbstverständlich bei reduzierter Menge des gewohnten Futters!) können auch mit Erfolg bei Katzen eingesetzt werden, die eine vollständige Futterumstellung verweigern.

Von der Verwendung schwerverdaulicher Proteine als Ballaststoffe sollte in Adipositasdiäten für ältere Tiere abgesehen werden, da diese z. T. mikrobiell umgesetzt werden, wobei belastende Stoffwechselprodukte wie z. B. Ammoniak entstehen können.

3. Vollständiger Futterentzug über mehrere Wochen, sogenannte **Nulldiät**, bleibt als dritte Methode. Sie ist bei Katzen kontraindiziert, da sie eine idiopathische Leberlipidose auslösen kann. Auch bei älteren Hunden sollte sie nur in Extremfällen unter tierärztlicher Aufsicht, am besten stationär durchgeführt werden, wobei die damit verbundene Belastung des Tieres (Streß durch Hospitalisierung, starke Fettmobilisation, Ketose, rasche Veränderungen im Wasser- und Elektrolythaushalt) sorgfältig gegen die adipositasbedingten Risiken abgewogen werden muß. Ein besonderer Nachteil dieser Methode ist, daß das Fütterungsverhalten des Tierbesitzers nicht verändert wird. Wenn der Hund solcherart erfolgreich abge-

Tabelle 18.5 Rationsbeispiel für eine adipöse, ältere Katze mit 4 kg Normalgewicht	
Futtermittel	**Menge in g**
Iams Chicken, Feuchtfutter	110
Futtercellulose	10
Pfizer VMP[1]	3

[1] Die Feuchtfuttermenge wurde auf etwa die Hälfte des Bedarfs einer adulten, normalgewichtigen Katze reduziert, entsprechend weniger Nährstoffe werden zugeführt, daher muß zusätzlich zum Alleinfutter ergänzt werden.

nommen hat, ist es dann oft nur eine Frage der Zeit bis das Übergewicht wieder erreicht ist. Daher wird i. d. R. einer Reduktionsdiät der Vorzug zu geben sein.

Auch bei adipösen Tieren erfolgt die **Zuteilung des Futters** entsprechend dem Energiebedarf. Der Erhaltungsbedarf wird zunächst ausgehend vom Normalgewicht des Tieres und (beim Hund) dem geringeren Bedarf älterer Individuen berechnet: Beim Hund Normalgewicht^{0,75} ×0,41 MJ DE, bei der Katze Normalgewicht ×0,3 MJ DE. Dann werden 60 % des so berechneten Erhaltungsbedarfs zugeteilt. Wichtig ist, daß trotz der resultierenden geringen Futtermenge der Bedarf an anderen Nährstoffen gedeckt ist (Tab. 18.5). Selbstverständlich muß der Patient regelmäßig gewogen und das Gewicht notiert werden. Sofern innerhalb einiger Wochen keine Gewichtsabnahme eintritt, wird die Futtermenge weiter verringert.

Während diese Berechnung sehr einfach ist, ist es äußerst schwierig, Besitzer adipöser Hunde dazu zu bewegen, daß sie sich daran halten. Rationalen Argumenten, wie z. B. Hinweisen auf mögliche Gesundheitsrisiken durch die Adipositas, wird mit emotionalen Antworten begegnet, nach dem Motto „ich kann einfach nicht so hart zu ihm sein". Der Besitzer schmeichelt sich dabei obendrein noch, ein besonders weiches Herz und eine sehr intensive Bindung an sein Tier zu haben.

Eine interdisziplinäre Studie zur Mensch-Tier-Beziehung bei Besitzern über- und normalgewichtiger Hunde hat diese Vorstellung eindeutig widerlegt. Es ergaben sich kaum Hinweise auf eine überdurchschnittlich intensive Mensch-Tier-Bindung bei Besitzern übergewichtiger Hunde. Dagegen war die Qualität dieser Beziehung durch eine deutliche „Vermenschlichung" charakterisiert. Der Hund wurde einerseits als „Mitmensch" verwöhnt, andererseits aber nicht mehr als Hund erlebt, so daß es zu Defiziten hinsichtlich der artgerechten Haltung kam. Besonders auffällig war das geringere Interesse der Besitzer fettsüchtiger Hunde an Bewegung und Ausbildung, aber auch an der gesunden Ernährung des Hundes. Füttern wurde dagegen als bequeme und angenehme Art der Kommunikation mit dem Hund aufgefaßt. Insgesamt hatten die Besitzer adipöser Hunde ein eingeschränktes Interesse an präventivem Gesundheitsverhalten sowohl beim Hund (u. a. deutlich reduziertes Interesse an Schutzimpfungen!) als auch bei sich selbst. So waren sie z. B. selbst häufiger übergewichtig.

Beim Beratungsgespräch kann daher durchaus allgemein darauf hingewiesen werden, daß die Überfütterung eines Tieres auch dahingehend interpretiert werden kann, daß der Besitzer zu bequem und / oder zu phantasielos ist, um sich auf andere Weise mit seinem Liebling zu befassen („...hätte ich bei Ihnen eigentlich so nicht gedacht...").

Bei Tieren, die sehr an Leckerbissen gewöhnt sind, kann man empfehlen, morgens die Tagesration abzuwiegen, dann jedoch nur einen Teil zu füttern und einen geeigneten Rest (z. B. Trockenfutter, Gemüse, Obst) als Leckerbissen über den Tag zu verteilen. Wenn die Leckerbissen dann „alle" sind, hilft nur noch Streicheln, Schmusen, Spielen, Spazierengehen oder auch mal ein energisches Nein. Letzteres fällt den meisten Besitzern leichter, wenn sie glauben, daß ihr Liebling durch eine spezielle Reduktionsdiät trotz reduzierter Energiezufuhr ein Sättigungsgefühl hat, womit sich die oben angesprochenen Placeboeffekte dieser Diäten erklären lassen.

Bei der Zusammenstellung der Ration sollte man sowohl Besitzerwünsche als auch Eigenheiten des Tieres berücksichtigen. Die Entscheidung, ob Fertigfutter verwendet oder selbst gekocht oder beides kombiniert werden soll, sollte der Besitzer selbst treffen. Manchen Besitzern gibt die Herstellung einer aus vielen Einzelkomponenten bestehenden Ration (Tab. 18.6) das Gefühl, besonders gut für ihr Tier zu sorgen, bei anderen ist dies zu zeitaufwendig und damit ein sicherer Weg, um jegliche Compliance von vornherein auszuschließen. Die bisherige Fütterung sollte mit in die Überlegungen einbezogen werden. Wenn die Abweichung zu groß ist, werden vor allem Katzen die neue Diät verweigern und dann sieht sich der Besitzer gezwungen, auf die alte Ration zurückzugreifen.

Diabetes mellitus

Bei älteren diabetischen Hunden und Katzen wird es sich i. d. R. um adipöse Diabetiker vom Typ II handeln. Sowohl Hunde als auch Katzen, die erhebliches Übergewicht haben, weisen einen sogenannten Prädiabetes mit Hyperinsulinismus und herabgesetzter Insulinwirkung auf, der bei Reduktion der Körpermasse in den Normbereich wieder verschwindet. Eine Gewichtsabnahme ist daher bei adipösen Diabetikern sehr zu empfehlen. Darüber hinaus sollte die Diät den postprandialen Anstieg des Blutzuckerspiegels verhindern oder reduzieren. Aufgrund der erheblichen Unterschiede im Kohlenhydratstoffwechsel von Hund und Katze differieren die Empfehlungen für diese beiden Spezies. Selbstverständlich gilt für beide Tierarten, daß Zucker gemieden werden sollten. Eine kohlenhydratfreie Diät ist beim diabetischen Hund kontraindiziert, da dadurch auch bei gesunden Tieren Insulinresistenz ausgelöst werden kann. Dies scheint bei Katzen nicht der Fall zu sein. Aufgeschlossene Stärke führt beim Hund, ähnlich wie beim Menschen, zu einem postprandialen Anstieg des Blutzuckerspiegels. Hier ist die Kombination von Stärke mit bestimmten Fasern (z. B. Guarmehl), die den postprandialen Anstieg des Blutzuckerspiegels verzögern, sinnvoll. Trotzdem sollte höchstens ein Drittel der Energie aus Kohlenhydraten stammen. Bei der Katze reicht die Kapazität zur Stärkeverdauung im Dünndarm jedoch nicht aus, um soviel Zucker aus Stärke freizusetzen, daß der Blutglukosespiegel ansteigt. Der Einsatz von Faser ist hier vor allem unter dem Gesichtspunkt einer Gewichtsabnahme zu sehen.

Tabelle 18.6 Rationsbeispiel für einen adipösen älteren Hund mit 15 kg Normalgewicht

Futtermittel	Menge in g
Hühnerbrust	100
Trockenfutter Hill's Formula Canine Light, evtl. als Leckerli	50
Magerquark	60
Kartoffeln, gekocht, mäßig salzen mit jodiertem Salz	100
Futterzellulose	50
Pfizer VMP-Tabletten	5
Dr. Clauders Knochenmehl	3

Kommerzielle Feuchtalleinfutter eignen sich für die Diät im allgemeinen gut (ggf. NfE-Gehalt in der Trockenmasse nachrechnen, s. unter „Sondenkost"), Trockenfutter dagegen nur in Einzelfällen, weil sie i.d.R. zu viel Kohlenhydrate enthalten. Auch hausgemachte Rationen auf Fleisch- oder Fischbasis, ergänzt durch kleine Mengen an Reis, Nudeln oder Kartoffeln und selbstverständlich durch ein geeignetes Mineralfutter, können verwendet werden. Der Energiegehalt der Ration sollte möglichst wenig variieren. Bei hausgemachten Rationen kann dies durch schwankende Fettanteile im Fleisch erschwert werden (beim Einkauf auf Fettgehalt achten, immer Fleisch aus derselben Körperregion kaufen).

Sofern eine Insulinabhängigkeit besteht, sollte Zeitpunkt und Zahl der Mahlzeiten an die Insulingabe angepaßt werden, z.B. indem zweimal täglich Insulin gespritzt und immer vor der Injektion gefüttert wird. Bei anderen Verabreichungsformen (Langzeitinsulin) oder bei wenig ausgeprägtem, noch nicht insulinabhängigem Diabetes sollten drei Mahlzeiten gefüttert werden.

Appetitlosigkeit

Bei altersbedingtem Appetitverlust, dessen Ursache nicht einer spezifischen Erkrankung (z.B. der Zähne) zugeordnet werden kann, sollte auch an ein verringertes Geruchsempfinden gedacht werden. Alle Verfahren, die den Geruch des Futters verstärken, können daher ausprobiert werden, z.B. Anwärmen, Anbraten, Fisch-, Hefe-, Milchzusatz (einige Milliliter führen noch nicht zu Durchfall), kleine Mengen an Leber, ggf. auch grünen Pansen zulegen etc. Selbstverständlich muß die Konsistenz des Futters dem Zustand der Zähne angepaßt werden. Der Einfluß von mit dem Futter verabreichter Zuwendung durch den Tierbesitzer sollte nicht unterschätzt werden. Bsiso (unveröffentlicht) zeigte in einer Studie an Intensivpatienten, daß durch Füttern aus der Hand und freundlichen Zuspruch – selbst durch eine dem Tier fremde Person – die Futteraufnahme erheblich verbessert wurde.

Sondenkost

Qualitativ hochwertiges Feuchtalleinfutter, in einer Küchenmaschine sondengängig gemacht, erfüllt die wesentlichen Anforderungen an eine Sondenkost. Es empfiehlt sich allerdings, das Material mittels einer Sonde gleicher Stärke wie die im Tier befindliche in die Spritze aufzuziehen, damit gröbere Partikel nicht zur Verlegung der Sonde führen. Vor allem bei dünneren Nasensonden ist mit Problemen zu rechnen. Kommerzielle Sondennahrung kann in ihrer Zusammensetzung erhebliche Unterschiede aufweisen. Manche Produkte sind offensichtlich in Anlehnung an Humankost entstanden und weisen hohe Kohlenhydratgehalte auf. Dies ist besonders bei der strikt carnivoren Katze nicht empfehlenswert. Es kann bei unzureichender Absorption der Kohlenhydrate Durchfall (pH < 6,3) ausgelöst werden, oder aber, wenn der überwiegende Teil der Kohlenhydrate absorbiert wird, muß mit Hyperglykämie gerechnet werden. Deshalb sollten nicht mehr als 20 % Kohlenhydrate (berechnet als N-freie Extraktstoffe) in der Trockenmasse enthalten sein. Beim Hund sollten 40 % N-freie Extraktstoffe in der Trockensubstanz nicht überschritten werden.

Der Kohlenhydratgehalt muß zwar nicht auf der Packung stehen, anhand der gesetzlich vorgeschriebenen Angaben kann er jedoch leicht errechnet werden. Von 100 % werden alle deklarierten Nährstoffe (Feuchtigkeit, Protein, Fett, Faser, Asche, ebenfalls in %) abgezogen, übrig bleiben die Kohlenhydrate. Sofern der Wassergehalt (= Feuchtigkeit) nicht deklariert ist, muß er unter 14 % liegen. Andererseits werden Wassergehalte unter 5 % kaum erreicht, so daß bei einer Schätzung des Wasseranteils auf 10 % maximal 5 % Fehler (absolut) auftreten können. Hat man durch Subtraktion aller Nährstoffe von 100 den Kohlenhydratgehalt berechnet, so muß dieser noch auf die Trockenmasse bezogen werden, um einen Vergleich verschiedener Produkte zu ermöglichen. Die Trockenmasse wird berechnet durch Subtraktion des Wassergehaltes von 100. Dann wird der Kohlenhydratgehalt durch die Trockenmasse dividiert und mit 100 multipliziert. Das Ergebnis sollte bei der Katze unter 20 beim Hund unter 40% liegen.

Rechenbeispiel:

Deklaration:
Feuchtigkeit: 80%, Protein: 5%, Fett: 2%, Asche: 1%, Faser: –
Kohlenhydrate (NfE):
 100 – 80 – 5 – 2 – 1 = 12%

Trockenmasse:
 100 – 80 = 20%

Kohlenhydrate in der Trockenmasse:
 12 : 20 × 100 = 60%

Sondenkost kann natürlich auch selbst hergestellt werden. Fleischbrühe und Kartoffelbrei oder weichgekochter Reis, Magerquark, Speiseöl, Eigelb oder Kartoffelbrei sind geeignete Zutaten. Da so lange gekocht werden muß, bis die Suppe sondengängig ist, kann die Herstellung aufwendig werden. Hinzu kommt, daß die Supplementierung mit kommerziellen Mineralfuttern oft recht schwierig wird, da diese aus naheliegenden Gründen weder besonders auf die Bedürfnisse älterer Tiere, noch auf die speziellen Komponenten der Sondenkost abgestimmt sein können. Erhält z.B. ein mittelschwerer Hund (15 kg KM) eine Mischung aus Fleischbrühe von 200 g mäßig fettem Rindfleisch und 200 g gekochten Kartoffeln als Brei, so läßt sich die Mineralstoff- und Vitaminversorgung durch 15 g Korvimin H+K in etwa bilanzieren (je 48,2% Fleisch und Kartoffeln und 3,6% Korvimin H+K). Allerdings erhält der Hund dann doppelt soviel Natrium wie er braucht. In der Regel ist das unproblematisch, es sei denn, es liegt eine Erkrankung des Herzens oder der Niere vor. Beim Bilanzieren von Mischungen auf der Basis von Magerquark (z.B. für obigen Hund 400 g Magerquark, 20 g Speiseöl, 1 Eigelb, 50 g Reis, 13 g Korvimin H+K; Zutaten in %: 79, 4, 4, 10, 2,5) fehlen oftmals Spurenelemente, besonders Eisen, da Quark weniger Eisen enthält als übliche Ausgangskomponenten von Rationen für Fleischfresser. Für eine begrenzte Zeit von einigen Tagen bis wenigen Wochen ist dies noch nicht bedenklich, bei langfristigem Einsatz z.B. mit einer Gastrostomiesonde, nach Blutverlusten sowie bei bereits seit längerer Zeit fehl- oder unterernährten Tieren ist es nicht empfehlenswert.

Obstipation

Diätetische Maßnahmen gegen Verstopfung sollen einerseits die Kotmenge vermehren und dadurch die Darmmotorik verstärken, vor allem aber durch osmotische Effekte eine Verflüssigung des Chymus bewirken. Letzteres ist die effektivere Maßnahme, sie beinhaltet jedoch das Risiko, daß der Chymus zu wasserreich wird und Durchfall auftritt. Dieses Risiko ist um so höher, je wirksamer die verwendete Substanz ist. Geeignet sind vor allem verschiedene Faserarten und schwerverdauliche Kohlenhydrate, die im Dünndarm nicht verdaut werden. Im Dickdarm wirken sie dann entweder als Ballaststoffe oder sie werden von Mikroben fermentiert. Einige Substanzen besitzen beide Wirkungen in schwacher Ausprägung, während andere nur einen der Effekte bewirken, dafür aber meist in einem stärkeren Grad. Es kann durchaus sinnvoll sein, gleichzeitig zwei Substanzen mit Ballaststoff- bzw. Fermentationseffekt einzusetzen.

Als Ballaststoff eignet sich Futterzellulose (Fa. Phrikolat, 53707 Siegburg) gut, auch Kleie kann verwendet werden. Die Vorteile der Zellulose sind, zum einen, daß sie praktisch geschmacklos ist, so daß sie als Beimengung zum Futter sehr gut akzeptiert wird, und zum anderen, daß sie keine Mineralstoffe enthält, so daß eine bereits bilanzierte Ration (z. B. ein Fertigfutter) durch sie nicht verändert wird. Ein Zusatz von bis zu 10 % der ursprünglichen Substanz ist ohne weiteres möglich. Allerdings sollte die Versorgung mit Mengen- und Spurenelementen dann nicht marginal sein, da deren Verwertung durch die Zellulose möglicherweise etwas reduziert wird.

Eine drastische osmotische Wirkung tritt bei Aufnahme von Laktose ein. Bei der gesunden Katze ist etwa ab 2 g/kg KM mit Durchfall zu rechnen, beim Hund ab 4 g/kg KM. Die richtige Dosis, um den Kot weich aber nicht flüssig zu machen, liegt etwa bei der Hälfte bis zwei Drittel. Wenn Lactulose verwendet wird, muß eine entsprechend große Menge gegeben werden, sonst stellt sich kein Erfolg ein. Moderater als Laktose wirkt Stärke. Eine Aufnahme von mehr als 5 g gekochter Stärke/kg KM/d kann bei Katzen bereits wirksam sein. Die Stärketoleranz beim Hund ist größer. Hier kann rohe Stärke eingesetzt werden. Rohe Kartoffelstärke (z. B. von Südstärke, 86529 Schrobenhausen) ist für beide Spezies gleichzeitig Ballaststoff und Nährstoff für Darmbakterien. Die Akzeptanz ist relativ hoch. Dosierungen bis zu 8 g/kg KM werden gefressen und langfristig vertragen. Auch Ascorbinsäure in Mengen zwischen 500 und 1000 mg/kg KM/d eignet sich als osmotisch wirksames Laxans vor allem bei Katzen oder kleinen Hunden. Fermentierbare Fasern wie Psylliumfaser, Guarmehl, Johannisbrotkernmehl, Pektin (zum Einkochen von Marmelade im Handel, Cave eventuell hoher Zuckergehalt!) können ebenfalls hilfreich sein. Begonnen werden sollte zunächst mit einer Dosierung von 1 g/kg KM/d, sofern dies keine Wirkung zeigt kann erhöht werden. Laxanzien, die den Kot aufgrund osmotischer Effekte weicher machen, sind auch bei Prostatavergrößerung empfehlenswert, um die Defäkation zu erleichtern. Selbstverständlich sind alle hier genannten Maßnahmen bei Darmverschluß kontraindiziert.

Chronische Nierenkrankheiten

Die Prinzipien der „Nierendiät" laufen im wesentlichen auf eine gezielte mehr oder weniger drastische Unterversorgung mit Nährstoffen hinaus, welche entweder in unveränderter Form oder als Metaboliten von der Niere nur noch unvollständig ausgeschieden werden können. Dazu gehören Phosphor, Protein sowie fallweise Elektrolyte. Dabei geht es in erster Linie um die Abmilderung der Urämie, in zweiter Linie um eine Verlangsamung der Progression der Erkrankung. Auf letzteres hat vor allem Phosphor einen Einfluß, Protein jedoch nicht. Die Proteinreduktion muß sich daher vor allem am Grad der Urämie orientieren, die Reduktion des Phosphors an der Hyperphosphatämie und bei den Elektrolyten muß überprüft werden, ob die Ausscheidung reduziert oder erhöht ist.

Sowohl kommerzielle „Nierendiäten" als auch Rezepte für hausgemachte Rationen können sich hinsichtlich der Nährstoffreduktion erheblich unterscheiden. Gerade beim älteren Tier ist es eminent wichtig, daß die verringerte Zufuhr an Nährstoffen in einem sinnvollen Verhältnis zur Schwere der Erkrankung steht. So ist es schon als Kunstfehler einzustufen, wenn einem älteren Hund mit mäßig erhöhten Harnstoff-, Kreatinin- und P-Gehalten im Blut und nur geringgradig beeinträchtigtem Allgemeinbefinden eine „Urämiediät" mit drastisch reduziertem Protein-, P- und Elektrolyt-Gehalt verordnet wird, nur weil man sie gerade vorrätig hat. Ein schneller Verlust an Vitalität und Appetit muß dann nicht unbedingt auf die Erkrankung zurückzuführen sein, sondern kann durchaus mit der Diät zusammenhängen. Die Produktinformationen kommerzieller Diäten enthalten i. d. R. eine Aussage darüber, ob es sich um eine Diät handelt, die sich eher für Tiere im Anfangsstadium der Erkrankung eignet, oder um eine stärker nährstoffreduzierte „Urämiediät", deren Einsatz für hochgradig urämische Patienten durchaus sinnvoll ist. Fehlt ein Hinweis darüber in der Produktinformation, spricht dies nicht unbedingt für besonderen Sachverstand des Herstellers.

Eine ungefähre Orientierung gibt auch die Berechnung des Protein/Energieverhältnisses bzw. der Relation zwischen Phosphor und Energie. Dies beruht darauf, daß längerfristig die Zuteilung des Futters immer nach dem Energiebedarf des Tieres erfolgen muß. Wenn daher die Nährstoffe im selben Verhältnis zum Energiegehalt des Futters stehen wie der Nährstoff- zum Energiebedarf, so resultiert eine bedarfsgerechte Versorgung. Im angelsächsischen Schrifttum wird die Protein/Energierelation oft durch den Prozentsatz der Energie aus Protein ersetzt. Dieser Parameter erfüllt dieselbe Funktion ist jedoch komplizierter zu berechnen, während beim Protein/Energieverhältnis lediglich der Gehalt an Protein (in g/100 g Futter) durch den Energiegehalt (in MJ/100 g Futter) dividiert wird. Die folgenden Berechnungen beziehen sich dabei auf das Verhältnis zwischen verdaulichem Rohprotein und verdaulicher Energie (g/MJ). Da „Nierendiäten" im allgemeinen hochverdaulich sind und mäßige bis geringe Eiweißgehalte aufweisen, spielt es für eine grobe Orientierung in der Praxis keine wesentliche Rolle, ob Protein oder verdauliches Protein, Bruttoenergie, verdauliche (DE) oder umsetzbare Energie (ME) eingesetzt werden, lediglich die Einheiten (MJ, nicht kcal!) müssen stimmen.

Darüber, was nun eine geringe, mittlere und hohe Proteinzufuhr ist, herrscht im Schrifttum zur Diätetik der chronischen Nierenerkrankungen des Hundes erhebliche Verwirrung. Jeder Untersucher bezeichnet die Ration, welche in seiner Untersuchung den höchsten Proteingehalt aufweist als „high protein", die mit dem geringsten als „low protein". Dabei kann es vorkommen, daß die „high protein"-Diät in einer Studie weniger Eiweiß enthält als die „low protein"-Diät in einer anderen. Es ist daher nicht überraschend, daß es zu widersprüchlichen Aussagen hinsichtlich der Wirkung von „high" oder „low protein" kommen kann.

Für die Fütterungspraxis wird die Definition „high" oder „low protein" am besten anhand des Proteinbedarfs erfolgen (Abb. 18.1). Für gesunde adulte Hunde ohne besondere Belastung gilt der Proteinbedarf bei etwa 10 g verdaulichem Rohprotein (mittlerer Qualität)/MJ DE als optimal erfüllt. Da ältere Hunde weniger Energie benötigen, kann die Relation bei gesunden auf bis zu 15 g/MJ erweitert werden, ohne daß eine wesentliche Überversorgung eintritt. Der Minimalbedarf zur Erhaltung des N-Equilibriums beträgt dagegen nur etwa 5 g/MJ. Bei praxisüblicher Fütterung gesunder Hunde, sei es mit kommerziellen Fertigfuttern oder mit hausgemachten Rationen, welche Schlachtabfälle und/oder Fleisch enthalten, liegt das Verhältnis von Protein/Energie i.d.R. etwa zwischen 12 und 20 g/MJ.

Es genügt daher, bei beginnender Niereninsuffizienz eine ggf. vorhandene Überversorgung mit Eiweiß zu reduzieren (bei hoher Eiweißqualität). Die Protein/Energierelation sollte zwischen 8 und 15 g/MJ eingestellt werden. Erst bei schwerer Urämie muß in den Bereich des Minimalbedarfs reduziert werden, ggf. unter Beachtung renaler Eiweißverluste (zusätzliche Proteinzufuhr = geschätzter renaler Verlust pro Tag × 2).

Bei Katzen ist der Spielraum bei der Proteinversorgung wesentlich geringer. Der Bedarf gesunder adulter Tiere ist bei 15 g/MJ optimal gedeckt, der Minimalbedarf liegt je nach Untersucher bei etwa 8–10 g/MJ. Die praxisübliche Versorgung deckt im allgemeinen den Bedarf, eine Übererfüllung ist jedoch weniger häufig und weniger ausgeprägt als beim Hund. Proteinarme Diäten bereiten bei Katzen meist erhebliche Akzep-

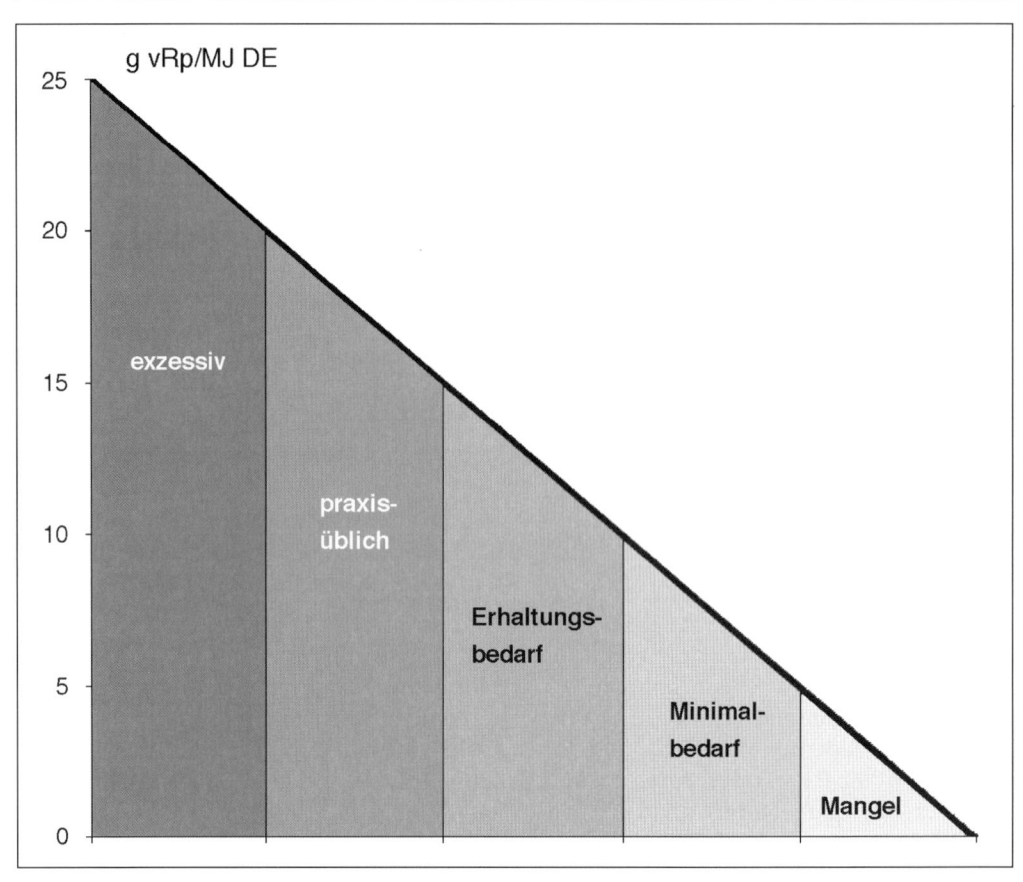

Abbildung 18.1 Protein/Energieverhältnis in Rationen für Hunde

tanzprobleme. Für nierenkranke Tiere wird das Protein/Energieverhältnis entsprechend dem Grad der Insuffizienz i.d.R. zwischen 10 und 15 g/MJ eingestellt, niedrigere Werte bleiben Ausnahmefällen vorbehalten.

Beim Phosphor gilt für beide Spezies ähnliches, wie bereits für das Protein beim Hund dargestellt. Die praxisübliche Fütterung führt oft zu einer deutlichen P-Überversorgung. Der P-Bedarf eines mittelgroßen älteren Hundes ist bei einem P/Energieverhältnis von 350 mg/MJ DE[1] in der Ration abgedeckt, bei Katzen genügen 260 mg/MJ. Für „Nierendiäten" werden etwa 230 mg/MJ für Hunde und 170 mg/MJ für Katzen empfohlen. Bei schwerer Hyperphosphatämie kann weiter reduziert werden. Bei Fütterung mit Alleinfuttermitteln für alle Stadien inklusive Wachstum und Reproduktion liegt die P-Versorgung in der Größenordnung von etwa 600 mg/MJ. Aus diesem Grund eignen sich solche Alleinfuttermittel auch nicht zum Verschneiden mit wenig akzeptablen „Nierendiäten". Bei Alleinfuttermitteln, welche ausdrücklich für adulte Tiere ausgewiesen sind (sogenannte Maintenance-Produkte), liegt die P-Zufuhr im allgemeinen eher im bedarfs-

---

[1] Der Energiebedarf wird mit der metabolischen Körpermasse berechnet, der P-Bedarf mit dem tatsächlichen Gewicht. Je größer das Körpergewicht des Hundes, um so weiter wird daher die P/Energierelation.

deckenden Bereich, das Vermischen mit Diätfuttermitteln kann daher sinnvoll sein. Hausgemachte Rationen ohne Knochen oder Mineralfutter enthalten Phosphor im bedarfsdeckenden Bereich (für adulte Tiere) oder sogar darunter. Mineralfuttermittel, die zur Ergänzung solcher Rationen geeignet sind, enthalten häufig mehr Phosphor als adulte Tiere benötigen, da sie sich auch am Bedarf wachsender Tiere orientieren, ähnlich wie Alleinfuttermittel für alle Stadien. Die Supplementierung hausgemachter „Nierendiäten" (z.B. aus Bratkartoffeln und Gulasch) mit kommerziellen Mineralfuttern gestaltet sich daher schwierig. Spezielle Mineralfutter für Diäten können auf Anfrage über einige Fachvertretungen der Tierernährung an den Tierärztlichen Bildungsstätten bezogen werden.

Die Versorgung mit Natrium und Kalium ist bei Verwendung kommerzieller Nierendiäten äußerst knapp. Dies ist durchaus sinnvoll, da ein Teil der Tiere auf eine reduzierte Zufuhr angewiesen ist. Eine Zugabe in Form von Kochsalz (bei Na-Verlust) oder K-Carbonat (ca. 100 mg/kg KM) kann in einigen Fällen erforderlich werden. Bei hausgemachten Rationen ist Natrium im allgemeinen ebenfalls knapp, Kalium ist in Diäten mit Kartoffeln (und Fleisch) reichlich enthalten, nicht aber in Reis-Fleisch-Diäten. Handelsübliche Mineralfutter enthalten daher häufig Kochsalz, wenn sie für die Ergänzung hausgemachter Rationen bestimmt sind.

Selbstverständlich müssen auch die übrigen Empfehlungen für nierenkranke Tiere, wie uneingeschränktes Wasserangebot, höhere Zufuhr an wasserlöslichen Vitaminen, Vitamin A und fallweise auch Vitamin D, beachtet werden. Sinnvoll kann auch der Austausch von n6-Fettsäuren gegen n3-Fettsäuren (Fischöl, Leinöl) sein.

Herzinsuffizienz

Die sogenannte „Herzdiät" soll in erster Linie dabei helfen, die als Folge der Herzinsuffizienz auftretenden Störungen im Elektrolyt- und Wasserhaushalt und die meist mit der Erkrankung einhergehende Kachexie abzumildern. Außerdem sollte eine mechanische Belastung des Herzens durch eine starke Magenfüllung verhindert werden. Die letzte Forderung wird vor allem dadurch erfüllt, daß die Ration auf mehrere kleine Portionen verteilt wird. Die Diät soll energiedicht und proteinreich sein. Dabei muß jedoch beachtet werden, daß eventuell sekundäre Leber- und Niereninsuffizienzen auftreten, die für die Proteinzufuhr limitierend sein können. Das wichtigste Diätprinzip ist die Reduktion des Na-Gehaltes bei gleichzeitig reichlicher K-Zufuhr. Die Empfehlungen hierzu variieren sehr stark, was nicht überraschend ist, da der individuelle Bedarf des erkrankten Tieres vom Einzelfall und insbesondere von den verwendeten Diuretika abhängig ist. Für herzkranke Hunde und Katzen werden Na-Gehalte im Futter zwischen 15 und 150 mg Na/MJ empfohlen. Die Versorgung beim Einsatz kommerzieller Futtermittel liegt etwa zwischen 150 und 600 mg/MJ, ungesalzenes Fleisch enthält zwischen 50 und 150 mg/MJ, Reis und Kartoffeln (ungesalzen) liegen deutlich unter 30 mg/MJ. Tischabfälle sind je nach Verwendung von Salz in der Küche Na-reich.

Der K-Gehalt in „Herzdiäten" sollte etwa bei 500–600 mg/MJ liegen. Kommerzielle Alleinfutter enthalten häufig nicht wesentlich mehr Kalium, als für gesunde Tiere erforderlich (ca. 200–400 mg K/MJ), die für „Herzdiäten" empfohlenen Werte werden nur in Einzelfällen erreicht. Vorsicht ist bei der Umwidmung von „Nierendiäten" geboten. Diese sind zwar im allgemeinen Na-arm, sie enthalten jedoch häufig außerdem wenig Kalium, und sie sind mehr oder weniger stark protein- und P-reduziert, eine Zusammensetzung, die auch bei K-Ergänzung nur in Einzelfällen für herzkranke Tiere zu empfehlen ist. Hausgemachte Zusammenstellungen sind i.d.R. eher K-arm. Insbesondere fettes Fleisch, Reis und Getreideprodukte enthalten wenig Kalium. Hohe Gehalte haben Kartoffeln aber auch mageres Fleisch. Rationen auf der Basis von Fleisch und Kartoffeln oder Reis müssen selbstverständlich supplementiert werden. Hier ergibt sich eine ähnliche Problematik wie bei anderen hausgemachten Rezepten: Das Mineralfutter darf kein Kochsalz enthalten, soll aber Kalium über den Bedarf hinaus ergänzen und muß außerdem insgesamt zur Ration passen, eine Forderung, die kaum ein kommerzielles Produkt erfüllen wird. Man kann jedoch ein geeignetes Na-freies Produkt auswählen und dann zusätzlich mit K-Carbonat oder K-Citrat supplementieren oder sich ein passendes Mineralfutter mischen lassen.

Chronische Leberkrankheiten

Einerseits muß bei chronischen Leberkrankheiten die Aufnahme an Substanzen, die von der Leber metabolisiert und eventuell „entgiftet" werden müssen, niedrig bleiben, andererseits aber muß – gerade beim älteren Tier – verhindert werden, daß zuviel Körpersubstanz verloren geht. Außerdem ist auch für die Regeneration des Lebergewebes eine ausreichende Energie- und Nährstoffzufuhr notwendig. Besondere Erwähnung verdient in diesem Zusammenhang die Proteinzufuhr, da viele Metaboliten des Eiweißstoffwechsels die Leber belasten können. So wird u. a. der als Ammoniak aus der Aminogruppe der Aminosäuren freigesetzte Stickstoff durch Harnstoffbildung entgiftet. Dieser Prozeß ist endergonisch. Andererseits ist die Bildung bestimmter Proteine in der Leber reduziert, ein Problem, das keinesfalls durch einen Proteinmangel verstärkt werden sollte (exzessive Eiweißzufuhr bewirkt leider keine Verbesserung der hepatischen Proteinsynthese). Für die Zufuhr von Protein gilt daher abhängig von Laborbefunden (Plasmaproteingehalt reduziert → Zufuhr erhöhen, Ammoniak erhöht → Eiweißaufnahme reduzieren) und klinischem Bild der Grundsatz „so viel wie nötig, so wenig wie möglich". Sofern nicht besondere Befunde dagegen sprechen, wird man die Zufuhr zunächst in etwa auf den Erhaltungsbedarf einstellen.

Auch bei Leberkrankheiten gilt, daß eine reduzierte Zufuhr an Eiweiß mit einer hohen Proteinqualität gekoppelt werden sollte. Von erheblicher Bedeutung ist in diesem Zusammenhang die Verdaulichkeit bis zum Dünndarmende. Prinzipiell gilt, daß Protein, das bis zum Dünndarmende verdaut wird, überwiegend in Form von Aminosäuren oder kleinen Peptiden absorbiert wird. Im Dickdarm finden dagegen mikrobielle Umsetzungen statt. Absorbiert wird überwiegend Ammoniak. Es entstehen aber auch andere unerwünschte und leberbelastende Metaboliten, z. B. Merkaptan, biogene Amine, Schwefelwasserstoff.

Im Plasma von Leberkranken verändert sich das Aminosäurenmuster. Die aromatischen Aminosäuren (Tryptophan, Phenylalanin, Tyrosin) sind erhöht, während die verzweigtkettigen Aminosäuren (Leucin, Isoleucin, Valin) verringert sind. Entsprechend sollten die Gehalte aromatischen Aminosäuren im Futter niedrig, die der verzweigtkettigen hoch sein. Das für den Harnstoffzyklus benötigte Arginin sollte ebenfalls reichlich zugeführt werden, während die S-haltigen Aminosäuren nicht über den Bedarf hinaus aufgenommen werden sollten. Selbstverständlich muß das Protein außerdem noch hochakzeptabel sein. Diese Forderungen können nur durch Kombination verschiedener Proteinquellen annähernd erfüllt werden. Eine günstige Aminosäurenzusammensetzung kann durch eine Mischung aus Sojaproteinhydrolysat, Casein (Quark, Hüttenkäse) und Kartoffeleiweiß (Kartoffeln als Kohlenhydratträger einsetzen) erreicht werden. Bei Katzen muß außerdem Taurin ergänzt werden (50 mg/kg KM/d). In der Praxis läßt sich eine solche Diät sicherlich nicht ohne weiteres realisieren, in erster Linie wegen Akzeptanzproblemen. Muskelfleisch kann für Leberkranke eingesetzt werden, bindegewebsreiche Schlachtabfälle und Eiprotein (methioninreich → Merkaptanbildung) sollten dagegen nicht verwendet werden.

Sofern keine Störungen der Gallensekretion vorliegen, muß Fett nicht extrem reduziert werden, 5–15 % in der Trockenmasse sind sinnvoll. Essentielle Fettsäuren müssen ausreichend enthalten sein (Hund 10–20 g Linolsäure/kg Trockenmasse, Katze 5 g Linolsäure und 0,2 g Arachidonsäure/kg Trockenmasse). Mehrfach ungesättigte Fettsäuren, die Entzündungsmediatoren modifizieren (aus Fisch- oder Nachtkerzenöl), können fallweise sinnvoll sein. Ein Effekt ist vor allem dann zu erwarten, wenn um die Enzymsysteme konkurrierende ungesättigte Fettsäuren (z. B. Linolsäure) auf den Minimalbedarf reduziert werden.

Während allzu große Zuckermengen im allgemeinen nicht empfehlenswert sind, da die Speicherkapazität der Leber für Glycogen reduziert sein kann, so daß eine postprandiale Hyperglykämie länger persistiert, ist aufgeschlossene Stärke als Energieträger sehr empfehlenswert. Hier kommen z. B. gekochte Kartoffeln, Reis, Nudeln, Getreideflocken oder Brot in Frage. Die Obergrenze der Toleranz liegt bei der Katze etwa bei 5 g Stärke/kg KM/d (entsprechend 30–35 % der Trockenmasse) und beim Hund bei 10 g/kg KM/d (40–50 % der Trockenmasse). Ein etwas weicherer, leicht säuerlich riechender Kot ist in diesem Zusammenhang durchaus erwünscht. Er kommt zustande, wenn die Verdauungskapazität für Kohlenhydrate im Dünndarm überschritten wird. Die unverdauten Reste werden im Dickdarm unter Bildung organischer Säuren fermentiert. Dadurch sinkt der pH-Wert im Chymus, ein Effekt, der einerseits die Absorption von Ammoniak (wird nicht als Ammoniumion absorbiert) reduziert, andererseits aber die proteolytische Flora zurückdrängt und damit bereits die Ammoniakbildung unterdrückt. Der höhere Wassergehalt im Kot beruht überwiegend auf osmotischen Effekten der bakteriellen Metaboliten. Durch stärkespaltende Mikroorganismen wird Stickstoff fixiert (Einbau in Mikrobenprotein, wird mit dem Kot ausgeschieden). Fermentierbare Fasern haben einen ähnlichen Effekt, während weniger fermentierbaren Fasern vor allem Sorptionseffekte zugeschrieben werden. Letztere können durch Zulage von Futtercellulose in Mengen von einem Teelöffel bis zu mehreren Eßlöffeln pro Tag und Tier in die Ration eingebracht werden. Bei den fermentierbaren Kohlenhydraten eignen sich Laktose, Lactulose, Fructooligosaccharide, rohe Kartoffelstärke oder Ascorbinsäure (Dosierung siehe unter „Obstipation") eventuell auch Pektin oder Guarmehl.

Bei leberkranken Tieren sollen Kupfer und Vitamin A nicht über den Bedarf hinaus zugeführt werden.

Tumoren

Tumoren führen zu erheblichen Veränderungen im Stoffwechsel. Sie gewinnen ihre Energie durch anaerobe Glykolyse und bilden dabei Laktat, das in der Leber wieder zu Glukose resynthetisiert werden muß. Dies führt zu einer erheblichen Energiedrainage und natürlich zu erhöhtem Glukoseumsatz evtl. auch zu Hyperinsulinismus und Insulinresistenz. Außerdem wird Muskelprotein abgebaut, während gleichzeitig die hepatische Proteinsynthese stark zunimmt. Dieses Protein wird aber vom Tumor verbraucht. Beim Fettstoffwechsel wird eine erhöhte Lipolyse beschrieben, die durch Glukose nicht unterdrückt werden kann. Gleichzeitig ist auch die Fettsynthese verringert. Bei Tieren mit Tumoren geht der Appetit zurück, dies ist vermutlich humoral durch Tumornekrosefaktor und Interleukine bedingt. Die Folge sind Gewichtsverluste und schließlich Kachexie. Dadurch werden die Chancen möglicher Behandlungen z. B. durch eine chirurgische Entfernung des Tumors verringert.

Die Stoffwechselanomalien können durch die Fütterung natürlich nicht korrigiert werden. Trotzdem muß die Futtermenge und Zusammensetzung modifiziert werden. Das Futter sollte energie- und proteinreich sein, jedoch wenig Kohlenhydrate enthalten. Die Energiezufuhr sollte deutlich über den Erhaltungsbedarf gesteigert werden. Eine reichliche Zufuhr an Vitaminen und Spurenelementen (Zink, Vitamin E) soll eine nutritiv bedingte weitere Beeinträchtigung des Immunsystems verhindern. Positive Effekte auf die durch Tumoren verursachten Stoffwechselanomalien sollen auch von körperlicher Bewegung ausgehen.

Der Besitzer muß jedoch klar darauf hingewiesen werden, daß man Krebs nicht einfach wegfüttern kann. Die Öffentlichkeitsarbeit mancher „Gurus" auf dem Humanernährungssektor ist hier durchaus geeignet, beim Tierbesitzer im persönlichen Analogieschluß unerfüllbare Erwartungen zu erwecken. Es muß ausdrücklich darauf hingewiesen werden, daß Hunde und Katzen eine gemüsereiche Rohkost nur bedingt vertragen, wenn sie gesund sind. Für Tumorpatienten ist der Energie- und Proteingehalt in derartigen Rationen viel zu niedrig und die Proteinqualität ist nicht ausreichend.

Literaturverzeichnis

Adam O: Ernährung und Pflegebedürftigkeit. In: Bergler R und MC Steffens: Häusliche Pflege. Heidelberger Verlagsanstalt, 1996

Association of American Feed Control Officials (AAFCO): Official Publication, 1994

Aucoin DP, Goldston RT, Authement J: Drug therapy in the geriatric pet. In: Goldston RT, Hoskins JD: Geriatrics and gerontology of the dog and cat. Saunders, Philadelphia, 1996

August JR: Feline immunodeficiency virus. Vet Med Rep 1: 150, 1989

Ausschuß für Bedarfsnormen der Gesellschaft für Ernährungsphysiologie: Energie- und Nährstoffbedarf Nr. 5 Hunde. DLG Verlag, Frankfurt, 1989

Balducci L, Mowrey K, Parker M: Pharmacology of antineoplastic agents in older patients. In: Balducci L, Lyman GH, Ershler WB (eds): Geriatric Oncology. JB Lippincott, Philadelphia, 1992, 169–180

Baums H: Die altersabhängige Multimorbidität beim Hund. Diss München, 1988

Beelitz P: Multimorbidität der Katze. Diss München, 1988

Begg CB, Carbone PP: Clinical trials on drug toxicity in the elderly. Cancer 52: 1986–1992, 1983

Bomhard D von: Tumoren und tumorähnliche Bildungen. In: Kraft W, Dürr UM: Katzenkrankheiten. Schaper-Verlag, Alfeld, 1996

Bovee KC, Kronfeld DS, Ramberg C und Goldschmidt M: Long-term measurement of renal function in partially nephrectomized dogs fed 56, 27, or 19 % protein. Invest Urol 16: 378–384, 1979

Brace JJ: Theories of aging. Vet Clin North Am 11: 811, 1981

Bradley WF: Senile-related changes in man and dogs. Vet Med 4: 532, 1982

Breznock EM, McQueen RD: Adrenal cortical function during ageing in the dog. Am J Vet Res 31: 1269, 1970

Brown SA: Nutritional management of chronic progressive renal disease. Proc XXV Congress of the World Veterinary Association, XX Congress of the World Small Animal Veterinary Association (WSAVA) in Yokohama, Japan, 1995, pp 111–114

Buffington CAT, QR Rogers und J G Morris: Feline struvite urolithiasis: Magnesium effect depends on urinary pH. Feline Practice 15 (6): 29–33, 1985

Burrows CF: The digestive system. In: Goldston RT, Hoskins JD: Geriatrics and gerontology of the dog and cat. Saunders, Philadelphia, 1996

Case LP, DP Carey und DA Hirakawa: Canine and feline nutrition. A resource for companion animal professionals. Mosby, St. Louis, Missouri, 1995

Castelden CM, Volans GN, Raymond K: The effect of aging on drug absorption from the gut. Age Ageing 6: 138, 1977

Cole TC, Ghosh P, Taylor TKF: Variations of the proteoglycans of the canine intervertebral disc with aging. Biochem Biophys Acta 88: 209, 1986

Cotter SM, Kanki PJ, Simon M: Renal disease in five tumor-bearing cats treated with Adriamycin. J Am Anim Hosp Assoc 21: 405–407, 1985

Cotter SM: Feline leukemia virus: pathophysiology, prevention, and treatment. Cancer Invest 10: 173, 1992

Couto CG, Hammer AS: Diseases of the lymph nodes and the spleen. In: Ettinger SJ (ed): Textbook of veterinary internal medicine. Diseases of the dog and cat, 4. Auflage. WB Saunders Company, Philadelphia, 1995,1930–1946

Couto CG: Management of complications of cancer chemotherapy. Vet Clin North Am (Small Anim Pract) 20: 1037–1054, 1990

Cowgill LD, Kallet AJ: Recognition and management of hypertension in the dog. In: Kirk RW (Hrsg): Current Veterinary Therapy VIII. WB Saunders, Philadelphia, 1983, pp 1025–1028

Cummings BJ et al.: Cognitive function and Alzheimer's-like pathology in the aged canine. II. Neuropathol Neurobiol Aging 14: 547, 1993

Danckert D: Diss Med Vet, München, in Vorbereitung

Dehoff W: Selected surgical topics of the respiratory and cardiovascular systems. 7. Int Fortbildungskurs, Flims, 1988

Dereser R: Blutchemische Referenzbereiche in der Labordiagnostik des Hundes. Diss München, 1989

Deutsche Gesellschaft für Ernährung (DGE): Empfehlungen für die Nährstoffzufuhr. 5. Überarbeitung, 1991

DiBartola SP et al.: Clinicopathologic findings associated with chronic renal disease in cats. 74 cases (1973–1984). J Am Vet Med Assoc 190: 1196; 1987

Dobenecker B und Kienzle E: Interactions of cellulose content and diet composition with food intake and digestibility in dogs. The Waltham International Symposium, Pet Nutrition and Health in the 21st Century, 26th–29th May 1997 in Orlando, Florida, 1997

Dobenecker B: Einfluß von Futterzusammensetzung und Nahrungsentzug auf ausgewählte Parameter des Fettstoffwechsels bei übergewichtigen Katzen. Diss vet med, Tierärztliche Hochschule Hannover, 1994

Dürr UM: Erkrankungen im Alter. In: Kraft W, Dürr UM: Katzenkrankheiten, 2. Aufl. Schaper-Verlag, Hannover, 1985

Erdmann H: Immunkompetenz und Alter. Onkologie 7: 113, 1984

Felser JM, Raff MJ: Infectious diseases and aging: Immunologic perspectives. J Am Geriatr Soc 31: 802, 1983

Ferrer I, Pumarola M, Rivera R, Zújar MJ, Cruz-Sánchez F, Vidal A: Primary central white matter degeneration in old dogs. Acta Neuropath 86: 172, 1993

Finco DR: Effects of dietary protein and phosphorus on the kidneys of dogs. In: Carey DP, Norton SA und Bolser SM (eds): Recent advances in canine and feline nutritional research. Proceedings of the Iams International Nutrition Symposium, 1996, 123–141

Finke MD: Energy requirements of adult female beagles. J Nutr 214: 2604S-2608S, 1994

Finkelstein MS: Defences against infectionin the elderly: the compromises of aging. Triangel 23: 57, 1984

Fischer CA: Lens-induced uveitis in dogs. J Am Anim Hosp Assoc 8, 39–48, 1972

Fischer CA: Lens-induced uveitis. In: Peiffer RJ Jr (Hrsg): Comparative ophthalmic pathology. Verlag Thomas, Springfield, Illinois, 254–263, 1983

Flinchum SLD: Cellular and molecular aspects of murine immunologic senescence. Diss Abstr Int 41B: 2486, 1981

Gallagher JC, Riggs BL, Jerpbak CM, Arnaud CD: The effect of age on serum immunoreactive parathyroid hormone in normal and osteoporotic women. J Lab Clin Med 95: 373, 1980

Garibaldi RA, Brodine S, Matsumiya S: Infections among patients in nursing homes. New England J Med 305: 731, 1981

Gaschen F: Prostataerkrankungen des alten Hundes. „Der geriatrische Patient." 11. VÖK-Jahrestagung, Salzburg, September 1996

Gelatt KN: Spontanous cataract resorption and lens-induced uveitis in the dog. Mod Vet Pract 56, 331–335,1975

Gelatt KN: The canine eyelids. In: Gelatt KN (Hrsg): Textbook of Veterinary Ophthalmology. Lea & Febiger, 2. Aufl., Philadelphia, 1991

Giaccone G, Verga L, Finazzi M, et al.: Cerebral preamyloid deposits and congophilic angiopathy in aged dogs. Neurosci Lett 114: 178, 1990

Goldston RT: Geriatrics and gerontology. Vet Clin North Am 1989

Goodpasture EW: An anatomic study of senescence in dogs. With especial reference to the relation of cellular changes of age to tumors. J Med Res 38: 127, 1918

Grauer CF, Greco DS, Behrend EN, Fettman MJ, Jaenke RS und Allen TA: Effects of dietary protein conditioning on gentamicin-induced nephrotoxicosis in healthy male dogs. Am J Vet Res 55: 90–97, 1994

Green DJ, Sellers EM, Shader RI: Drug disposition in old age. New Engl J Med 306: 1981, 1982

Gum GG: Physiology of the eye. In: Gelatt KN (Hrsg): Textbook of Veterinary Ophthalmology. Lea & Febiger, 2. Aufl., Philadelphia, 1991

Gwin RM, KN Gelatt, LW Williams: Ophthalmic neoplasms in the dog. J Am Anim Hosp Assoc 36, 115–119, 1982

Gwin RM, KN Gelatt, TG Terrel: Hypertensive retinopathy associated with hypothyroidism, Hypercholesteolemia, and renal failure in a dog. J Am Anim Hosp Assoc 14: 200–203, 1978

Gwin RM, KN Gelatt: The canine lens. In: Gelatt KN (Hrsg): Textbook of Veterinary Ophthalmology. Lea & Febiger, 2. Aufl., Philadelphia, 1991

Hammer AS: Nutrition and cancer. The Waltham Book of Clinical Nutrition of the Dog & Cat. Pergamon Press, 1994, pp 75–85

Hartmann K (I), Kraft W: Retrovirus-Infektion der Katze: Felines Leukosevirus (FeLV) und Felines Immunschwächevirus (FIV). Ein Überblick aus klinischer Sicht. Tierärztl Prax 21: 541, 1993

Hartmann K (I): Entwicklung eines Testsystems zur Erprobung neuer Medikamente gegen die FIV-Infektion der Katze als Modell für die Behandlung erworbener Immunschwächesyndrome. Habil.-Schrift, München, 1995

Hartmann K (I): Referenzbereiche in der Labordiagnostik der Katze. Diss München, 1990

Heidner GL, Kornegay JN, Page RL, et al.: Analysis of survival in a retrospective study of 86 dogs with brain tumors. J Vet Intern Med 5:219, 1991

Hofecker G: Altern, Teil 1. Unsere Hunde 60 (6): 8, 1983

Hofecker G: Altern, Teil 2. Unsere Hunde 60 (7): 14, 1983

Hofecker G: Altern, Teil 3 Unsere Hunde 60 (8): 5, 1983

Hofecker G: Biologische Grundlagen des Alterns. „Der geriatrische Patient." 11. VÖK-Jahrestagung, Salzburg, September 1996

Hofecker G: Physiologie und Pathophysiologie des Alterns. Österreich Apothekerzeitung 41: 443, 1987

Hoover EA, Mullins JI: Feline leukemia virus infection and diseases. J Am Vet Med Assoc 199: 1287, 1991

Hoskins JD: Nutrition and nutritional disorders. In: Hoskins JD, Goldston RT and Laflamme DP (eds): Geriatrics and gerontology of the dog and cat. WB Saunders, Philadelphia, 1995, 23–36

Jaworski ZFG, Liskova-Kiar M, Withoff HK: Effect of long-term immobilisation on the pattern of bone loss in older dogs. J Bone Joint Surg 62: 104 1982, 1980

Joseph RR: Aggressive management of cancer in the elderly. Clin Geriatric Med 4: 29–42, 1988

Kaiser E, Krauser K, Schwartz Porsche D: Lafora-Erkrankung (progressive Myoklonusepilepsie) beim Bassethund – Möglichkeiten der Früherkennung mittels Muskelbiopsie? Tierärztl Prax 19: 290, 1991

Kaufman GM: Renal function in the geriatric dog. Comp Cont Education 6: 1087, 1984

Keller E, MacEwen E, Rosenthal R et al.: Evaluation of prognostic factors and sequential combination chemotherapy for canine lymphoma. J Vet Intern Med 7: 289–295, 1993

Kiatipattanasakul W, Nakamura SI, Hossain MM, Nakayama H, Uchino T, Shumiya S, Goto N, Doi K: Apoptosis in the aged dog brain. Acta Neuropathol 92: 242, 1996

Kienzle E und DK Hall: Inappropriate Feeding: The Importance of a Balanced Diet. In: Wills JM and KW Simpson (eds): The Waltham Book of Clinical Nutrition of the Dog & Cat. Pergamon Press 1994, pp 1–14

Kienzle E, Figge S, Schneider R und Meyer H: Einfluß verschiedener Futtermittel auf den Wasser- und Mineralstoffhaushalt der Katze. 35. Jahrestagung der Fachgruppe Kleintierkrankheiten der Deutschen Veterinärmedizinischen Gesellschaft, 12.-14. 10. 1989 in Gießen, Kongreßbericht, 1989, 305–313

Kienzle E, Meyer H und Lohrie H: Einfluß kohlenhydratfreier Rationen mit unterschiedlichen Protein/Energierelationen auf foetale Entwicklung und Vitalität von Welpen sowie die Milchzusammensetzung von Hündinnen. Fortschr Tierphysiol Tierernährg, Beiheft 16, 73–99, 1985

Kienzle E, R Schneider und H Meyer: Investigations in palatability, digestibility and tolerance of low digestible food components in cats. Waltham International Symposium on the Nutrition of Small Companion Animals, 4.-8.9.1991, Davis; J Nutr 121: S 56-S57, 1991

Kienzle E: Blood sugar level and renal excretion after the intake of high carbohydrate diets in cats. J Nutr 124: 2563S-2567S, 1994

Kienzle E: Carbohydrate digestion of the cat: 4. Activity of maltase, isomaltase, sucrase and lactase in the gastrointestinal tract in relation to age and diet. J Anim Physiol Anim Nutr 70: 89–96, 1993

Kienzle E: Carbohydrate metabolism of the cat: 1. Activity of amylase in the gastrointestinal tract. J Anim Physiol Anim Nutr 69: 92–101, 1993

Kienzle E: Carbohydrate metabolism of the cat: 2. Digestion of starch. J Anim Physiol Anim Nutr 69: 102–114, 1993

Kienzle E: Carbohydrate metabolism of the cat: 3. Digestion of sugars. J Anim Physiol Anim Nutr 69: 203–210, 1993

Kienzle E: Computergestützte Rationsberechnung in der tierärztlichen Ernährungsberatung. Prakt Tierarzt 8: 676–685, 1991

Kienzle E: Diätetische Maßnahmen bei chronischer Niereninsuffizienz der Katze. Monatshefte für Veterinärmedizin 48: 103–111, 1993

Kienzle E: Effect of carbohydrates on digestion in the cat. J Nutr 124: 2568S-2571S, 1994

Kienzle E: Ernährung und Diätetik. In: Kraft W und Dürr UM (Hrsg): Katzenkrankheiten – Klinik und Therapie. 3. Auflage, M & H Schaper, Hannover, 1996, 1035–1064

Kienzle E: Home made diets in clinical nutrition. Proc. XXV Congress of the World Veterinary Association, XX Congress of the World Small Animal Veterinary Association (WSAVA) in Yokohama, Japan, 1995, pp 97–101

Kietzmann M. Pharmakologische Aspekte beim alten Patienten: „Der geriatrische Patient." 11. VÖK-Jahrestagung, Salzburg, September 1996

Kirk R: Current Vet Tractice XII. Philadelphia, Saunders, 1992

Kirsch M: Hypokaliämische Myopathie bei der Katze. Kongreßbericht 41. Jahrestagung der Fachgruppe Kleintierkrankheiten der Deutschen Veterinärmedizinischen Gesellschaft eV (DVG) vom 25.–28.10.1995 in München, 1995, pp 339–343

Kitchell BE: Cancer and its therapy. In: Goldston RT, Hoskins JD (eds): Geriatrics & Gerontology of the dog and cat. SB Saunders Company, Philadelphia, 1995, 37–50

Kitchell BE: Cancer therapy for geriatric dogs and cats. J Am Anim Hosp Assoc 29: 41–48, 1993

Kitchell BE: Feline geriatric oncology. Compend Contin Educ Pract Vet 11: 1079–1084, 1989

Kleinman R, Lewis JA: Bacteria – Immune interactions. XII. Developmental Comp Immun 7: 555, 1983

Kraft W, Beelitz P: Multimorbidität im Alter bei Hund und Katze. Jahrestagung der FG Kleintiertagung der DVG/WSAVA, Wien 1987

Kraft W, Dürr UM: Klinische Labordiagnostik in der Tiermedizin, 4. Auflage. Schattauer-Verlag, Stuttgart, 1997

Kraft W, Hartmann K (I), Dereser R: Altersabhängigkeiten von Laborwerten bei Hund und Katze. Teil I: Serum-Enzymaktivitäten. Tierärztl Prax 23: 502, 1995

Kraft W, Hartmann K (I), Dereser R: Altersabhängigkeiten von Laborwerten bei Hund und Katze. Teil II: Elektrolyte im Blutserum. Tierärztl Prax 24: 169, 1996

Kraft W, Hartmann K (I), Dereser R: Altersabhängigkeiten von Laborwerten bei Hund und Katze. Teil III: Bilirubin, Kreatinin und Protein im Blutserum. Tierärztl Prax 24: 610, 1996

Kraft W, Trimborn A, Pauling U, Beelitz P: Altersmultimorbidität bei Hund und Katze. Tierärztl Prax 18: 184, 1990

Kraft W: Infektionskrankheiten. In: Kraft W (Hrsg): Kleintierkrankheiten, Band 1, 2. Aufl. Stuttgart, Ulmer-Verlag, 1990

Kraft W: Infektionskrankheiten. In: Kraft W, Dürr UM: Katzenkrankheiten. Schaper-Verlag, Alfeld, 1991

Kraft W: Krankheiten der alten Tiere. In: Kraft W (Hrsg): Kleintierkrankheiten, Band 1: Innere Medizin. Stuttgart, Ulmer-Verlag, 1984

Kraft W: Krankheiten der alten Tiere. In: Kraft W (Hrsg): Kleintierkrankheiten, Band 1: Innere Medizin. Stuttgart, Ulmer-Verlag, 1990

Kraft W: Krankheiten im Alter. In: Kraft W, Dürr UM: Katzenkrankheiten, 4. Aufl., Schaper-Verlag, Alfeld, 1996

Kraft W: Multimorbidität des Hundes im Alter. Regionaltagung Nord der DVG, FG Kleintierkrankheiten/WSAVA, Bremen 1978

Krawiec DR, Osborne CA, Lulich JP, Gelberg HB: The urinary system. In: Goldston RT, Hoskins JD: Geriatrics and gerontology of the dog and cat. Saunders, Philadelphia, 1996

Kroker R: Grundlagend der Pharmakotherapie bei Haus- und Nutztieren. Parey-Verlag, Berlin, Hamburg, 1994

Leibetseder J: Diätmaßnahmen bei Herzkrankheiten und Diabetes mellitus. In: Anderson R S und H Meyer (Hrsg): Ernährung und Verhalten von Hund und Katze. Schlütersche Verlagsanstalt, Hannover, 1984, pp 121–129

Lewis LD, ML Morris Jr und MS Hand: Klinische Diätetik für Hund und Katze. Schlütersche Verlagsanstalt, Hannover, 1990

Löscher W, Kroker R: Grundbegriffe der Pharmakologie. In: Löscher W, Ungemach FR, Makinodan T, Kay MMB: Age influence on the immune system. Adv Immunol 29: 287, 1980

Luttgen PJ: Diseases of the nervous system in oder dogs. Part I. Central nervous system. Compend Cont Educ Pract Vet 12: 933, 1990

MacEwen EG: Feline Lymphoma and Leukemias. In: Withrow SJ, MacEwen EG (eds): Small animal clinical oncology. WB Saunders, Philadelphia, 1996, 479–495

Maiwald E und E Kienzle: Untersuchungen zum Vitamin C-Stoffwechsel der Katze. Kongreßbericht 41. Jahrestagung der Fachgruppe Kleintierkrankheiten der Deutschen Veterinärmedizinischen Gesellschaft eV (DVG) vom 25.-28.10.1995 in München, 1995, pp 320–327

Martin CL, PF Dice: Corneal endothelial dystrophy in the dog. J Am Anim Hosp Assoc 18, 327–336, 1982

Martin CL: Augenkrankheiten bei Hund und Katze (Pferd und Wiederkäuer). Schaper, Alfeld, 1995

McCorkle F u. M: Effects of ageing on immune competence in the chicken. Poultry Sci 56: 1736, 1977

Mertz W: Trace elements in human and animal nutrition Academic Press, San Diego, 1987

Meyer H und E Heckötter: Futterwerttabellen für Hunde und Katzen. Schlütersche Verlagsanstalt, Hannover, 1986

Meyer H und E Kienzle: Dietary protein and carbohydrates: Relationship to clinical disease. Proc. Purina Symposium, Eastern States Veterinary Conference, Orlando, Florida, 1991, pp 12–28

Meyer H, K Bronsch und J Leibetseder: Supplemente zu Vorlesungen und Übungen in der Tierernährung. M & H Scharper, Alfeld-Hannover, 1993

Meyer H: Ernährung des Hundes. Verlag Eugen Ulmer, Stuttgart, 1990

Moore MP, Bagley RS, Harrington ML, Gavin PR: Intracranial Tumors. Vet Clin N Amer-Small Anim 26: 759, 1996

Morgan RV: Systemic hypertension in four cats: Ocular and medical findings. in: Proceedings of the 16th Annual Scientific Program of the American college of Veterinary Ophthalmologists, San Francisco, 1985

Morris J und K Earle: Role of vitamin D in relation to calcium metabolism. ESVIM Congress, 31.08.-02.09.1995, Cambridge, 1995

Nasisse MP: Feline ophthalmology. In: Gelatt KN (Hrsg): Textbook of Veterinary Ophthalmology. Lea & Febiger, 2. Aufl., Philadelphia, 1991

National Research Council (NRC): Nutrient requirements of cats. National Academy Press, Washington DC, 1986

National Research Council (NRC): Nutrient requirements of dogs: National Academy Press, Washington DC, 1985

Nolte I: Krankheiten der Verdauungsorgane. In: Kraft W, Dürr UM: Katzenkrankheiten. Schaper-Verlag, Alfeld, 1996

Novak LP: Aging, total body potassium, free fatt mass, and cell mass in males and females between ages 18 and 85 years. J Geront 27: 438

Ogilvie GK, Moore AS: Chemotherapy: Properties, uses, and patient management. In: Ogilvie GK, Moore AS (eds): Managing the veterinary cancer patient: A practice manual. Trenton, NJ, Veterinary Learning Systems, 1995, 64–86

Ogilvie GK, Vail DM: Nutrition and cancer: Recent developments. Vet Clin North Am (Small Anim Pract) 20: 969–986, 1990

Opitz B: Untersuchungen zur Energiebewertung von Futtermitteln für Hund und Katze. Diss med vet, Ludwig-Maximilians-Universität, München, 1996

Pauling U: Altersmultimorbidität beim Hund – eine prospektive Studie. Diss Med Vet, München, 1990

Pedersen NC: Feline leukemia virus infection. In: Feline husbandry, diseases and managment in the multiple cat environment. Goleta, California: Am Vet Publ 1991

Pederson NC: Inflammatory oral cavity diseases of the cat. Vet Clin North Am 22: 1323, 1992

Peiffer R, R Devanzo, K Cohen: Specular microscopic observations of clinically normal feline corneal endothelium. Am J Vet Res 42: 854–855, 1981

Phister JE, Jue SG, Cusack BJ: Problems in the use of anticancer drugs in the elderly. Drugs 37: 551–565, 1989

Plumb DC: Conversion tables for weight in kilogramms to body surface area (m2). In: Plumb DC (eds): Veterinary Drug Handbook. Iowa State University Press, Ames, 1995, 739

Polzin DJ, Osborne CA, Hayden DW, Stevens JB: Influence of modified protein diets on morbidity, mortality and renal function in dogs with experimental chronic renal failure. J Amer Vet Res 45: 506–517, 1983

Quadri SK, Palazzolo DL: How aging effects the canine endocrine system. Vet Med Small Anim Clin 86: 692, 1991

Reimers TJ et al.: Effects of age, sex, and body size on serum concentrations of thyroid and adrenocortical hormones in dogs. Am J Res 51: 454, 1990

Reusch C: Diabetes mellitus beim alten Patienten. „Der geriatrische Patient." 11. VÖK-Jahrestagung, Salzburg, September 1996

Reusch C: Untersuchungen zur Aussagekraft von Proteinurie und Enzymurie für die Diagnose von Nierenerkrankungen unter besonderer Berücksichtigung der diabetischen Nephropathie. Habilitationsschrift München, 1992

Rogers QR und JG Morris: Nutritional peculiarities of the cat. Proc. XVI World Congress of World Small Animal Veterinary Association, 1991, pp 291–296

Rubin LF: Asteriod hyalosis in the dog. Am J Vet Med Assoc 170: 995–997, 1963

Rubin LF: Inherited eye diseases in purebred dogs. Wiliams and Wilkins, Baltimore, Hong Kong, London, Sydney, 1989

Ruschig S: Untersuchungen zum caninen TSH (Arbeitstitel). Diss München, 1997 (in Vorbereitung)

Samuelson DA: Ophthalmic embryology and anatomy. In: Gelatt KN (Hrsg): Textbook of Veterinary Ophthalmology. Lea & Febiger, 2. Aufl., Philadelphia, 1991

Sandersleben J von, Schäffer E, Weisse J: Erkrankungs- und Todesursachen des alternden Hundes aus der Sicht der Sektionsstatistik. Kleintierprax 18: 25, 1973

Schäffer E: Auge. In: Dahme E und E Weiss (Hrsg): Grundriß der speziellen pathologischen Anatomie der Haustiere. 4. Aufl. Enke Verlag, Stuttgart, 1988, 408–409

Schmidt V: Augenkrankheiten der Haustiere. 2. Aufl. Enke Verlag, Stuttgart, 1988

Schrauwen E, Vanham L, Desmidt M, Hoorens J: Peripheral Polyneuropathy Associated with Insulinoma in the Dog – Clinical, Pathological, and Electrodiagnostic Features. Prog Vet Neurol 7: 16, 1996

Schwendenwein I: Besonderheiten der Interpretation von Laborbefunden beim alten Patienten. „Der geriatrische Patient." 11. VÖK-Jahrestagung, Salzburg, September 1996

Shimada A, Kuwamura M, Awakura T, et al.: Topographic relationship between senile plaques and cerebrovascular amyloidosis in the brain of aged dogs. J Vet Med Sci 54: 137, 1992

Slatter DH: Fundamentals in Veterinary Ophthalmology. Saunders, Philadelphia, London, 1981

Spiess BM: Augenveränderungen beim alten Hund. In: 26. Jahresversammlung der Schweizer Vereinigung für Kleintiermedizin, Basel, 1995

Stades FC, W Neumann, MH Boeve, M Wyman: Praktische Augenheilkunde für den Tierarzt. Schlütersche, Hannover, 1996

Stades FC: A new method for surgical correction of upper eyelid trichiasis-entropium: Operation method. J Am Anim Hosp Assoc 23: 603–606, 1987

Stepien R und MW Miller: Cardiovascular disease. In: Wills JM and KW Simpson (eds): The Waltham Book of Clinical Nutrition of the Dog & Cat. Pergamon Press, 1994 pp 353–371

Strasser A, Seiser M, Simunek M, Heizmann V, Niedermüller H: Physiologische Altersveränderungen beim Hund (Longitudinalstudie in einer Beagles-Kohorte). Wien Tierärztl Mschr (in Vorbereitung)

Summers BA, Cummings JF, de Lahunta A: Veterinary Neuropathology. St. Louis, Mosby-Year Book, Inc. 1995

Sunvold GD, EC Titgemeyer, LD Bourquin, GC Fahey Jr und GA Reinhart: Fermentability of selected fibrous substrates by cat fecal mircroflora. J Nutr 124, (12S): 2721S–2722S, 1994

Suter P: Klinik der Atmung. Selected surgical topics of the respiratory and cardiovascular systems. 7. Int Fortbildungskurs, Flims, 1988

Suzuki Y, Ohta K, Suu S: Correlative studies of axonal spheroids and Lafora-like bodies in aged dogs. Acta Neuropath 48: 77, 1978

Toenniessen JG, Morin DE: Degenerative Myelopathy – A Comparative Review. Compend Cont Educ Pract Vet 17: 271, 1995

Trimborn A.: Altersmultimorbidität bei der Katze – eine prospektive Studie. Diss Med Vet, München, 1990

Trimborn A: Altersmultimorbidität bei der Katze – eine prospektive Studie. Diss München, 1989

Ungemach FR: Geriatrika bei alternden Hunden? Tierärztl Prax 22: 215, 1994

Vail DM: Treatment and Prognosis of Canine Malignant Lymphoma. In: Bonagura JD (ed): Current Veterinary Therapy XII, Small Animal Practice. WB Saunders, Philadelphia, 1995, 494–497

Valtonen MH: Cardiovascular disease and nephritis in dogs. J Small Anim Pract 13: 687, 1972

Vandefelde M, Fatzer R: Neuronal ceroid-lipofiscinosis in older Dachshunds. Vet Path 17: 686, 1980

Wagenknecht L: Das Karzinom im Alter. In: Martin E, Junod JP (Hrsg): Lehrbuch der Geriatrie. Verlag Hans Huber, Bern, 1990, 218–224

Walde I, E Schäffer, R Köstlin: Atlas der Augenerkrankungen bei Hund und Katze. Schattauer Verlag, Stuttgart, New York, 1996

Walford RL: Immunologic theory of aging: current status. New Engl J Med 33: 2020, 1974

Warner DH: Immunological senescence: characterization of age related changes in immune function of Beagle dogs and domestic fowl. Diss Abstr Int 47B: 2760, 1987

Weigel J, Alexander JW: Ageing and the musculoskeletal system. Vet Clin North Am 11: 749, 1981

Weksler ME: Age-associated changes in the immune response. J Amer Geriatr Soc 30: 718, 1982

Weksler ME: The immune system and the aging process in man. Proc Soc Exper Biol Med 165: 200, 1980

Whitney CJ: Observations on the effect of age on the severity of heart valve leasions in the dog. J Small Anim Pract 15: 511, 1974

Wilcock BP, RL Peiffer Jr: The pathology of lens-induced uveitis. Trans Am Coll Vet Ophthalmol 17, 207–215, 1986

Wilmanns W: Zytostatikatherapie im hohen Lebensalter. In: Wilmanns W, Huhn D, Wilms K (Hrsg): Internistische Onkologie. Thieme Verlag, Stuttgart, 1994, 230–235

Wittley RD: Canine cornea. In: Gelatt KN (Hrsg): Textbook of Veterinary Ophthalmology. Lea & Febiger, 2. Aufl., Philadelphia, 1991

Yoshino T, Uchida K, Tateyama S, et al.: A retrospective study of canine senile plaques and cerebral amyloid angiopathy. Vet Pathol 33: 230, 1996

Zentek J: Diätetik bei Lebererkrankungen, Prinzip und Fütterungspraxis. Vortrag ATF-Tagung Diätetik für die Kleintierpraxis: Leber und Niere, am Lehrstuhl für Tierernährung, Ludwig-Maximilians-Universität München, 2.12.1995

Zentek J: Faser: Definition, Grundlagen und Einsatz in der Ernährung und Diätetik von Hund und Katze. 41. Jahrestagung der Deutschen Veterinärmedizinischen Gesellschaft, Fachgruppe Kleintierkrankheiten, 25.-28.10.1995 in München, Kongreßbericht, 1995, 296–305

Sachwortverzeichnis

Die **halbfetten** Zahlen verweisen auf die ausführliche Behandlung des jeweiligen Stichwortes, die *kursiven* Zahlen auf Abbildungslegenden oder Tabellen.

A
α_2-Adrenozeptor-Agonist 208
Adaptationsfähigkeit 11
Addison-Krankheit
 siehe Hypoadreno-kortizismus
Addison-Krise 134
Adipositas 40, 227
Alopezie **60**, *61*
Altersentwicklung **15–20**
Altersinvolution **8–10**
Alterspyramide 15
Altersstruktur *16*
Altersveränderung 5
Alterungsprozeß 3
Alterungsvorgang 3, **6–8**
Alzheimer-Krankheit 139
Ammoniumchlorid-belastungstest 109
Analgetika 47
Anämie 175
Anästhesie **203–212**
–, präanästhetische Untersuchung 207
Anorexie **42f**
Antidiabetikum
–, Oral- 131
Antiepileptikum 158
Anus
–, Tumoren 106
Aortenthrombus 149
Appetitanregung *43*
Appetitlosigkeit 230
Arrhythmie 71
Atemdepression 211

Atemwege
 siehe Respirationstrakt
Atherom 62
Augen **163–170**
–, -lid 163
–, -lidrand 163
Autoimmunkrankheit 8

B
Ballaststoff 232
Benommenheit 29
Bewegungsbedürfnis 9
Bewußtsein 142
–, -(s)störung *30*, **29–31**
Bioverfügbarkeit 49
Blut
–, -hochdruck *39*
–, -krankheiten **175–178**
–, Labormeßgrößen *172*
–, Laboruntersuchung **171–178**
Bronchoskopie 74, 78

C
Ceroidlipofuszinose 156
Chemotherapeutika 159, 187
Chemotherapie 179, 184
–, (im) Alter *198*
–, -protokoll 191
Cholangiohepatitis 111
Choleretika 104, 109, 111
Cholezystitis 111
Colitiden siehe Kolitiden
Colitis cystica profunda 101
Colon irritabile 102
Coma hepaticum 109

COP siehe Pneumopathie
COPD siehe Pneumopathie
Cordae tendineae 69
Cornea siehe Kornea
cTSH 135
Cushing-Syndrom
 siehe Hyperadreno-kortizismus

D
Darm **97–106**
–, -krankheit 85
Dehydratation 31, **32–34**
–, -(s)grad 32f
Demenz-Index 141
Diabetes mellitus 94, 129, 229
Digestionstrakt
 siehe Magen, -Darm-Trakt
Diureseanregung 123
Dünndarmkrankheiten 94
Dünndarmtumoren 100
Durchfall 98
Dyspnoe 78

E
Echokardiographie
–, Referenzwerte *67*
EKG-Referenzbereiche *66*
Endokarditis **71f**
Endokardose 67
Endokrinologie **129–137**
Endokrinopathie 10, **129**
Endometritis 94
Energiebedarf 220
Energiebewertung *221*

Enophthalmus 164
Enteritis 98
–, eosinophile 99
–, lymphoplasmazytäre 99
Enterocolitis 102
Entropium 164
Epilepsie 157
Erhaltungsbedarf 33
Ernährung **219**

F
Fehler-Katastrophen-
 Theorie 3
Feline infektiöse Peritonitis
 154
Felines urologisches
 Syndrom 127
Fieber **27f**
FIP siehe Feline infektiöse
 Peritonitis
Fistel
–, oronasale 91
Flatulenz 98
Follikulitid 62
FUS siehe Felines
 urologisches Syndrom

G
Gastritis 94
–, chronische
– –, atrophische 94
– –, hypertrophische 95
– –, lymphoplasmazytäre
 95
– –, eosinophile 95
Gaumenverletzung 91
Gehirnödem 31
Gehirntumoren 159
Gelenkerkrankung 9
Geriatrika **52**, 148f
Geschlechtsdrüsen 137
Glasgow-Koma-Skala 29
Glaskörper 169
Gliom 158
GME siehe Granulomatöse
 Meningoenzephalo-
 myelitis

Gompertzsche Wachstums-
 kurve *180*
Granulomatöse Meningo-
 enzephalomyelitis 152
Großhirnerkrankung 143

H
Haltung 142
Hämatemesis 96
Hämaturie 125
Harnblasentumoren 125
Harnkonkrement 125, *126*
Harnröhrenobstruktion 125,
 126, 127
Harnsystem **117–127**
Harnweg **118**, 124
Hautkrankheit *54, 56*
Herz **65**
Herzdiät 235
Herzinsuffizienz 65, 235
Herzklappenkrankheit *68*
Herzkrankheit *68*
Herzleistung 9
Hirnstammerkrankung 144
Hirnstammsymptomatik 153
Hundestaupe 150
Hyalose 169
Hydrozephalus 154
Hyperadrenokortizismus 132
Hyperkaliämie 123
Hyperkapnie 78
Hyperparathyreoidismus
 122
Hyperpigmentation *63*
Hyperthermie **27f**
Hyperthyreose 135
Hypertonie *38*, **37–40**
Hypervitaminose A 156
Hypoadrenokortizismus 94,
 133
Hypokaliämie 155
Hypoproteinämie 36
Hypothalamus 144
Hypothermie **28**
Hypothyreose 134
Hypotonie *38*, **40–42**
Hypoxie 78

I
Immunsystem 4, 7
Impfung 214
Inanition 42
Infusionsflüssigkeit *41*
Infusionstherapie
–, perioperative 211
Inhalationsanästhetika 210
Insulin 131
Iris 166
Irisatrophie 166

K
Kachexie 42
Kalium 225
Kalzium 223
Kardiomyopathie 65, *68*, **70**,
 149
Karies 89f
Katarakt 164, 166f
Keratokonjunktivitis sicca
 164
Keratopathie 165
Ketamin 209
Ketoazidose 131
Key-Gaskell-Syndrom siehe
 Polyganglionopathie 84
Kleinhirnerkrankung 144
Klysma 104
Knochenmasse 8
Kolitiden 100
Kolitis
–, eosinophile 101
–, lymphoplasmazytäre 101
–, ulzeröse 101
– –, histiozytär- 101
Kolon
–, Tumoren 105
Koma 29
Komedonen 63
Kontrolluntersuchung *22*,
 213f
Kopfnerven 142
Koprostase 104
Kornea 165
Korneadystrophie 165
Körperoberfläche 186

Sachwortverzeichnis

Krampfanfall 157
Krankheitsprophylaxe **213–217**
Kreislaufmittel *41*
Kreislaufversagen 71

L
Laboruntersuchung 214
Larynxparalyse 76
Lebenserwartung **15**
Leber **107–112**
–, -krankheit *107*
– –, Ernährung 236
–, -lipidose 110
–, -suchprogramm *108*
–, -versagen 111
Linse 166
Lipofuszin 141, 156
Lupus erythematodes **60**
Lymphangiektasie 100

M
Magen **93–97**
–, -Darm-Trakt 10, **81–106**
–, -dilatation 97
–, -geschwür 96
–, -tumoren 94, 97
–, -ulzera 94
Magnesium 224
Marasmus 42
Meläna 96, 98
Mengenelemente **223**
Meningiom 158
Morbidität 15
Morbus Addison *siehe* Hypoadrenokortizismus
Morbus Cushing *siehe* Hyperadrenokortizismus
Motilitätsstörung 97
Multimorbidität **11–15**
–, -(s)kurve 6
Mundhöhle *81*, **86–92**
–, Tumoren 91
Mundschleimhautentzündung 86
Muskelzellen 8
Myelopathie 160

N
Nährstoffgehalte 222
Nährstoffversorgung *221*
Narkoserisiko 203
Nasenausfluß 91
Natrium 225
Nephropathie *117*
Nerven
–, autonome 146
–, motorische 145
–, sensorische 146
–, -system **139–162**
–, -wurzeltumoren 158
–, -zellen 8
Netzhaut 169
Neurologie *siehe* Nerven, -system
Neuronenverluste 140
Nierendiät 232
Nierenfunktion 10
Niereninsuffizienz 120
Nierentumoren 123
Nierenversagen
–, akutes 122
Nootropika 149
Nukleosklerose 166
Nulldiät 227

O
Obstipatio coli 103
Obstipation 231
–, Pseudo- 103
Ödem **34–37**
Old-dog-Enzephalitis 150
Opioide 210
Osmodiuretika 37
Ösophagitis 93
Ösophagus 92
–, -dilatation 84, 92
–, -funktionsstörung 84
–, Mega- 92
–, Tumoren 93

P
Pankreas
–, -insuffizienz 115
–, Entzündung 94, **113–115**

Pankreatitis *siehe* Pankreas, Entzündung
Papillom 61
Parodontopathie 87, *88*, 89
Pemphigus **59**
Peritonealdialyse 123
Pharmakokinetik 49
Phenothiazine 208
Phosphor 223
Phthisis bulbi 164
Plazebowirkung 149, 227
Pneumopathie 74, 77
Pollakisurie 125
Polydipsie **44f**
Polyganglionopathie 84, 92
Polyneuropathie 155f
Polyphagie **43f**
Polyurie **44f**
Propofol 209
Prostatitis 94
Protein 220
–, -bedarf 220
Ptosis 163
Pyurie 125

R
Reduktionsdiät 227
Referenzbereiche
  siehe Echokardiographie und EKG
Reflex 143
Respirationstrakt 10, **73–79**
Rhinitis chronica 75
Rhythmusstörung **68**
Risikogruppe 203
Rückenmarkserkrankung 145
Rückenmarkstumoren 159

S
Schädeltrauma 151
Schlafbedürfnis 25
Schlafstörung **45f**
Schleifendiuretika 37
Schlund *siehe* Ösophagus
Schlundentzündung
  siehe Ösophagitis

Schmerz **46–48**, 143
–, Bauch- 47
–, Palpations- 47
Seborrhoe 62
Somnolenz 29
Sondenkost 230
Sopor 29
Speicherkrankheit 156
Spondylose 161
Spurenelemente **225**
Staupe *siehe* Hundestaupe
Staupeenzephalitis 151
Stellreaktion 143
Sterbealter *18–21*
Stoffwechsel 219
Stomatitis *siehe* Mundschleimhautentzündung
Strangurie 125
Streßanfälligkeit 9
Struvit 126
Syndrom
–, Cushing- *siehe* Hyperadrenokortizismus
–, hepatoenzephales 109
–, Vestibular- 157
Syneresis 169

T
Tachyarrhythmie 71
Tachykardie 71
Taubheit 160
Tenesmus ani 101
Thiaminmangel 156
Thiaziddiuretika *37*
Thyreostatikum 136
Trachealkollaps 76
Tränenapparat 164
TRH-Stimulationstest 135
TSH-Stimulationstest 135
Tumor 91, 93, 94, 105, 106, 123, 125, 159, **179–202**, 237
–, -diagnose 181
–, -entstehung 179
–, -häufigkeit 179
–, -krankheiten **179–202**
–, spezieller *200–202*
–, -therapie **184–199**
–, -wachstum 179
Tylom 62

U
Ulcus ventriculi 94, 96
Unruhe 45

Urämie 94
Urinvolumen 44
Urolithiasis 126

V
Verdaulichkeit *223*
Verhalten 8, 142
–, -(s)änderung **31f**
Verstopfung
   siehe Obstipation
Vestibularapparat 144
Vitalkapazität 73
Vitamine 226
Volumensubstitution 33, 34

W
Wachzustand 45
Wasser 225

Z
Zahnbruch 89
Zahnresorption 90
Zahnstein 90
Zystitis 125

Sylvia M. Linnmann
Die Hüftgelenksdysplasie des Hundes

1998. Ca. 304 Seiten mit ca. 143 Abbildungen. 17 x 24 cm · Broschiert
ca. DM 98,– / öS 715,– / sFr 90,50. ISBN 3-8263-3213-X

Die Hüftgelenksdysplasie (HD) stellt beim Hund das häufigste orthopädische Problem in der täglichen Kleintierpraxis dar. Dieses Buch beinhaltet eine wissenschaftlich fundierte Darstellung des gesamten Themenkomplexes der caninen HD. Die Darstellung spannt den breiten Bogen von der Anatomie des normalen Hüftgelenks über Vorkommen, Verbreitung, Ursache, Pathogenese, Klinik bis hin zur Prophylaxe und der züchterischen Bekämpfung. Besonders breiter Raum wird der Diagnose und der Therapie mitsamt den Behandlungsresultaten gewidmet. Dabei machen die flüssige und klare Darstellung sowie zahlreiche Abbildungen und Tabellen die Lektüre didaktisch anschaulich und leicht. Darüber hinaus bietet sich das Werk, das den Stand des Wissens um diese Erkrankung bis zu den jüngsten Forschungsergebnissen widerspiegelt, in besonderem Maße als Lehrbuch für den Studenten der Veterinärmedizin an.

Das Buch gehört deshalb nicht nur in die Bibliothek eines jeden an der caninen Hüftgelenksdysplasie interessierten Tierarztes, sondern bietet Wissenswertes und Hilfreiches für betroffene Hundehalter und -züchter.

Hans Niemand / Peter Suter (Hrsg.)
Praktikum der Hundeklinik

Mit Beiträgen von Arndt, Jürgen / Arnold, Susanna /
Bigler, Beat et al. 8. Auflage.
1994. XXII, 816 Seiten mit 405 Abbildungen,
davon 60 farbig, und 123 Tabellen. 21 x 28 cm. Gebunden.
DM 228,– / öS 1664,– / sFr 210,–
ISBN 3-8263-3002-1

Der »Niemand« ist ein **modernes, unentbehrliches Nachschlagewerk** und ein täglicher Ratgeber für die Hundepraxis!

Josef Assheuer / Martin Sager
MRI and CT Atlas of the Dog

1997. XIV, 482 Seiten mit über 1200 Abbildungen. 21 x 28 cm. Gebunden.
DM 298,– / öS 2175,– / sFr 274,50. ISBN 3-89412-164-5

Computertomographie (CT) und die extrem hochauflösende Magnetresonanztomographie (MRI) sind Untersuchungsmethoden, die auch in der Tiermedizin zunehmend Eingang finden. Die Beurteilung pathologischer Be-funde setzt jedoch die detaillierte Kenntnis der normalen anatomischen Strukturen voraus. Dies ist **der erste MRI- und CT-Atlas des Hundes**, der neben exemplarischen pathologischen Befunden die komplette normale Anatomie abbildet. Für jede Region werden CT-und MRI- Bilder analoger transversaler Körperschichten, und anschließend MRI- Bilder zwei erweiterter Schnittebenen gezeigt. Daraus ergibt sich ein **moderner Anatomieatlas**, der die Strukturen am lebenden Tier in **brillanter Qualität** und aus völlig neuen Perspektiven zeigt. Dem Tierarzt steht hiermit das erste Referenzwerk als solide Grundlage für die Interpretation von Magnetresonanz- und computer- tomographischen Aufnahmen zur Verfügung.

Zu beziehen über den Buchhandel!
Parey Buchverlag · Berlin   Preisstand: 1. Dezember 1997
Kurfürstendamm 57 · D-10707 Berlin · Tel.: (030) 32 79 06-27/28 · Fax: (030) 32 79 06-44
e-mail: parey@blackwis.de · Internet: http://www.blackwis.com

Henry R. Askew
Behandlung von Verhaltensproblemen bei Hund und Katze
Ein Leitfaden für die tierärztliche Praxis.
Aus dem Amerikanischen von Kirsten Thorstensen.
1997. XI, 372 Seiten mit 25 Abbildungen und 20 Tabellen.
17 x 24 cm. Broschiert. DM 88,– / öS 642,– / sFr 81,–
ISBN 3-8263-3138-9

Dieses Buch umfaßt **alle Facetten der Diagnose und der Behandlung** der bekannten Verhaltensprobleme von Hund und Katze. Jeder Problemkomplex wird anhand neuester wissenschaftlicher Erkenntnisse besprochen.

Kausalfaktoren, Diagnosestellung und Differentialdiagnose einerseits sowie die aussichtsreichsten Verhaltenstherapien und die pharmakologischen Therapiemöglichkeiten andererseits werden eingehend erläutert. Die Zusammenfassung von Themenschwerpunkten findet sich am jeweiligen Kapitelende als »Problemübersicht« und »Empfehlungen für Tierbesitzer«.

Die klare didaktische Gliederung des Buches und die in sich geschlossenen Kapitel ermöglichen dem behandelnden Tierarzt einen **schnellen und präzisen Informationszugang.** Der Tierbesitzer wird hilfreiche Informationen über Verhaltenstraining und Problemvermeidung finden.

Helmut Meyer / Jürgen Zentek
Ernährung des Hundes
Grundlagen, Fütterungspraxis, Diätetik
1998. Ca. 280 Seiten. 17 x 24 cm. Gebunden. Ca. DM 48,– / öS 350,– / sFr 44,50
ISBN 3-8263-8423-7

Das Buch vermittelt die wesentlichen Grundlagen der Verdauungsphysiologie und des Stoffwechsels von Energie und Nährstoffen, gibt eine Übersicht über den Futtermittelmarkt und liefert dem Hundehalter die wichtigsten Informationen für die Fütterungspraxis mit vorgefertigten Produkten oder hauseigenen Mischungen. Spezielle Situationen wie die Fütterung von Sporthunden, Zuchthunden, Welpen oder die Ernährung kranker Hunde werden besonders berücksichtigt. In einem zusätzlichen Kapitel sind in der Neuauflage die ernährungsbedingten Krankheiten zusammengestellt.

Wolfgang Löscher / Fritz Ungemach / Reinhard Kroker
Pharmakotherapie bei Haus- und Nutztieren
3., neubearbeitete Auflage. 1997. 485 Seiten mit 13 Abbildungen und 67 Tabellen. 17 x 24 cm. Gebunden. DM 98,– / öS 715,– / sFr 90,50. ISBN 3-8263-3147-8

Der Praktiker steht vor einer großen Zahl tiermedizinischer Arzneimittelspezialitäten und den teilweise erheblichen, tierartlich bedingten Unterschieden in deren Anwendbarkeit, Wirkung sowie Metabolisierung. Hinzu kommen die zahlreichen neu zugelassenen Präparate und die laufenden Änderungen gesetzlicher Bestimmungen, so daß insgesamt größtmögliche Aktualität erforderlich ist. Diesem Anspruch werden die Autoren und der Verlag gerecht und ermöglichen den praktizierenden Tierärzten eine Pharmakotherapie auf neuestem Stand.

Zu beziehen über den Buchhandel!
Parey Buchverlag · Berlin
Preisstand: 1. Dezember 1997
Kurfürstendamm 57 · D-10707 Berlin · Tel.: (030) 32 79 06-27/28 · Fax: (030) 32 79 06-44
e-mail: parey@blackwis.de   Internet: http://www.blackwis.com